Das niederländische
Internationale Privatrecht

Schriften zum Internationalen und vergleichenden Privatrecht

Herausgegeben von Abbo Junker

Band 1

PETER LANG
Frankfurt am Main · Berlin · Bern · Bruxelles · New York · Oxford · Wien

Maren Charisius

Das niederländische Internationale Privatrecht

PETER LANG
Europäischer Verlag der Wissenschaften

Die Deutsche Bibliothek - CIP-Einheitsaufnahme

Charisius, Maren:

Das niederländische Internationale Privatrecht / Maren Charisius. - Frankfurt am Main ; Berlin ; Bern ; Bruxelles ; New York ; Oxford ; Wien : Lang, 2001
(Schriften zum Internationalen und vergleichenden Privatrecht ; Bd. 1)
Zugl.: Göttingen, Univ., Diss., 2001
ISBN 3-631-38160-3

D 7
ISSN 1615-553X
ISBN 3-631-38160-3

www.peterlang.de

Meinen Eltern

Vorwort

Diese Arbeit lag im Sommersemester der Juristischen Fakultät der Georg-August-Universität zu Göttingen als Dissertation vor. Rechtsprechung, Literatur sowie Gesetzgebung sind bis Juli 2000 eingearbeitet.

Vor allem danke ich meinem Doktorvater Herrn Professor Dr. Abbo Junker, auf dessen Anregung dieses Thema zurückgeht. Seine stete Gesprächsbereitschaft, intensive Betreuung und die hervorragenden Arbeitsbedingungen verhalfen dieser Arbeit zum Erfolg. Weiterhin gilt mein Dank Herr Prof. Dr. Holger Fleischer für die Erstellung des Zweitgutachtens.

Einen besonderen Anteil an meiner Dissertation haben meine Eltern, die mir diese Arbeit ermöglicht und mir immer zur Seite gestanden haben.

Für die kritische Durchsicht des letzten Entwurfs und ihre wertvollen Anregungen danke ich Maike Kreitlow und Natalie Kretschmer ganz herzlich. Wesentliche moralische und logistische Unterstützung habe ich von meiner Schwester Vera Charisius sowie von Martin Diedrichs, Hauke Petersen und Philipp Rühland erfahren.

Braunschweig, Juli 2001 Maren Charisius

Inhaltsverzeichnis

Abkürzungsverzeichnis

AA	Ars Aequi
aant.	aantekening(en)
AB	Wet houdende algemene bepalingen der wetgeving van het Koninkrijk van 15.05.1829
AK	Kaartsysteem ipr T.C.M. Asser Instituut
Art.	Artikel
B & R	Burgerzaken en Recht
BW	Nederlands Burgerlijk Wetboek
CIEC	Commission International de l'Etat Civil
DB	Der Betrieb
DNotZ	Deutsche Notar-Zeitschrift
EuGH	Europäischer Gerichtshof
EuZW	Europäische Zeitschrift für Wirtschaftsrecht
EVÜ	Europäisches Schuldvertragsübereinkommen
FJR	Tijdschrift voor Familie- en Jeugdrecht
HPS	Het Personeel Statuut
IJVO	Jahresheft der Internationalen Juristenvereinigung Osnabrück
IPRax	Praxis des Internationalen Privat- und Verfahrensrechts
JutD	Juridisch up to Date
Ktg.	Kantongerecht
Med.NVIR	Mededelingen van de Nederlandse Vereniging voor Internationaal Recht
MittRhNotK	Mitteilungen der Rheinischen Notarkammer
MvT	Memorie van Toelichting
NILR	Netherlands International Law Review
NIPR	Nederlands Internationaal Privaatrecht
NJ	Nederlandse Jurisprudentie
NJB	Nederlands Juristenblad
NTBR	Nederlands Tijdschrift voor Burgerlijk Recht
NTIR	Nederlands Tijdschrift voor Internationaal Recht
NV	De Naamloze vennootschap
Pres.Rb	President van de rechtbank in kort geding
RabelsZ	Rabels Zeitschrift für ausländisches und internationales Privatrecht
Rb.	Rechtbank
Rev.crit.	Revue critique de droit international privé
RIW	Recht der Internationalen Wirtschaft
RM Themis	Rechtsgeleerd Magazijn Themis
RvdW	Rechtspraak van de Week

Stb.	Staatsblad van het Koninkrijk der Nederlanden
Stcrt.	Staatscourant
S & S	Schip en Schade
Trb.	Tractatenblad
TVVS	Maandblad voor Ondernemingsrecht en Rechtspersonen
WCC	Wet conflictenrecht corporaties
WCE	Wet conflictenrecht echtscheiding
WCErf	Wet conflictenrecht erfopvolging
WCH	Wet conflictenrecht huwelijk
WCHvr	Wet conflictenrecht huwelijksvermogensregime
WCN	Wet conflictenrecht namen
WCt	Wet conflictenrecht trust
WFBV	Wet op de formeel buitenlandse vennootschappen
WPNR	Weekblad voor Privaatrecht, Notariaat en Registratie
ZEV	Zeitschrift für Erbrecht und Vermögensnachfolge
ZfJ	Zeitschrift für Jugendrecht und Jugendwohlfahrt
ZfRV	Zeitschrift für Rechtsvergleichung

Bezüglich weiterer Abkürzungen wird verwiesen auf:

Kirchner, Hildebert: Abkürzungsverzeichnis der Rechtssprache, 4. Auflage, Berlin 1993

Erster Teil. Einleitung

Das niederländische Internationale Privatrecht[1] befindet sich in einer Übergangsphase. Seit Beginn der sechziger Jahre haben sich auf dem Gebiet des Internationalen Privatrechts der Niederlande zahlreiche einschneidende Veränderungen vollzogen. Zu nennen sind hierbei in erster Linie die Erosion des Staatsangehörigkeitsprinzips im Internationalen Familienrecht, die zunehmende Akzeptanz der Parteiautonomie in den Bereichen des Vertragsrechts, des Ehegüterrechts, des Scheidungsrechts sowie teilweise des Erbrechts, der zunehmende Einfluß des Obersten Gerichtshofes in Zivilsachen (*Hoge Raad*), die Aufgabe des Benelux-Einheitsgesetzes und seine Folgen, das Inkrafttreten einer Vielzahl von internationalprivatrechtlichen Staatsverträgen sowie die stetige Zunahme von Entwicklungen auf europäischer Ebene.

Im Gegensatz zu den meisten europäischen Staaten existiert in den Niederlanden bislang noch keine umfassende Kodifikation des Internationalen Privatrechts Zwar erfuhren insbesondere in den neunziger Jahren große Teile des Zivil- und Handelsrechts eine grundlegende Reformierung. So trat etwa am 01.01.1992 als wesentlichste Neuregelung das umgestaltete Vermögensrecht in Kraft. Seit diesem Zeitpunkt gelten die neuen Bücher 3 (Allgemeines Vermögensrecht), 5 (Sachenrecht), 6 (allgemeines Schuldrecht) sowie ferner Teile des 7. Buches (Besondere Verträge) des Neuen Bürgerlichen Gesetzbuches. Vorangegangen waren bereits eine Überarbeitung des 1. Buches (Personen- und Familienrecht) im Jahre 1970, des 2. Buches (Juristische Personen) im Jahre 1976 sowie des 8. Buches (Transportrecht) im Jahre 1991[2]. Trotz dieser umfassenden Neuregelung von Zivil- und Handelsrecht wurde eine Kodifikation des Internationalen Privatrechts in diesem Zusammenhang ausgespart. Diese Tatsache bedeutet jedoch nicht, daß das Internationale Privatrecht aus dem Blickfeld des niederländischen Gesetzgebers

---

1 Nach niederländischem Begriffsverständnis unterfallen dem „Internationalen Privatrecht" sowohl das Kollisionsrecht als auch das Internationale Zivilverfahrensrecht, vgl. *Boele-Woelki*, AA 1997 katern 63, 2996 (2997); *Koppenol-Laforce*, International Contracts, S. 114. In dieser Arbeit wird der Begriff nach deutschem Verständnis verwandt. Die dargestellten Entwicklungen beziehen sich ausschließlich auf die Niederlande selbst. Auf das Internationale Privatrecht der Niederländischen Antillen sowie Arubas wird nicht eingegangen (vgl. hierzu *ten Wolde*, Nederlands Antilliaans en Arubaans internationaal privaatrecht).

2 Zu der Neuregelung des niederländischen Zivil- und Handelsrechts vgl. insbesondere die deutschsprachigen Veröffentlichungen von *Drobnig*, European Review of Private Law 1993, 171 (172 ff.); *Hartkamp*, AcP 191 (1991), 396 (396 ff.); *Hartkamp*, RabelsZ 57 (1993), 664 (668 ff.); *Hondius*, AcP 191 (1991), 378 (378 ff.); *Vranken*, AcP 191 (1991), 411 (411 ff.) sowie *Zweigert/Kötz*, Einführung in die Rechtsvergleichung, 100 f. Zum Einfluß des Neuen Bürgerlichen Gesetzbuches außerhalb der Niederlande vgl. *van Erp*, IJVO 5 (1995/96), 37 (41 ff.).

geraten ist. Vielmehr vollzogen sich in den letzten Jahren auf diesem Gebiet zahlreiche dynamische Entwicklungen.

Bis Ende der achtziger Jahre bestand in den Niederlanden noch eine starke Zurückhaltung gegenüber einer autonomen gesetzlichen Regelung des Internationalen Privatrechts. Es handelte sich um ein größtenteils unkodifiziertes Rechtsgebiet. Ende der achtziger Jahre nahmen die legislativen Aktivitäten auf diesem Terrain zu. Ohne großes Aufsehen entschied sich der niederländische Gesetzgeber für einen im Vergleich zu IPR-Kodifikationen anderer Staaten sehr ungewöhnlichen Weg: Von der Ausarbeitung eines das Internationale Privatrecht erschöpfend regelnden Gesetzesentwurfs wurde abgesehen. Der niederländische Gesetzgeber beschränkte seine gesetzgeberischen Aktivitäten zunächst auf einzelne Teilbereiche des Internationalen Privatrechts. Diese wurden und werden auch zukünftig noch unabhängig voneinander in einzelnen kleinen Gesetzen geregelt (sog. *aanbouwwetgeving*)[3]. Letztendlich sollen die verschiedenen Einzelgesetze zu einem Ganzen zusammengefügt werden. Der geplanten IPR-Kodifikation kommt dann im wesentlichen nur noch die Funktion einer Konsolidierung der Teilkollisionsgesetze zu.

Im Zuge dieser Entwicklung veröffentlichte das niederländische Justizministerium im Jahre 1992 die Skizze eines allgemeinen IPR-Gesetzes (sog. *IPR-Schets*)[4]. Die IPR-Skizze gab eine Übersicht der bis zum damaligen Zeitpunkt geltenden und vorgeschlagenen kollisionsrechtlichen Gesetzesbestimmungen, ohne selbst bindende Kraft zu besitzen. In der folgenden Zeit wurden die noch bestehenden Lükken zunehmend angefüllt. Das bis Beginn der achtziger Jahre noch größtenteils unkodifizierte, durch richterliche Rechtsfortbildung geprägte Rechtsgebiet entwickelte sich zu einem partiell kodifizierten Rechtsgebiet. In den letzten Jahren verstärkten sich die gesetzgeberischen Aktivitäten in diesem Bereich erneut. Die Entwicklung auf dem Gebiet des Internationalen Privatrechts der Niederlande ist noch nicht abgeschlossen; das Rechtsgebiet befindet sich weiterhin in Bewegung. Das angestrebte Ziel ist jedoch klar: durch Konsolidierung der verschiedenen Einzelgesetze soll letztendlich ein einheitliches Ganzes erreicht werden. Die auf diesem Weg in den vergangenen Jahren erzielten (Teil-)Erfolge werden im Dritten Teil dieser Arbeit angesprochen. Zuvor werden im Zweiten Teil die strukturellen Voraussetzungen für die Fortentwicklung des Internationalen Privatrechts in den

---

[3] Auch eine Kodifikation des Internationalen Verfahrensrechts wird angestrebt. Auch diesbezüglich ist ein Vorentwurf des Justizministeriums veröffentlicht worden, dessen erste Bestimmungen in NIPR 1993, 319 ff. abgedruckt sind. Vgl. hierzu auch *Kokkini-Iatridou/Boele-Woelki*, NIPR 1993, 323 (327 ff.).

[4] Der Text dieser IPR-Skizze ist abgedruckt in WPNR 1993, 6103, 605 ff. und in NIPR 1992, 451 ff.

Niederlanden aufgezeigt. Diese Arbeit schließt mit einem Ausblick in die Zukunft ab.

Zweiter Teil. Voraussetzungen für die heutige Entwicklung

Eine umfassende Kodifikation des Internationalen Privatrechts existierte in den Niederlanden weder in der Vergangenheit noch ist sie bis zum heutigen Zeitpunkt erfolgreich vollendet worden. Im Vergleich zu anderen niederländischen Rechtsgebieten spielten bei der Prägung des Internationalen Privatrechts legislative Normen nie eine herausragende Rolle[5]. Eine von gesetzlichen Normen ausgehende Entwicklung fand größtenteils nicht statt. Da es an einer Kodifikation mangelt, zeichnet sich das Internationale Privatrecht der Niederlande seit jeher durch eine Vielzahl von Regelungen unterschiedlichen Ursprungs aus. Im Zweiten Teil dieser Arbeit wird zunächst in § 1 thematisiert, aus welchen Rechtsquellen sich das Rechtsgebiet zusammensetzt und inwiefern sich die Bedeutung der einzelnen Rechtsquellen in Laufe der Zeit geändert hat. Anschließend werden unter § 2 einige strukturelle Begebenheiten in den Niederlanden erörtert, die die Entwicklung des Internationalen Privatrechts in den Niederlanden beeinflussen. Der § 3 befaßt sich abschließend mit den in den Niederlanden bereits unternommenen Kodifikationsversuchen auf diesem Feld. Eingegangen wird insbesondere auf die Konsequenzen, die die bestehende Normenvielfalt für die Kodifikationsbestrebungen mit sich brachte.

§ 1. Rechtsquellen des niederländischen IPR

Wie bereits erwähnt, prägte keine nationale Kodifikation das Internationale Privatrecht der Niederlande. Das Rechtsgebiet setzte sich seit jeher aus Regelungen unterschiedlichsten Ursprungs zusammen. Heute finden sich die relevanten Bestimmungen vorwiegend in Staatsverträgen; zunehmend werden internationalprivatrechtliche Regelungen aber auch vom niederländischen Gesetzgeber erlassen. Bestehende Lücken werden und wurden in der Vergangenheit in erster Linie durch die Rechtsprechung geschlossen. Neben den offiziell anerkannten Rechtsquellen[6] besitzt die Rechtswissenschaft seit langer Zeit eine bedeutende Funktion für die Entwicklung des Internationalen Privatrechts. Sie formte das Rechtsgebiet entscheidend mit. Auf die einzelnen Rechtsquellen und ihre sich im Laufe der Jahrzehnte teilweise wandelnde Bedeutung ist nun detaillierter einzugehen.

I. Staatsverträge und andere internationale Regelungen

Internationale Regelungen stellen für das Internationale Privatrecht der Niederlande eine ganz wesentliche Rechtsquelle dar. Ihre Bedeutung nahm in der jünge-

---

[5] Vgl. *Jessurun d'Oliveira*, RabelsZ 39 (1975), 224 (227 f.).

[6] Zu den Rechtsquellen des niederländischen Rechts allgemein vgl. *Knottenbelt/Torringa*, Inleiding in het Nederlandse Recht, S. 49 ff.

ren Vergangenheit noch stetig zu[7]. Hintergrund der wachsenden Relevanz ist das vor allem in den Niederlanden vorherrschende Bestreben, eine Vereinheitlichung auf internationaler Ebene herbeizuführen, zumindest aber konsensfähige Normen zu entwickeln. Zur Erlangung vereinheitlichter Verweisungsresultate und zur Förderung der internationalen Entscheidungsharmonie waren multilaterale Staatsverträge das vorrangige Mittel[8]. Insbesondere seit Beginn der sechziger Jahre sind für die Niederlande zahlreiche bi- und multilaterale Staatsverträge auf dem Gebiet des Internationalen Privatrechts in Kraft getreten. Die das Kollisionsrecht der Niederlande prägenden Staatsverträge sind teilweise das Ergebnis internationaler Verhandlungen, teilweise aber auch das Resultat der Arbeit von Internationalen Organisationen, die sich die Rechtsvereinheitlichung auf dem Gebiet des Internationalen Privatrechts zur Aufgabe gemacht haben. Das für die Niederlande wichtigste Gremium, in dem internationalprivatrechtliche Übereinkommen erarbeitet werden, ist die Haager Konferenz für das Internationale Privatrecht (Haager Konferenz).

1. Haager Konferenz für das Internationale Privatrecht

Einen besonderen Stellenwert für die Vereinheitlichung des Internationalen Privatrechts genießt in den Niederlanden die Haager Konferenz für das Internationale Privatrecht. Neben ihrer allgemeinen Bedeutung beeinflußt sie in besonderem Maße die internationalprivatrechtlichen Entwicklungen ihres Gastgeberlandes.

a) Allgemeine Bedeutung der Haager Konferenz

Die Vorgeschichte der für die Niederlande so bedeutenden Haager Konferenz reicht bis in die Mitte des 19. Jahrhunderts zurück. Der Rechtslehrer und Staatsmann *Mancini* hatte in den Jahren 1874 und 1881 vergeblich versucht, eine internationale Konferenz zur Vereinheitlichung des Internationalen Privatrechts zustande zu bringen[9]. Im Jahre 1893 gelang es dem niederländischen Staatsrat *Asser*, die niederländische Regierung zur Einberufung einer solchen Staatenkonferenz zu veranlassen[10]. Nach ihrer Gründung versammelte sich die Haager Konferenz in

---

7 So auch die Einschätzung von *Pellis*, NJB 1997, 469 (469) sowie von *Strikwerda*, Inleiding, S. 28.

8 Vgl. *Boele-Woelki/Joustra/Steenhoff*, Dutch Private International Law at the End of the 20 th century; in: Netherlands Reports to the Fifteenth International Congress of Comparative Law, Bristol 1998, S. 203 (205); *Polak*, IPR voor het Forum van de *Hoge Raad*, S. 27; *Polak*, NJB 1993, 681 (681).

9 Vgl. *Kropholler*, IPR, § 9 I.

10 Siehe im einzelnen *Lemaire*, Hoofdlijnen, S. 56; *Steenhoff*, Rev.crit. 83 (1994), 297 (297 ff.); *Steenhoff*, De Wetenschap van het Internationaal Privaatrecht, S. 103.

Den Haag. Die wichtigste Zielsetzung besteht seitdem in der Rechtsvereinheitlichung des Internationalen Privatrechts[11]. Zu diesem Zweck erarbeitet die Konferenz grundsätzlich (von Sondersitzungen abgesehen) alle vier Jahre[12] Übereinkommensentwürfe, die der Unterzeichnung sowie der Ratifikation durch die teilnehmenden Staaten bedürfen.

Seit ihrer Gründung verlief die Geschichte der Haager Konferenz wechselhaft. Die ersten vier Tagungen[13] fanden in den Jahren 1893, 1894, 1900 und 1904 statt und werden als erste Blütezeit der Haager Konferenz beschrieben[14]. Zwar gelang keine umfassende staatsvertragliche Regelung des Internationalen Privatrechts, wie sie durch *Asser* angestrebt wurde, doch wurden in diesen Zeitraum fünf Abkommen im Bereich des Internationalen Familienrechts und des Internationalen Zivilprozeßrechts erarbeitet, die von einer beachtlichen Zahl der europäischen Mitgliedstaaten ratifiziert wurden[15]. Nach dem ersten Weltkrieg folgte fast ein halbes Jahrhundert der Desillusionierung. Die beiden einzigen in dieser Zeit abgehaltenen Sitzungen (1925 und 1928) verliefen ohne Erfolg. Die dort erarbeiteten Entwürfe auf den Gebieten des Erb-, Konkurs- und Prozeßrechts traten nie in Kraft. Erst nach dem Zweiten Weltkrieg erlebte die Haager Konferenz eine zweite Blütezeit[16]. Bereits im Jahre 1951 wurde die siebte Tagung abgehalten. Im Verlauf dieser Sitzung beschloß die Haager Konferenz eine Satzung, um den ständigen Charakter der Institution zu unterstreichen[17].

---

11 Artikel 1 des Statuts der Haager Konferenz für Internationales Privatrecht (abgedruckt in BGBl. 1951 II 982); vgl. auch *Junker*, IPR, Rn. 44; *Kropholler*, IPR, § 9 I; *Schultsz*, NJB 1993, 659 (668).

12 Artikel 3 des Statuts der Haager Konferenz für Internationales Privatrecht.

13 Über jede Sitzung unterrichten umfangreiche Materialien: die "Actes et Documents". Darin befinden sich die Abkommenstexte, die wichtigsten vorbereitenden Dokumente, die Diskussionsbeiträge der Teilnehmer sowie zu jedem Abkommen einen erläuternden Bericht eines durch die Konferenz bestellten Berichterstatters. Außerdem ist in den „Actes et Documents" eine Bibliographie zur Haager Konferenz sowie zu ihren einzelnen Tagungen und Konventionen enthalten.

14 Vgl. *Junker*, IPR, Rn. 44; *Kropholler*, IPR, § 9 I.

15 Heute besitzen die frühen Haager Übereinkommen nur noch eingeschränkte Bedeutung. Teilweise wurden sie durch neue Haager Übereinkommen überlagert, teilweise von Vertragsstaaten aufgekündigt oder zwischen den Feindstaaten nach den Weltkriegen nicht mehr angewendet. Zur praktischen Bedeutung für die Niederlande vgl. den Dritten Teil dieser Arbeit.

16 *Lemaire*, Hoofdlijnen S. 57; *Pirrung*, Die Haager Konferenz für IPR; in: FS für Ferid, S. 339 (342).

17 Die Satzung vom 31.10.1951 ist abgedruckt in BGBl. 1959 II 981 sowie auf niederländisch in Trb. 1953, Nr. 80 und Trb. 1955, Nr. 150. Vgl. hierzu auch *Koppenol-Laforce*, International Contracts, S. 117; *van Loon*, Inleiding; in: Staatscommissie IPR, Geselecteerde adviezen, S. XI f.

Heutzutage handelt es sich bei der Haager Konferenz um eine Internationale Organisation, die mehr als 40 Mitgliedstaaten besitzt. Verwaltendes Organ der Haager Konferenz ist die niederländische Staatskommission für das Internationale Privatrecht (*Nederlandse Staatscommissie voor het internationaal privaatrecht*). Diese Staatskommission wurde auf königlichen Beschluß vom 20.02.1897[18] einbestellt, um Vorbereitungen zur Förderung der Kodifikation des Internationalen Privatrechts zu treffen. Die Staatskommission leitet ein Ständiges Büro, welches in erster Linie mit der Vorbereitung und Organisation der Tagungen der Haager Konferenz betraut ist und als Sekretariat fungiert[19]. Durch die große Anzahl an Mitgliedstaaten ist die Haager Konferenz mittlerweile eine weltumspannende Organisation zur Vereinheitlichung des Internationalen Privatrechts geworden[20]. Nach dem Zweiten Weltkrieg sind mehr als 30 international-privatrechtliche Abkommen zustande gekommen[21].

Die von der Haager Konferenz erarbeiteten Übereinkommen lassen sich grob in drei Kategorien einteilen. Die erste Gruppe der Übereinkommen strebt die Vereinheitlichung von Kollisionsnormen an, während eine weitere Fragen des Prozeßrechts regelt. Eine dritte Gruppe schafft einen Rahmen für die Zusammenarbeit zwischen den Vertragsstaaten bzw. zwischen den auf diesem Gebiet zuständigen Behörden (den sog. Zentralen Behörden) der jeweiligen Vertragsstaaten. Letztere Übereinkommensgruppe ist, gemessen an der Anzahl ihrer Ratifikationen, die erfolgreichste[22]. Die Übereinkommen hingegen, die auf die Vereinheitlichung von Kollisionsnormen zielen, sind größtenteils von wenigen Ländern ratifiziert worden[23]. Doch auch solche Übereinkommen, die nicht von großem Erfolg gekrönt waren, etwa weil sie überhaupt nicht in Kraft traten oder nur von wenigen Staaten

---

18 Koninklijke Besluit vom 20.02.1897, Nr. 1, Stcrt 24.02.1897, Nr. 46, S. 1.

19 Vgl. Artikel 4 des Statuts der Haager Konferenz für Internationales Privatrecht.

20 *Kropholler*, IPR, § 9 I; *Pirrung*, IPRax 1987, 52 (55); *Struycken*, De unificatie van het IPR in de 21e eeuw; in: Globalisiering van het IPR, S. 53 (59).

21 Eine jüngere Übersicht über den Ratifikationsstand bezüglich der Haager Übereinkommen findet sich etwa in WPNR 1999, 6376, 802 (802 ff.). Die permanent ergänzten Daten finden sich auch auf der homepage der Haager Konferenz für das Internationale Privatrecht: www.hcch.net.

22 Vgl. etwa das *Haager Übereinkommen zur Befreiung der ausländischer öffentlicher Urkunden von der Legalisation* vom 05.10.1961 (abgedruckt bei *Jayme/Hausmann*, Nr. 130); das *Haager Übereinkommen über die zivilrechtlichen Aspekte internationaler Kindesentführung* vom 20.05.1980 (abgedruckt bei *Jayme/Hausmann*, Nr. 114) sowie dem *Haager Übereinkommen über die Zustellung gerichtlicher und außergerichtlicher Schriftstücke im Ausland in Zivil- oder Handelssachen* vom 15.11.1965 (abgedruckt bei *Jayme/Hausmann*, Nr. 107). Vgl. auch *de Boer*, NJB 1993, 685 (686).

23 Vgl. hierzu auch *Polak*, NJB 1993, 681 (681); *Sauveplanne*, Elementair internationaal privaatrecht, S. 21; *Schultsz*, NJB 1993, 659 (667).

ratifiziert wurden, haben die Rechtsprechung der Mitgliedsstaaten sowie deren nationale Gesetzgebungsprozesse häufig inspiriert[24]. Von der Haager Konferenz erarbeitete internationalprivatrechtliche Methoden setzten sich damit auf indirektem Wege durch.

b) Besondere Bedeutung der Haager Konferenz für die Niederlande

Für das Königreich der Niederlande besitzt die Haager Konferenz einen ganz speziellen Stellenwert. Im Gastland der Haager Konferenz bilden die im Rahmen der Haager Konferenz erarbeiteten IPR-Regelungen das Kernstück der in diesen Bereich geltenden Vorschriften[25]. Kein anderes Land ratifizierte mehr Haager Übereinkommen als die Niederlande[26]. Die besondere Ratifikationsbereitschaft der Niederlande insbesondere hinsichtlich der nach dem Zweiten Weltkrieg im Rahmen der Haager Konferenz erarbeiteten Staatsverträge ist auf vielerlei Gründe zurückzuführen. Zum einen haben die Niederlande als Ausrichtungsstaat der Haager Konferenz eine besondere Verantwortung für ihren Erfolg übernommen. Sie stehen daher vor allem den im Rahmen dieser Internationalen Organisation erarbeiteten Staatsverträgen positiv gegenüber[27]. Für die herausragende Bedeutung der Haager Konferenz für das niederländische Internationale Privatrecht ist zudem die Funktion der niederländischen Staatskommission für das Internationale Privatrecht ursächlich[28]. Die hauptsächliche Aufgabe der niederländischen Staatskommission für das Internationale Privatrecht besteht in der Vorbereitung der Sitzungen der Haager Konferenzen sowie der Auswahl der zu behandelnden Themen[29]. Das Gremium übt somit entscheidenden Einfluß auf den Inhalt und den Verlauf

---

24 Vgl. *Lemaire*, Hoofdlijnen, S. 59; *van Rooij/Polak*, Private International Law in the Netherlands, S. 7; *Schultsz*, NJB 1993, 659 (667).

25 Dies gilt sowohl auf dem Gebiet des Internationalen Verfahrensrechts sowie auch im Bereich des Kollisionsrechts; vgl. hierzu *Koppenol-Laforce*, International Contracts, S. 120; *van Rooij/Polak*, Private International Law in the Netherlands, S. 7; *Strikwerda*, NJB 1993, 673 (674 ff.); *Strikwerda*, Inleiding, S. 28 f.

26 *de Boer*, NJB 1993, 685 (685). Siehe auch die Übersichten bei *de Boer*, NILR 1993, 1 (6 ff.); *de Boer*, NJB 1993, 685 (688 ff.); *Strikwerda*, Inleiding, S. 29.

27 Teilweise wird in der Literatur von einer Ehrenpflicht für die Niederlande gesprochen, die erarbeiteten Haager Übereinkommen zu unterzeichnen, so *Breemhaar*, IPRax 1983, 93 (94). Kündigungen bereits ratifizierter Haager Übereinkommen wurden vermieden, um dem Ansehen der Haager Konferenz in der Welt nicht zu schaden; vgl. *Steenhoff*, Honderd jaar Staatscommissie voor het Internationaal Privaatrecht, S. 39. Zu der von den Niederlanden übernommenen Verantwortung vgl. *Knottenbelt/Torringa*, Inleiding in het Nederlandse Recht, S. 338; *Struycken*, AA 45 (1996), 347 (350 ff.).

28 Näher zur Struktur und den Aufgaben der Staatskommission für das Internationale Privatrecht siehe Seite 29 f.

29 Vgl. Artikel 5 des Statuts der Haager Konferenz für Internationales Privatrecht.

der Haager Konferenzen aus[30]. Andererseits ist die Staatskommission eng mit der Entwicklung des autonomen Internationalen Privatrechts verbunden. Die nationale Aufgabe der Staatskommission besteht in der Vorbereitung von Maßnahmen, die eine Kodifikation des niederländischen Internationalen Privatrechts voran bringen. Dieser Aufgabe kommt sie in erster Linie durch Gutachten nach[31]. In ihnen werden insbesondere Fragen nach einer eventuellen Zustimmung zu den von der Haager Konferenz ausgearbeiteten Abkommen thematisiert sowie Ratifikationsgesetzesentwürfe der Niederlande erörtert[32]. Die gutachterlichen Stellungnahmen der Expertenkommission beeinflussen die vom Justizministerium ausgearbeiteten Gesetzesentwürfe, welche über die zukünftig in den Niederlanden geltenden internationalprivatrechtlichen Normen entscheiden. Die Wechselwirkung zwischen den Gremien ist groß, da unwahrscheinlich ist, daß sich die Staatskommission gegen die Übernahme eines Abkommen ausspricht, an dessen Vorbereitung sie selbst aktiv mitgewirkt hat. Im Gegenzug ist zudem nicht zu erwarten, daß die niederländische Regierung den Rat eines Fachgremiums wie der Staatskommission unbeachtet läßt. Die im Rahmen der Haager Konferenz erarbeiteten Regelungen finden daher generell Eingang in das autonome niederländische Internationale Privatrecht. Die Doppelfunktion der Staatskommission führt somit zu einer engen Verzahnung zwischen dem im Rahmen der Haager Konferenz erarbeiteten Übereinkommen und dem autonomen niederländischen Kollisionsrecht. Der internationalen Vereinheitlichung des Internationalen Privatrechts ist gegenüber einer nationalen Kodifikation eindeutig der Vorrang eingeräumt worden.

2. Rechtsvereinheitlichung im Rahmen anderer Institutionen

Darüber hinaus haben sich die Niederlande weiteren internationalen Institutionen angeschlossen, die sich die Vereinheitlichung des Internationalen Privatrechts zum Ziel gesetzt haben[33]. Auch diese Gremien haben die Chance erkannt, durch ein komplexes Netzwerk von internationalprivatrechtlichen Regelungen staats-

---

[30] Mittlerweile hat sich dieser Aufgabe eine Spezialkommission des Ständigen Büros der Haager Konferenz angenommen.

[31] Eine Sammlung der gutachterlichen Stellungnahmen der Staatskommission auf dem Gebiet des Internationalen Privatrechts findet sich bei *Frohn/Hennis*, Staatscommissie IPR, Geselecteerde adviezen, S. 1 ff.

[32] Vgl. hierzu *Boele-Woelki*, Die Effektivitätsprüfung, S. 7; *Boele-Woelki/Joustra/Steenhoff*, Dutch Private International Law at the End of the 20 th century; in: Netherlands Reports to the Fifteenth International Congress of Comparative Law, Bristol 1998, S. 203 (204), *Polak*, NJB 1988, 695 (695); *Strikwerda*, NJB 1993, 673 (673); *Giesen/Haak*, AA 44 (1995), 555 (557).

[33] Vgl. *de Boer*, NJB 1993, 685 (686); *Jessurun d'Oliveira*, Codification et unification; in: Unification and Comparative Law in Theory and Practice, S. 117 (120 f.); *Koppenol-Laforce*, International Contracts, S. 118 f.

vertraglichen Ursprungs den internationalen Entscheidungseinklang zu fördern[34]. Für die Niederlande haben hauptsächlich die im Rahmen des Europarats und der Internationalen Kommission für das Zivilstandswesen (CIEC)[35] entwickelten Regelungen weitreichende Bedeutung erlangt[36].

Besonderer Berücksichtigung bedürfen zudem die innerhalb der Europäischen Union unternommenen Bestrebungen. Durch die Verträge von Maastricht und Amsterdam wurden zahlreiche Kompetenzen auf dem Gebiet des Internationalen Privatrechts auf die Europäische Gemeinschaft übertragen. Auf europäischer Ebene getroffene internationalprivatrechtliche Regelungen gewinnen für die Mitgliedstaaten immer mehr Einfluß[37]. Der Vertrag von Amsterdam vom 02.10.1997[38] weist dem Rat durch Artikel 65 lit. b) erstmals die Aufgabe zu, die Vereinbarkeit der in den Mitgliedstaaten geltenden Kollisionsnormen zu fördern[39]. Zu den dazu zur Verfügung stehenden Instrumentarien gehören zum einen Übereinkommen; weitreichende Relevanz kommt etwa dem *Römischen EWG-Übereinkommen über das auf vertragliche Schuldverhältnisse anzuwendende Recht* vom 19.06.1980 (EVÜ) zu[40]. Im Unterschied zu anderen kollisionsrechtlichen Staatsverträgen ent-

---

34 Vgl. *de Boer*, NJB 1993, 685 (686); *de Boer*, Vast en zeker?, S. 3; *Kötz*, RabelsZ 50 (1986), 562 (564).

35 Die im Jahre 1948 gegründete Internationale Kommission für das Zivilstandswesen dient als eine wichtige Informationsbörse für die Entwicklung und des Personen-, Familien- und Staatsangehörigkeitsrechts in den Mitgliedstaaten. Durch die Ausarbeitung von Übereinkommen soll der zwischenstaatliche Verkehr auf den o.g. Gebieten erleichtert werden; vgl. *Böhmer*, StAZ 1980, 10 (10).

36 Vgl. hierzu Van Apeldoorn (*Jessurun d'Oliveira*), Inleiding tot de studie van het Nederlandse recht, S. 208 f.; C/G/H/K (*de Boer/Kotting*), Introduction to Dutch law, S. 266; *Polak*, NJB 1988, 695 (695); *Sauveplanne*, Elementair internationaal privaatrecht, S. 20; *Steenhoff*, Dutch Attitudes Concerning the Unification of Private International Law, in: Unification and Comparative Law in Theory and Practice, S. 223 (226); *Strikwerda*, Inleiding, S. 30; *Struycken*, De unificatie van het IPR in de 21e eeuw; in: Globalisiering van het IPR, S. 53 (64 ff.); *Struycken*, AA 45 (1996), 347 (350).

37 Vgl. statt vieler *Junker*, RIW 1998, 741 (741).

38 Vertrag von Amsterdam zur Änderung des Vertrages über die Europäische Union, der Verträge zur Gründung der Europäischen Gemeinschaften sowie einiger zusammenhängender Rechtsakte vom 02.10.1997.

39 Zu den jüngsten Entwicklungen des Internationalen Privatrechts der Europäischen Gemeinschaft und den existierenden Problemen vgl. *von Hoffmann*, The Relevance of European Communitiy Law; in: European Private International Law, S. 19 (19 ff.) sowie die seit 1988 jährlich in der IPRax erscheinende Aufsatzreihe von *Jayme/Kohler*, deren vorläufigen Abschluß IPRax 1999, 401 (401 ff.) bildet.

40 In verfahrensrechtlicher Hinsicht ist insbesondere das *Brüsseler EWG-Übereinkommen über die gerichtliche Zuständigkeit und die Vollstreckung gerichtlicher Entscheidungen in Zivil- und Handelssachen* vom 27.09.1968 (EuGVÜ) von Bedeutung; vgl. zu anderen für die Nie-

hält das EVÜ grundlegende Kollisionsnormen für nahezu alle Vertragstypen und beschränkt sich nicht, wie etwa die Haager Übereinkommen, auf die Regelung eines speziellen Fragenkreises. Da das EVÜ verglichen mit den Haager Übereinkommen eine breite Materie regelt, erfuhr es im niederländischen Schrifttum große Zustimmung[41]. Diese umfassende Form der Normierung kommt speziell einem Rechtsgebiet wie dem niederländischen Internationalen Privatrecht zugute, da in dieser Weise das Rechtsgebiet übersichtlich gestaltet und die Anwendbarkeit für den Rechtsanwender erleichtert wird. In der Zukunft werden zunehmend Rechtssetzungsakte des sekundären Gemeinschaftsrechts an die Stelle von Staatsverträgen treten. In der Gegenwart gehören internationalprivatrechtliche Richtlinien bereits zu den europäischen Instrumentarien[42]; bislang harmonisierten diese Regelungen hauptsächlich materielle Vermögensrechte[43]. Die künftigen Ziele europäischer Rechtsvereinheitlichung im Internationalen Privatrecht werden immer ehrgeiziger: Richtlinien werden sich inhaltlich nicht mehr auf das Gebiet des Vermögensrechts beschränken[44]; auch werden die Regelungen des europäischen Kollisionsrechts in Form von Verordnungen erfolgen können[45]. Insgesamt wird der Einfluß europäischer IPR-Gesetzgebung auf das Internationale Privatrecht der Niederlande weiterhin zunehmen. Da die Europäische Union jedoch nicht als einzige Institution die Rechtsvereinheitlichung auf dem Gebiet des Internationalen Privatrechts voran treiben wird, wird etwa der Abstimmung zwischen der Europäischen Union und der Haager Konferenz in Zukunft fundamentale Bedeutung zukommen[46].

---

derlande relevanten Vertragsprojekten auch *Struycken*, De unificatie van het IPR in de 21e eeuw; in: Globalisiering van het IPR, S. 53 (65 ff.).

41 Vgl. statt vieler *Polak*, NJB 1993, 681 (682), der bemängelt, daß die Vorgehensweise der Haager Konferenz zu einer Zerstückelung des Internationalen Privatrechts und damit zu einer Unübersichtlichkeit der Regelungen führt.

42 Beispiele für auf Richtlinien basierende Regelungen in den Niederlanden sind das *Wet conflictenrecht levensverzekering* vom 23.12.1992 (Stb. 1993, Nr. 16) und das *Wet conflictenrecht schadeverzekering* vom 07.07.1993 (Stb. 1991, Nr. 300, Stb. 1993, Nr. 393 und Stb. 1994, Nr. 252).

43 Siehe *Joustra*, WPNR 1999, 6370, 664 (665 ff.); *Polak/van den Eeckhout*, NJB 2000, 573 (573).

44 Zu den geplanten europäischen Entwicklungen vgl. insbesondere den Aktionsplan des Rates und der Kommission zur bestmöglichen Umsetzung der Bestimmungen des Amsterdamer Vertrages über den Ausbau eines Raumes der Freiheit, der Sicherheit und des Rechts vom 23.01.1999, abgedruckt in ABl. EG 1999, C-19/1 (10 f.).

45 Ermöglicht wurde dies durch das Inkrafttreten des Amsterdamer Vertrages; vgl. hierzu *Jayme/Kohler*, IPRax 1999, 401 (401 f.); *Polak/van den Eeckhout*, NJB 2000, 573 (573).

46 Zum (Rang-)Verhältnis zwischen der Europäischen Union und der Haager Konferenz siehe *Duintjer Tebbens*, NJB 1993, 671 (671 f.); *Polak/van den Eeckhout*, NJB 2000, 573 (574).

3. Bedeutung der internationalen Regelungen für die Niederlande

Die Bedeutung von Staatsverträgen auf dem Gebiet des Internationalen Privatrechts hat für die Niederlande stetig zugenommen[47]. Das Königreich der Niederlande hat in umfangreichem Maße Staatsverträge ratifiziert. Die große Ratifikationsbereitschaft der Niederlande beschränkt sich dabei nicht nur auf die im Rahmen der Haager Konferenz erarbeiteten Übereinkommen. Die seit jeher hohe Akzeptanz von international vereinheitlichten Normen läßt sich auf verschiedene Ursachen zurückführen. Zum einen sind die Niederlande in vielen internationalen Gremien vertreten und können sich auf diese Weise aktiv an der Entwicklung neuer Vorschläge beteiligen[48]. Auch besteht in den Niederlanden der dazu erforderliche rechtspolitische Hintergrund. Die Auffassung, daß internationale Rechtssicherheit nur durch international vereinheitlichte IPR-Regeln erreicht werden könne, die vorzugsweise in internationalen Verträgen niedergelegt werden sollten, ist weit verbreitet[49]. Auch der Umstand, daß die Niederlande lange Zeit über eine nur sehr begrenzte Anzahl eigener kodifizierter IPR-Normen verfügte[50], förderte ihre Ratifikationsbereitschaft hinsichtlich der erarbeiteten Staatsverträge. Die auf internationaler Ebene erzielten Ergebnisse konnten flexibel in das autonome Internationale Privatrecht integriert werden. Zudem haben die Niederlande in der Vergangenheit bewiesen, daß sie bereits sind, international vereinheitlichte Regelungen auch dann zu übernehmen, wenn dies das Aufgeben ihrer bisherigen Rechtsprechungspraxis bedeutete[51]. Dieser Umstand erleichterte dem Königreich die Vertragsverhandlungen[52].

Gemäß Artikel 93, 94 *Grondwet* (niederländische Verfassung)[53] sind Vertragsbestimmungen und Beschlüsse völkerrechtlicher Organisationen, die ihrem Inhalt

---

47 Vgl. *Pellis*, NJB 1997, 469 (469) sowie *Strikwerda*, Inleiding, S. 28.

48 Vgl. auch *Strikwerda*, Inleiding, S. 29 f.; *Struycken*, AA 45 (1996), 347 (350 ff.).

49 Vgl. etwa bei *Boele-Woelki*, Die Effektivitätsprüfung, S. 5; *Lemaire*, Hoofdlijnen, S. 9; *Korthals Altes*, De Hoge Raad en het ongeschreven IPR, S. 31; *Sauveplanne*, Elementair internationaal privaatrecht, S. 19.

50 Siehe näher dazu Seite 31 ff.

51 So brachte etwa die Unterzeichnung des *Haager Übereinkommens auf das auf Ehegüterstände anzuwendende Recht* vom 14.03.1978 eine tiefgreifende Änderung gegenüber den zuvor durch Richterrecht entwickelten Regelungen.

52 Vgl. *Boele-Woelki*, Die Effektivitätsprüfung, S. 6; *Lemaire*, Hoofdlijnen, S. 9.

53 Artikel 93 *Grondwet* lautet: Bestimmungen von Verträgen und Beschlüssen völkerrechtlicher Organisationen, die nach ihrem Inhalt allgemeinverbindlich sein können, sind nach ihrer Veröffentlichung verbindlich.

Artikel 94 *Grondwet* lautet: Innerhalb des Königreiches geltende gesetzliche Vorschriften werden nicht angewendet, wenn die Anwendung mit allgemein verbindlichen Bestimmungen von Verträgen und Beschlüssen völkerrechtlicher Organisationen nicht vereinbar ist.

nach wechselseitig verbindlich sind, unmittelbar geltendes Recht. Mit der Hinterlegung der Ratifikationsurkunde gilt der völkerrechtliche Vertrag vom Zeitpunkt seines völkerrechtlichen Inkrafttretens für die Niederlande automatisch auch mit innerstaatlicher Wirkung, sofern seine Bestimmungen allgemeinverbindlich sind. Sie gehen nationalen Gesetzen und ungeschriebenen, durch die Rechtsprechung sowie die Literatur entwickelten Normen in der Normenhierarchie vor, ohne einer Transformation zu bedürfen[54]. Einfaches Recht, daß im Widerspruch zu solchen Vertragsbestimmungen steht, ist nicht anzuwenden. Aus der Vielzahl der Staatsverträge sowie durch die auf europäischer Ebene getroffenen Regelungen ergibt sich bereits eine hohe Regelungsdichte im Bereich des Internationalen Privatrechts.

Trotzdem kann das Defizit, das durch das Fehlen einer eigenen Kodifikation entstanden ist, durch die Vorschriften internationalen Ursprungs nur gelindert werden. Eine lückenlose Regelung dieses Rechtsgebietes allein durch die Ratifikation von Staatsverträgen kann wohl auch zukünftig nicht erreicht werden[55]. Die Gründe hierfür sind vielschichtig. Zunächst behandelt jeder Staatsvertrag eine eigene Materie. Diese schließt sich nicht zwangsläufig nahtlos an eine andere an. Zudem besitzen die internationalen Übereinkommen sehr unterschiedliche Zielsetzungen. Während einige darauf abzielen, allgemeine Regeln für das Internationale Privatrecht der Vertragsstaaten aufzustellen[56], lassen andere das nationale Internationale Privatrecht generell unangetastet, geben aber für spezielle Beziehungen zwischen den Vertragsstaaten derogierende Regelungen vor[57]. Andere Abkommen streben die Lösung des Hauptproblems des Internationalen Privatrechts an, indem sie die Vielfältigkeit der materiellen Regelungen durch einheitliches materielles Recht zu ersetzen suchen[58].

Die bloße Ratifikation internationaler Übereinkommen kann demzufolge eine autonome niederländische Kodifikation des Internationalen Privatrechts nicht völlig ersetzen. Ziel der Staatsverträge bleibt vielmehr die Vereinheitlichung von Teilbereichen. Da die Niederlande eine sehr große Anzahl an Staatsverträgen unterzeichnet haben, haben bereits viele Teilbereiche des Internationalen Privat-

---

54 Statt vieler *de Boer*, AA 42 (1993), 207 (209); C/G/H/K (*Alkema*), Introduction to Dutch Law, S. 315; *de Groot*, RabelsZ 63 (1999), 681 (682).

55 Vgl. *Struycken*, AA 45 (1996), 347 (351).

56 Beispielsweise Artikel 2 EVÜ.

57 Beispielsweise Artikel 6 Haager Übereinkommen über das auf das auf Unterhaltsverpflichtungen gegenüber Kindern anzuwendende Recht.

58 So sind die Niederlande u.a. etwa dem *Wiener UN-Übereinkommen über Verträge über den internationalen Warenkauf* vom 11.04.1980 und den *Genfer Verträgen über das Wechsel- und Scheckrecht* vom 07.06.1930 bzw. vom 19.03.1931 beigetreten.

rechts eine international verbindliche Regelung erfahren. Viele Fragen, die auf dem Gebiet des Internationalen Privatrechts entstehen, sind daher unter Beachtung von Regelungen staatsvertraglichen Ursprungs zu lösen. Bei nationalen Kodifikationsbestrebungen ist dieser Tatsache Rechnung zu tragen.

II. Nationale Gesetzgebung

Eine Kodifikation des Internationalen Privatrechts im Sinne einer erschöpfenden Zusammenfassung aller Rechtssätze in einem einheitlichen Gesetzeswerk existiert in den Niederlanden bis zum heutigen Tage nicht. Die unternommenen Kodifikationsversuche, auf die in § 3 dieser Arbeit noch näher eingegangen wird, mündeten bislang nicht in einem umfassenden IPR-Gesetz. Lange Zeit stand eine autonome Kodifikation nicht im Blickfeld des niederländischen Gesetzgebers; vielmehr wurde der internationalen Rechtsvereinheitlichung der Vorrang eingeräumt. Die im Laufe der Jahre durch Staatsverträge erreichte hohe Regelungsdichte auf dem Gebiet des Internationalen Privatrechts hemmte nationale Kodifikationsbestrebungen[59]. Erst in den letzten Jahren sind die Legislativorgane in diesem Bereich verstärkt tätig geworden[60]. Obwohl sich die ersten rudimentären gesetzlichen Vorschriften bereits im sog. Gesetz über die Allgemeinen Bestimmungen über die Gesetzgebung des Königreichs (*Wet houdende algemene bepalingen der Wetgeving van het Koninkrijk*, im Folgenden als *Wet Algemene Bepalingen* bzw. AB abgekürzt) vom 15.05.1829 fanden, lagen anschließend die Aktivitäten des niederländischen Gesetzgebers bis 1981 brach.

1. Gesetz *Wet Algemene Bepalingen* vom 15.05.1829

Im Zusammenhang mit den ersten großen Kodifikationsbestrebungen auf dem europäischen Kontinent zu Beginn des 19. Jahrhunderts wurde 1838 in den Niederlanden das erste eigene Zivilgesetzbuch (das sog. *Burgerlijk Wetboek*) eingeführt[61]. Dem Internationalen Privatrecht wurde zu diesem Zeitpunkt wenig Beachtung geschenkt bzw. diesbezügliche Bestimmungen wurden nicht als notwendig erachtet[62]. Das erste Bürgerliche Gesetzbuch der Niederlande enthielt keine Vorschriften, die Sachverhalte mit grenzüberschreitenden Bezügen grundlegend

---

[59] Vgl. *de Boer*, NJB 1993, 685 (686); *Jessurun d'Oliveira*, Codification et unification; in: Unification and Comparative Law in Theory and Practice, S. 117 (128 ff.).

[60] Zum parlamentarischen System der Niederlande vgl. C/G/H/K (*Alkema*), Introduction to Dutch Law, S. 300 ff.

[61] Die damalige Fassung des niederländischen *Burgerlijk Wetboek* war stark vom französischen Code civil geprägt; vgl. hierzu *Hondius*, AcP 191 (1991), 378 (382); *Zweigert/Kötz*, Einführung in die Rechtsvergleichung, S. 100 f.

[62] Siehe hierzu *Jessurun d'Oliveira*, RabelsZ 39 (1975), 224 (227 f.).

regelten[63]. Ein rudimentäres gesetzliches Fundament fand das Kollisionsrechts damals in drei außerhalb des Bürgerlichen Gesetzbuches niedergelegten Vorschriften. Die Artikel 6, 7 und 10 Gesetz betreffend die Allgemeinen Bestimmungen über die Gesetzgebung des Königreichs vom 15.05.1829 regelten das Personalstatut (Artikel 6 AB[64]), das Realstatut (Artikel 7 AB[65]) und das Formstatut (Artikel 10 AB[66]). In den Vorschriften spiegelte sich noch die von der Statutenlehre geprägte Unterteilung in *statuta personalia, realia* und *mixta* wider[67]. Lange Jahre bildeten die drei Vorschriften des *Wet Algemene Bepalingen* die hauptsächliche gesetzliche Grundlage des niederländischen Kollisionsrechts. Als im Laufe der Zeit die zivilrechtlichen Fälle mit grenzüberschreitendem Bezug stetig zunahmen, genügten die Artikel 6, 7 und 10 AB zur Bewältigung der aufgeworfenen Fragestellungen nicht mehr. Das Bedürfnis nach detaillierten Regelungen wurde wach[68]. Bis heute sind die Bestimmungen des Gesetzes betreffend die Allgemeinen Bestimmungen über die Gesetzgebung des Königreichs nicht außer Kraft gesetzt worden. Allerdings haben sie mittlerweile durch die Rechtsprechung, die Gesetzgebung und die Vielzahl der durch die Niederlande ratifizierten Staatsverträge eine Bedeutungsänderung erfahren[69].

---

63 Zu den vereinzelt im damaligen Bürgerlichen Gesetzbuch sowie in der zur gleichen Zeit in Kraft getretenen Zivilprozeßordnung enthaltenen internationalprivatrechtlichen Vorschriften vgl. *Polak*, NJB 1988, 695 (695); *van Rooij/Polak*, Private International Law in the Netherlands, S. 8; *Steenhoff*, De Wetenschap van hat Internationaal Privaatrecht in Nederland tussen 1862 en 1962, S. 6 f.; 407 ff.

64 Artikel 6 AB: Die Gesetze betreffend die Rechte, den Personenstand und die Geschäftsfähigkeit der Personen sind für die Niederländer verbindlich, auch wenn sie sich im Ausland befinden.

65 Artikel 7 AB: Bezüglich der unbeweglichen Güter gilt das Gesetz des Landes und des Ortes, wo sich diese Güter befinden.

66 Artikel 10 AB: Die Form aller Rechtsgeschäfte bestimmt sich nach dem Gesetz des Landes, in dem die Rechtsgeschäfte vorgenommen werden.

67 Van Apeldoorn (*Jessurun d'Oliveira*), Inleiding tot de studie van het Nederlandse recht, S. 206; *Boele-Woelki/Joustra/Steenhoff*, Dutch Private International Law at the End of the 20 th century; in: Netherlands Reports to the Fifteenth International Congress of Comparative Law, Bristol 1998, S. 203 (203); *Boele-Woelki*, Die Effektivitätsprüfung, S. 15; *de Boer*, Vast en zeker?, S. 2; *Cohen Henriquez*, IPR Trends, S. 4; *Jessurun d'Oliveira*, RabelsZ 39 (1975), 224 (227 f.); *Klosters-Dubbink*, Algemeen Deel, S. 101 f.; *Steenhoff*, De Wetenschap van hat Internationaal Privaatrecht in Nederland tussen 1862 en 1962, S. 5.

68 Vgl. hierzu *Jessurun d'Oliveira*, RabelsZ 39 (1975), 224 (228).

69 Speziell für Artikel 6 AB vgl. Van Apeldoorn (*Jessurun d'Oliveira*), Inleiding tot de studie van het Nederlandse recht, S. 210 ff.; *Boele-Woelki*, Die Effektivitätsprüfung, S. 35; *Voskuil* NTIR 1970, 11 (21 f.). Allgemein siehe *Boele-Woelki/Joustra/Steenhoff*, Dutch Private International Law at the End of the 20 th century; in: Netherlands Reports to the Fifteenth International Congress of Comparative Law, Bristol 1998, S. 203 (206); *Polak*, NJB 1988, 695 (697); *Strikwerda*, Inleiding, S. 27; *Vlas*, IPRax 1995, 194 (194).

2. Gesetzgeberische Erfolge der letzten Jahre

Durch die Zunahme des internationalen Verkehrs bildeten die im *Wet Algemene Bepalingen* getroffenen Regelungen im Laufe der Jahre keine ausreichende Grundlage mehr. Auch die konsequente Anwendung der *lex fori* wurde mit steigender Anzahl internationalprivatrechtlicher Fälle immer unhaltbarer[70]. Der niederländische Gesetzgeber war zum Handeln aufgerufen. Trotz dieser Entwicklungen blieb dieser bis zum Beginn der achtziger Jahre passiv. Kodifikationsbestrebungen mündeten nicht in Gesetzgebungsverfahren. Es bestand eine starke Zurückhaltung gegenüber der nationalen Kodifikation des Internationalen Privatrechts[71]. Die gesetzgeberische Passivität wurde durch die zahlreicher werdenden Regelungen staatsvertraglichen Ursprungs gelindert. Im Gegenzug hemmten die zunehmenden Ratifikationen einen nationalen Gesetzgebungsprozeß. Der niederländische Gesetzgeber fand verstärkt eine Situation vor, in der er sich aufgrund des gemäß Artikel 93, 94 *Grondwet* (niederländische Verfassung)[72] bestehenden Vorrangs an staatsvertragliche Normen gebunden sah und Freiräume für autonome Wege stetig kleiner wurden.

Erst in den letzten Jahren gelangte das Internationale Privatrechts wieder in der Weise in den Fokus des nationalen Gesetzgebers, daß gesetzgeberische Erfolge zu vermelden waren. Zu Beginn der achtziger Jahre fand das niederländische Justizministerium eine für die Niederlande gangbare Lösung, die nationale Gesetzgebungsbestrebungen mit den bestehenden staatsvertraglichen Regelungen in Einklang zu bringen.

Vorläufer einer Reihe weiterer (Teil-)Kodifikationen war ein Gesetz, das den Bereich der Internationalen Ehescheidung kodifizierte. Das damals lediglich aus drei Artikeln bestehende Gesetz über das IPR der Ehescheidung (*Wet conflictenrecht echtscheiding*) vom 25.03.1981[73] wurde anläßlich der Ratifikation des Luxemburger Übereinkommens über die Anerkennung von Entscheidungen in Ehesachen vom 08.09.1967 und dem Haager Abkommen über die Anerkennung von Ehescheidungen und Ehetrennungen vom 01.07.1970 ausgefertigt. Obwohl beide Staatsverträge lediglich Fragen der Anerkennung von ausländischen Ehescheidungen betreffen, nutzte der niederländische Gesetzgeber die Chance, auch das

---

70 Vgl. *Cohen Henriquez*, IPR Trends, S. 6; *Jessurun d'Oliveira*, RabelsZ 39 (1975), 224 (228).

71 Vgl. § 3 dieser Arbeit.

72 Vgl. hierzu auch *Boele-Woelki*, IPRax 1990, 337 (339); *van Rooij/Polak*, Private International Law in the Netherlands, S. 6; *Strikwerda*, Inleiding, S. 31.

73 Stb. 1981, Nr. 166, in Kraft seit dem 10.04.1981. Deutsche Übersetzung in IPRax 1982, 82.

Kollisionsrecht der Ehescheidung zu normieren[74]. Eine umfassende Regelung für den Bereich der Internationalen Ehescheidung wurde geschaffen. Nach dem Inkrafttreten des *Wet Algemene Bepalingen* stellte das Gesetz über das IPR der Ehescheidung die erste nationale (Teil-)Kodifikation des Internationalen Privatrechts dar. Besonders nachhaltige Bedeutung kommt dem Gesetz über das IPR der Ehescheidung deshalb zu, da in den Niederlanden erstmals eine nationale Kodifikation mit der Mitwirkung an einer internationalen Vereinheitlichung des Internationalen Privatrechts koordiniert wurde, mithin die beiden Ebenen harmonisiert wurden.

Als sich das Gesetz über das IPR der Ehescheidung in der Praxis bewährte[75], kam es zu einer Vervielfachung der nationalen Gesetzgebung im Bereich des Internationalen Privatrechts. In den folgenden Jahren wurden in den Niederlanden verschiedene ratifizierte Übereinkommen durch nationale Ausführungsgesetze ergänzt[76]. Zahlreiche Teilbereiche des Internationalen Privatrechts erfuhren somit eine gesetzliche Regelung. Besonders im Internationalen Familienrecht nahm die Regelungsdichte zu. Neben dem oben erwähnten Gesetz über das IPR der Ehescheidung (*Wet conflictenrecht echtscheiding*) vom 25.03.1981[77] finden sich gesetzliche Regelungen mittlerweile im Gesetz über das Internationale Namensrecht (*Wet conflictenrecht namen*) vom 03.07.1989[78], im Gesetz über das IPR der Eheschließung (*Wet conflictenrecht huwelijk*) vom 07.09.1989[79], im Gesetz über das IPR des Ehegüterrechts (*Wet conflictenrecht huwelijkvermogensregime*, abgekürzt als WCHvr) vom 20.11.1991[80] sowie im Gesetz über das IPR der allgemeinen Ehewirkungen (*Wet conflictenrecht huwelijksbetrekkingen*) vom 16.09.1993[81]. Der

---

74 Da durch die Staatsverträge nur Anerkennungsfragen geregelt wurden, waren für die Ratifikation dieser Verträge nationale Ergänzungsregelungen notwendig, um eine einheitliche Kollisionslösung auch gegenüber Nichtvertragsstaaten zu schaffen; vgl. hierzu auch *Boele-Woelki*, IJVO 7 (1997/98), 1 (6).

75 So etwa die Einschätzung von *Strikwerda* in NJB 1991, 1287 (1289).

76 Vgl. hierzu auch C/G/H/K (*de Boer/Kotting*), Introduction to Dutch law, S. 267; *Vlas*, IPRax 1995, 194 (194).

77 Stb. 1981, Nr. 166, in Kraft seit dem 10.04.1981. Deutsche Übersetzung in IPRax 1982, 82.

78 Stb. 1989, Nr. 288, daß im Zusammenhang mit der Ratifikation des CIEC-Namenübereinkommens vom 05.09.1980 erlassen wurde und am 01.01.1990 in Kraft trat. Eine deutsche Übersetzung findet sich bei *Boele-Woelki*, IPRax 1990, 337 (337 f.).

79 Stb. 1989, Nr. 392, welches im Zusammenhang mit der Ratifikation des Haager Eheschließungsübereinkommens vom 14.03.1978 erlassen wurde und ebenfalls am 01.01.1990 in Kraft trat. Die deutsche Übersetzung dieses Gesetzes ist abgedruckt bei *Boele-Woelki*, IPRax 1990, 337 (338 f.).

80 Stb. 1991, Nr. 628. Dieses Gesetz wurde im Zusammenhang mit dem Haager Ehegüterrechtsübereinkommen vom 14.03.1978 erlassen und ist am 01.09.1992 in Kraft getreten.

81 Stb. 1993, Nr. 514, in Kraft seit dem 01.01.1994.

niederländische Gesetzgeber wurde darüber hinaus auch in anderen Bereichen tätig, wenn gleich nicht so zahlreich wie im Internationalen Familienrecht. Kollisionsrechtliche Regelungen entstanden etwa auf dem Gebiet der Schadensversicherungen, der Lebensversicherungen, des Erbrechts, des Seeschiffahrts-, Binnenschiffahrts- und Luftrechts sowie des *trusts*[82]. In jüngster Zeit sind zudem Gesetzesentwürfe auf dem Gebiet der unerlaubten Handlung[83] sowie im Bereich der Abstammung[84] anhängig. Darüber hinaus ist ein Gesetzesentwurf auf dem Gebiet des Sachenrechts in Vorbereitung. Die legislatorischen Regelungen erstrecken sich bisher nur auf Teilbereiche des Internationalen Privatrechts. Die in Kraft getretenen Teilkollisionsgesetze bilden noch keine abschließende Regelung. Sie sind vielmehr als Puzzleteile eines Gesamtbildes zu verstehen, welches noch im Entstehen begriffen ist[85].

III. Rechtsprechung

Aufgrund des jahrzehntelangen Zögerns des niederländischen Gesetzgebers mußten die vorhandenen Regelungslücken auf dem Gebiet des Internationalen Privatrechts anderweitig geschlossen werden. In der Gesamtschau kommt der Rechtsprechung - in erster Linie des Obersten Gerichtshofes in Zivilsachen (*Hoge Raad*), aber auch der unteren Instanzen - beim Ausbau des niederländischen Internationalen Privatrechts eine herausragende Bedeutung zu[86]. Einleitend wird auf den Aufbau des niederländischen Gerichtssystems sowie die Charakteristika niederländischer Gerichtsentscheidungen eingegangen. Im Anschluß daran wird der sich nach 1963 vollziehende Bedeutungswandel des *Hoge Raad* mit seinen weit-

---

82 Vgl. etwa für den Bereich der Schadensversicherungen (*Wet conflictenrecht schadensverzekering* vom 18.04.1991, abgedruckt in Stb. 1991, Nr. 300; ersetzt durch das Gesetz vom 07.07.1993, abgedruckt in Stb. 1993, Nr. 392), der Lebensversicherungen (*Wet conflictenrecht lebensverzekering* vom 23.12.1992, abgedruckt in Stb. 1993, Nr. 16 und Stb. 1994, Nr. 252), das Erbrechtskollisionsrecht (*Wet conflictenrecht erfopvolging*) vom 04.09.1996, abgedruckt in Stb.1996, Nr. 457; des Seeschiffahrts-, Binnenschiffahrts- und Luftrechts (*Wet houdende enige bepalingen van internationaal privaatrecht met betrekkingen tot het zeerecht, het binnenvaartrecht en het luchtrecht* vom 18.03.1993, abgedruckt in Stb. 1993, Nr. 168; geändert durch das Gesetz vom 26.01.1995, abgedruckt in Stb. 1995, Nr. 71) und des *trusts* (*Wet conflictenrecht trust* vom 04.10. 1995, abgedruckt in Stb. 1995, Nr. 508).

83 Kamerstukken II 1998/99, 26608, Nr. 1-3.

84 Kamerstukken II 1998/99, 26675, Nr. 1-3.

85 So auch *Boele-Woelki*, IJVO 7 (1997/98), 1 (7).

86 So auch die Einschätzung bei *Boele-Woelki/Joustra/Steenhoff*, Dutch Private International Law at the End of the 20 th Century; in: Netherlands Reports to the Fifteenth International Congress of Comparative Law, Bristol 1998, S. 203 (203); C/G/H/K (*de Boer/Kotting*), Introduction to Dutch law, S. 268.; *Jessurun d'Oliveira*, RabelsZ 39 (1975), 224 (228 ff.); *van Rooij/Polak*, Private International Law in the Netherlands, S. 8; *Sauveplanne*, Elementair internationaal privaatrecht, S. 18; *Strikwerda*, Inleiding, S. 28.

reichenden Konsequenzen für die Entwicklung des Internationalen Privatrechts erörtert. Abschließend soll der Einfluß der Rechtsprechung auf dem Gebiet des Internationalen Privatrechts dargestellt werden.

1. Aufbau des niederländischen Gerichtssystems

Die niederländische Gerichtsverfassung befindet sich momentan in einer Phase der Umstrukturierung. Herkömmlicherweise war das niederländische Gerichtssystem im Gesetz über die gerichtliche Organisation (*Wet op rechterlijke organisatie*) vom 18.04.1872[87] geregelt; dieses lehnte sich an das französische Modell an[88]. Das Gesetz sieht folgenden Aufbau des Gerichtswesens vor: *Kantongerechten* (Amtsgerichte), (*Arrondissements-)Rechtsbanken* (Landgerichte), *Gerechtshoven* (Gerichtshöfe) und einen *Hoge Raad* (Obersten Gerichtshof)[89]. Mit der in Gang gesetzten Reform der Gerichtsverfassung werden verschiedene Ziele verfolgt. Unter anderem ist die Integration von ordentlichen Gerichten und Verwaltungsgerichten geplant; auch sollen die *Kantongerechten* den *Rechtsbanken* angegliedert werden. Inwieweit die umfangreichen Pläne der niederländischen Regierung zukünftig verwirklicht werden, bleibt abzuwarten[90].

2. Charakteristika niederländischer Gerichtsentscheidungen

Der Stil niederländischer Gerichtsentscheidungen ist bis heute durch die französische Rechtstradition geprägt[91]. Korrespondierend mit dem französischen Urteilsstil beschränken sich niederländische Urteile auf eine Auseinandersetzung mit den Gegebenheiten des Falles. Sie enthalten grundsätzlich keine ausführlichen Begründungen[92]. Auch findet innerhalb der niederländischen Gerichtsentscheidungen keine wissenschaftliche Betrachtung statt. Insofern unterscheiden sich die in den Niederlanden gefällten Urteile wesentlich von den deutschen[93]. Für den Bereich

---

87 Abgedruckt in Stb. 1827, Nr. 20.

88 Vgl. C/G/H/K (*Brenninkmeijer*), Introduction to Dutch Law, S. 49.

89 Siehe näher hierzu C/G/H/K (*Brenninkmeijer*), Introduction to Dutch Law, S. 50 ff.; *Knottenbelt/Torringa*, Inleiding in het Nederlandse Recht, S. 84 ff.

90 Zu den Entwicklungen vgl. C/G/H/K (*Brenninkmeijer*), Introduction to Dutch Law, S. 50.

91 Zu der Rechtstradition des niederländischen Zivilrechts vgl. *Zweigert/Kötz*, Einführung in die Rechtsvergleichung, S. 100 f.

92 Allerdings wurden in der jüngeren Zeit teilweise Ausnahmen zu diesem Grundsatz gemacht; vgl. etwa die ausführlichen Begründungen der Entscheidung über die Eheschließung niederländischer Staatsangehöriger in ausländischen Konsulaten in den Niederlanden (*Hoge Raad*, 13.12.1996, NJ 1997, Nr. 469 mit Anm. *de Boer*) und über die Rechtswahlmöglichkeit im Rahmen von Artikel 8 HUntÜ (*Hoge Raad*, 21.02.1997, NIPR 1997, Nr. 70).

93 Vgl. *Boele-Woelki*, Die Effektivitätsprüfung, S. 21; *Boele-Woelki*, IPRax 1998, 492 (493).

des Internationalen Privatrechts ist diese Tatsache deshalb von entscheidender Bedeutung, weil der *Hoge Raad* nur selten auf die dogmatische Grundlage seiner Entscheidungen verweist. Rückschlüsse auf eine bestehende Dogmatik lassen sich aus den Gerichtsentscheidungen daher nur selten ziehen[94].

3. Bedeutungswandel des *Hoge Raad*

Der Oberste Gerichtshof in Zivilsachen konnte das niederländische Internationale Privatrecht nicht immer in der Art und Weise prägen, wie er dies in den letzten Jahren tat. Erst im Jahre 1963 eröffnete sich ihm die Möglichkeit, das Internationale Privatrecht stärker zu beeinflussen. Vor 1963 blieb die Fortentwicklung des Internationalen Privatrechts überwiegend den unteren Instanzen überlassen. Höchstrichterliche Leitentscheidungen im Bereich des Internationalen Privatrechts waren selten.

Daß der *Hoge Raad* vor 1963 nur im Ausnahmefällen Einfluß auf die Fortentwicklung des Internationalen Privatrechts nehmen konnte, ist auf die damalige Fassung des Artikels 99 *Wet op de rechterlijke organisatie* (Gerichtsverfassungsgesetz) zurückzuführen. Nach dieser Vorschrift bestand ein Kassationsgrund nur bei Nachweis einer Gesetzesverletzung[95]. Der Norm lag ein enger Gesetzesbegriff zugrunde. Unter „Gesetz" im Sinne der Vorschrift verstand man lediglich geschriebenes niederländisches Gesetzesrecht; der *Hoge Raad* konnte unterinstanzliche Entscheidungen somit nur bei nachgewiesener Gesetzesverletzung aufheben oder bestätigen. Ausgenommen von der Überprüfung im Kassationsverfahren waren hingegen die vom Vorrichter vorgenommene Anwendung ausländischen Rechts sowie die Verletzung bzw. falsche Anwendung von ungeschriebenen niederländischen Normen.

Da es sich beim niederländischen Internationalen Privatrecht damals um ein größtenteils unkodifiziertes Rechtsgebiet handelte, konnte der *Hoge Raad* über Streitfragen auf diesem Gebiet bis 1963 nur in Ausnahmefällen entscheiden[96]. Neben strittigen Fragen über die geschriebenen Kollisionsnormen gehörten zu diesen Ausnahmefällen auch solche Konstellationen, bei denen sich der unterinstanzliche Richter trotz eines grenzüberschreitenden Bezuges nicht über das an-

---

[94] Die Entwicklung einer Dogmatik im Bereich des Internationalen Privatrechts ist daher vorwiegend der Literatur überlassen worden; vgl. *Polak*, IPR voor het Forum van de *Hoge Raad*, S. 21 ff.

[95] Ein Kassationsgrund bestand bei „schening van de wet".

[96] Vgl. hierzu näher *Boele-Woelki*, Die Effektivitätsprüfung, S. 19; *Jessurun d'Oliveira*, RabelsZ 39 (1975), 224 (229); *Polak*, IPR voor het Forum van de *Hoge Raad*, S. 5 f.; *Rammeloo*, Das neue EG-Vertragskollisionsrecht, S. 7 f.

wendbare Recht ausgesprochen hatte[97]. Auch diese Konstellationen blieben in ihrer Anzahl beschränkt[98]. Richterliche Rechtsfortbildung fand daher bis 1963 hauptsächlich durch die Instanzgerichte statt[99]. Da sie kaum Korrekturen durch den *Hoge Raad* zu fürchten brauchten, waren sie bei der Entwicklung dieses Rechtsgebietes frei. Folglich war in einigen Teilbereichen des Internationalen Privatrechts keine einheitliche Regelung auszumachen[100].

Gewandelt hat sich diese Situation erst mit der Änderung des Artikels 99 *Wet op de Rechterlijke Organisatie* durch das Gesetz vom 20.06.1963[101]. Durch die Novellierung der Vorschrift wurden die Kassationsgründe[102] erweitert; sie erfaßten von nun an auch die Verletzung bzw. fehlerhafte Anwendung von ungeschriebenem niederländischen Recht. Die Lockerung der Kassationsgründe ermöglichte es dem Obersten Gerichtshof, auch durch Instanzgerichte entwickelte IPR-Regeln nachzuprüfen[103]. Entscheidungen der unteren Gerichte können seitdem kontrolliert und vereinheitlicht werden. Die Möglichkeit des *Hoge Raad*, auf die Entwicklung des Internationalen Privatrechts Einfluß zu nehmen, hat sich damit beträchtlich vergrößert[104].

---

97 Bei einer derartigen Problematik konnte nämlich niederländisches Gesetzesrecht angewendet und dieses falsch interpretiert worden sein. Um dies zu kontrollieren, stellte der *Hoge Raad* selbständig eine ungeschriebene Kollisionsnorm auf, von der vermutet wurde, daß das unterinstanzliche Gericht diese stillschweigend angewendet hatte. Der Oberste Gerichtshof für Zivilsachen verwarf das Rechtsmittel immer dann, wenn die Kollisionsnorm ausländisches Recht für anwendbar erklärte.

98 Vgl. *Jessurun d'Oliveira*, De antikiesregel, S. 49 ff.; *Korthals Altes*, De Hoge Raad en het ongeschreven IPR, S. 5 f.

99 Vgl. *Boele-Woelki/Joustra/Steenhoff*, Dutch Private International Law at the End of the 20 th Century; in: Netherlands Reports to the Fifteenth International Congress of Comparative Law, Bristol 1998, S. 203 (203); *Jessurun d'Oliveira*, RabelsZ 39 (1975), 224 (229).

100 Vgl. *Jessurun d'Oliveira*, RabelsZ 39 (1975), 224 (229 f.).

101 Stb. 1963, Nr. 272.

102 Kassationsgrund ist nun „schending van het wet“. Vgl. auch *Knottenbelt/Torringa*, Inleiding in het Nederlandse Recht, S. 88 f.

103 Vgl. *Boele-Woelki*, Die Effektivitätsprüfung, S. 20; *Jessurun d'Oliveira*, RabelsZ 39 (1975), 224 (229 f.).

104 Siehe C/G/H/K (*de Boer/Kotting*), Introduction to Dutch law, S. 268; *Polak*, IPR voor het Forum van de *Hoge Raad*, S. 15; *Sauveplanne*, Elementair internationaal privaatrecht, S. 18; *Steenhoff*, Dutch Attitudes Concerning the Unification of Private International Law, in: Unification and Comparative Law in Theory and Practice, S. 223 (230); *Vlas*, IPRax 1995, 194 (194).

4. Einfluß der Rechtsprechung auf dem Gebiet des IPR

Die niederländische Rechtsprechung besitzt bis heute eine große Bedeutung für die Entwicklung des niederländischen Internationalen Privatrechts[105]. Insbesondere der *Hoge Raad* hat seit seiner Stärkung im Jahre 1963 in wichtigen Entscheidungen oft die Initiative für Reformen und den Ausbau des Internationalen Privatrechts ergriffen[106].

Doch die Einwirkungsmöglichkeiten der Rechtsprechung sind nicht unbeschränkt. Zum einen sind niederländische Gerichte an die durch die Niederlande geschlossenen Staatsverträge gebunden. In staatsvertraglich geregelten Bereichen bestehen kaum noch eigene Gestaltungsmöglichkeiten. Dem *Hoge Raad* obliegt bei in Kraft getretenen Übereinkommen vielmehr die Aufgabe, eine einheitliche Auslegung der Regelungen auf internationaler Ebene sicherzustellen, sofern keine supranationale Instanz besteht[107]. Bedeutung gewinnt diese Aufgabe insbesondere im Bereich der Haager Übereinkommen[108]. Zum anderen sind die Einwirkungsmöglichkeiten der niederländischen Rechtsprechung im Bereich des Internationalen Privatrechts auch deshalb begrenzt, da Verletzungen ausländischen Rechts weiterhin nicht Artikel 99 *Wet op de Rechterlijke Organisatie* unterfallen. Sie bleiben daher für niederländische Gerichte nicht nachprüfbar[109]. Auch ist jede Gerichtsentscheidung ihrer Natur nach einzelfallbezogen. Eine zusammenhängende Systematik bzw. Dogmatik für ein gesamtes Rechtsgebiet zu entwickeln, fällt daher schwer. Zudem reduzieren sich die Gestaltungsmöglichkeiten des *Hoge Raad* auf Kassationsfragen. Streitfragen, die nicht vorlagefähig sind, können daher durch

---

105 Vgl. Van Apeldoorn (*Jessurun d'Oliveira*), Inleiding tot de studie van het Nederlandse recht, S. 209; *Boele-Woelki/Joustra/Steenhoff*, Dutch Private International Law at the End of the 20 th Century; in: Netherlands Reports to the Fifteenth International Congress of Comparative Law, Bristol 1998, S. 203 (203); C/G/H/K (*de Boer/Kotting*), Introduction to Dutch law, S. 268.; *Jessurun d'Oliveira*, RabelsZ 39 (1975), 224 (228 f.); *van Rooij/Polak*, Private International Law in the Netherlands, S. 8; *Strikwerda*, Inleiding, S. 28.

106 So etwa bei der sog. *Alnati*-Entscheidung des *Hoge Raad* vom 13.05.1966, abgedruckt in NJ 1967, Nr. 3. Mittlerweile hat Artikel 7 Abs. 1 EVÜ den Inhalt dieser Entscheidung auf internationaler Ebene verankert; vgl. Bericht von *Giuliano/Lagarde*, BT-Drucks. 10/503, S. 58 ff. So auch die Einschätzung in der niederländischen Literatur, vgl. beispielsweise *van Boeschoten*, Med. NVIR 1971, Nr. 63, 7 (10 ff.); *Korthals Altes*, De Hoge Raad en het ongeschreven IPR, S. 19 ff.; *Schultsz*, RabelsZ 47 (1983), 267(275 ff.); *Vlas*, IPRax 1995, 194 (194).

107 *Polak*, IPR voor het Forum van de *Hoge Raad*, S. 27.

108 *Boele-Woelki*, Die Effektivitätsprüfung, S. 32.

109 *Hoge Raad*, 27.06.1969, NJ 1969, Nr. 365; *Hoge Raad*, 02.04.1976, NJ 1977, Nr. 124; *Hoge Raad*, 31.05.1985, NIPR 1985, Nr. 436; siehe hierzu auch C/G/H/K (*Alkema*), Introduction to Dutch Law, S. 320; *Korthals Altes*, De Hoge Raad en het ongeschreven IPR, S. 6; *Sauveplanne*, Elementair internationaal privaatrecht, S. 18 f.

die Instanzgerichte weiterhin uneinheitliche Lösungen erfahren[110]. Selbst wenn internationalprivatrechtliche Fragestellungen dem höchsten Gericht vorgelegt werden, trägt dieses nicht zwangsläufig zu ihrer Klärung bei. Vielmehr hat sich der *Hoge Raad* nach Lockerung des in Artikel 99 *Wet op de rechterlijke organisatie* vorgesehenen Revisionsgrundes teilweise Selbstbeschränkungen auferlegt[111]. Bezweckt wird damit in erster Linie, bei sehr umstrittenen oder entscheidungsunerheblichen Fragen eine Entscheidung zu vermeiden[112]. Bemerkenswert ist auch, daß in den Niederlanden im Gegensatz zu einer gesetzlichen Regelung keine formelle Bindung an ungeschriebenes Recht besteht; weder sind unterinstanzliche Richter an Entscheidungen höherer Instanzen, noch ist der *Hoge Raad* an eigene frühere Entscheidungen gebunden[113]. Dadurch ist eine schnelle Anpassung an die Bedürfnisse des internationalen Rechtsverkehrs möglich[114], doch fördert diese Tatsache die Ausprägung uneinheitlicher Kollisionsnormen und erschwert die Entwicklung einer zusammenhängenden Dogmatik[115].

Eine über den konkreten Einzelfall hinausgehende Gestaltungsmöglichkeit steht der niederländischen Rechtsprechung mit der antizipierten Anwendung von Staatsverträgen zur Verfügung[116]. Bei der antizipierten Anwendung werden internationale Übereinkommen, die für die Niederlande noch nicht in Kraft getreten sind und deshalb noch keine Geltung entfalten, von der Rechtsprechung als Inspiration für das eigene ungeschriebene Internationale Privatrecht verwendet. Dabei

---

110 Vgl. hierzu . *Steenhoff*, Honderd jaar Staatscommissie voor het Internationaal Privaatrecht, S. 39.

111 So war er beispielsweise in *Hoge Raad*, 08.11.1968, NJ 1969, Nr. 10 (*Portalon*) der Auffassung, daß Vorschriften aus einem Internationalen Vertrag, die keine direkte Wirkung haben, nicht zu den Regelungen gehören, die Artikel 99 Gerichtsverfassungsgesetz unterfallen; siehe auch *Hoge Raad*, 10.04.1964, NJ 1964, Nr. 473; *Hoge Raad*, 23.02.1973, NJ 1973, Nr. 336; *Korthals Altes*, De Hoge Raad en het ongeschreven IPR, S. 8 ff.

112 Siehe *Hoge Raad*, 15.01.1965, NJ 1965, Nr. 137; *Hoge Raad*, 28.05.1965, NJ 1966, Nr. 119; *Korthals Altes*, De Hoge Raad en het ongeschreven IPR, S. 11.

113 *Boele-Woelki*, Die Effektivitätsprüfung, S. 18; *Jessurun d'Oliveira*, RabelsZ 39 (1975), 224 (229).

114 *Boele-Woelki*, Die Effektivitätsprüfung, S. 19.

115 Vgl. *Steenhoff*, Honderd jaar Staatscommissie voor het Internationaal Privaatrecht, S. 39. In der Praxis stellt sich dieses Problem als nicht gravierend dar, weil die höchstrichterliche Auffassung meist respektiert wird. Die Rechtsprechung des *Hoge Raad* wird als letztes Wort betrachtet, vgl. *de Jong*, NJB 1971, 572 (578); *van Rooij/Polak*, Private International Law in the Netherlands, S. 8; zu Ausnahmen vgl. *Boele-Woelki*, Die Effektivitätsprüfung, S. 20 f.

116 Vgl. statt vieler C/G/H/K (*de Boer/Kotting*), Introduction to Dutch law, S. 268. Zur antizipierten Anwendung des Benelux-Einheitsgesetzes *Jessurun d'Oliveira*, RabelsZ 39 (1975), 224 (231 ff.); *Korthals Altes*, De Hoge Raad en het ongeschreven IPR, S. 13; vgl auch *Basedow*, Anm. zu Pres. Rb. Den Haag, 17.09.1982, RabelsZ 47 (1983), 141 (155) sowie *de Boer*, AA 42 (1993), 207 (209).

ist zwischen der ausdrücklichen und der stillschweigenden Antizipation zu unterscheiden. Der *Hoge Raad* macht eher von letzterer Gebrauch[117]. Unter welchen Voraussetzungen staatsvertragliche Regeln im Wege der Antizipation angewendet werden können, ist in den Niederlanden im einzelnen umstritten[118]. Tatsache ist jedoch, daß sich die niederländische Rechtsprechung häufig dieses Mittels bedient. Die Wirkung der antizipierten Anwendung eines Abkommens besteht in erster Linie darin, daß die Rechtsprechung, insbesondere der *Hoge Raad*, ein eindeutiges Zeichen zugunsten der Akzeptanz dieser Regelung staatsvertraglichen Ursprungs setzen und somit die weitere Entwicklung des Internationalen Privatrechts nachhaltig beeinflussen kann[119]. Selbst wenn antizipiert angewendete Abkommen letztendlich von den Niederlanden nicht ratifiziert werden, so finden ihre Regelungen durch die antizipierte Anwendung Eingang in das niederländische Kollisionsrecht[120].

Als zweite Gestaltungsmöglichkeit, die über den konkreten Einzelfall hinausgeht, steht der niederländischen Rechtsprechung das Mittel der Analogie zur Verfügung, um richterliche Rechtsfortbildung auf dem Gebiet des Internationalen Privatrechts zu betreiben. Sind staatsvertragliche Regelungen lückenhaft, so kann die Rechtsprechung bei ungeregelten Konstellationen staatsvertragliche Kollisionsnormen analog anwenden[121]. Einer staatsvertraglichen Regelung kann somit über

---

117 So die Einschätzung von *Boele-Woelki*, Die Effektivitätsprüfung, S. 31.

118 Zum Teil wurde die Unterzeichnung des Vertrages verlangt (Rb. Amsterdam, 17.07.1975, NJ 1976, Nr. 44); zum Teil wurde diese Voraussetzung aber auch als nicht notwendig erachtet (*Hoge Raad*, 11.04.1980, NJ 1980, Nr. 364). Im sog. *Balenpers*-Urteil (*Hoge Raad*, 25.09.1992, NJ 1992, Nr. 750) hat der *Hoge Raad* im Zusammenhang mit der in Frage stehenden antizipierten Anwendung des EVÜ erklärt, daß eine antizipierte Anwendung eines Übereinkommens immer dann möglich sein soll, wenn die Vertragsvorschrift sich nicht von den ungeschriebenen Regelungen des niederländischen Rechts unterscheidet und zu erwarten ist, daß das Übereinkommen in absehbarer Zeit für die Niederlande in Kraft treten wird. Kritisch zu den vom *Hoge Raad* entwickelten Kriterien *de Boer*, AA 42 (1993), 207 (212 f.).

119 Vgl. *Boele-Woelki*, Die Effektivitätsprüfung, S. 28 f.; C/G/H/K (*de Boer/Kotting*), Introduction to Dutch Law, S. 268; *Jessurun d'Oliveira*, RabelsZ 39 (1975), 224 (247 f.); *Polak*, IPR voor het Forum van de *Hoge Raad*, S. 28; *Steenhoff*, Dutch Attitudes Concerning the Unification of Private International Law, in: Unification and Comparative Law in Theory and Practice, S. 223 (226).

120 Siehe etwa das *Haager Übereinkommen betreffend das auf internationale Kaufverträge über bewegliche Sachen anzuwendende Recht* vom 15.06.1955, das von den Niederlanden zwar gezeichnet, aber nie ratifiziert wurde. Die darin enthaltene Kollisionsregel des Rechts des Verkäufers (vgl. Art. 3 des Übereinkommens) ist von niederländischen Gerichten wiederholt antizipiert angewendet worden; vgl. hierzu *Bertrams*, IPR Koop; in: Bijzondere Contracten, IA.Hfdst.I-56 ff.

121 *Hoge Raad*, 12.12.1980, NJ 1981, Nr. 454; 18.12.1987, NJ 1988, Nr. 830; siehe auch *de Boer*, AA 42 (1993), 207 (209); *Sauveplanne*, Elementair internationaal privaatrecht, S. 20.

ihren eigentlichen Anwendungsbereich hinaus für die Niederlande eine sog. Reflexwirkung zuerkannt werden[122]. In dieser Weise kann die niederländische Rechtsprechung neben der Ausprägung von konkreten Kollisionsnormen auch ein Zeichen zugunsten der Akzeptanz sowie der Reichweite von Staatsverträgen setzen.

IV. Schrifttum

Formal sind Literaturauffassungen in den Niederlanden nicht als Rechtsquelle anerkannt[123]. Ihr prägender Einfluß für das autonome Internationale Privatrechts der Niederlande sollte dennoch nicht unterschätzt werden[124]. Auch wenn in erster Linie der Rechtsprechung die Aufgabe zukam, Lösungen für ungeregelte Rechtsfragen zu entwickeln und das Recht an gesellschaftliche Veränderungen anzupassen, so lieferte auch das niederländische Schrifttum gelegentlich richtungsweisende Impulse. So blieb beispielsweise die Systematisierung und Erarbeitung einer Dogmatik vorwiegend der Rechtswissenschaft überlassen[125].

Insbesondere bis 1963, als dem Obersten Gerichtshof größtenteils die Einflußmöglichkeiten auf das Internationale Privatrecht versagt waren, kam einer kleinen Gruppe Rechtsgelehrter führende Bedeutung bei der Entwicklung des Internationalen Privatrechts zu[126]. Im Bewußtsein der Unzulänglichkeit des Gesetzesrechts bemühten sie sich darum, das niederländische Internationale Privatrecht auszubauen. In diesen frühen Jahren prägten in erster Linie große Abhandlungen die Entwicklung des niederländischen Kollisionsrechts und beeinflußten die niederländische Rechtsprechung. Zu nennen ist in diesem Zusammenhang unter anderem das Standardwerk von *Kosters/Dubbink*[127]. Direkte Beziehungen zwischen

---

122 *Boele-Woelki*, Die Effektivitätsprüfung, S. 24; *van Rooij/Polak*, Private International Law in the Netherlands, S. 7.

123 C/G/H/K (*de Boer/Kotting*), Introduction to Dutch law, S. 268; *Knottenbelt/Torringa*, Inleiding in het Nederlandse Recht, S. 49.

124 *Boele-Woelki/Joustra/Steenhoff*, Dutch Private International Law at the End of the 20 th Century; in: Netherlands Reports to the Fifteenth International Congress of Comparative Law, Bristol 1998, S. 203 (203 f.); C/G/H/K (*de Boer/Kotting*), Introduction to Dutch law, S. 268; *Polak/de Boer* (*Polak*), Naar een gecodificeerd internationaal privaatrecht (!/?), S. 27; *Strikwerda*, Inleiding, S. 26; *Voskuil*, NTIR 1970, 11 (14 f.).

125 Vgl. hierzu *Polak*, IPR voor het Forum van de *Hoge Raad*, S. 21 ff.

126 So die Einschätzungen von *Jessurun d'Oliveira*, RabelsZ 39 (1975), 224 (228); *Steenhoff*, De Wetenschap van het IPR, S. IX (Einleitung).

127 *Kosters/Dubbink*, Algemeen Deel van het Nederlandse internationaal privaatrecht, das als die teilweise überarbeitete Fassung an das Werk *Kosters*, Het internationaal burgerlijk recht in Nederland aus dem Jahre 1917 anschließt. Siehe hierzu auch *van Rijn van Alkemade*, Ende dispereert niet; in: Op recht, 283 (287 ff.); *Steenhoff*, De Wetenschap van het IPR, S. 199 ff. sowie 379 ff.

einer Literaturauffassung und gerichtlichen Entscheidungen sind auch bei *Lemaire* festzustellen[128]. Die in seiner Abhandlung aus dem Jahre 1968 vorgeschlagenen Lösungen fanden verschiedentlich Eingang in die Rechtsprechung[129]. Zu nennen ist in diesem Zusammenhang auch das Werk von *de Winter*, dessen Auffassung bezüglich des Staatsangehörigkeits- und Domizilprinzips beträchtlichen Einfluß auf die Rechtsprechung hatten[130].

In der heutigen Zeit sind nicht mehr die großen Abhandlungen für die Entwicklung des Internationalen Privatrechts richtungsweisend. Ihre Bedeutung ist mittlerweile von kurzen aktuellen Kommentaren und Anmerkungen zu Gerichtsentscheidungen sowie Aufsätzen in Zeitschriften überholt worden[131]. Auch Festschriften und Dissertationen prägen zunehmend die Literatur; besonders in jüngster Zeit hat die Anzahl der Veröffentlichungen in diesem Bereich stark zugenommen[132].

Einen weiteren wichtigen Beitrag zur Rechtsliteratur stellen auch die den Entscheidungen des *Hoge Raad* angehängten Schlußanträge des Generalstaatsanwaltes (*Prokureur-Generaal*) dar[133]. Sie bieten bei der Analyse von Entscheidung des Obersten Gerichtshofes für Zivilsachen wichtige Orientierungshilfen. Bei der sog. *conclusie* handelt es sich um ein Gutachten, welches der endgültigen Entscheidung des Richters voran geht. Der Richter ist frei, sich dem Gutachten anzuschließen oder eine völlig andere Entscheidung zu treffen[134]. Im Schlußantrag werden die im Prozeß aufgeworfenen Rechtsfragen in einer freien Form der wis-

---

128 *Lemaire*, Nederlands internationaal privaatrecht: Hoofdlijnen.

129 So wurde beispielsweise sein Vorschlag, das Heimatrecht des Vaters in Fällen, in denen Mutter und Kind im Land der Staatsangehörigkeit der Mutter leben, nicht als ausschlaggebend zu betrachten, sondern vielmehr das Personalstatut dem Recht der Staatsangehörigkeit der Mutter unterfallen zu lassen, von der Rechtsprechung aufgegriffen; vgl. etwa Rb. Rotterdam, 10.05.1982, NIPR 1983, Nr. 160; Rb. Alkmaar, 05.01.1984, NIPR 1984, Nr. 173 sowie Nr. 174.

130 *De Winter*, De maatschappelijke woonplaats als aanknopingsfactor in het internationaal privaatrecht. Vgl. hierzu ausführlich *van Rooij/Polak*, Private International Law in the Netherlands, S. 9.

131 *Voskuil*, NTIR 1970, 11 (15, 17).

132 Vgl. *Boele-Woelki*, IJVO 7 (1997/98), 1 (5). Nachweise bei *Koppenol-Laforce*, NTBR 1998, 182 (182 f.); *Pellis*, NJB 1997, 469 (472); *Strikwerda*, NJB 1996, 408 (410); *Strikwerda*, NJB 1998, 541 (545).

133 Zur Bedeutung dieser Institution vgl. C/G/H/K (*Brenninkmeijer*), Introduction to Dutch Law, S. 54 f.; *Knottenbelt/Torringa*, Inleiding in het Nederlandse Recht, S. 89 ff.

134 Vgl. *Boele-Woelki*, Die Effektivitätsprüfung, S. 22. Dies ist beispielsweise bei der Entscheidung des *Hoge Raad* vom 21.02.1997, NIPR 1997, Nr. 70 geschehen.

senschaftlichen Betrachtung und unter Berücksichtigung der vorangegangenen Rechtsprechung und Literatur beantwortet.

Die in den Niederlanden existierende enge Wechselbeziehung zwischen richterlichen und akademischen Einflüssen ist auch auf die Institution des sog. stellvertretenden Richters zurückzuführen[135]. Bei den stellvertretenden Richtern handelt es sich um Richter, die in ihrem Hauptberuf z.B. als Wirtschaftsjuristen, Anwälte oder Hochschullehrer tätig sind und gelegentlich an der Rechtsprechung teilnehmen. Sie vertreten beispielsweise während der Ferien die Berufsrichter bzw. werden ernannt, um durch ihr Fachwissen auf einem Spezialgebiet den Richter bei seiner Entscheidungsfindung zu unterstützen und so die Qualität der gerichtlichen Entscheidungen zu erhöhen. Abgesehen vom *Hoge Raad* besteht diese Institution an jedem niederländischen Gericht. Im Bereich des Internationalen Privatrechts kommt den stellvertretenden Richtern eine entscheidende Bedeutung zu. Trifft ein stellvertretender Richter selbst eine Entscheidung, so wird dieser als Spezialist weniger Bedenken haben, sich über veraltete Entscheidungen hinwegzusetzen. Doch selbst wenn durch den stellvertretenden Richter lediglich eine beratende Funktion ausgeübt wird, so ist davon auszugehen, daß bei der Beratung der Einfluß des Spezialisten entscheidend sein wird. Insbesondere werden die Entscheidung sowie die Urteilsgründe durch ihn konzipiert. Der stellvertretende Richter entwickelt somit die Sachentscheidung, während der Richter schließlich nur dessen sachverständiges Urteil billigt. Als sehr spezielles Rechtsgebiet begünstigt das Internationale Privatrecht den Einfluß von Experten. Diesen wird durch die Institution des stellvertretenden Richters die Möglichkeit eröffnet, aktiv an der Entwicklung dieser Rechtsmaterie mitzuwirken. Durch die wissenschaftliche Autorität und die Überzeugungskraft ihrer Begründung geht von solchen Urteilen eine starke Präzedenzwirkung aus[136].

---

135 Vgl. hierzu C/G/H/K (*de Boer/Kotting*), Introduction to Dutch law, S. 268; *Jessurun d'Oliveira*, RabelsZ 39 (1975), 224 (230 f.); *van Rooij/Polak*, Private International Law in the Netherlands, S. 9.

136 So *Jessurun d'Oliveira*, RabelsZ 39 (1975), 224 (231).

§ 2. Niederländische Institutionen auf dem Gebiet des IPR

Neben dem Justizministerium sind in den Niederlanden noch verschiedene andere Institutionen an der Entwicklung des Internationalen Privatrechts beteiligt. Ihre Zielsetzungen unterscheiden sich deutlich voneinander. Zum Teil bieten sie Foren für die wissenschaftliche Auseinandersetzung mit Problemen des Internationalen Privatrechts bzw. dokumentieren die Entwicklung dieses Rechtsgebietes, zum Teil sind sie aber auch direkt in die Kodifikationsbestrebungen eingebunden. Auf die wichtigsten niederländischen Institutionen in diesem Bereich soll nun eingegangen werden.

I. Das T.M.C. Asser Institut

Das interuniversitäre T.M.C. Asser-Institut wurde im Jahre 1965 gegründet. Die Zielsetzung des Instituts besteht darin, den Austausch sowie die Zusammenarbeit zwischen den verschiedenen Universitäten der Niederlande auf dem Gebiet des Internationalen Privatrechts, des Völker- und Europarechts sowie des Schiedsverfahrensrecht zu fördern. Im Bereich des Internationalen Privatrechts wurde durch das T.M.C. Asser Institut eine Kartensammlung entwickelt, in der alle Entscheidungen niederländischer Gerichte seit dem Jahr 1965 gesammelt sind. Seit dem Jahre 1983 wurde dieses System durch die regelmäßige Veröffentlichung in der Zeitschrift *Nederlands Internationaal Privaatrecht* (NIPR) für die Allgemeinheit leichter zugänglich gemacht. Diese vom T.M.C. Asser Institut herausgegebene Zeitschrift enthält zusätzlich auch Hinweise auf Entscheidungen, die nicht erstmals in der NIPR veröffentlicht worden sind. Sie bildet damit eine nahezu vollständige und aktuelle Dokumentation des niederländischen Internationalen Privatrechts. Neben dieser und anderen Veröffentlichungen fördert das T.M.C. Asser Institut auch die Publikation von Promotionen auf dem Gebiet des Internationalen Rechts und veranstaltet Kolloquien[137]. Das Institut besitzt daher die wichtige Funktion, um internationales Recht weiter zu entwickeln bzw. diese Rechtsgebiete für die Allgemeinheit zugänglich zu machen[138].

II. Die IPR-Kommission

Die sog. IPR-Kommission setzt sich aus allen in den Niederlanden praktizierenden Dozenten für das Internationale Privatrecht zusammen. Sie tagt mindestens einmal jährlich im T.M.C. Asser Institut in Den Haag. Ihre wichtigste Aufgabe

---

[137] Aktuelle Nachweise von durch das T.M.C. Asser Institut geförderten Veröffentlichungen finden sich auf der homepage des T.M.C. Asser Institutes: www.asser.nl.

[138] Vgl. hierzu *Boele-Woelki*, IJVO 7 (1997/98), 1 (4 f.); *van Rooij/Polak*, Private International Law in the Netherlands, S. 9; *Sauveplanne*, Elementair internationaal privaatrecht, S. 20 f.

bestand bislang in der inhaltlichen Abstimmung über die vom T.M.C. Asser Institut herausgegebenen IPR-Studienbücher[139], die an den niederländischen Universitäten im Bereich der Lehre eingesetzt werden. Seit einigen Jahren hat sich die IPR-Kommission noch einer weiteren Aufgabe zugewendet. In Zusammenarbeit mit dem T.M.C. Asser Institut sind bislang zwei das Internationale Privatrecht betreffende Symposia organisiert worden. Bei diesen Tagungen waren sowohl Vertreter der Lehre als auch Praktiker vertreten[140]. Die in diesem Rahmen intensiv geführte Diskussion bildete einen wichtigen Beitrag zur Weiterentwicklung des niederländischen Internationalen Privatrechts[141].

III. Die niederländische Staatskommission für IPR

Der im Jahre 1897 gegründeten niederländische Staatskommission für das Internationale Privatrecht (im Folgenden: Staatskommission) gehören zur Zeit 22 durch den Justiz- und Außenminister ernannte Mitglieder an. Wie bereits angesprochen, wurden der Staatskommission durch ein königliches Dekret aus dem Jahre 1897[142] zwei Aufgaben zugewiesen. Als internationale Aufgabe obliegt der Staatskommission die Vorbereitung der Haager Konferenzen. Dieses Betätigungsfeld wurde in der letzten Zeit vermehrt vom Ständigen Büro der Haager Konferenz übernommen[143].

Zum anderen kommt der Staatskommission als innerstaatliche Aufgabe die Vorbereitung von Maßnahmen zu, die der Kodifikation des niederländischen Internationalen Privatrechts dienen. Die nationale Aufgabe der Staatskommission hat in den letzten Jahren erheblich an Bedeutung gewonnen[144]. Die Staatskommission besitzt in erster Linie eine beratende Funktion, der sie primär durch das Erstellen

---

139 *Boele-Woelki/de Rooij*, Internationaal Privaatrecht, Verdragen & Wetten, Ars Aequi Libri 1996 sowie T.M.C. Asser Instituut, Studiemateriaal Internationaal Privaatrecht, Rechtspraak, 1996.

140 Das erste Symposium fand Ende 1993 statt und befaßte sich mit dem Erscheinen der IPR-Skizze; siehe hierzu *Kokkini-Iatridou*, NIPR 1994 speciale aflevering; die zweite Veranstaltung befaßte sich mit der geplanten Neuregelung der Internationalen Zuständigkeit in der niederländischen Zivilprozeßordnung; siehe *Vlas*, NIPR 1996 speciale aflevering.

141 So die Einschätzung von *Boele-Woelki*, IJVO 7 (1997/98), 1 (3).

142 Koninklijke Besluit vom 20.02.1897, Nr. 1, Stcrt 24.02.1897, Nr. 46, S. 1 sowie Voordracht van de ministers van Buitenlandse Zaken en van Justitie vom 17/18.02.1897, Stcrt 24.02.1897, Nr. 46, S. 1.

143 *Boele-Woelki*, IJVO 7 (1997/98), 1 (4); *van Loon*, Inleiding; in: Staatscommissie IPR, Geselecteerde adviezen, S. XII. Zu den Ursachen vgl. *Steenhoff*, Honderd jaar Staatscommissie voor het Internationaal Privaatrecht, S. 37.

144 Vgl. *van Loon*, Inleiding; in: Staatscommissie IPR, Geselecteerde adviezen, S. XII.

von Gutachten nachkommt[145]. 1995 wurden die wichtigsten Gutachten der Staatskommission zum ersten Mal gesammelt veröffentlicht, um ihre Zugänglichkeit zu ermöglichen[146]. Sie beschäftigen sich unter anderem mit der Frage nach einer eventuellen Zustimmung zu den von der Haager Konferenz ausgearbeiteten Abkommen sowie mit der Erörterung von Ratifikationsgesetzesentwürfen[147]. Teilweise werden die Gutachten auf Anfrage des Justizministeriums, teilweise aber auch aus eigener Initiative der Staatskommission erarbeitet. Adressat der erstellten Gutachten ist der Justizminister, dessen zuständige Beamte wiederum als beratende Mitglieder an den Sitzungen der Staatskommission teilnehmen. So finden die von der Staatskommission erarbeiteten Gutachten schließlich Eingang in die vom Justizministerium ausgearbeitete Gesetzesentwürfe und beeinflussen diese richtungsweisend[148]. Die Staatskommission für das Internationale Privatrecht spielt daher sowohl auf internationaler, als auch auf nationaler Ebene eine entscheidende Rolle.

---

145 Vgl. statt vieler *Polak*, NJB 1988, 695 (695) sowie *Steenhoff*, Honderd jaar Staatscommissie voor het Internationaal Privaatrecht, S. 38.

146 *Frohn/Hennis*, Staatscommissie IPR, Geselecteerde adviezen, Den Haag 1995. Die aktuellen Gutachten finden sich auch unter www.minjust.nl/c_actual/.

147 Vgl. hierzu *Boele-Woelki*, Die Effektivitätsprüfung, S. 7; *Boele-Woelki/Joustra/Steenhoff*, Dutch Private International Law at the End of the 20 th century; in: Netherlands Reports to the Fifteenth International Congress of Comparative Law, Bristol 1998, S. 203 (204), *Polak*, NJB 1988, 695 (695); *Strikwerda*, NJB 1993, 673 (673); *Giesen/Haak*, AA 44 (1995), 555 (557).

148 Vgl. *Boele-Woelki*, IJVO 7 (1997/98), 1 (3 f.); *van Loon*, Inleiding; in: Staatscommissie IPR, Geselecteerde adviezen, S. XII f.

§ 3. Kodifikationsbestrebungen in den Niederlanden

Das niederländische Internationale Privatrecht stellt durch die Diversität der Rechtsquellen eine uneinheitliche Rechtsmaterie dar. Die Zunahme der Regelungen in den letzten Jahren führte dazu, daß sich das niederländische Internationale Privatrecht zunehmend zu einem Labyrinth von Regeln entwickelte, in dem sich nur noch Spezialisten zurecht fanden. Unter anderem die Unzugänglichkeit für den Rechtsanwender ließ den Ruf nach einer nationalen Kodifikation in den letzten Jahren immer lauter werden. Der Gedanke, das Internationale Privatrecht zu kodifizieren, ist in den Niederlanden nicht neu. Er durchzieht vielmehr die Geschichte dieses Rechtsgebietes.

I. Kodifikationsbestrebungen bis zum Zweiten Weltkrieg

Als im 19. Jahrhundert die erste große Kodifikationswelle in verschiedenen kontinentaleuropäischen Ländern einsetzte, wurde einer Kodifikation des Internationalen Privatrechts noch wenig Beachtung geschenkt[149]. Eine systematische Aufnahme internationalprivatrechtlicher Regelungen erfolgte im ersten Bürgerlichen Gesetzbuch nicht. Gänzlich unkodifiziert blieb das Internationale Privatrecht in diesem frühen Stadium indes nicht. Vielmehr nahm der niederländische Gesetzgeber zu dieser Zeit bereits gesetzliche, wenn auch äußerst fragmentarische Regelungen des Kollisionsrechts im *Wet Algemene Bepalingen* auf[150]. Die gesetzliche Regelung des Internationalen Privatrechts blieb zu diesem Zeitpunkt noch weit hinter der mit einer Kodifikation angestrebten Vollständigkeit zurück; das Rechtsgebiet blieb eine Enklave in einem im übrigen durch Legismus und Gesetzesmonopole geprägtem Rechtsdenken[151].

Um die Jahrhundertwende änderte sich die Bedeutung und des Umfang des Internationalen Privatrechts. Im Rahmen der 1893 durch *Asser* gegründeten Haager Konferenz kamen die ersten wichtigen Übereinkommen zustande. Die Vereinheitlichung des Internationalen Privatrechts auf internationalem Niveau nahm seinen Anfang[152]. Die niederländische Regierung war von der Politik der Vereinheitlichung auf internationaler Ebene begeistert. Die Ratifikation von Staatsver-

---

149 Vgl. *de Boer*, Vast en zeker?, S. 2.

150 *Steenhoff* nennt das Inkrafttreten des *Wet Algemene Bepalingen* die Geburtsstunde des niederländischen Internationalen Privatrechts (vgl. *Steenhoff*, De Wetenschap van het internationaal privaatrecht in Nederland tussen 1862 en 1962).

151 So *Jessurun d'Oliveira*, RabelsZ 39 (1975), 224 (228).

152 Hierzu etwa *de Boer*, Vast en zeker?, S. 3; *Kosters/Dubbink*, Algemeen Deel, S. 131 ff.; *Polak*, NJB 1988, 695 (695).

trägen, die das Internationale Privatrecht regelten, sollte gefördert werden[153]. Das Internationale Privatrecht der Niederlande veränderte sich. Die Anzahl geschriebener Regelungen nahm durch vermehrte Ratifikation von Staatsverträgen stetig zu. Bestanden für Fragestellungen keine international festgelegten Lösungen, so wurden die vorhandenen Lücken durch Richterrecht geschlossen[154]. Trotz der steigenden Zahl internationaler Regelungen, die aufgrund ihrer verschiedenen Art und Herkunft immer unübersichtlicher wurden, wurde in den Niederlanden bis zum Zweiten Weltkrieg kein nennenswerter Versuch unternommen, diese strukturiert zusammen zu fügen und so eine einheitliche und systematische Regelung des IPR zu normieren. Die Zeit war dafür noch nicht reif[155]. Der Oberste Gerichtshof war bis dato kaum fähig, eine deutliche Leitlinie vorzugeben. In der Literatur bestanden selbst über grundsätzliche Fragen Meinungsverschiedenheiten. Zu jener Zeit war auch undenkbar, daß der Gesetzgeber selbst die Führungsrolle auf diesem Rechtsgebiet übernahm. Zudem bestand keine Einigkeit über die Frage, ob eine gesetzliche Regelung überhaupt erforderlich bzw. erwünscht war. In der Literatur setzte man sich zu jener Zeit aber bereits mit dem Kodifikationsgedanken auseinander[156].

II. Benelux-Einheitsgesetz

In den Nachkriegsjahren setzten in verschiedenen kontinental-europäischen Ländern Kodifikationsbestrebungen ein[157]. Diese Strömung ließ die Niederlande nicht unberührt. Im April 1947 wurde *E.M. Meijers* die Aufgabe übertragen, ein neues Bürgerliches Gesetzbuch zu entwerfen[158]. Seiner Initiative ist es in erster Linie zu verdanken, daß eine gesetzliche Regelung des Internationalen Privatrechts zu diesem Zeitpunkt nicht unberücksichtigt blieb. Im Jahre 1947 publizierte *Meijers* eine Gesetzessammlung ausländischer IPR-Gesetze[159]. Auf diesem Wege verdeutlichte er, daß der in den Niederlanden bestehende Kodifikationswunsch keine Illusion zu bleiben brauchte[160]. Den Beweis, daß ein solches Unternehmen auch für

---

153 *Van Rijn van Alkemade*, Ende dispereert niet; in: Op recht, 283 (287).

154 Vgl. *de Boer*, Vast en zeker?, S. 4; *van Rijn van Alkemade*, Ende dispereert niet; in: Op recht, 283 (287).

155 Vgl. ausführlich *van Rijn van Alkemade*, Ende dispereert niet; in: Op recht, 283 (287 ff.).

156 Vgl. ausführlich hierzu *Steenhoff*, De Wetenschap van het IPR, S. 20, 78, 80.

157 Vgl. *de Boer*, Vast en zeker?, S. 5.

158 Vgl. näher hierzu *de Boer*, Vast en zeker?, S. 5; *Hondius*, AcP 191 (1991), 378 (383); *Polak*, NJB 1988, 695 (696); *de Winter*, WPNR 1952, 4238, 169 (169).

159 *Meijers*, Recueil des lois modernes concernant le droit international privé.

160 Im Jahre 1947 hatte sich die Niederländische Juristenvereinigung mit überwältigender Mehrheit für den Gedanken einer umfassenden gesetzlichen Regelung des Internationalen Privatrechts ausgesprochen. Vgl. hierzu *Jessurun d'Oliveira*, RabelsZ 39 (1975), 224 (247); *Polak*,

die Niederlande die Chance eines Erfolges bot, lieferte *Meijers* selbst. Schon im Dezember 1947 stellte er einen Entwurf vor[161]. Obwohl das niederländische Internationale Privatrecht sich zum damaligen Zeitpunkt noch größtenteils aus Regelungen nationalen Ursprungs zusammensetzte[162], entschied man sich gegen eine auf die Niederlande beschränkte Kodifikation; eine Vereinheitlichung des Internationalen Privatrechts im Rahmen aller Benelux-Staaten erschien vielversprechender. Der Ende 1947 von *Meijers* erarbeitete Entwurf wurde als Vorlage für eine einheitliche, alle Beneluxstaaten erfassende Regelung benutzt und einer 1948 eingesetzten Benelux-Studienkommission zur Rechtsvereinheitlichung vorgelegt[163]. Bereits am 11.05.1951 erfolgte die Unterzeichnung des *Vertrages zur Einführung des einheitlichen Gesetzes betreffend das Internationale Privatrecht in den Niederlanden, Belgien und Luxemburg* (im Folgenden Benelux-Einheitsgesetz)[164]. Das dem Vertrag vom 11.05.1951 als Beilage angefügte Benelux-Einheitsgesetz stellte eine *loi uniforme* dar. Es umfaßte insgesamt 28 Vorschriften, die hauptsächlich Kollisionsnormen im Bereich des Internationalen Personen-, Familien- und Vermögensrechts beinhalteten. Vereinzelt wurden auch Regelungen auf dem Gebiet des Allgemeinen Teils und des Verfahrensrechts getroffen[165].

Das gemeinsame Vorhaben der Beneluxstaaten wurde u.a. durch das große Ansehen *Meijers,* der damaligen Schwächeperiode der Haager Konferenz, dem nach dem Krieg erwachten Erneuerungsdrang sowie den äußerst lückenhaften gesetzli-

---

NJB 1988, 695 (695). Umfassend zum rechtspolitischen Klima der damaligen Zeit *Steenhoff,* De Wetenschap van het Internationaal Privaatrecht in Nederland tussen 1862 en 1962, S. 295 ff.

161 Näher hierzu *Steenhoff,* De Wetenschap van het Internationaal Privaatrecht in Nederland tussen 1862 en 1962, S. 300 f. sowie *de Winter*, WPNR 1952, 4238, 169 (169).

162 *Steenhoff,* Dutch Attitudes Concerning the Unification of Private International Law, in: Unification and Comparative Law in Theory and Practice, S. 223 (226).

163 Vgl. zu der Entwicklung *Jessurun d'Oliveira,* RabelsZ 39 (1975), 224 (225); *Lemaire,* Hoofdlijnen, S. 49; *van Rijn van Alkemade*, Ende dispereert niet; in: Op recht, 283 (290); *Steenhoff,* De Wetenschap van het Internationaal Privaatrecht in Nederland tussen 1862 en 1962, S. 310 ff.; *de Winter*, WPNR 1952, 4238, 169 (169).

164 *Verdrag tussen het Koninkrijk der Nederlanden, het Koninkrijk België en het Groothertogdom Luxemburg tot invoeren in Nederland, België en Luxemburg van een eenvormige wet betreffende het internationale privaatrecht* vom 11.05.1951 (abgedruckt in Trb. 1951, Nr. 125). Das niederländische Zustimmungsgesetz wurde der Zweiten Kammer am 15.10.1951 zur Beratung vorgelegt; vgl. Bijlagen Handelingen Tweede Kamer, zitting 1951-1952, Nr. 2329, Nr. 1-4.

165 Vgl. hierzu näher *Kollewijn*, NJB 1952, 237 (239 ff.); *Kollewijn*, NJB 1952, 261 (261 ff.); *Polak*, NJB 1988, 695 (696) sowie *de Winter*, WPNR 1952, 4238, 169 (169 ff.); *de Winter*, WPNR 1952, 4239, 181 (181 ff.); *de Winter*, WPNR 1952, 4240, 193 (193 ff.); *de Winter*, WPNR 1952, 4241, 205 (205 ff.); *de Winter*, WPNR 1952, 4242, 217 (217 ff.).

chen Regelungen des Internationalen Privatrechts in den Benelux-Staaten begünstigt[166]. Letztendlich mündete der Entwurf allerdings nie in einer verbindlichen Rechtsquelle. In den sechziger Jahren wurden noch verschiedene Bemühungen unternommen, den Gesetzesentwurf der Zeit anzupassen[167]. Im Jahre 1975 wurde das Benelux-Einheitsprojekt endgültig aufgegeben[168]. Die Ursachen hierfür waren vielschichtig[169]. Nach dem Tode *Meijers* verlangsamten sich die Fortschritte zum einen durch die Tatsache, daß die Zahl der Persönlichkeiten zunahm, die sich mit der Kodifizierung beschäftigten[170]. Außerdem veränderte sich das rechtstheoretische Klima. Der Nachkriegselan ließ nach und es folgte eine Phase der Restauration. Die Haager Konferenz erlebte in den sechziger Jahren eine neue Blütezeit. Durch eine steigende Zahl sehr viel detaillierterer Haager Übereinkommen wurde die Bedeutung des Benelux-Einheitsgesetzes allmählich ausgehöhlt[171]. Kritik an einzelnen Vorschriften des Benelux-Einheitsgesetzes wurde laut[172]. Insgesamt war das niederländische Internationale Privatrecht zu jener Zeit von tiefgreifenden Veränderungen gekennzeichnet, die ungünstige Voraussetzungen für eine Kodifikation darstellten. Das Projekt erschien insbesondere im Hinblick auf die angestrebte Vereinheitlichung des Internationalen Privatrechts im Rahmen der Euro-

---

166 Siehe *Jessurun d'Oliveira*, RabelsZ 39 (1975), 224 (225); *Sauveplanne*, NJB 1969, 609 (610). Ausführlich zum damaligen Zustand der Haager Konferenz *Steenhoff*, De Wetenschap van het Internationaal Privaatrecht in Nederland tussen 1862 en 1962, S. 331 ff.

167 Vgl. statt vieler *Ferid*, StAZ 1969, 241 (241 f.); *van Rijn van Alkemade*, Ende dispereert niet; in: Op recht, 283 (291); *Strikwerda*, Inleiding, S. 26; *de Winter*, WPNR 1968, 4989, 157 (157 f.).

168 Vgl. hierzu die beispielsweise in WPNR 1976, 5368, 701 (701) abgedruckte Entscheidung, das Ratifikationsverfahren einzustellen; siehe auch van Apeldoorn (*Jessurun d'Oliveira*), Inleiding tot de studie van het Nederlandse recht, S. 206; *Cohen Henriquez*, IPR Trends, S. 17; *Polak*, NJB 1988, 695 (696); *van Rooij/Polak*, Private International Law in the Netherlands, S. 7; *Strikwerda*, Inleiding, S. 26.

169 Zu den Gründen vgl. auch den in Kamerstukken II 2329 Nr. 7 abgedruckten Brief des Staatssekretärs der Justiz an das niederländische Parlament. Siehe auch *Jessurun d'Oliveira*, RabelsZ 39 (1975), 224 (225); *Polak*, NJB 1988, 695 (696); *van Rooij/Polak*, Private International Law in the Netherlands, S. 7.

170 *Hondius*, AcP 191 (1991), 378 (384); *Jessurun d'Oliveira*, RabelsZ 39 (1975), 224 (225).

171 *Polak*, NJB 1988, 695 (696); *van Rooij/Polak*, Private International Law in the Netherlands, S. 7; *de Winter*, WPNR 1968, 4989, 157 (157).

172 So wurde etwa die im Benelux-Einheitsgesetz vorgesehene Kollisionsnorm durch die *Alnati*-Entscheidung des *Hoge Raad* (13.05.1966, NJ 1967, Nr. 3) überholt, vgl. *Jessurun d'Oliveira*, RabelsZ 39 (1975), 224 (226); *Rammeloo*, Das neue EG-Vertragskollisionsrecht, S. 15 ff. Zu weiteren Vorschriften, die im Kreuzfeuer der Kritik standen vgl. *Jessurun d'Oliveira*, RabelsZ 39 (1975), 224 (225 f.); *van Rooij/Polak*, Private International Law in the Netherlands, S. 7; *Steenhoff*, Honderd jaar Staatscommissie voor het Internationaal Privaatrecht, S. 35.

päischen Gemeinschaft als nicht mehr zeitgemäß[173]. Nicht zu bestreiten ist jedoch, daß das Benelux-Einheitsgesetz die niederländische Rechtsprechung lange Zeit beeinflußte[174].

Nach dem Scheitern des Benelux-Einheitsprojektes befand sich das niederländische Internationale Privatrecht in einer gegenüber der Nachkriegszeit nicht entscheidend veränderten Situation; das Rechtsgebiet setzte sich weiterhin aus den bruchstückhaften, noch aus dem 19. Jahrhundert datierenden gesetzlichen Bestimmungen, einigen international vereinheitlichten Regelungen, die vereinzelt von niederländischen Ausführungsgesetzen begleitet waren sowie wenigen verstreuten gesetzlichen Vorschriften jüngeren Datums zusammen[175]. Trotz dieser Tatsache fand unmittelbar nach der Aufgabe des Benelux-Einheitsgesetzes keine umfassende Diskussion darüber statt, ob die Kodifikationsbestrebungen auf nationaler Ebene fortgesetzt werden sollten. Justizministerium und Staatskommission schienen vielmehr der Auffassung zu sein, daß sich eine ausreichende Regelung des Internationalen Privatrechts aus Ratifikationen von Staatsverträgen, in erster Linie durch die im Rahmen der Haager Konferenz erarbeiteten Übereinkommen ergeben könne[176]. Durch die Teilnahme an multilateralen Staatsverträgen wurde der internationalen Rechtsvereinheitlichung der Vorrang vor der Schaffung eines nationalen gesetzlichen Rahmens gegeben. Im übrigen sollte der Ausbau des Internationalen Privatrechts der niederländischen Rechtsprechung und der Wissenschaft vorbehalten bleiben[177]. Auch in weiten Kreisen der Literatur stieß der Kodifikationsgedanke zum damaligen Zeitpunkt auf Zurückhaltung[178].

---

173 *De Boer*, NJB 1993, 685 (686); *de Boer*, NILR 1993, 1 (3); *Jessurun d'Oliveira*, RabelsZ 39 (1975), 224 (226); *Polak*, NJB 1988, 695 (696); *Rammeloo*, Das neue EG-Vertragskollisionsrecht, S. 20 sowie S. 237 ff.; *Sauveplanne*, Elementair internationaal privaatrecht, S. 18; Staudinger (*Stoll*), Int. SachenR, Rn. 39; *Steenhoff*, Honderd jaar Staatscommissie voor het Internationaal Privaatrecht, S. 35.

174 Vgl. hierzu *Jessurun d'Oliveira*, RabelsZ 39 (1975), 224 (231 ff.); *van Rijn van Alkemade*, HPS 1977, 38 (38); *van Rooij/Polak*, Private International Law in the Netherlands, S. 7.

175 Vgl. *Polak*, NJB 1993, 681 (682).

176 So die Einschätzung von *Jessurun d'Oliveira*, RabelsZ 39 (1975), 224 (247); *Korthals Altes*, De Hoge Raad en het ongeschreven IPR, S. 31; *Polak*, NJB 1993, 681 (682).

177 Vgl. *Jessurun d'Oliveira*, RabelsZ 39 (1975), 224 (247).

178 Zurückhaltend gegenüber einer Kodifikation zum damaligen Zeitpunkt waren aus den bereits oben genannten Gründen *Boele-Woelki*, StAZ 1980, 266 (266); *Korthals Altes*, De Hoge Raad en het ongeschreven IPR, S. 31; *Lemaire*, Hoofdlijnen, S. 9; *van Rijn van Alkemade*, HPS 1977, 38 (38); Diese war geprägt durch die Überzeugung, daß sich internationale Rechtssicherheit nur durch eine Uniformität der IPR-Regeln erreichen lasse, die vorzugsweise in internationalen Verträgen niedergelegt werden sollten. Anderer Auffassung war bereits *van Boeschoten*, Med. NVIR 1971, Nr. 63, 7 (17).

III. Kodifikationsbestrebungen seit den achtziger Jahren

Die achtziger Jahre schließlich standen im Zeichen der Gesetzgebung. Die Aufgabe des Benelux-Einheitsprojektes sowie die Kündigung des Haager Ehescheidungsabkommens und des Haager Ehewirkungsabkommens vom 17.07.1905 machten den Weg für den nationalen Gesetzgeber frei[179]. Der Wunsch, das Internationalen Privatrecht zu kodifizieren und in einen nationalen Rahmen einzubetten, gelangte erneut in das Blickfeld der Experten. Das rechtspolitische Klima änderte sich langsam. Einer Kodifikation stand sowohl die Politik als auch das niederländische Schrifttum zunehmend positiver gegenüber[180]. Zwar waren die Anstrengungen weiterhin durch eine starke Ratifikationsbereitschaft der Niederlande gekennzeichnet[181]. Vermehrt setzte sich die Erkenntnis durch, daß sich auf internationaler Ebene kodifizierte und nationale IPR-Normen nicht auszuschließen bräuchten. Verstärkt wurde auf nationaler Ebene für solche Materien nach Lösungsansätzen gesucht, die keine international verbindliche Regelung erfahren hatten. Dabei wurde das Augenmerk auf konkrete Kollisionsregeln gerichtet. Die Ausarbeitung allgemeiner Prinzipien wurde in dieser Phase der pragmatischen Annäherung in den Hintergrund gedrängt; vor Methodenpluralismus wurde nicht zurückgeschreckt[182].

Den Ausgangspunkt dieser neuen Phase markierte die Verabschiedung des Gesetzes über das IPR der Ehescheidung im Jahre 1981[183]. Im Zusammenhang mit der Ratifikation des *Luxemburger Übereinkommens über die Anerkennung von Entscheidungen in Ehesachen* vom 08.08.1967 sowie des *Haager Abkommens über*

---

[179] Mit Wirkung zum 01.07.1969 hat das Königreich der Niederlande durch das Gesetz vom 09.03.1968 (Stb. 1968, Nr. 131) das Haager Ehescheidungsabkommen gekündigt. Mit Wirkung zum 23.08.1977 wurde das Haager Ehewirkungsübereinkommen vom 17.07.1905 gekündigt. Vgl. hierzu die diesbezüglichen Gutachten der Staatskommission, veröffentlicht in *Frohn/Hennis*, Staatscommissie IPR, Geselecteerde adviezen, Beilagen A und B; zu den Hintergründen *Steenhoff*, Honderd jaar Staatscommissie voor het Internationaal Privaatrecht, S. 39.

[180] Vgl. hierzu bei *Jessurun d'Oliveira*, Codification et unification; in: Unification and Comparative Law in Theory and Practice, S. 117 (117 f.; 123 f.); *Struycken*, AA 45 (1996), 347 (347 f.). Anders *de Boer*, NJB 1993, 685 (686).

[181] Vgl. *de Boer*, NJB 1993, 685 (686).

[182] Vgl. *van Rijn van Alkemade*, Ende dispereert niet; in: Op recht, 283 (292).

[183] Stb. 1981, Nr. 166. In Kraft getreten am 10.04.1981. Ausführungsgesetz zum Luxemburger Übereinkommen über die Anerkennung von Entscheidungen in Ehesachen 1967 und dem Haager Übereinkommen über die Anerkennung von Ehescheidungen und Ehetrennungen 1970; deutscher Text abgedruckt in IPRax 1982, 82 sowie bei *Bergmann/Ferid/Henrich*, Internationales Ehe- und Kindschaftsrecht, Teil Niederlande, S. 25, 36.

die Anerkennung von Ehescheidungen und Ehetrennungen von 01.07.1970[184] regelte der niederländische Gesetzgeber den Bereich der Internationalen Ehescheidung umfassend in einem Teilkollisionsgesetz. Erstmals in der niederländischen Rechtsgeschichte erlangte ein Ausführungsgesetz Gesetzesqualität, welches einen Teilbereich des Internationalen Privatrechts umfassend regelt. Das Gesetz über das IPR der Ehescheidung vom 25.03.1981 beschränkte sich nämlich nicht nur auf die Wiedergabe der staatsvertraglichen Vorschriften, sondern umfaßt neben Zuständigkeits- und Anerkennungsregeln auch das Kollisionsrecht der Ehescheidung. Das am 10.04.1981 in Kraft getretene Gesetz über das IPR der Ehescheidung war der Auftakt zur Änderung des „gesetzlosen" Zustands im Internationalen Privatrecht der Niederlande.

Staatsvertragliche und nationale Regelungen bilden zusammen die Bausteine der Kodifikation. Durch die neu entdeckte Methode wurde eine Harmonisierung von internationalen und nationalen Vorschriften erreicht. Um zu verdeutlichen, daß Teile der gesetzlichen Regelungen international verbindlichen Staatsverträgen entsprangen, wurde die Hinweismethode verwendet: Statt die Regelungen der bestehenden Staatsverträge zu inkorporieren, begnügte sich der niederländische Gesetzgeber darauf, auf die Verträge zu verweisen[185]. Die staatsvertraglichen Regelungen konnten durch nationale Bestimmungen vervollständigt werden, wenn dies notwendig oder wünschenswert war. Die Zeit schien reif, Lücken durch nationale Gesetzesregelungen zu schließen[186]. Die Ergänzung internationaler Übereinkommen durch nationale Ausführungsgesetzgebung wurde dazu als Mittel erkannt.

Zu Beginn der achtziger Jahre keimte in den Niederlanden noch die Hoffnung, eine umfassendes IPR-Gesetz erarbeiten zu können. Die Ausarbeitung eines umfassenden Gesetzesentwurfes standen zum damaligen Zeitpunkt noch im Mittelpunkt der ministeriellen Bemühungen[187]. Im Jahre 1982 unternahm das niederländische Justizministerium in aller Stille einen Schritt in diese Richtung[188]. Ein erster Vorentwurf eines IPR-Gesetzes wurde erarbeitet. Rückblickend kommt die-

---

184 Ratifikationsgesetz vom 25.03.1981, Stb. 1981, Nr. 165. Siehe hierzu *von Bar*, RabelsZ 57 (1993), 63 (79 f.).

185 Die Entscheidung der Niederländer für diese Verweisungstechnik ist aber nicht zuletzt auch durch die verfassungsrechtlichen Vorgaben begründet; vgl. hierzu Seite 13.

186 Siehe hierzu *Boele-Woelki*, IJVO 7 (1997/98), 1 (6); *Polak*, NJB 1993, 681 (682).

187 Vgl. *Polak*, NJB 1988, 695 (696); *Strikwerda*, NJB 1992, 1572 (1572); *Strikwerda*, Inleiding, S. 26.

188 Vgl. hierzu *de Boer*, Vast en zeker?, S. 5 f.; *de Ly*, Open Normen in het Nederlandse Conflictenrecht; in: Miscellanea, Festschrift van Dunné, S. 3 (11); *Strikwerda*, Inleiding, S. 26. Zu den vorangegangenen Entwicklungen vgl. *Steenhoff*, Honderd jaar Staatscommissie voor het Internationaal Privaatrecht, S. 40 f.

sem Anlauf jedoch keine entscheidende Bedeutung für die spätere Entwicklung des Internationalen Privatrechts zu[189]. Hauptursache hierfür ist, daß es sich bei dem sog. *blauwe boek* (blauen Buch) lediglich um einen internen Entwurf handelte, der nur wenigen Sachverständigen zur Begutachtung übergeben wurde[190]. Zwar beratschlagte auch die Staatskommission über das blaue Buch[191], doch eine umfangreiche öffentliche Diskussion über die verschiedenen inhaltlichen Vorschläge war nicht gewollt[192]. Es wurde nie veröffentlicht. Da keine Informationen über den Inhalt des blauen Buches bestanden, beschränkt sich seine Bedeutung auf eine häufige Erwähnung in der Literatur, die allerdings selten mit einer inhaltlichen Diskussion einher ging[193].

Letztlich entschloß sich das Justizministerium mehr oder weniger stillschweigend für eine Kursänderung[194]. Die noch im blauen Buch angestrebte Ausarbeitung eines allumfassenden Gesetzesentwurfes für das Internationale Privatrecht mußte der Idee weichen, eine umfassende Regelung auf dem Gebiet des Internationalen Privatrechts auch in Form einer späteren Konsolidierung erreichen zu können. Der mit dem Inkrafttreten des Gesetzes über das IPR der Ehescheidung eingeschlagene Weg sollte weiter verfolgt werden. Die schrittweise Regelung des Kollisionsrechts erschien geeigneter, um eine umfassende Regelung zu erreichen. Ihr wurde der Vorrang gegenüber der Ausarbeitung eines umfassenden Gesetzesentwurfes eingeräumt. Zu diesem Zweck sollten weiterhin auf Teilbereiche des Internationalen Privatrechts begrenzte Gesetzesentwürfe ausgearbeitet werden (sog. *aan-*

---

189 Vgl. *van Loon*, Inleiding; in: Staatscommissie IPR, Geselecteerde adviezen, S. XII; *Strikwerda*, NJB 1991, 1287 (1287); *Strikwerda*, Inleiding, S. 26.

190 Vgl. *Boele-Woelki*, IPRax 1990, 337 (341); *van Loon*, Inleiding; in: Staatscommissie IPR, Geselecteerde adviezen, S. XII; *Polak*, NJB 1993, 681 (682); *Steenhoff*, Honderd jaar Staatscommissie voor het Internationaal Privaatrecht, S. 41; *Stille*, Abweichung von der Staatsangehörigkeitsanknüpfung; in: Nation und Staat im Internationalen Privatrecht, S. 223 (232 f.).

191 Vgl. hierzu bei van Apeldoorn, (*Jessurun d'Oliveira*), Inleiding tot de studie van het Nederlandse recht, S. 207; *van Loon*, Inleiding; in: Staatscommissie IPR, Geselecteerde adviezen, S. XII; *Strikwerda*, NJB 1991, 1287 (1287); *Strikwerda*, NJB 1992, 1572 (1572).

192 *Boele-Woelki* spricht in IPRax 1995, 264 (271) von einer bis zur Veröffentlichung der IPR-Skizze bestehenden Geheimniskrämerei.

193 Vgl. *Polak*, NJB 1988, 695 (697); *Polak*, NJB 1993, 681 (682).

194 Vgl. *Strikwerda*, NJB 1992, 1572 (1572). Unterstützt wurde dies durch die Arbeitsweise der Staatskommission, siehe *van Loon*, Inleiding; in: Staatscommissie IPR, Geselecteerde adviezen, S. XII f. Vgl. auch *Strikwerda*, der in NJB 1990, 1863 (1863) konkludierte, daß eine erschöpfende Kodifikation des niederländischen IPR von der Mehrzahl der niederländischen IPR-Wissenschaftler nicht länger angestrebt werde.

bouwwetgeving)[195]. Ziel ist eine Kodifikation, der hauptsächlich die Funktion einer Konsolidierung der Einzelgesetze zukommen wird. Von einer sofortigen umfassenden Reformierung des Rechtsgebietes wurde abgerückt.

Seit Ende der achtziger Jahre traten weitere Teilkollisionsgesetze in Kraft[196]. Hierzu zählten beispielsweise das Gesetz über das Namenskollisionsrecht (*Wet conflictenrecht namen*) vom 03.07.1989[197], das Gesetz über das Ehekollisionsrecht (*Wet conflictenrecht huwelijk*) vom 07.09.1989[198] sowie das Gesetz über das Ehegüterrechtskollisionsrecht (*Wet conflictenrecht huwelijkvermogensregime*) vom 20.11.1991[199]. Die Anzahl an kleinen IPR-Gesetzen nahm seit dem Ende der achtziger Jahre deutlich zu[200]. Ebenso wie das Gesetz über das IPR der Ehescheidung übernehmen diese nationalen Teilkollisionsgesetze primär staatsvertragliche Regelungen, ergänzen diese jedoch mit einigen autonomen Normen, die meist die Durchführung der internationalen Übereinkommen in den Niederlanden sicherstellen und vereinfachen sollen.

Das niederländischen Schrifttum begleitete die Entwicklungen der letzten Jahre mit einer lebhaften Diskussion. Kontrovers wurde zunächst die Opportunität einer niederländische IPR-Kodifikation erörtert[201]. Die Frage, ob gesetzgeberische Aktivitäten in einem Rechtsgebiet, welches sich ständig in Bewegung befindet, möglich und wünschenswert seien, wurde häufig gestellt und sehr unterschiedlich beantwortet[202]. Die Befürworter einer nationalen Kodifikation führten an, daß das bis

---

195 Vgl. *Boele-Woelki*, IPRax 1995, 264 (264); *van Loon*, Inleiding; in: Staatscommissie IPR, Geselecteerde adviezen, S. XII f.; *Polak*, NJB 1993, 681 (683); *Strikwerda*, Inleiding, S. 26; *Vlas*, IPRax 1995, 194 (195).

196 Vgl. zu der Entwicklung *Polak*, NJB 1993, 1 (5); *Strikwerda*, NJB 1991, 1287 (1287 ff.); *Vlas*, IPRax 1995, 1995, 194 (195).

197 Stb. 1989, Nr. 288, das im Zusammenhang mit der Ratifikation des CIEC-Namenübereinkommens vom 05.09.1980 erlassen wurde und am 01.01.1990 in Kraft trat. Eine deutsche Übersetzung findet sich bei *Boele-Woelki*, IPRax 1990, 337 (338).

198 Stb. 1989, Nr. 392, welches im Zusammenhang mit der Ratifikation des Haager Eheschließungsübereinkommens vom 14.03.1978 erlassen wurde und ebenfalls am 01.01.1990 in Kraft trat. Die deutsche Übersetzung dieses Gesetzes ist abgedruckt bei *Boele-Woelki*, IPRax 1990, 337 (338 f.).

199 Stb. 1991, Nr. 628. Dieses Gesetz wurde im Zusammenhang mit dem Haager Ehegüterrechtsübereinkommen vom 14.03.1978 erlassen und ist am 01.09.1992 in Kraft getreten.

200 Zu den weiteren in den Niederlanden in Kraft getretenen Teilkollisionsgesetzen siehe Seite 17 f.

201 Ausführlich hierüber beispielsweise *van Rijn van Alkemade*, Ende dispereert niet; in: Op recht, 283 (283 ff.).

202 Für eine Kodifikation des Internationalen Privatrechts sprachen sich etwa *Polak/de Boer* (*Polak*), Naar een gecodificeerd internationaal privaatrecht (!/?), S. 36; *Polak*, NJB 1988, 695

dato herrschende „Wirrwarr" von Regelungen unterschiedlicher Herkunft die Rechtseinheit, die Rechtssicherheit und die leichte praktische Anwendbarkeit dieses Rechtsgebiets beeinträchtige[203]. Auch könne eine Kodifikation eine Visitenkarte für das gesamte niederländische Rechtssystem darstellen und die Rechtswissenschaft stimulieren[204]. Gegen die Kodifikation wurde vorgebracht, daß sie der geschmeidigen Rechtsanwendung und Rechtsfortbildung durch den Richter entgegen stehe[205]. Auch die nicht abgeschlossene Entwicklung auf diesem Gebiet sowie der internationale Charakter dieses Rechtsgebietes würden einer gesetzlichen Regelung widersprechen[206]. So brächten nationale Regelungen die Gefahr von Disharmonien mit sich. Die nur noch geringen Lücken im Internationale Privatrecht sollten auch zukünftig durch die Ratifikation von Staatsverträgen ausgefüllt werden[207].

Auch über die Gestalt einer zukünftigen Kodifikation fand ein reger Gedankenaustausch statt[208]. Die Reaktionen im Schrifttum über den letztlich vom Justizministerium eingeschlagenen Weg waren uneinheitlich. Gegen die *aanbouwwetgeving* wurde in erster Linie vorgebracht, daß durch sie das Ziel einer nationalen umfassenden Kodifikation nur mühsam erreicht werden könne. Insbesondere seien die Ausführungsgesetze zu den Ratifikationsgesetzen mehr auf den Inhalt des zugrundeliegenden Übereinkommens als auf eine klar umrissene Grundvorstellung einer Gesamtkodifikation des niederländischen Kollisionsrechts abge-

---

(697 f.); *Polak*, NJB 1993, 681 (682); *van Rijn van Alkemade*, Ende dispereert niet; in: Op recht, 283 (298 ff.) aus. Kritisch gegenüber einer umfassenden Kodifikation *de Boer*, Vast en zeker?, S. 30 ff.; *Polak/de Boer* (*de Boer*), Naar een gecodificeerd internationaal privaatrecht (!/?), S. 158 ff.; *Dubbink*, RM Themis, 7 (1989), 344 (344 ff.); *Jessurun d'Oliveira*, Codification et unification; in: Unification and Comparative Law in Theory and Practice, S. 117 (122 ff.); *Strikwerda*, NJB 1995, 376 (376 ff.).

203 Umfassend zu den angeführten Argumenten vgl. *de Boer*, Vast en zeker?, S. 6 ff.; *Polak*, NJB 1988, 695 (697); *Polak/de Boer* (*Polak*), Naar een gecodificeerd internationaal privaatrecht (!/?), S. 27 ff.

204 Siehe *Polak*, NJB 1988, 695 (697).

205 Übersichtlich hierzu *de Boer*, Vast en zeker?, S. 23 ff.

206 Vgl. *de Boer*, Vast en zeker?, S. 31. Auch *Polak* nennt in NJB 1988, 695 (697) dies als Gegenargument.

207 So *de Boer*, Vast en zeker?, S. 27 ff.; *Dubbink*, RM Themis, 7 (1989), 344 (345); *Jessurun d'Oliveira*, Codification et unification; in: Unification and Comparative Law in Theory and Practice, S. 117 (128 ff.).

208 Vgl. hierzu etwa *Polak*, NJB 1988, 695 (698); *Struycken*, AA 45 (1996), 347 (348 ff.). Zur Behandlung der für die Niederlande verbindlichen Staatsverträge vgl. *Jessurun d'Oliveira*, Codification et unification; in: Unification and Comparative Law in Theory and Practice, S. 117 (124 ff.).

stimmt[209]. In Anbetracht des verfassungsrechtlichen Vorrangs von Kollisionsregeln internationalen Ursprungs erleichterten Ausführungsgesetze, die ihrem Wortlaut nach von den Staatsverträgen abweichen, die Situation nicht[210]. Durch den Weg der *aanbouwwetgeving* könne das Hauptproblem des niederländischen Kollisionsrechts, nämlich die aus den unterschiedlichen Rechtsquellen entstandene Methodenvielfalt nicht beseitigt werden[211]. Der eingeschlagene Weg gäbe der zukünftigen Entwicklung keine Richtung vor, da keine Wahl getroffen würde. Die Vorgehensweise wäre vielmehr auf eine Konsolidierung gerichtet[212]. Eingeräumt wurde jedoch, daß aufgrund der beschränkten Zeit, der zu geringen Anzahl an Arbeitskräften in der Staatskommission und dem Justizministerium sowie dem Desinteresse des Parlaments an dieser Fragestellung eigentlich keine Alternative zu der vom Justizministerium eingeschlagenen Vorgehensweise bestand[213]. Trotz der gewichtigen Gegenargumente der Literatur gelangte die *aanbouwwetgeving* auf ihren Weg. Das niederländische Internationale Privatrecht entwickelte sich damit seit Ende der achtziger Jahre von einem nahezu unkodifizierten zu einem partiell kodifizierten Rechtsgebiet.

IV. Die IPR-Skizze

Die Kursänderung des Justizministeriums zugunsten der *aanbouwwetgeving* dokumentierte sich in der im August 1992 veröffentlichten sog. IPR-Skizze („*Schets van een algemene wet betreffende het internationaal privaatrecht; geconsolideerd overzicht van de bestaande en voorgestelde wettelijke bepalingen*")[214]. Mit der IPR-Skizze gab das niederländische Justizministerium eine Vorstellung davon, wie ein zukünftiges niederländisches IPR-Gesetz aussehen könnte. Mit der Veröffentlichung gab das Justizministerium dem Entstehungsprozeß einer weitreichenden IPR-Kodifikation einen wichtigen Impuls.

1. Die Bedeutung der IPR-Skizze

Das Vorwort der IPR-Skizze erwähnt, daß die Skizze ein Bild der Kodifikationsarbeit sei und nicht nur die bestehenden gesetzlichen Bestimmungen, sondern

---

209 *Boele-Woelki*, IPRax 1990, 337 (342); in diesem Sinne auch *Strikwerda*, NJB 1992, 1572 (1572).

210 *Boele-Woelki*, IPRax 1990, 337 (342); *Giesen/Haak*, AA 44 (1995), 555 (557).

211 *Strikwerda*, NJB 1992, 1572 (1572 f.).

212 *Strikwerda*, NJB 1992, 1572 (1573).

213 Vgl. *Polak*, NJB 1993, 681 (683).

214 Der Text der IPR-Skizze ist abgedruckt in WPNR 1993, 6103, 605 ff. sowie in NIPR 1992, 452 ff. Eine erste Reaktion des niederländischen Schrifttums findet sich bei *Kokkini-Iatridou/Boele-Woelki*, NIPR 1992, 477 (477 ff.).

auch eine Übersicht vorzuschlagender Vorschriften gebe. Es hebt außerdem hervor, daß die Skizze lediglich einen vorläufigen Charakter besitzt. Die 116 Artikel umfassende IPR-Skizze stellt somit weder einen Vorentwurf, noch einen Gesetzesentwurf dar. Sie ist vielmehr als eine zusammenfassende Übersicht der geltenden und vom Ministerium vorgeschlagenen kollisionsrechtlichen Bestimmungen zu charakterisieren[215]. Rechtsverbindlichkeit kommt der IPR-Skizze daher nicht zu[216]. Mit der Zusammenstellung dieser Übersicht wurde der Versuch unternommen, den bereits geltenden Bestimmungen einen möglichen Platz in einem zukünftigen IPR-Gesetz zuzuweisen und bezüglich der noch nicht geregelten Gebiete eine Diskussionsgrundlage zu bieten[217]. Mit der Veröffentlichung der IPR-Skizze wurde der eingeschlagene Weg der *aanbouwwetgeving* bestätigt. Sie lieferte einen Auszug über das sich in Bewegung befindende Rechtsgebiet. Durch die IPR-Skizze wurde in erster Linie bezweckt, dem Rechtsanwender Rechtssicherheit zu verschaffen[218].

2. Allgemeine Kennzeichen der IPR-Skizze

Die IPR-Skizze enthält 116 Artikel, die in neun Kapitel untergliedert sind. Die Einteilung wurde folgendermaßen vorgenommen: 1. Allgemeine Bestimmungen, 2. Personen- und Familienrecht, 3. Erbrecht, Korporationen, 5. Vermögensrecht, 6. See- und Binnenschiffahrtsrecht, 7. Formvorschriften, 8. Übergangsvorschriften sowie 9. Schlußbestimmungen. Die IPR-Skizze beschränkt sich auf die Wiedergabe von Kollisionsnormen; Internationales Prozeßrecht normiert sie (prinzipiell) nicht[219]. Die enthaltenen Bestimmungen sind in ihrem Charakter sehr unterschiedlich. Zum einen besteht die Skizze aus einer buchstäblichen Wiedergabe von bereits in Kraft getretenen bzw. von künftig zu erwartenden Teilgesetzen. In anderen Regelungen sind Hinweise auf für die Niederlande verbindliche Staatsverträge enthalten. Teilweise werden in der IPR-Skizze auch völlig neue Regelungen vorgesehen.

Zu den besonderen Kennzeichen der IPR-Skizze gehört, daß diese in einen Allgemeinen und einen Besonderen Teil gegliedert ist. Ein Allgemeiner Teil war bereits im nie in Kraft getretenen Benelux-Einheitsgesetz vorgesehen. Auf nationaler Ebene war bis 1992 eine Kodifikation dieses vielschichtigen Gebietes jedoch nicht in Angriff genommen worden. Die in der IPR-Skizze vorgesehenen

---

215 Vgl. *Boele-Woelki*, IPRax 1995, 264 (264); *Strikwerda*, NJB 1992, 1572 (1572); *Giesen/Haak*, AA 44 (1995), 555 (557); *Vlas*, IPRax 1995, 194 (195).

216 *Van Kooten/Kroeze*, AA 42 (1993), 762 (762).

217 Vgl. *Boele-Woelki*, IJVO 7 (1997/98), 1 (7); *Boele-Woelki*, IPRax 1995, 264 (271).

218 Vgl. beispielsweise *Vonken*, B&R 1995, 69 (69).

219 Ganz strikt konnte diese Trennung jedoch nicht aufrecht erhalten werden.

Vorschriften des Allgemeinen Teils sind nicht erschöpfend. Enthalten sind Vorschriften über die Sachnormverweisung, die Mehrstaatigkeit, den *ordre public*, mögliche Ausweichklauseln, den Vorrang des zwingenden Rechts, Regelungen für Flüchtlinge und Staatenlose, die Feststellung des gewöhnlichen Aufenthalts sowie den allgemeinen Grundsatz der *lex fori regit processum*. Nicht aufgenommen wurden hingegen Regelungen über die Qualifikation, die Anpassung, die Vorfrage, den Vorrang staatsvertraglicher Kollisionsnormen, die Unteranknüpfung bei Mehrrechtsstaaten und eine Regelung bezüglich der Feststellung des ausländischen Rechts. Bezüglich der Nichtregelung der Materien Qualifikation, Anpassung und Vorfrage hat diese Vorgehensweise in der Literatur Zustimmung erfahren, da sich diese Materien durch große Komplexität und Meinungsvielfalt auszeichnen und daher Raum für eine Einzelfallentscheidung des Richters gelassen wird[220]. In den anderen Bereichen werden Regelungen allerdings als notwendig erachtet[221]. Die in der IPR-Skizze integrierten Vorschriften des Allgemeinen Teils sind teilweise aus dem Benelux-Einheitsvertrag übernommen worden[222].

Zu den weiteren allgemeinen Kennzeichen der IPR-Skizze gehört, daß das niederländische Justizministerium in den Bereichen, die bereits durch Staatsverträge eine für die Niederlande verbindliche Regelung erfahren haben, der Hinweismethode gefolgt ist[223]. Diese Vorgehensweise wird auch in der Literatur befürwortet, da sie einfach, deutlich und übersichtlich ist. Zudem wird der Rechtsanwender stets an den internationalen Ursprung der Regelung und die daraus resultierende Verpflichtung erinnert, diesen einheitlich anzuwenden sowie auszulegen[224]. Inkonsequent ist der Verfasser allerdings hinsichtlich der von den Niederlanden im Zeitpunkt der Ratifikationen erklärten Vorbehalte vorgegangen. Teilweise wird der Regelungsgehalt der Vorbehalte ohne Angabe seines Ursprungs in die Kollisionsnorm inkorporiert[225], teilweise fehlen die Vorbehalte[226] oder sie werden aus-

---

220 *Boele-Woelki*, IJVO 7 (1997/98), 1 (9).

221 Vgl. *Boele-Woelki*, IJVO 7 (1997/98), 1 (9); *Kokkini-Iatridou/Boele-Woelki*, NIPR 1992, 477 (478).

222 Die Artikel 1, 2, 5, 7 und 8 findet man –von geringen Formulierungsunterschieden abgesehen – auch im Benelux-Einheitsgesetz.

223 Zustimmend gegenüber Hinweismethode etwa *Struycken*, AA 45 (1996), 347 (354).

224 So *Boele-Woelki*, IPRax 1995, 264 (265); *Giesen/Haak*, AA 44 (1995), 555 (557); *Struycken*, AA 45 (1996), 347 (354).

225 Artikel 46 Abs. 3 IPR-Skizze enthält eine Kurzfassung des nach Artikel 2 Abs. 1 lit. c des Römischen Übereinkommens über die Legitimation durch nachfolgende Ehe von 1970 erklärten Vorbehalts.

226 Artikel 64 Abs. 1 lit. a IPR-Skizze enthält keinen Hinweis auf Artikel 15 des Haager Unterhaltsabkommens von 1973 und Artikel 70 Abs. 1 IPR-Skizze enthält keinen Hinweis auf Artikel 10 des Haager Testamentsformübereinkommens aus dem Jahre 1961.

drücklich unter Angabe der betreffenden Vertragsbestimmung erwähnt[227]. Der Besondere Teil ist überwiegend von allseitigen Kollisionsnormen geprägt. Einseitige Kollisionsnormen existieren nur in beschränktem Maße. Die meisten Bestimmungen haben einen geschlossenen Charakter (*fixed rules*). Die Anknüpfungsmomente sind alternativ oder subsidiär festgestellt. Die Realitätsprüfung, die es dem niederländischen Richter ermöglicht, eine Staatsangehörigkeit auf ihre Effektivität hin zu untersuchen, hat in der IPR-Skizze wenig Anklang gefunden[228]. Auch offene Normen sind in der IPR-Skizze selten verwendet worden. Lediglich zwei Vorschriften bestimmen das anwendbare Recht aufgrund der engsten Verbundenheit (*nauwste banden*)[229]. Ferner ist darauf hinzuweisen, daß einige Vorschriften der IPR-Skizze explizit bzw. implizit *result-oriented rules* enthalten[230].

3. Beurteilung der IPR-Skizze

Mit der umfassenden Darstellung der existierenden und sich in Planung befindenden Kollisionsnormen wurde der erste Versuch unternommen, dem Problem der Unübersichtlichkeit der Rechtsquellen entgegen zu wirken. Einen Abschluß der Entwicklungen stellt die IPR-Skizze hingegen nicht dar, obwohl sie auf einigen Gebieten bereits eine solide Grundlage für eine künftige Gesetzgebung bietet. Teilweise besitzt die IPR-Skizze strukturelle Schwachpunkte[231]. Einige der aufgenommenen Normen wurden im Laufe der Zeit auch von der Wirklichkeit überholt[232]. Festzuhalten ist jedoch, daß die IPR-Skizze ihre hauptsächliche Aufgabe erfüllt hat: Zweifelsohne fachte sie die Diskussion über die künftige Ausgestal-

---

227 Artikel 90 Abs. 1 IPR-Skizze enthält einen ausdrücklichen Hinweis auf den in Artikel 18 des Haager Stellvertretungsübereinkommens von 1978 formulierten Vorbehalt. Diese Vorgehensweise wird von Teilen der Literatur unterstützt, vgl. *Boele-Woelki*, IPRax 1995, 264 (265).

228 Nur in zwei Bestimmungen des Familienrechts, nämlich Artikel 37 Abs. 2 Satz 1 IPR-Skizze (Scheidung von Tisch und Bett) sowie Artikel 54 Abs. 2 IPR-Skizze (Zustimmung zur Adoption) ist diese Ausweichklausel zugelassen worden.

229 Artikel 23 Abs. 1 lit. c IPR-Skizze (persönliche Beziehungen der Ehegatten im Falle des Fehlens einer gemeinsamen Staatsangehörigkeit bzw. eines gemeinsamen gewöhnlichen Aufenthaltsortes) sowie Artikel 94 Abs. 1 IPR-Skizze (objektive Anknüpfung bei außervertraglichen Schuldverhältnissen).

230 Dem *favor matrimonii* (Artikel 17 IPR-Skizze), dem *favor legitimationis* (Artikel 43 Abs. 1 IPR-Skizze) und dem *favor negotii* (Artikel 112 IPR-Skizze) wird durch alternative Anknüpfungen Rechnung getragen.

231 So machte die IPR-Skizze beispielsweise nicht deutlich, in welcher Phase des Gesetzgebungsprozesses sich eine vorgeschlagene Vorschrift befand. Diese Tatsache gestaltete sich in der Praxis insofern als schwierig, als sich der Rechtsanwender nicht direkt auf die IPR-Skizze berufen kann. Vgl. auch *Giesen/Haak*, AA 44 (1995), 555 (557).

232 Beispielsweise im Bereich der unerlaubten Handlung. Vgl. hierzu näher unter Seite 81 ff.

tung des niederländischen Internationalen Privatrechts durch ihre konkreten Vorschläge kräftig an. Bereits am 10.12.1993 fand in Den Haag unter großer Beteiligung der niederländischen Lehre sowie der Richter- und Anwaltschaft ein Symposium über die IPR-Skizze statt[233]. Auch sonst beflügelte die IPR-Skizze die aktive und konstruktive Auseinandersetzung mit der Zukunft des Internationalen Privatrechts[234].

V. Einschätzung der momentanen Situation

Da das Gastland der Haager Konferenz als treuster Abnehmer der dort erzeugten Produkte auch bereit war, die durch die eigene Rechtsprechung entwickelte Praxis aufzugeben[235], haben besonders in den letzten Jahren Regelungen internationalen Ursprungs eine zunehmende Bedeutung für die Niederlande erlangt[236]. Der nationale Gesetzgeber kann an der hohen, durch Staatsverträge erreichten Regelungsdichte nicht viel ändern. Eine Kündigung von (einzelnen) Verträgen widerspräche dem Ziel, Regelungen auf dem Gebiet des Internationalen Privatrechts so zu formulieren, daß sie auf internationaler Ebene akzeptiert werden[237]. Diese spezifische Schwierigkeit erschwert die autonomen Kodifikationsbemühungen der Niederlande.

Dennoch wird eine Kodifikation des niederländischen IPR aus praktischen Gründen weitestgehend befürwortet. Aufgrund der großen Anzahl der für das niederländische IPR relevanten Rechtsquellen ist es für den Rechtsanwender beschwerlich, die einschlägigen Vorschriften zu finden[238]. Schwierigkeiten können sich

---

233 Alle Vorträge und Diskussionsbeiträge sind bei *Kokkini-Iatridou* (Hrsg.), Studiedag, Schets van een Algemene Wet betreffende het Internationaal Privaatrecht, NIPR 1994, speciale aflevering (Sonderausgabe) veröffentlicht.

234 In der Zeitschrift WPNR etwa wurde im Jahre 1993 eine Reihe begonnen, in der die einzelnen Teilbereiche der IPR-Skizze jeweils von einem niederländischen Rechtsgelehrten beurteilt wird. Den Auftakt der Serie bildet der Aufsatz von *Joppe*, WPNR 1993, 6103, 599 (599 f.), den Abschluß die Abhandlung von *van Maas de Bie* in WPNR 1993, 6116, 929 (929 ff.). Teilweise wurden in der Literatur auch Vorschläge erarbeitet, um die IPR-Skizze noch zu vervollständigen: vgl. beispielsweise *Boom/Eelman/Enting/Poede/ten Wolde*, RM Themis 10 (1992), 452 (463).

235 So brachte etwa die Unterzeichnung des *Haager Übereinkommen auf das auf Ehegüterstände anzuwendende Recht* vom 14.03.1978 eine tiefgreifende Änderung gegenüber den zuvor durch Richterrecht entwickelten Regelungen; siehe hierzu Seite 157 ff.

236 *Pellis*, NJB 1997, 469 (469).

237 *Boele-Woelki/Joustra/Steenhoff*, Dutch Private International Law at the End of the 20 th Century; in: Netherlands Reports to the Fifteenth International Congress of Comparative Law, Bristol 1998, S. 203 (205).

238 Vgl. *Giesen/Haak*, AA 44 (1995), 555 (556).

insbesondere auch aus dem Verhältnis der unterschiedlichen Rechtsquellen zueinander ergeben[239]. Der niederländische Gesetzgeber hat den Weg der schrittweisen legislatorischen Regelung des Internationalen Privatrechts eingeschlagen und verfolgt ihn nunmehr seit nahezu zwanzig Jahren. In Anbetracht der schwierigen Bedingungen kommt einer zukünftigen Gesamtkodifizierung eher die Funktion einer Konsolidierung als einer umfassenden Neuregelung zu. Mit dieser stückweisen Regelung des Internationalen Privatrechts hat der niederländische Gesetzgeber einen mühsamen Weg gewählt. Wesentliche Bereiche haben mittlerweile schon eine gesetzliche Regelung erfahren; andere befinden sich noch in der Entwicklung. Auf die einzelnen Teilbereiche wird im Dritten Teil dieser Arbeit näher eingegangen. Mit einer Konsolidierung zu einer Gesamtkodifikation kann jedoch erst nach der Verabschiedung des letzten Teilkollisionsgesetzes begonnen werden. Ein umfassendes Gesetzeswerk für das Internationale Privatrecht konnte daher im letzten Jahrtausend nicht mehr verwirklicht werden.

---

239 Dies kann sich u.a. auch daraus ergeben, daß sich das Anwendungsgebiet zwischen zwei Staatsverträgen überschneidet, vgl. als Beispiel *Polak/de Rooij/Steffens*, Private International Law in the Netherlands, Supplement, S. 68.

Dritter Teil. Die Kollisionsnormen des niederländischen IPR

Wie in § 3 dargestellt, war das Internationale Privatrecht der Niederlande in den vergangenen Jahren starken Veränderungen unterworfen. Es entwickelte sich von einem nahezu unkodifizierten zu einem partiell kodifizierten Rechtsgebiet. Der Wandel erfaßte insbesondere die Kollisionsnormen des „Besonderen Teils“. Während Ende der achtziger Jahre in der Literatur noch von einem chaotischen Zustand der Kollisionsnormen die gesprochen wurde[240], erfuhren diese in den letzten Jahren zunehmend gesetzliche Regelungen. Bis zum heutigen Tag haben die dynamischen Entwicklungen des niederländischen Internationalen Privatrechts schon zu einer recht umfangreichen Teilkodifizierung des niederländischen Internationalen Privatrechts geführt. Die folgende Momentaufnahme soll den derzeitigen Entwicklungsstand der Kodifikation wiedergeben und den Weg dorthin beleuchten.

§ 4. Rechtsgeschäft

In diesem Paragraphen wird auf die kollisionsrechtliche Behandlung der Stellvertretung sowie von Formerfordernissen eingegangen.

I. Stellvertretung

Um das auf die Stellvertretung anwendbare Recht zu bestimmen, sind zwei unterschiedliche Vertragsregime einschlägig. Zum einen kann das Europäische Schuldvertragsübereinkommen[241], zum anderen das *Haager Übereinkommen über das auf Vertreterverträge und die Stellvertretung anzuwendende Recht* vom 14.03.1978[242] relevant sein. Teilweise könnten zwischen beiden Übereinkommen Überschneidungen bestehen[243]. Das Haager Stellvertretungsübereinkommen ist für die Niederlande im Gegensatz zu der Bundesrepublik Deutschland in Kraft getreten[244]. Zuvor hat es die niederländische Rechtsprechung schon antizipiert ange-

---

240 *Polak*, NJB 1988, 695 (698).

241 Näher zum Europäischen Schuldvertragsübereinkommen siehe Seite 59 ff.

242 Trb. 1987, Nr. 138; englischer und französischer Text abgedruckt in RabelsZ 43 (1979), 176 (176 ff.). Allgemein zum Abkommen vgl. Actes et documents, XIII, Band 4 (Stellvertretung), Bericht Karsten, S. 377 ff.

243 Zum Verhältnis zwischen Stellvertretungsübereinkommen und dem Europäischen Schuldvertragsübereinkommen *Giuliano/Lagarde*, BT-Drucks. 10/503, S. 71; *Polak/de Rooij/Steffens*, Private International Law in the Netherlands, Supplement, S. 67 f., *Polak*, Vermogensrechtelijke meerpartijenverhoudingen, S. 4 ff.; *Steffens*, WPNR 1993, 6112, 796 (798 f.).

244 Stb. 1991, Nr. 397. Das Haager Übereinkommen ist für die Niederlande zum 01.10.1992 in Kraft getreten; Trb. 1992, Nr. 130.

wendet[245]. Da das Haager Stellvertretungsübereinkommen die für die Stellvertretung wichtigsten Kollisionsnormen enthält, wird die Erörterung seiner Verweisungsnormen im Vordergrund stehen.

Das Haager Stellvertretungsübereinkommen gilt als *loi uniforme* (Artikel 4 Haager Stellvertretungsübereinkommen). Es findet grundsätzlich auf alle Rechtsbeziehungen mit internationalem Charakter Anwendung, die beim Auftreten eines Mittlers für einen anderen im rechtsgeschäftlichen Verkehr entstehen[246]. Ebenso wie beim Übergang von Forderungen sind bei der Rechtsfigur der Vertretung drei Parteien betroffen, die im Hinblick zueinander in verschiedenen Rechtsbeziehungen stehen. Für das Kollisionsrecht stellt sich daher unter anderem die Frage, ob die verschiedenen Rechtsbeziehungen hinsichtlich des anwendbaren Rechts unterschiedlich beurteilt werden müssen. Das Haager Stellvertretungsübereinkommen beinhaltet hinsichtlich dieses Problemkreises eine umfassende Regelung. Es enthält Verweisungsnormen sowohl für das Rechtsverhältnis zwischen dem Vertreter und dem Vertretenen (Innenverhältnis), als auch für die Rechtsbeziehungen zwischen Vertreter und Dritten sowie Vertretenen und dem Dritten (Außenverhältnis)[247].

Für das Innenverhältnis gilt grundsätzlich das von dem Prinzipal und dem Vertreter gewählte Recht (Artikel 5 Abs. 1 Haager Stellvertretungsübereinkommen)[248]. Die Rechtswahl kann ausdrücklich oder stillschweigend geschehen (Artikel 5 Abs. 2 des Übereinkommens). Mangelt es an einer solchen, so beruft das Übereinkommen das Recht des Landes, in dem der Vertreter seine geschäftliche

---

[245] Siehe etwa Gerechtshof Leeuwarden, 04.04.1984, NJ 1984, Nr. 745; Ktg Arnhem, 10.03.1986, NIPR 1986, Nr. 446; Rb. Assen, 12.01.1988, NIPR 1988, Nr. 358. Die IPR-Skizze verwies in ihrem Artikel 90 auf das Haager Stellvertretungsabkommen.

[246] Nicht unter den Anwendungsbereich des Übereinkommens fällt der Alleinvertriebsvertrag. Da sich das Übereinkommen nach seinem Sinn und Zweck auf die Vertretung im internationalen Handel beschränkt, bleiben die in Artikel 2 des Übereinkommens genannten Vertretungsarten ebenfalls außerhalb seines Anwendungsbereichs. Zu ihrer kollisionsrechtlichen Behandlung in den Niederlanden vgl. *Polak*, Vermogensrechtelijke meerpartijenverhoudingen, S. 8 ff. Auch Fragen der organschaftlichen Vertretung werden durch das Übereinkommen nicht geregelt; siehe hierzu *Polak*, Vermogensrechtelijke meerpartijenverhoudingen, S. 11 f.

[247] Vgl. hierzu auch *Kropholler*, IPR, § 41 I 1 c); *Müller-Freienfels*, RabelsZ 43 (1979), 80 (93 ff.); *Polak/de Rooij/Steffens*, Private International Law in the Netherlands, Supplement, S. 67 f.

[248] Umfassend zu der kollisionsrechtlichen Behandlung des Innenverhältnisses *Müller-Freienfels*, RabelsZ 43 (1979), 80 (93 ff.); *Polak*, Vermogensrechtelijke meerpartijenverhoudingen, S. 16 ff.

Niederlassung oder hilfsweise seinen gewöhnlichen Aufenthalt besitzt[249]; die geschäftliche Niederlassung des Vertretenen bzw. hilfsweise dessen gewöhnlicher Aufenthalt ist als Anknüpfungspunkt nur dann entscheidend, wenn der Vertreter hauptsächlich in dessen Staat tätig werden soll[250]. Bei gemischten Verträgen, deren Vertragszweck nicht allein in der Begründung eines Vertretungsverhältnisses besteht, wird auf die charakteristische Leistung abgestellt.

Für das Außenverhältnis zwischen Vollmachtgeber und Drittem gilt generell das Recht der Niederlassung des Vertreters zum Zeitpunkt seines Tätigwerdens (Artikel 11 Haager Stellvertretungsübereinkommen)[251]. Fragen nach dem Bestehen, dem Umfang der Vertretungsbefugnis, Wirkungen der Ausübung einer tatsächlich bestehenden oder behaupteten Vollmacht sowie Fragen eines Rückgriffs des Dritten auf den Vertreter, wenn dieser unbefugt gehandelt hat oder die Grenzen seiner Vollmacht überschritten hat, unterliegen dem Recht des Ortes, in dem sich die Niederlassung des Vertreter befindet[252]. Das Recht der Niederlassung des Vertreters ist jedoch nicht auf den Vertrag zwischen Vertretenem und Dritten anwendbar, der durch Vermittlung des Vertreters geschlossen wurde. Dieser Vertrag unterliegt der vertragsrechtlichen Kollisionsnorm[253]. Gemäß Artikel 11 Abs. 2 Haager Stellvertretungsübereinkommen wird jedoch das Recht des Tätigkeitsortes des Vertreters berufen, wenn der Vertretene oder der Dritte seine Niederlassung (bzw. seinen gewöhnlichen Aufenthalt) dort hat, wenn der Vertreter an einer Börse oder an einer Versteigerung handelt oder wenn der Vertreter gar keine Niederlassung hat[254]. Auch eine Rechtswahl ist für das Außenverhältnis nicht prinzipiell ausgeschlossen. Sie ist allerdings formal erschwert, da sie an die Schriftform gebunden ist (vgl. Artikel 14 des Übereinkommens)[255]. Artikel 15 Haager Stellver-

---

249 Artikel 6 Abs. 1 Haager Stellvertretungsübereinkommen. Vgl. hierzu zum Beispiel Ktg. Groenlo, 02.11.1994, NIPR 1995, Nr. 390. Vor Inkrafttreten des Haager Stellvertretungsübereinkommens knüpfte die niederländische Rechtsprechung immer an das Recht des Landes an, an dem der Vertreter seine geschäftliche Niederlassung hatte; vgl. beispielsweise Hoge Raad, NJ 1973, Nr. 371; Hoge Raad, 10.01.1992, NJ 1992, Nr. 576.

250 Artikel 6 Abs. 2 des Übereinkommens stellt eine Ausnahme gegenüber dem ersten Absatz dar; die Vorschrift ermöglicht eine Schwerpunktbewertung. Artikel 6 Abs. 3 des Übereinkommens regelt den Fall, daß mehrere Niederlassungen bestehen.

251 Zu der Entwicklungsgeschichte dieser Norm vgl. *Müller-Freienfels*, RabelsZ 43 (1979), 80 (103 ff.).

252 *Strikwerda*, Inleiding, S. 224.

253 Siehe *Hoge Raad*, 13.09.1996, RvdW 1996, 137.

254 Siehe hierzu auch Rb. Assen, 30.03.1993, NIPR 1993, Nr. 276.

255 Eine Rechtswahl ist auch während des Prozesses noch denkbar. Das Schriftformerfordernis des Haager Stellvertretungsübereinkommens braucht dann nicht erfüllt werden; vgl. Hof 's-Gravenhage, 14.12.1984, S&S 1985, Nr. 85; Rb. Rotterdam, 03.01.1986, NIPR 1992, Nr. 108.

tretungsübereinkommen bestimmt, daß das zwischen Vollmachtgeber und Drittem geltende Recht auch das Verhältnis zwischen Vertreter und Drittem beherrscht. Von dieser Vorschrift werden insbesondere die Fälle der Vertretung ohne Vertretungsmacht erfaßt[256].

Die Niederlande haben den Vorbehalt iSv. Artikel 18 des Abkommens erklärt[257]; eine Anwendung auf versicherungsrechtliche Vertretungen ist somit ausgeschlossen. Grund für die Einlegung des Vorbehaltes nach Artikel 18 Haager Stellvertretungsabkommen war, daß niederländische Versicherer fürchteten, Artikel 11 des Abkommens würde zu inakzeptablen juristischen Risiken der im Ausland tätigen niederländischen Versicherer führen[258].

Durch das Inkrafttreten des *Haager Übereinkommens über das auf Vertreterverträge und die Stellvertretung anzuwendende Recht* vom 14.03.1978 wurde die zuvor bestehende Unsicherheit auf diesem Gebiet überwunden. Bis zu jenem Zeitpunkt waren diese Fragen in den Niederlanden weder gesetzlich geregelt noch hatten sie durch die Rechtsprechung eine umfassende Klärung erfahren. Auch in der Literatur hatte sich keine einheitliche Auffassung herausgebildet. Lediglich für das Verhältnis zwischen Vertretenem und Vertreter hatte der Oberste Gerichtshof in der *Topsøe/Del Prado*-Entscheidung[259] ausgeführt, daß ein Vertretungsvertrag grundsätzlich vom Recht der Niederlassung des Vertreters beherrscht werde. Eine Ausnahme von diesem Grundsatz hielt er dann für zulässig, wenn der Vertrag mit einem anderen Recht enger verbunden war. Da eine vergleichbare Regelung in Artikel 6 des Haager Stellvertretungsabkommens nicht aufgenommen worden war, stand ein Teil der niederländischen Literatur der Ratifikation des Haager Stellvertretungsübereinkommens kritisch gegenüber[260]. Doch auch wenn der im Falle einer nicht getroffenen Rechtswahl geltende Artikel 6 des Haager Stellvertretungsabkommens weniger Spielraum für Ausnahmen als die *Topsøe/Del Prado*-Regel zuläßt, wies das autonome IPR der Niederlanden große Lücken im Bereich der grenzüberschreitenden Stellvertretung auf. Aufgrund dieses Mangels, der häufig auch zu einer antizipierten Anwendung des Haager Stell-

---

256 Vgl. näher hierzu *Müller-Freienfels*, RabelsZ 43 (1979), 80 (111 f.).

257 Vgl. Artikel 2 des Rijkswet vom 03.07.1991, abgedruckt in Stb. 1991, Nr. 397; auf diesen Vorbehalt verweist die IPR-Skizze ausdrücklich.

258 Vgl. *Polak/de Rooij/Steffens*, Private International Law in the Netherlands, Supplement, S. 67; *Vlas*, TVVS 1992, 262 (263); *Vlas*, IPRax 1995, 194 (198).

259 *Hoge Raad*, 06.04.1973, NJ 1973, Nr. 371.

260 Vgl. *Hensen*, WPNR 1987, 5854, 689 (690).

vertretungsabkommens geführt hatte[261], begrüßten weite Teile der Literatur das Inkrafttreten des Haager Stellvertretungsabkommens[262].

II. Formvorschriften

Das niederländische Kollisionsrecht kennt seit jeher eine gesonderte Anknüpfung für die Form von Rechtsgeschäften.

1. Artikel 10 AB

Während für die materielle Gültigkeit die Rechtsordnung maßgeblich ist, die durch die auf die Rechtshandlung zutreffende Kollisionsnorm gefunden wird, wird die formelle Gültigkeit eines Rechtsgeschäftes durch das Ortsrecht bestimmt, an dem die Rechtshandlung vorgenommen wird (*locus regit actum*)[263]. Die Anknüpfung an das Ortsrecht als besondere Kollisionsregel für die Form von Rechtshandlungen wurde bereits in Artikel 10 AB niedergelegt[264]. Die Rechtfertigung dieser Sonderanknüpfung findet sich im Gedanken der Verkehrserleichterung[265]. Häufig können die Formerfordernisse, die das Recht des Staates vorschreibt, dem die Rechtshandlung materiell unterliegt, am Handlungsort der Parteien nicht ohne großen Aufwand erfüllt werden. Außerdem ist zum Zeitpunkt, in dem die Rechtshandlung verrichtet wird, oft noch nicht deutlich, welchem Recht sie unterliegt. Die durch Artikel 10 AB gewählte Anknüpfung an das Ortsrecht bewirkt hingegen, daß die handelnden Personen von der formellen Gültigkeit der Rechtshandlung ausgehen können, sofern sie die lokalen Formerfordernisse beachtet haben[266].

Trotz des Wortlautes wurde mit Artikel 10 AB jedoch nicht die exklusive Geltung des Ortsrechts bei der Anknüpfung von Formfragen festgelegt. Der Oberste Gerichtshof hat die Vorschrift vielmehr im Lichte ihrer Zielsetzung in der Weise

---

261 Siehe beispielsweise Gerechtshof Leeuwarden, 04.04.1984, NJ 1984, Nr. 745, Ktg Arnhem, 10.03.1986, NIPR 1986, Nr. 446; Rb. Assen, 12.01.1988, NIPR 1988, Nr. 358.

262 Statt vieler vgl. *Vlas*, TVVS 1992, 262 (264).

263 Vgl. etwa *van Maas de Bie*, WPNR 1993, 6116, 929 (929); *van Rooij/Polak*, Private International Law in the Netherlands, S. 164; *Sauveplanne*, Elementair internationaal privaatrecht, S. 77.

264 Artikel 10 AB: Die Form aller Rechtshandlungen wird nach dem Recht des Landes oder Ortes beurteilt, an dem die Rechtsgeschäfte vorgenommen werden.

265 Vgl. hierzu *Kropholler*, IPR, § 41 III 1; *Sauveplanne*, Elementair internationaal privaatrecht, S. 77; *Strikwerda*, Inleiding, S. 231.

266 Diese liberale Haltung hinsichtlich der formellen Gültigkeit von Rechtshandlungen wurde schon im Benelux-Einheitsgesetz (Artikel 19 Benelux-Einheitsgesetz) verfolgt.

ausgelegt, daß ihr eine fakultative Bedeutung zukomme[267]. Formgültigkeit kann somit grundsätzlich auch dann eintreten, wenn nicht die Voraussetzungen des Ortsrechts, sondern die einer anderen in Beziehung stehenden Rechtsordnung erfüllt sind. So tritt die Formgültigkeit insbesondere auch dann ein, wenn die Voraussetzungen, die das auf den Gegenstand des Rechtsverhältnisses anzuwendende Recht stellt (*lex causae*), gegeben sind. Aus der Formulierung des *Hoge Raad* („met name“) ergibt sich darüber hinaus, daß die Formvorschriften des Geschäftsrechts nicht als alleinige Alternative gegenüber dem Ortsrecht zu betrachten sind[268]. So können auch andere durch das Rechtsverhältnis betroffene Rechtsordnungen, etwa die einer gemeinsamen Staatsangehörigkeit, einer Rechtshandlung bei Erfüllung ihrer Voraussetzungen formelle Gültigkeit verleihen[269].

Angesichts der Tatsache, daß Formvorschriften sich in ihrer Funktion unterscheiden, wird in den Niederlanden allgemein davon ausgegangen, daß die fakultative Kollisionsnorm des Artikel 10 AB unter bestimmten Umständen Ausnahmen zugänglich sein muß[270]. Dabei sind zwei verschiedene Kategorien von Ausnahmen zu unterscheiden[271]. Die erste Kategorie betrifft diejenigen Formvorschriften, die eine so gewichtige gesellschaftliche Funktion besitzen, daß über Artikel 10 AB nur das Ortsrecht angewendet werden kann. Die andere Kategorie bezieht sich auf solche Formvorschriften, die so eng mit einer materiellen Regelung des Rechtsgeschäftes verwoben sind, daß Artikel 10 AB keine Anwendung findet und die allgemeine Kollisionsnorm über die Form mitentscheidet. Ein Beispiel für die erste Kategorie sind die Formvorschriften bezüglich der Eheschließung. Hier kann eine wichtige gesellschaftliche Bedeutung problemlos zuerkannt werden, so daß für die Form von in den Niederlanden geschlossenen Ehen die niederländischen Vorschriften angewendet werden müssen[272]. Die *lex loci actus*-Regel gilt in diesen Fällen exklusiv. Unter die zweite Kategorie fallen beispielsweise Formvorschriften bezüglich der Übertragung und Entstehung von Sachenrechten an unbewegli-

---

267 *Hoge Raad*, 02.04.1942, NJ 1942, Nr. 468; *Hoge Raad*, 27.06.1958, NJ 1958, Nr. 393; zustimmend zu dieser Interpretation auch *Sauveplanne*, Elementair internationaal privaatrecht, S. 77 sowie *Strikwerda*, Inleiding, S. 232. Diese Interpretation wurde auch in Artikel 19 Benelux-Einheitsvertrag verankert.

268 *Hoge Raad*, 02.04.1942, NJ 1942, Nr. 468; *Hoge Raad*, 27.06.1958, NJ 1958, Nr. 393.

269 Aufgrund der Zielsetzung des Artikels 10 AB wird in der niederländischen Literatur teilweise auch die Rechtswahlmöglichkeit bezüglich der Form befürwortet; vgl. *van Maas de Bie*, WPNR 1993, 6116, 929 (930).

270 Vgl. hierzu auch die Darstellung bei *Strikwerda*, Inleiding, S. 233.

271 Nach herrschender Auffassung umfaßt Artikel 10 AB nicht das Formstatut bei Errichtung einer niederländischen juristischen Person; vgl. hierzu *van Maas de Bie*, WPNR 1993, 6116, 929 (929); *Polak/de Rooij/Steffens*, Private International Law in the Netherlands, Supplement, S. 102.

272 Vgl. auch Artikel 4 WCH.

chen Sachen[273]. Die Formvorschriften hängen so eng mit den materiellen Vorschriften in diesem Bereich zusammen, daß eine Loslösung davon unerwünscht ist; das Geschäftsrecht beherrscht daher neben der materiellen Gültigkeit auch die formelle Gültigkeit des Rechtsgeschäftes.

Diese Sichtweise wird nicht von der gesamten Literatur geteilt[274]. Teile des Schrifttums gehen vielmehr davon aus, daß die beiden oben genannten Ausnahmekategorien nicht als Formvorschriften zu qualifizieren seien. In Anbetracht ihrer Funktion seien diese Vorschriften, kollisionsrechtlich gesehen, als materielle Vorschriften zu verstehen, so daß Artikel 10 AB keine Anwendung fände. Bei der ersten Kategorie ginge es also nicht um eine besondere, ausnahmsweise imperative, Anwendung des Artikel 10 AB, sondern um die Anwendung einer speziellen Kollisionsnorm, oder, wenn man so will, um die Anwendung der Lehre von den Eingriffsnormen. Die zweite Gruppe der als materiell zu qualifizierenden Vorschriften würden gar nicht unter den Anwendungsbereich des Artikels 10 AB fallen. Vielmehr wären die gewöhnlichen Kollisionsnormen anwendbar.

Die beiden Ansätze unterscheiden sich bei Qualifikationsfragen. Während nach der einen Auffassung Formvorschriften, ungeachtet ihrer Funktion, immer als Formvorschriften zu qualifizieren sind und daher grundsätzlich der Kollisionsnorm des Artikel 10 AB unterliegen, sind nach der zweiten Sichtweise Formerfordernisse mit einer wichtigen gesellschaftlichen oder materiellen Funktion kollisionsrechtlich nicht als Formvorschriften zu qualifizieren. Sie unterfallen daher dem Anwendungsbereich des Artikel 10 AB nicht. Praktisch hat dieser Streit allerdings keine Auswirkungen, da sich die beiden Auffassungen im Ergebnis kaum unterscheiden.

2. Spezielle kollisionsrechtliche Formvorschriften

Ein nicht unwesentlicher Teil der Formvorschriften hat mittlerweile eine gegenüber Artikel 10 AB speziellere Regelung gefunden[275]. Auf die wichtigsten dieser spezielleren Vorschriften, die für die Niederlande durch das Inkraftsetzen von unterschiedlichen Staatsverträgen Geltung erlangt haben, wird im Folgenden eingegangen.

---

[273] Vgl. *Cohen Henriquez*, IPR Trends, S. 95 f.; *Sauveplanne*, Elementair internationaal privaatrecht, S. 79 f.; *Strikwerda*, Inleiding, S. 233.

[274] Siehe beispielsweise *Sauveplanne*, Elementair internationaal privaatrecht, S. 78 ff.

[275] Vgl. hierzu auch *van Maas de Bie*, WPNR 1993, 6116, 929 (929).

a) Artikel 9 EVÜ

Eine bedeutende Entwicklung auf dem Gebiet der formellen Gültigkeit hat in den letzten Jahren das Inkrafttreten des Europäischen Schuldvertragsübereinkommens für die Niederlande am 01.09.1991 bewirkt. Artikel 9 EVÜ sieht eine umfassende Regelung bezüglich der Form von internationalen Schuldverhältnissen vor. Die Norm enthält in ihren ersten vier Absätzen Regelungen, die auf sämtliche Verträge und Rechtsgeschäfte anzuwenden sind. Die letzten beide Absätze beinhalten dagegen Sondervorschriften für einzelne Verträge[276]. Artikel 9 EVÜ verdrängt Artikel 10 AB insofern, als vertragliche Schuldverhältnisse im Sinne des Übereinkommens betroffen sind[277]. Im Grundsatz stimmen die beiden Vorschriften überein; hinsichtlich einzelner Teilfragen bringt Artikel 9 EVÜ allerdings kleine Veränderungen gegenüber der vorherigen Rechtslage[278].

Die Verweisungsnorm des Artikel 9 EVÜ besitzt einen fakultativen Charakter, so daß prinzipiell verschiedene Rechtsordnungen die formellen Gültigkeitsvoraussetzungen eines internationalen Vertrages festlegen können. Dabei unterscheidet Artikel 9 EVÜ zwischen internationalen Verträgen, bei denen sich die Vertragsparteien in einem oder in unterschiedlichen Ländern aufhalten. Während der erste Fall keine Besonderheiten gegenüber den gewöhnlichen Regelungen enthält, da entweder an die Vorschriften der *lex causae* oder die der *lex regit actum* angeknüpft werden kann, gewährt der zweite Fall eine Besonderheit bei der Frage, wonach sich die formellen Gültigkeitsvoraussetzungen richten. Artikel 9 Abs. 2 EVÜ bestimmt, daß entweder das Geschäftsrecht oder eines der beiden Rechte der Staaten, in denen sich die Parteien befinden, angewendet werden kann[279]. Artikel 9 Abs. 5 EVÜ enthält eine Ausnahme für Verbraucherverträge. Die formelle Gültigkeit von Verbraucherverträgen bestimmt sich danach alleine nach dem Ort, an dem der Verbraucher seinen gewöhnlichen Aufenthalt hat. Eine von der ursprünglichen niederländischen Praxis abweichende Regelung trifft auch Artikel 9 Abs. 6 EVÜ für dingliche Rechte an einem Grundstück bzw. für ein Recht zur Nutzung eines Grundstücks. Der Formvoraussetzungen des Vertrags richten sich nunmehr nach den zwingenden Formvorschriften des Staates, in dem das Grundstück belegen ist[280].

---

276 Vgl. im einzelnen zu dieser Vorschrift *Giuliano/Lagarde*, BT-Drucks. 10/503, S. 60 ff.

277 Siehe auch *Giuliano/Lagarde*, BT-Drucks. 10/503, S. 61.

278 Vgl. *Polak/de Rooij/Steffens*, Private International Law in the Netherlands, Supplement, S. 102; *Strikwerda*, Inleiding, S. 235 f.

279 Damit wurde zugunsten einer liberalen Lösung entschieden; zu den anderen Optionen vgl. *Giuliano/Lagarde*, BT-Drucks. 10/503, S. 63.

280 Die in Artikel 112 bis 114 der IPR-Skizze aufgenommenen, die Form betreffenden Regelungen entsprechen, von minimalen Änderungen abgesehen, dem Artikel 9 Abs. 1 bis 4 und 6

b) Artikel 4 des Gesetzes über das IPR der Eheschließung

In Anlehnung an Artikel 2 des *Haager Übereinkommens über die Eheschließung und die Anerkennung der Gültigkeit von Ehen* sieht Artikel 4 des Gesetzes über das IPR der Eheschließung vor, daß in Ansehung der Form eine Ehe in den Niederlanden nur von einem Standesbeamten unter Berücksichtigung der Vorschriften des niederländischen Rechts rechtsgültig geschlossen werden kann. Dies gilt vorbehaltlich der Befugnisse ausländischer diplomatischer und konsularischer Beamter. Diese durch das Gesetz über das IPR der Eheschließung geschaffene Rechtslage entspricht im wesentlichen den vor seinem Inkrafttreten entwickelten Rechtsgrundsätzen. Aus Gründen des *ordre public* konnte eine Eheschließung in den Niederlanden, ungeachtet der Staatsangehörigkeit der Verlobten, nur in der Form vorgenommen werden, die das niederländische Recht bestimmte[281]. Die Folgen der Nichtbeachtung der diesbezüglichen Vorschriften richteten sich ebenfalls nach niederländischem Recht[282].

c) Artikel 12, 13 Haager Ehegüterrechtsübereinkommen vom 14.03.1978

Artikel 12 des Haager Ehegüterrechtsabkommens behandelt die Formgültigkeit von Eheverträgen. Ein Ehevertrag ist hiernach formgültig, wenn die Form dem für den Güterstand maßgeblichen materiellen Recht oder dem materiellen Recht des Abschlußortes genügt. Mindesterfordernis ist jedoch, daß der Ehevertrag schriftlich abgeschlossen, datiert und von beiden Ehegatten unterzeichnet wurde. Auch die selbständige ausdrückliche Vereinbarung eines bestimmten Güterrechtsstatuts muß in der Form eines Ehevertrags erfolgen. Artikel 13 des Haager Ehegüter-

---

EVÜ. Die Ersteller der IPR-Skizze gingen davon aus, daß bezüglich Formfragen in den Niederlanden zukünftig eine einheitliche Regelung gelten solle und erstreckten die Formvorschriften des EVÜ auf alle Rechtsgeschäfte. Die Vorschriften des EVÜ sollten somit auch auf solche Sachverhalte anzuwenden sein, die nicht den Anwendungsbereich des EVÜ eröffnen. Ein Unterschied besteht allerdings insoweit, als daß in die IPR-Skizze keine mit Artikel 9 Abs. 5 EVÜ vergleichbare Vorschrift aufgenommen wurde. Auch unterscheidet sich die Regelung des Artikel 114 IPR-Skizze von der des Artikel 9 Abs. 6 EVÜ. Diese enthält gegenüber Artikel 9 Abs. 6 EVÜ eine erweiterte Regelung bezüglich der Form von Rechtsakten, die unbewegliches Vermögen betreffen. Artikel 114 IPR-Skizze sieht nämlich vor, daß international zwingende Vorschriften der *lex rei sitae* angewendet werden müssen, unabhängig davon, wo die Rechtshandlung stattgefunden hat bzw. welcher *lex causae* diese unterlag; siehe hierzu *van Maas de Bie*, WPNR 1993, 6116, 929 (929). Ablehnend zu der Fassung der Formvorschriften in der IPR-Skizze *Kokkini-Iatridou/Boele-Woelki*, NIPR 1992, 477 (483 f.), die die systematische Stellung der Formvorschriften in der IPR-Skizze sowie das Fehlen eines Vorbehaltes zugunsten übereinkommensrechtlicher oder anderer gesetzlicher Formvorschriften kritisieren.

[281] Vgl. *Sauveplanne*, Elementair internationaal privaatrecht, S. 78.

[282] Vgl. *Lemaire*, Hoofdlijnen, S. 92.

rechtsabkommens betrachtet eine ausdrückliche Rechtswahl nur dann als formgültig, wenn sie der Form des Ehevertrages im gewählten materiellen Recht oder im materiellen Recht des Abschlußortes genügt, wobei mindestens Schriftform, Datum und Unterschriften der Ehegatten erforderlich sind[283]. Die Niederlande verlangen aufgrund des von ihnen gemäß Artikel 9 des Übereinkommens eingelegten Vorbehalts für die Drittwirkung eines ausländischen Ehegüterrechts bei gewöhnlichem Aufenthalt der Ehegatten auf ihrem Staatsgebiet, daß die Errichtung und die Eintragung einer notariellen Rechtswahlurkunde im Güterrechtsregister gemäß Artikel 1:116 BW erfolgt.

d) Haager Testamentsformabkommen

Speziell die Form letztwilliger Verfügungen regelt das *Haager Übereinkommen über das auf die Form letztwilliger Verfügungen anzuwendende Recht* vom 05.10.1961 (Haager Testamentsformabkommen)[284]. Das Testamentsformabkommen gehört zu den erfolgreichsten Abkommen der Haager Konferenz für Internationales Privatrecht. Dennoch haben die Niederlande lange gezögert, dieses Abkommen zu ratifizieren. Erst zum 01.08.1982 trat es für das Königreich in Kraft[285].

---

283 Vgl. zu dieser Vorschrift auch *Beitzke*, RabelsZ 41 (1977), 457 (465 f.). Zu der internationalprivatrechtlichen Bedeutung des Artikels 1:119 BW vgl. *Ten Wolde*, Hoofdlijnen van het Nederlandse Internationaal Huwelijksvermogensrecht, S. 26 ff.

284 Deutscher Text abgedruckt bei *Jayme/Hausmann*, Nr. 39.

285 Grund des Zögerns war der damalige Artikel 4:992 BW. Dieser verbot es Niederländern, im Ausland anders als in öffentlicher Urkunde zu testieren, wobei nach Auffassung des *Hoge Raad* vom 22.01.1965, abgedruckt in NJ 1966, Nr. 291, die Einhaltung der öffentlichen Formvorschriften genügte (vgl. hierzu auch *Cohen Henriquez*, IPR-Trends, S. 19, 93 f.; *van Rooij/Polak*, Private International Law in the Netherlands, S. 166, beide mit weiteren Rechtsprechungsnachweisen sowie Soergel (*Schurig*), zu Artikel 26, Rn. 22). Nach niederländischem Internationalen Privatrecht handelte es sich um eine materiell-rechtliche Vorschrift (*Ferid/Firsching/Lichtenberger*, Internationales Erbrecht, Teil Niederlande, Vorb. Rn. 3 mit weiteren Nachweisen). Bezweckt wurde mit dieser Vorschrift, daß Zeitpunkt der Errichtung sowie die Echtheit der letztwilligen Verfügung gesichert wurden und der Notar bei Erteilung des Erbscheins die Existenz der letztwilligen Verfügung leichter feststellen und sicher gehen konnte, nicht mit weiteren privatschriftlichen Testamenten konfrontiert zu werden; vgl. hierzu *Breemhaar*, IPRax 1983, 93 (93). In den siebziger Jahren wurden aber Stimmen laut, die sich für die Ratifizierung des Haager Testamentsformabkommens aussprachen. Begründet wurde dieser Wunsch mit dem Streben, daß auch im Ausland die Testierfreiheit in praktischer Hinsicht gewährleistet werden sollte. Außerdem wurde darauf hingewiesen, daß die Vorschrift im Verhältnis zu Deutschland, wo sie vom deutschen Internationalen Privatrecht als Formvorschrift qualifiziert wurde, hinkende Rechtsverhältnisse erzeugt, vgl. *van der Ploeg*, WPNR 1971, 5121, 119 (119 ff.); *Cohen Henriquez*, WPNR 1976, 5362, 579 (582); *Lubbers*, WPNR 1977, 5405, 561 (562 ff.). Mit dem Inkrafttreten des Abkommens am 01.08.1982 wurde die Artikel 4:992 BW gestrichen. Man hat davon abgesehen, von der Vorbehaltsmöglichkeit des

Das Abkommen ist als *loi uniforme* gewollt; mit der Ratifizierung dieses Übereinkommens wurde das Internationale Privatrecht der Testamentsform in den Niederlanden nicht nur im Verhältnis zu den Vertragsstaaten, sondern allgemein geändert. Das Haager Testamentsformabkommen behandelt lediglich die Frage nach der Anknüpfung der Form letztwilliger Verfügungen; es besagt hingegen nichts über deren Gültigkeit, Zulässigkeit sowie deren Inhalt. Über diese materiellen Fragen entscheidet vielmehr das Erbstatut. Gegenstand des Haager Testamentsformabkommens sind insbesondere letztwillige Verfügungen, gemeinschaftliche Testamente sowie der Widerruf solcher Verfügungen; andere erbrechtliche Rechtsgeschäfte wie Erbverträge oder Erbverzichtsanträge fallen nicht unter den Anwendungsbereiche des Übereinkommens.

Mit dem Inkrafttreten des Haager Testamentsformabkommens erlangte die in Artikel 1 vorgesehene kollisionsrechtliche Anknüpfung der Form letztwilliger Verfügungen für die Niederlande Geltung[286]. Dem Haager Testamentsformabkommen liegt der Gedanke zugrunde, daß der Grundsatz der Testierfähigkeit auch auf internationaler Ebene realisiert werden solle (*favor testamenti*)[287]. Die Formgültigkeit von letztwilligen Verfügungen (Testamenten) wird deshalb insofern erleichtert, als verschiedene Rechtsordnungen berufen werden, nach denen ein Testament formgültig zustande gekommen sein kann. Artikel 1 des Abkommens stellt aufgrund dieser Zielsetzung einen ganzen Katalog alternativer Anknüpfungen bereit. Formgültigkeit wird hiernach angenommen, wenn den Voraussetzungen einer Rechtsordnung, zu der Berührungspunkte bestehen, Genüge getan wurde[288].

Die Niederlande haben allerdings von der Möglichkeit des Artikel 10 Haager Testamentsformabkommen Gebrauch gemacht und einen generellen Vorbehalt bezüglich mündlicher Testamente erklärt[289]. Daher wird eine von einem niederländi-

---

Artikel 11 des Abkommens Gebrauch zu machen, der eine beschränkte Anwendung des Artikel 4:992 BW zugelassen hätte.

286 Diese Regelung ist auch in Artikel 70 IPR-Skizze aufgenommen worden. Die Vorschrift verweist direkt auf das Haager Testamentsformabkommen, wobei in der Fassung dieser Norm noch explizit hinzugefügt wird, daß das Haager Testamentsformabkommen auch auf letztwillige Verfügungen anzuwenden sei, durch die eine frühere letztwillige Verfügung widerrufen wird und dieser Widerruf hinsichtlich seiner Form auch dann gültig sei, wenn diese einer Rechtsordnung entspricht, nach denen die widerrufene letztwillige Verfügung gültig gewesen wäre sowie auf die Tatsache, daß das Abkommen auch Anwendung auf gemeinschaftliche Testamente findet.

287 Vgl. hierzu anstatt vieler *Kegel/Schurig*, § 21 III, S. 862. Zur geschichtlichen Entwicklung des Übereinkommens vgl. *Volken*, Von der Testamentsform im IPR; in: FS Von Overbeck, S. 576 (578 ff.).

288 Zur Formgültigkeit gemeinschaftlicher Testamente vgl. *Riering/Marck*, ZEV 1995, 90 (90).

289 Vgl. BGBl. 1982 II S. 684.

schen Staatsangehörigen in mündlicher Form errichtete letztwillige Verfügung in den Niederlanden grundsätzlich nicht anerkannt, wenn der Niederländer zum Zeitpunkt der Errichtung des Testamentes keine andere Staatsangehörigkeit besaß.

Im Zusammenhang mit der Formgültigkeit letztwilliger Verfügungen ist zu beachten, daß das materielle niederländische Recht in Artikel 4:977 BW das Verbot gemeinschaftlicher Verfügungen von Todes wegen normiert. Diese Vorschrift wird einhellig als Formvorschrift verstanden[290]. Ein von niederländischen Ehegatten in Deutschland unter Einhaltung der Ortsform errichtetes gemeinschaftliches Testament ist formell gültig, wenn es einem der vom Haager Testamentsformabkommen zur Verfügung gestellten Rechte entspricht. Vorbehaltlich einer Rechtswahl zugunsten einer Rechtsordnung, die gemeinschaftliche Verfügungen von Todes wegen zuläßt, ist es allerdings ohne bindende Wirkung[291]. In Deutschland von Niederländern errichtete Erbverträge werden als formgültig betrachtet. Über die materielle Rechtswahl entscheidet bei niederländischer Staatsangehörigkeit des Erblassers, vorbehaltlich einer getroffenen Rechtswahl, das niederländische Recht, welches eine erbvertragliche Bindung nicht zuläßt[292]. Über die sich daraus ergebenen Folgen besteht keine Einigkeit. Nach überwiegender Ansicht sind die Verfügungen als einseitige Anordnungen gültig, aber frei widerruflich[293].

---

[290] Vgl. hierzu *Ferid/Firsching/Lichtenberger*, Internationales Erbrecht, Teil Niederlande, Vorb. Rn. 3.

[291] OLG Hamm, NJW 1964, 553 (554); a.A. *Kegel*, FS für Jahrreiss, S. 143 (158); vgl. auch *Riering/Marck*, ZEV 1995, 90 (90 ff.).

[292] *Cohen Henriquez*, IPR-Trends, S. 134 unter Bezug auf die Entscheidung des *Hoge Raad* vom 02.02.1939, abgedruckt in NJ 1939, Nr. 848; *Riering/Marck*, ZEV 1995, 90 (91).

[293] OLG Düsseldorf, NJW 1963, 2227 (2229); OLG Hamm, NJW 1964, 553 (554); *Riering/Marck*, ZEV 1995, 90 (91 f.).

§ 5. Vertragliche Schuldverhältnisse

Das niederländische Internationale Privatrecht der vertraglichen Schuldverhältnisse ist in erster Linie durch Staatsverträge geprägt.

I. Europäisches Schuldvertragsübereinkommen

Das Recht der vertraglichen Schuldverhältnisse wird im Wesentlichen durch das *Römische EWG-Übereinkommen über das auf vertragliche Schuldverhältnisse anzuwendende Recht* (Europäisches Schuldvertragsübereinkommen, EVÜ) vom 19.06.1980[294] beherrscht[295]. Seit seinem Inkrafttreten für die Niederlande am 01.09.1991[296] ist das Europäische Schuldvertragsübereinkommen unmittelbar anwendbar[297]; auf einen weiteren Umsetzungsakt, wie etwa die in der Bundesrepublik Deutschland praktizierte Verschmelzung der Vorlage zu einer nationalen Kollisionsrechtskodifikation, wurde in den Niederlande verzichtet[298]. Die im August 1992 veröffentlichte IPR-Skizze beschränkt sich auf eine Verweisung auf das Europäische Schuldvertragsübereinkommen (Artikel 89 Abs. 1 IPR-Skizze)[299].

Das Europäische Schuldvertragsübereinkommen ist in drei Titel untergliedert. Der erste Titel umfaßt zwei Artikel, die den Anwendungsbereich des Übereinkommens sowie seine universelle Geltung festlegen (Artikel 1 und 2 EVÜ). Der zweite Titel enthält in den Artikeln 3 bis 7 EVÜ den wesentlichen Kern der einheitlichen Vorschriften über das auf vertragliche Schuldverhältnisse anzuwendende Recht. Die weiteren Artikel des zweiten Titels (Artikel 8 bis 22 EVÜ) regeln weitere, überwiegend allgemeinere Fragen des IPR, soweit sie mit der Materie der

---

294 Deutsche Übersetzung abgedruckt bei *Jayme/Hausmann* Nr. 43. Umfassende Behandlungen des Internationalen Privatrechts der vertraglichen Schuldverhältnisse finden sich bei *Bertrams*, IPR Koop; in: Bijzondere Overeenkomsten, Deventer (Losbl.), unter II.; *Struycken*, Internationaal Privaatrecht, in: Contractenrecht, Deventer (Losbl.), unter X; *Polak/Steffens/Vonken*, Internationaal Privaatrecht, in: Verbindnissenrecht, Deventer (Losbl.), unter III.

295 Zukünfige Bestrebungen gehen dahin, das Europäische Schuldvertragsübereinkommen in eine Verordnung umzuformen; vgl. hierzu den Aktionsplan des Rates und der Kommission zur bestmöglichen Umsetzung der Bestimmungen des Amsterdamer Vertrages über den Ausbau eines Raumes der Freiheit, der Sicherheit und des Rechts vom 23.01.1999 (Abl. EG 1999, C-19/1 (10 f.).

296 Trb. 1991, Nr. 109; siehe auch das Zustimmungsgesetz vom 31.01.1991, abgedruckt in Stb. 1991, Nr. 53. Zu den Ursachen für das späte Inkrafttreten des Übereinkommens siehe *Strikwerda*, Inleiding, S. 190; *Vlas*, TVVS 1991, 226 (226).

297 *Koppenol-Laforce*, International Contracts, S. 142.

298 Vgl. *Kronke*, IPRax 1988, 125 (125).

299 Vgl. auch *Strikwerda*, De overeenkomst in het IPR, S. 2.

vertraglichen Schuldverhältnisse zusammenhängen[300]. Im dritten Titel sind schließlich die Schlußvorschriften des Übereinkommens enthalten (Artikel 23 bis 33 EVÜ). Insgesamt hat der Bereich des Internationalen Schuldvertragsrechts mit dem Europäischen Schuldvertragsübereinkommen eine sehr weitgehende, international verbindliche Regelung erfahren.

Das Inkrafttreten des Europäischen Schuldvertragsübereinkommens zum 01.09.1991 stellte für die Niederlande keine erhebliche Änderung gegenüber der zuvor bestehenden Rechtslage dar. Methodisch beruht das Europäische Schuldvertragsübereinkommen in erster Linie auf dem Prinzip der Parteiautonomie, dem Prinzip der engsten Verbindung, dem Prinzip der funktionellen Zuordnung und dem Günstigkeitsprinzip. Diese Grundsätze waren schon zuvor fester Bestandteil des autonomen niederländischen Internationalen Schuldvertragsrechts[301]. Das Europäische Schuldvertragsübereinkommen stieß daher bereits vor seinem Inkrafttreten für das Königreich auf große Zustimmung in der niederländischen Rechtsprechung und Literatur. Seit seiner Ausarbeitung zu Beginn der achtziger Jahre diente es der niederländischen Rechtsprechung als hauptsächliche Inspirationsquelle[302]. Dies spiegelt sich insbesondere in der häufigen antizipierten Anwendung des Europäischen Schuldvertragsübereinkommens wider[303]. Zur tatsächlichen, ausdrücklichen Rezipierung dieses Übereinkommens entschied sich der *Hoge Raad* allerdings erst im Jahre 1983[304]. Vielfach bildeten die Grundsätze des Europäischen Schuldvertragsübereinkommens schon vor seiner Ausarbeitung einen festen Bestandteil des durch Richterrecht entwickelten niederländischen Kollisionsrechts. Einige Kollisionsnormen glichen bereits in hohem Maße den Vor-

---

300 So regelt das Europäische Schuldvertragsübereinkommen in diesem Teil etwa die Frage des auf das Bestehen und die Gültigkeit eines Vertrages bzw. einer Vertragsbestimmung anwendbaren Rechts, das Formstatut für internationale Verträge, das die Übertragung bzw. den gesetzlichen Forderungsübergang beherrschende Recht sowie eine Kollisionsnorm für das Beweisrecht.

301 Vgl. *de Boer*, RabelsZ 54 (1990), 24 (61); *Strikwerda*, De overeenkomst in het IPR; S. 77.

302 So die Einschätzung von *de Boer*, RabelsZ 1990, 24 (40), *Hensen*, WPNR 1987, 5854, 689 (690) sowie von *Strikwerda*, De overeenkomst in het IPR, S. 63; vgl. hierzu auch Rb. Alkmaar, 01.03.1984, NIPR 1984, Nr. 204; Hof Arnhem, 13.03.1985, NIPR 1989, Nr. 107; HR 13.09.1996, NJ 1998, Nr. 96 mit Anm. *de Boer*; *Haak*, WPNR 1980, Nr. 5546, 897 (906); *van Rooij*, WPNR 1982, Nr. 5609, S. 341 (341).

303 Vgl. beispielsweise *Hoge Raad*, NJ 1992, Nr. 750; Pres.Rb. Den Haag, 17.09.1982, Rechtspaak van de Week/Kort Geding 1982, Nr. 167; deutsche Übersetzung dieses Urteils bei *Basedow*, RabelsZ 47 (1983), 141 (141-147); Rb. Breda, 14.09.1982, NJ 1983, Nr. 562; zu weiteren Urteilen, in denen das EVÜ antizipiert angewendet wurde, vgl. hierzu *Bertrams*, IPR Koop; in: Bijzondere Contracten, IA.Hfdst.I-44-54 ff.; *de Boer*, RabelsZ 54 (1990), 24 (40 f.).

304 *Hoge Raad*, 27.05.1983, NJ 1983, Nr. 561.

schriften des Übereinkommen[305]. Teilweise wurden die Regelungen des Europäischen Schuldvertragsübereinkommens sogar als Niederlegung der bereits bestehenden niederländischen Kollisionsnormen verstanden[306]. Im Zusammenhang mit der Darstellung der Kollisionsnormen des Europäischen Schuldvertragsübereinkommen soll im Folgenden auch auf die Wurzeln der zuvor durch Richterrecht entwickelten niederländischen Kollisionsnormen eingegangen werden.

1. Rechtswahlmöglichkeit bei vertraglichen Schuldverhältnissen

Mittlerweile ist für die Niederlande eine weitreichende Rechtswahlmöglichkeit im Europäischen Schuldvertragsübereinkommen verbindlich verankert. Zunächst soll auf die Vorschriften des europäischen Staatsvertrages eingegangen werden. Anschließend soll die Situation vor Inkrafttreten des Übereinkommens beleuchtet werden.

a) Vorgaben des EVÜ

Das Europäische Schuldvertragsübereinkommen stellt mit Artikel 3 Abs. 1 EVÜ den Grundsatz der Parteiautonomie an die Spitze der Normen über das auf Schuldverträge anzuwendende Recht. Den Parteien steht somit frei, das auf ihren Vertrag anwendbare Recht frei zu bestimmen. Diese Rechtswahlmöglichkeit besteht für den Bereich des Schuldvertragrechts nahezu unbeschränkt. Nicht verlangt wird etwa, daß das gewählte Recht eine Beziehung zum Vertrag aufweisen muß, da Parteien ein berechtigtes Interesse daran haben können, ihre Beziehungen einer neutralen Rechtsordnung zu unterstellen[307]. Umstritten ist jedoch die Frage, ob auch nicht-staatliches Recht, etwa die sog. *lex mercatoria*, ein nicht unmittelbar anwendbarer internationaler Vertrag oder bereits außer Kraft getretene nationale Gesetze, einer Rechtswahl nach Artikel 3 EVÜ zugänglich sind. Aus der Vertragsgeschichte läßt sich grundsätzlich ableiten, daß die Vertragsersteller davon ausgegangen sind, daß sich die kollisionsrechtliche Parteiautonomie lediglich auf geltendes staatliches Recht bezieht[308]. Die Wahl eines nicht mehr geltenden staatlichen bzw. eines nicht-staatlichen Rechts kann lediglich als eine materielle,

---

[305] *De Boer*, RabelsZ 1990, 24 (40); C/G/H/K (*de Boer/Kotting*), Introduction to Dutch law, S. 282 f.; *Haak*, WPNR 1980, 5546, 897 (906); *Strikwerda*, Inleiding, S. 189 ff.; *Vlas*, TVVS 1991, 226 (231); *Vlas*, IPRax 1995, 194 (198).

[306] Vgl. beispielsweise Rb. Zutphen, 23.05. 1991, Nr. 1992, 113 oder Rb. Alkmaar, 30.03.1989, NIPR 1992, Nr. 96.

[307] Vgl. *Frohn*, Toepassing Weens Koopverdrag 1980 door de nederlandse rechter; in: Europees Privaatrecht, S. 199 (201); *Junker*, IPR, Rn. 350; Soergel (*von Hoffmann*), Vor Artikel 27, Rn. 20; *Strikwerda*, Inleiding, S. 192.

[308] Siehe auch *Junker*, IPR, Rn. 50; *Koppenol-Laforce*, International Contracts, S. 144; *Kropholler*, IPR, § 52 II 3 e); *Strikwerda*, Inleiding, S. 192.

nicht jedoch als eine kollisionsrechtliche Rechtswahl betrachtet werden. Zwingende Normen der prinzipiell geltenden Rechtsordnung können somit nicht außer Kraft gesetzt werden[309]. Eine Ausnahme von diesem Grundsatz hat der *Hoge Raad* in seiner Entscheidung vom 26.05.1989[310] zugelassen. Der Oberste Gerichtshof erklärte eine Rechtswahl zugunsten des *Übereinkommens über den Beförderungsvertrag im internationalen Straßengüterverkehr* (CMR) vom 19.05.1956[311] für zulässig, obwohl dieses auf den in Frage stehenden Beförderungsvertrag nicht unmittelbar anwendbar war. Zwar wurde eine Rechtswahl zugunsten nicht unmittelbar anwendbaren Einheitsrechts getroffen; dieses selbst ließ eine solche Rechtswahl jedoch zu, schloß sie zumindest nicht aus[312].

Das Europäische Schuldvertragsübereinkommen legt in seinem Artikel 3 Abs. 1 Satz 2 fest, daß die Erklärung der Rechtswahl sowohl ausdrücklich als auch stillschweigend erfolgen kann[313]. Dabei haben niederländische Instanzgerichte die Frage, ob sich aus einer Zuständigkeitsvereinbarung eine stillschweigende Rechtswahl zugunsten der Rechtsordnung ergeben kann, dessen Gericht als zuständig angewiesen wurde, grundsätzlich bejaht. Maßgeblich sei allerdings die Auslegung der in Frage stehenden Übereinkunft[314]. Eine im Rahmen des Europäischen Schuldvertragsübereinkommens getroffene Rechtswahl muß sich ferner nicht auf den gesamten Vertrag beziehen, sondern kann sich auf Teile der Übereinkunft beschränken[315].

Bezüglich des Zeitpunktes der Rechtswahl läßt das Europäische Schuldvertragsübereinkommen den Vertragsparteien freie Hand. Artikel 3 Abs. 2 EVÜ läßt keinen Zweifel daran, daß es den Vertragschließenden freisteht, erst nach Vertragsschluß eine Rechtswahl zu treffen, als auch eine zuvor getroffene Rechtswahl abzuändern. Üblich ist sogar, daß der niederländische Richter in bestimmten Fällen die Parteien einlädt, noch im Prozeß eine Rechtswahl zu treffen[316]. Dies kann ins-

---

309 Vgl. hierzu *Kropholler*, IPR, § 52 II 3 e); *Strikwerda*, Inleiding, S. 192 f.

310 *Hoge Raad*, 26.05.1989, NJ 1992, Nr. 105 (*Zerstegen/Norfolk Line*).

311 BGBl. 1961 II 1120.

312 Vgl. hierzu auch *Strikwerda*, Inleiding, S. 187 sowie ausführlich *Vonken*, Internationaal privaatrecht, in: Verbindnissenrecht, unter III. S. III.1.Art. 3 – 84-94, aant. 9.2.

313 Siehe hierzu *Vlas*, TVVS 1991, 226 (227).

314 Siehe zum Beispiel Pres. Rb. 's Hertogenbosch, 25.01.1996, NIPR 1996, Nr. 239.

315 *Koppenol-Laforce*, International Contracts, S. 145; *Strikwerda*, Inleiding, S. 193; vgl. zu den zuvor bestehenden Meinungsunterschieden im niederländischen IPR *Sauveplanne*, Elementair internationaal privaatrecht, S. 58.

316 Siehe zum Beispiel Hof Amsterdam, 19.05.1988, NIPR 1988, Nr. 533; Hof 's-Hertogenbosch, 28.02.1989, NIPR 1989, Nr. 259; Rb. Arnhem, 22.07.1993, NIPR 1994, Nr. 130. Vgl. auch die (kritischen) Anmerkungen in der Literatur von *Mostermans*, De proce-

besondere dann erforderlich sein, wenn eine objektive Verweisungsnorm ein ausländisches Rechtssystem zur Anwendung beruft, das die Parteien augenscheinlich nicht vorhergesehen hatten oder wenn undeutlich ist, ob die Parteien eine stillschweigende Rechtswahl getroffen haben. Die im Nachhinein getroffene Rechtswahl läßt allerdings die Frage der formellen Gültigkeit sowie Rechte Dritter unberührt. Sie richten sich weiterhin nach dem anfänglich anwendbaren Recht. Die Frage, welches Recht bestimmt, ob zwischen den Parteien eine Einigung über die Rechtswahl erzielt worden ist, richtet sich nach den Anforderungen des gewählten Rechts.

Allgemeine Einschränkungen der Rechtswahlmöglichkeit sind in den Artikel 3 Abs. 3 sowie Artikel 7 EVÜ vorgesehen[317]. Artikel 3 Abs. 3 EVÜ beschränkt die Rechtswahlmöglichkeit bei „rein inländischen" Verträgen insofern, daß eine Rechtswahl zugunsten eines ausländischen Rechts zwingende Bestimmungen des Vertragsstaates nicht abbedingen kann. In Artikel 7 EVÜ wurde die allgemeine Lehre von den Eingriffsnormen aufgenommen. Danach kann zwingenden in- und ausländischen Normen Wirkung verliehen werden, wenn sie mit dem Sachverhalt eine enge Verbindung aufweisen.

b) Entwicklung der Parteiautonomie in den Niederlanden

Mit der Verankerung der kollisionsrechtlichen Rechtswahlmöglichkeit schließt das Europäische Schuldvertragsübereinkommen an einen zuvor bereits in vielen anderen Rechtsordnungen anerkannten Grundsatz an[318]. Gerade in den Niederlanden hatte die Parteiautonomie schon Mitte der sechziger Jahre durch eine Grundsatzentscheidung des Obersten Gerichtshofes[319] eine sehr ähnliche Ausprägung erfahren. Diese sog. *Alnati*-Entscheidung des *Hoge Raad* aus dem Jahre 1966 besitzt zwei richtungsweisende Aussagen. Zunächst hat der *Hoge Raad* in diesem Urteil eine kollisionsrechtliche Rechtswahlfreiheit im Bereich der vertraglichen Schuldverhältnisse grundsätzlich anerkannt[320]. In diesem Zusammenhang hat der Oberste Gerichtshof aber auch Anforderungen an eine eventuelle Rechtswahl formuliert. Damit eine Rechtswahlmöglichkeit eröffnet ist, muß der Vertrag einen

---

suele behandeling van het conflictenrecht, S. 128 f.; *Vonken*, Internationaal privaatrecht, in: Verbindnissenrecht, unter III. S. III.1.Art. 3 – 54. aant. 4.3.

317 Zu speziellen Beschränkungen vgl. Artikel 5 und 6 EVÜ.

318 Siehe *Cohen Henriquez*, IPR Trends, S. 157; *Giuliano/Lagarde*, BT-Drucks. 10/503, S. 47; *Strikwerda*, De overeenkomst in het IPR, S. 77.

319 *Hoge Raad*, NJ 1967, Nr. 3.

320 Der Oberste Gerichtshof hat somit die in der ersten Hälfte des Jahrhunderts sehr umstrittene Frage geklärt, welcher Umfang einer Rechtswahl zukommt; vgl. hierzu *Mostermans*, De processuele behandeling van het conflictenrecht, S. 74.

internationalen Charakter besitzen[321]. Als weitere Voraussetzung der Parteiautonomie verlangte der *Hoge Raad*, daß sich das Gesetz einer solchen nicht widersetzt. Diese Beschränkung zielte darauf ab, daß durch eine Rechtswahl niederländische Eingriffsnormen sowie solche kollisionsrechtliche Vorschriften, die sich offensichtlich gegen eine Rechtswahl wenden, nicht umgangen werden. Auch ausländische Eingriffsnormen sollten nach Auffassung des *Hoge Raad* durch eine Rechtswahl nicht abbedungen werden können[322]. Der Oberste Gerichtshof hat mit diesem Urteil erstmals verdeutlicht, daß sowohl einheimische als auch ausländische Eingriffsnormen Anwendung beanspruchen und so die grundsätzlich bestehende Rechtswahlfreiheit im Bereich des Vertragsrechts einschränken können. Diese allgemeine Einschränkung der Rechtswahlmöglichkeit findet sich heute in Artikel 3 Abs. 3 sowie Artikel 7 EVÜ[323].

Die *Alnati*-Entscheidung bildete für die Niederlande den Ausgangspunkt für die Klärung des zuvor undurchsichtigen Verhältnisses von anzuerkennenden oder nicht anzuerkennenden, objektiven und subjektiven Vertragsanknüpfungen, aller-

---

321 In der *Alnati*-Entscheidung hat der *Hoge Raad* jedoch nicht präzisiert, welche Verträge einen internationalen Charakter besitzen und welche nicht. Aus der Entscheidung des *Hoge Raad* vom 26.05.1989, NJ 1992, Nr. 105 ergibt sich jedoch, daß der Oberste Gerichtshof diesen Begriff weit verstanden wissen will und sich das Internationalitätskriterium nicht ausschließlich in tatsächlich-geographischen Gegebenheiten des Vertrages ergeben braucht; vgl. zu dieser Voraussetzung auch *Mostermans*, De processuele behandeling van het conflictenrecht, S. 76 f.

322 Vgl. hierzu auch *Mostermans*, De processuele behandeling van het conflictenrecht, 77 f.; *Strikwerda*, Inleiding, S. 187 f.

323 *Vonken*, Internationaal privaatrecht, in: Verbindnissenrecht, unter III. S. III.1.Art. 3 – 97 f. aant. 11 sowie *Vonken*, Internationaal privaatrecht, in: Verbindnissenrecht, unter III. S: III.1.Art. 7 – 2-10 ff., aant. 1 ff. Eine der wichtigen niederländischen Vorschriften, die als Eingriffsnorm im Sinne des Artikel 7 EVÜ betrachtet wird, ist Artikel 6 des Spezialerlasses über Arbeitsverhältnisse von 1945. Inhalt dieser Regelung ist, daß ein Arbeitsverhältnis nicht ohne vorherige Erlaubnis des regionalen Arbeitsamtes beendet werden kann. Eine Entlassung ohne derartige Erlaubnis wird für nichtig erklärt (Artikel 9 Abs. 1 des Spezialerlasses über Arbeitsverhältnisse von 1945). Ist demnach der niederländische Arbeitsmarkt betroffen, so ist eine Beendigung des Arbeitsverhältnisses ohne vorherige Erlaubnis gesetzeswidrig. Der Anwendungsbereich dieses Artikels ist daher unabhängig von IPR-Regelungen festgelegt. Auch wenn der Arbeitsvertrag einem anderen Recht unterliegt, so findet Artikel 6 des Spezialerlasses über Arbeitsverhältnisse doch Anwendung, wenn die Interessen des niederländischen Marktes berührt sind. Vgl. hierzu auch *Hoge Raad*, 05.06.1953, NJ 1953, Nr. 613; *Hoge Raad*, 08.01.1971, NJ 1971, Nr. 129 (*Mackay I*); *Hoge Raad*, 30.05. 1980, NJ 1980, Nr. 634, *Hoge Raad*, 07.09.1985, NJ 1985, Nr. 104 sowie *Hoge Raad*, 23.10.1987, NIPR 1988, Nr. 150 (*Sorensen/Aramco*); vgl. hierzu auch *van Maanen*, WPNR 1981, 5583, 793 (794 ff.); *Sauveplanne*, IPRax 1989, 119 (120 f.). Eine weitere wichtige Vorschrift ist Artikel 6: 247 Abs. 4 BW. Vgl. hierzu *Vonken*, Internationaal privaatrecht, in: Verbindnissenrecht, unter III. S. III.1.Art. 7 – 13 ff.

dings auch eine Neuerung der Rechtsprechung[324]. So führte sie etwa dazu, daß die im ursprünglichen Benelux-Einheitsgesetz enthaltene Norm[325] sowie ihre noch 1966 überarbeitete Fassung[326] als überholt betrachtet werden mußten[327]. Bei der Redaktion der neu gefaßten Vorschrift wurde damit die Rechtswahlmöglichkeit schon als Ausgangspunkt genommen[328]. Daß sich die Parteiautonomie in den Niederlanden bereits in den sechziger Jahren durchsetzen konnte, ist auf mehrere Gründe zurückzuführen. Gefördert wurde sie sicherlich durch die Unsicherheit über die mangels einer Rechtswahl anzuwendenden Kollisionsregel. Weiterhin hat die Tatsache, daß im materiellen niederländischen Recht den Vertragsparteien schon eine weitgehende Freiheit eingeräumt wurde, der kollisionsrechtlichen Rechtswahlmöglichkeit zur Durchsetzung verholfen[329]. Insgesamt führte das In-

---

324 Bis zu diesem wegweisenden Urteil hätten die vorangegangenen Entscheidungen des *Hoge Raad* (*Hoge Raad*, 13.06.1924, NJ 1924, Nr. 859 sowie 12.12.1947, NJ 1948, Nr. 608) sowie die in der Literatur bestehenden Meinungsverschiedenheiten über den Geltungsbereich des Prinzips der Parteiautonomie es nicht erlaubt, den Stand des niederländischen Rechts in dieser Materie eindeutig zu bestimmen; vgl. *Cohen Henriquez*, IPR Trends, S. 154 f.; *Giuliano/Lagarde*, BT-Drucks. 10/503, S. 47; *Mostermans*, De processuele behandeling van het conflictenrecht, S. 74; *Rammeloo*, Das neue EG-Vertragskollisionsrecht, S. 12 ff.; *Strikwerda*, Inleiding, S. 186.

325 Der das Vertragskollisionsrecht betreffende Artikel 17 des Benelux-Einheitsgesetzes lautete in seiner damaligen Fassung: Weist der Vertrag eine so enge Beziehung zu einem Staat auf, daß er überwiegend zur Rechtssphäre dieses Staates gerechnet werden soll, so unterliegt er dem Recht dieses Staates, es sei denn, daß die Vertragsparteien den Vertrag oder einen Teil des Vertrages einem anderen Recht unterstellt haben. Eine derartige Rechtswahl läßt jedoch die zwingenden Vorschriften des oben angedeuteten Rechts unberührt. Zur Beantwortung der Frage, ob ein Vertrag überwiegend zu der Rechtssphäre eines Staates gehört, sind Abschluß- und Erfüllungsort des Vertrages, außerdem der Wohnsitz und die Staatsangehörigkeit der Parteien sowie sonstige, sachdienliche Tatbestandsmäßigkeiten zu beachten. Ist weder eine Verbindung zur Rechtssphäre irgendeines Staates noch eine vereinbarte Rechtswahl vorhanden, so unterliegt der Vertrag dem Recht am Ort des Vertragsabschlusses. (...); Übersetzung entlehnt von *Rammeloo*, Das neue EG-Vertragskollisionsrecht, S. 10.

326 So sah Artikel 13 Benelux-Einheitsvertrag in der überarbeiteten Fassung vor, daß Verträge sowohl hinsichtlich des zwingenden als auch hinsichtlich der dispositiven Vorschriften dem von den Parteien gewählten Recht unterliegen. Im zweiten Absatz war vorgesehen, daß in den Fällen, in denen der Vertrag eindeutig in einem ganz bestimmten Staat lokalisiert ist, solche Bestimmungen dieses Staates, deren besondere Natur und deren besonderer Zweck die Anwendung jedes anderen Rechts ausschließen, durch Vereinbarung der Parteien nicht ausgeschlossen werden können; Text des Artikels 13 Benelux-Einheitsvertrag abgedruckt in StAZ 1969, 250 (252).

327 Vgl. auch *Jessurun d'Oliveira*, RabelsZ 39 (1975), 224 (226); *Rammeloo*, Das neue EG-Vertragskollisionsrecht, S. 15 ff.

328 Da jedoch die Verquickung subjektiver bzw. objektiver Anknüpfungspunkte trotz des klarstellenden *Alnati*-Urteils nicht aufgehoben wurde, war auch diese Fassung weiterhin starker Kritik ausgesetzt; vgl. beispielsweise *Kirsch*, NTIR 1970, 275 (275 ff.).

329 Näher *Mostermans*, De processuele behandeling van het conflictenrecht, S. 76.

krafttreten des Europäischen Schuldvertragsübereinkommens für die Niederlande hinsichtlich der Anerkennung des Grundsatzes der Parteiautonomie keine Änderung der vorherigen Rechtslage herbei[330]. Vielmehr sind die heute geltenden Artikel 3 Abs. 1 und 3 sowie Artikel 7 im hohen Maße mit den zuvor in den Niederlanden durch Richterrecht entwickelten Kollisionsnormen vergleichbar[331].

2. Objektive Anknüpfung

Haben die Parteien keine ausdrückliche oder stillschweigende Rechtswahl getroffen, so stellt sich die Frage, nach welchen Kriterien das anwendbare Recht zu ermitteln ist.

a) Geltende kollisionsrechtliche Bestimmungen des EVÜ

Die Frage, welches Recht anzuwenden ist, wenn die Parteien keine ausdrückliche oder stillschweigende Rechtswahl getroffen haben, ist in Artikel 4 EVÜ verbindlich geregelt[332]. Die nach Artikel 4 EVÜ maßgeblichen Anknüpfungsmerkmale gelten grundsätzlich für alle Schuldverträge und sind entsprechend allgemein formuliert. Mit Artikel 4 Abs. 1 EVÜ wurde als Ausgangspunkt der Grundsatz normiert, daß das Recht des Landes, mit welchem der Vertrag am engsten verbunden ist, den Vertrag beherrschen soll. Das sehr allgemein gehaltene Merkmal der „engsten Verbindung", das für sich allein wenig Aussagekraft besitzt, wird in den Absätzen 2 bis 4 des Artikels 4 EVÜ durch verschiedene Vermutungen konkretisiert. Für den Regelfall wird nach Artikel 4 Abs. 2 EVÜ vermutet, daß der Vertrag die engste Verbindung mit dem Staat aufweist, in welchem die Partei, die die charakteristische Leistung zu erbringen hat, ihren gewöhnlichen Aufenthalt hat[333]. Im Mittelpunkt des Artikels 4 EVÜ steht somit die vom schweizerischen Rechtsgelehrten *Adolf F. Schnitzer* begründete, und von *Frank Vischer* fortent-

---

330 Statt vieler *Sauveplanne*, NIPR 1990, 1 (1).

331 *De Boer*, RabelsZ 1990, 24 (40, 56 ff.); C/G/H/K (*de Boer/Kotting*), Introduction to Dutch law, S. 282 f.; *Schultsz*, RabelsZ 47 (1983), 267 (275 ff.); *Strikwerda*, Inleiding, S. 189 ff.; *Vlas*, TVVS 1991, 226 (231); *Vlas*, IPRax 1995, 194 (198).

332 Ausführlich zu der objektiven Anknüpfung in Internationalen Schuldvertragsrecht siehe *Vonken*, Internationaal privaatrecht, in: Verbindnissenrecht, unter III. S. III.1.Art. 4 – 2-10 ff. aant. 2 ff.

333 In den Absätzen 3 und 4 sind weitere Vermutungen vorgesehen. Artikel 4 Abs. 3 tritt an die Stelle der Vermutung des Absatzes 2, wenn der Vertrag ein dingliches Recht an einem Grundstück oder ein Recht zur Nutzung eines Grundstücks zum Gegenstand hat. Auch im autonomen niederländischen IPR ersetzte bei unbeweglichen Sachen die *lex rei sitae* Regel die Lehre der charakteristischen Leistung; vgl. hierzu *de Boer*, AA 42 (1993), 207 (211). Eine weitere Ausnahme von der allgemeinen Vermutungsregel des Artikels 4 Abs. 2 EVÜ sieht Artikel 4 Abs. 4 EVÜ für Verträge über die Beförderung von Gütern vor.

wickelte Lehre der charakteristischen Leistung. Diese Lehre besagt, daß das Recht des Landes auf einen Vertrag anwendbar ist, in dem sich der Wohnort bzw. der gewöhnliche Aufenthaltsort der Vertragspartei befindet, die die charakteristische Leistung zu erbringen hat[334]. Der in Artikel 4 Abs. 1 und 2 EVÜ gewählte Aufbau wird durch die Vorschrift des Artikels 4 Abs. 5 EVÜ noch komplexer. Während Artikel 4 Abs. 5 Satz 1 EVÜ lediglich eine Klarstellung dahingehend enthält, daß Artikel 4 Abs. 2 EVÜ in Fällen nicht anwendbar sei, in denen sich eine charakteristische Leistung nicht feststellen läßt, enthält sein Satz 2 eine echte Ausnahme hinsichtlich der Vermutungstatbestände. Dieser sieht vor, daß die in den Absätzen 2 bis 4 niedergelegten Vermutungen nicht eingreifen sollen, wenn sich aus der Gesamtheit der Umstände ergibt, daß der Vertrag eine engere Verbindung mit einem anderen Staat aufweist.

Die Bestimmung des normativen Gehaltes der Ausweichklausel gestaltet sich schwierig. Der *Hoge Raad* hat im Jahre 1992 eine international beachtliche Entscheidung hinsichtlich der Bedeutung von Artikel 4 Abs. 2 EVÜ getroffen[335]. Der Oberste Gerichtshof geht in der sog. *Balenpers*-Entscheidung davon aus, daß sowohl Wortlaut als auch Struktur des Artikel 4 EVÜ wie auch die bei der Rechtsanwendung beabsichtigte Uniformität dazu führen, daß die Ausnahmebestimmung des Artikels 4 Abs. 5 EVÜ restriktiv anzuwenden ist. Die restriktive Anwendung bedeute, daß die Hauptanknüpfung erst dann weichen soll, wenn nach den Umständen des Einzelfalls zu dem Ergebnis gelangt werden muß, daß der Ort, an dem die Partei, die die charakteristische Leistung zu erbringen hat, ihren Sitz hat, keinen reellen Anknüpfungswert aufweist. Diese Auslegung des zweiten Absatzes bringt ebenfalls mit sich, daß das im ersten Absatz des Artikel 4 EVÜ enthaltende Rechtssphärekriterium als Ausnahme gegenüber dem Grundsatz der charakteristischen Leistung betrachtet und somit restriktiv ausgelegt werden muß[336].

---

334 Siehe *de Boer*, RabelsZ 54 (1990), 24 (46 ff.); *de Boer*, AA 42 (1993), 207 (210); *Cohen Henriques*, IPR Trends, S. 163; *Koppenol-Laforce*, International Contracts, S. 147; Staudinger (*Magnus*), Art. 28, Rn. 64; *Vonken*, Internationaal privaatrecht, in: Verbindnissenrecht, unter III. S. III.1.Art. 4 – 13 ff., aant. 4; *de Winter*, Enige beschouwingen over de wet van de karakteristieke prestatie, in: Met Eerbiedige Werking, S. 367 (367 ff.).

335 *Hoge Raad*, 25.09.1992, NJ 1992, Nr. 750 (*Balenpers*); zu dieser Entscheidung vgl. auch *de Boer*, AA 42 (1993), 207 (214), *de Ly*, Het Balenpers-arrest, in: Het IPR geannoteerd, S. 125 (125 ff.); *Rammeloo*, IPRax 1994, 243 (245 ff.) sowie *Struycken*, Lloyd's Maritime and Commercial Law Quarterly 1996, 18 (21 ff.).

336 *Strikwerda*, Inleiding, S. 195. Allgemein *Boele-Woelki*, Exception Clauses in Private International Law – Netherlands; in: Netherlands Reports to the Fourteenth International Congress of Comparative Law, S. 415 (433 ff.); C/G/H/K (*de Boer/Kotting*), Introduction to Dutch law, S. 283; *Kokkini-Iatridou/Frohn*, De exceptieclausules in het verdragenrecht, in: Eenvormig en vergelijkend privaatrecht 1989; S. 215 (245 ff.).

b) Rechtslage vor Inkrafttreten des EVÜ

Insgesamt bedeutet auch die in Artikel 4 EVÜ gewählte objektive Anknüpfung keinen Bruch mit der bis zum damaligen Zeitpunkt in den Niederlanden bestehenden Rechtslage[337]. Bis zum Beginn der siebziger Jahre bestand in den Niederlanden noch Unklarheit hinsichtlich des objektiven Anknüpfungsmerkmals. Zwar hatten sich die Niederlande durch die Fassung des Benelux-Einheitsvertrags bereits gegen starre Anknüpfungsmerkmale entschieden[338]; es sollte vielmehr dem Richter überlassen werden, im Einzelfall unter den verschiedenen Merkmalen des Vertrages und den Umständen des Einzelfalls jenes Anknüpfungsmerkmal auszuwählen, das im Hinblick auf die Bestimmung des auf den Vertrag anzuwendenden Rechts vorherrschend und ausschlaggebend sein sollte. Eine einheitliche Linie bezüglich des objektiven Anknüpfungsmerkmals existierte jedoch nicht. Die Instanzgerichte bekannten sich zu diesem Zeitpunkt noch zu diversen Anknüpfungen[339].

Den Wendepunkt zugunsten der Schwerpunktbestimmung anhand der charakteristischen Leistung bildete eine Entscheidung des *Hof Amsterdam* aus dem Jahre 1970, in der diese Anknüpfungslehre ausdrücklich anerkannt wurde[340]. Ab diesem Zeitpunkt begann sich die in den Niederlanden maßgeblich durch *L.I. de Winter*[341] eingeführte Lehre der charakteristischen Leistung durchzusetzen[342]. In den Jahren

---

337 Statt vieler *Sauveplanne*, NIPR 1990, 1 (1).

338 Der Artikel 13 Abs. 3 des nicht in Kraft getretenen Benelux-Einheitsgesetzes sah vor, daß der Vertrag mangels einer Rechtswahl dem Recht des Staates unterworfen sei, zu dem er die engsten Verbindungen aufweist. Nach Absatz 4 dieser Vorschrift ist der Vertrag, wenn dieser Staat nicht bestimmt werden kann, dem Recht des Staates unterworfen, in dem er abgeschlossen worden ist; Text abgedruckt in StAZ 1969, 250 (252).

339 Dazu gehörten die Anknüpfung an den Erfüllungs- bzw. Vertragsabschlußort, die Staatsangehörigkeit oder den Wohnsitz der Parteien oder die Währung, mit der bezahlt werden sollte. Dafür wurden auch die allumfassenden Formeln „rechtsfeer", „sociaal-economische werkelijkheid" und „rechtsvergelijkende methode" benutzt; vgl. *Rammeloo*, Das neue EG-Vertragskollisionsrecht, S. 7 ff. mit weiteren Literaturverweisen.

340 Hof Amsterdam, 01.04.1970, NJ 1971, Nr. 115; vgl. auch *Rammeloo*, Das neue EG-Vertragskollisionsrecht, S. 295; *Sauveplanne*, Elementair internationaal privaatrecht, S. 59 f.; *Strikwerda*, Inleiding, S. 15; *Vlas*, TVVS 1991, 226 (227 f.).

341 *De Winter* hatte die kollisionsrechtliche Entscheidung des Gerichtshofes Amsterdam vom 01.07.1970, NJ 1971, Nr. 115 mit veranlaßt. Außerdem veröffentlichte er im gleichen Jahre einen Aufsatz, in dem er die Lehre von der charakteristischen Leistung einführte, siehe *de Winter*, Naar een sociaal IPR., Een keus uit de werk van L.I. de Winter, S. 236 (244, 248). Vgl. auch *de Winter*, Enige beschouwingen over de wet van de karakteristieke prestatie, in: Met Eerbiedige Werking, S. 367 (367 ff.); kritisch *Cohen Henriquez*, IPR Trends, S. 162 ff.

342 Siehe beispielsweise Rb. Alkmaar, 18.09.1986; NIPR 1987, Nr. 138; Rb. Arnhem, 07.09.1989, NIPR 1990, Nr. 296; siehe auch die sehr frühe Entscheidung des *Hoge Raad*

1972 und 1973 lieferte der *Hoge Raad* mit drei Entscheidungen seinen Beitrag zur Klärung der Situation[343]. Diese zumindest als komplementär zum Europäischen Schuldvertragsübereinkommen zu bezeichnenden Leitentscheidungen betrachteten die Lehre der charakteristischen Leistung als grundsätzlich ausschlaggebend. In den Entscheidungen wurde allerdings weiterhin Raum für die Berücksichtigung anderer Anknüpfungsmomente gelassen, um das angemessener Weise anzuwendende Rechts zu finden[344]. Im Zusammenhang mit diesen Entscheidungen war die Tendenz zur Aufstellung von spezifischen Bezugsregelungen für bestimmte Vertragsarten zu beobachten[345]. Seit den Entscheidungen des Obersten Gerichtshofes muß die Lehre von der charakteristischen Leistung wohl zu den festen Bestandteilen des niederländischen Kollisionsrechts gezählt werden[346]. Auch wenn der *Hoge Raad* bei Vorliegen einer engeren Verbindung ausnahmsweise auch andere Anknüpfungspunkte als ausschlaggebend betrachtete[347], so ging er im Grundsatz doch von der Lehre der charakteristischen Leistung aus. Dieser Ansatz unterscheidet sich von dem im Europäischen Schuldvertragsübereinkommen niedergelegten. Im Gegensatz zur vorherigen niederländischen Rechtsprechung wird im Europäischen Schuldvertragsübereinkommen die Lehre der charakteristischen Leistung nämlich nicht als allgemeiner Grundsatz vorangestellt, sondern lediglich als eine widerlegbare Vermutung formuliert. Doch mit der in dem *Balenpers*-Urteil gewählten Interpretation knüpft der Oberste Gerichtshof an die vor dem Inkrafttreten des Europäischen Schuldvertragsübereinkommens geltende unge-

---

02.04.1942, NJ 1942, Nr. 468 (*Jurgens-van Heesch*), die jedoch wohl nicht an die Lehre der charakteristischen Leistung anknüpfte, sondern durch die gewählte funktionelle Anknüpfung nur zum selben Ergebnis gelangte; vgl. hierzu *Bertrams*, IPR Koop; in: Bijzondere Contracten, IA.Hfdst.I-76; *Rammeloo*, Das neue EG-Vertragskollisionsrecht, S. 300; *Strikwerda*, Inleiding, S. 189; *Vlas*, TVVS 1991, 226 (228).

343 *Hoge Raad*, 27.10.1972, NJ 1973, Nr. 121 (*Neska/de Beijer*. Beförderungsvertrag: Sitz des Beförderers war maßgebend); *Hoge Raad*, 06.04.1973, NJ 1973, Nr. 371 (*Topsøe/Del Prado*. Handelsvertretervertrag: Sitz des Handelsvertreters, außer beim Vorhandensein einer engeren Verbindung, maßgebend); *Hoge Raad*, 08.06.1973, NJ 1973, Nr. 400 (*Mackay II*: Arbeitsvertrag: Diese Entscheidung kann als „Entwurf" des Art. 6 Abs. 2 EVÜ betrachtet werden.).

344 Vgl. dazu *de Boer*, RabelsZ 1990, 24 (41); *Polak*, Arbeidsverhoudingen in het Nederlandse internationaal privaatrecht, S. 73 f.; *Rammeloo*, Das neue EG-Vertragskollisionsrecht, S. 22 sowie S. 392 f.

345 Dabei handelte es sich insbesondere um Arbeits-, Makler- und Beförderungsverträge; vgl. *Rammeloo*, Das neue EG-Vertragskollisionsrecht, S. 24.

346 So *de Boer*, RabelsZ 1990, 24 (40, 51 ff.) mit umfangreichen Rechtsprechungsnachweisen; *de Boer*, AA 42 (1993), 207 (209); *van Rooij*, WPNR 1982, 5609, 341 (342); *Strikwerda*, Inleiding, S. 188 f.

347 Vgl. *de Boer*, AA 42 (1993), 207 (211); *Kokkini-Iatridou/Frohn*, De exceptieclausules in het verdragenrecht, in: Eenvormig en vergelijkend privaatrecht 1989, S. 215 (245).

schriebene Verweisungsnorm an. Auch die Ausweichklausel des Artikel 4 Abs. 5 EVÜ war in der niederländischen Rechtsprechung zuvor nicht unbekannt[348].

3. Verbraucherverträge

Artikel 5 EVÜ enthält eine besondere Kollisionsnorm für bestimmte Verbraucherverträge[349]. Mit dieser Vorschrift wurde versucht, eine geeignete Regelung für Sachverhalte zu finden, bei denen die Vertragschließenden nicht gleichgestellt sind. Die Bestimmung enthält eine sozialpolitisch motivierte Sonderregelung. Sie bezweckt, daß der sozial und wirtschaftlich schwächeren Partei ein angemessener Schutz gewährt wird[350]. Um dies zu erreichen, haben sowohl die subjektive als auch die objektive Anknüpfungsnorm Änderungen erfahren, wenn Verbraucherverträge betroffen sind. Zwar erachtet Artikel 5 EVÜ eine Rechtswahl der Parteien als grundsätzlich zulässig. Allerdings ist sie insofern beschränkt, als sie nicht dazu führen darf, daß der schwächeren Partei der Schutz entzogen wird, der ihr von den zwingenden Vorschriften des objektiv ermittelten Vertragsstatuts gewährt wird (Artikel 5 Abs. 2 EVÜ)[351]. Zum anderen weicht bei Verbraucherverträgen auch die objektive Anknüpfung von der in Artikel 4 Abs. 2 EVÜ festgelegten Vermutung zugunsten der charakteristischen Leistung ab; statt dessen beruft Artikel 5 Abs. 3 EVÜ das Recht, in welchem der Verbraucher seinen gewöhnlichen Aufenthalt hat. Artikel 5 Abs. 3 EVÜ läßt somit das Recht des Staates zur Anwendung gelangen, das dem Verbraucher am ehesten vertraut ist. Artikel 5 EVÜ brachte gegenüber dem autonomen niederländischen IPR keine wesentliche Veränderung[352]. Die Methode der funktionellen Anknüpfung sowie das *favor principle* war schon zuvor in den Bereichen, in denen durch das materielle Recht der Schutz einer wirtschaftlichen schwächeren Partei gewährleistete wurde, bekannt.

---

348 In der Entscheidung des *Hoge Raad* vom 06.04.1973, abgedruckt in NJ 1973, Nr. 371 wendete er eine sog. „open-ended rule" an.

349 Die in Artikel 5 Abs. 1 EVÜ vorgesehene Definition des Verbrauchervertrages entspricht der in Artikel 13 des Übereinkommens über die gerichtliche Zuständigkeit und die Vollstreckung gerichtlicher Entscheidungen in Zivil- und Handelssachen. Abs. 2 statuiert die Voraussetzungen, unter denen der Vertrag abgeschlossen sein muß, um als Verbrauchervertrag im Sinne des EVÜ zu gelten. Vgl. allgemein zu dieser Vorschrift *Vonken*, Internationaal privaatrecht, in: Verbindnissenrecht, unter III. S. III.1.Art. 5 – 2-10 ff.; aant 1 ff.

350 Siehe *Steffens*, WPNR 1993, 6112, 796 (797); *Vlas*, TVVS 1991, 226 (228).

351 Zur unterschiedlichen Auslegung dieser Vorschrift vgl. *de Boer*, RabelsZ 1990, 41 (44 f.); *Polak/de Rooij/Steffens*, Private International Law in the Netherlands, Supplement, S. 65; *Steffens*, WPNR 1993, 6112, 796 (797); von der wohl herrschenden Auffassung abweichend *Sauveplanne*, NILR 1985, 100 (104) sowie in NIPR 1990, 1 (2); *Strikwerda*, Inleiding, S. 198.

352 *De Boer*, RabelsZ 54 (1990), 24 (41).

Auch wendete die niederländische Rechtsprechung Artikel 5 EVÜ schon vor Inkrafttreten des Europäischen Schuldvertragsübereinkommens antizipiert an[353].

4. Arbeitsverträge

Arbeitsverträge mit grenzüberschreitendem Bezug werden von Artikel 6 EVÜ geregelt. Artikel 6 EVÜ enthält ebenfalls eine sozialpolitisch motivierte Sonderregelung, die ähnlich wie Artikel 5 EVÜ konstruiert ist und dem Schutzbedürfnis des Arbeitnehmers Rechnung tragen soll. Ausgehend von dieser Überlegung wird in Artikel 6 Abs. 1 EVÜ eine Einschränkung gegenüber des in Artikel 3 EVÜ aufgestellten Grundsatzes der freien Rechtswahl vorgenommen. Laut dieses Absatzes darf eine freie Rechtswahl bei Arbeitsverträgen und Arbeitsverhältnissen nicht dazu führen, daß dem Arbeitnehmer der Schutz entzogen wird, der ihm durch die zwingenden Bestimmungen des Rechts gewährt wird, das nach Absatz 2 mangels einer Rechtswahl anzuwenden wäre[354]. Auch das objektive Merkmal weicht von der Regelanknüpfung des Artikel 4 EVÜ ab. Artikel 6 Abs. 2 EVÜ sieht vielmehr den gewöhnlichen Arbeitsort als grundsätzlich ausschlaggebend für die Bestimmung des anwendbaren Rechtes an. Verrichtet der Arbeitnehmer seine Arbeit gewöhnlich nicht in ein und demselben Staat, so soll der Arbeitsvertrag dem Recht des Staates unterliegen, in dem sich die einstellende Niederlassung befindet[355]. Ergibt sich aus der Gesamtheit der Umstände, daß der Arbeitsvertrag engere Verbindungen zu einem anderen Staat aufweist, so bestimmt gemäß der Ausweichklausel des Artikel 6 Abs. 2 a.E. das Recht dieses Landes das objektive Arbeitsstatut.

Die objektive Verweisungsnorm entspricht weitestgehend der vorherigen niederländischen Rechtsprechung[356]. Bereits im *Mackay*-Urteil betrachtete der *Hoge Raad* den gewöhnlichen Arbeitsort als wichtigsten Anknüpfungsfaktor[357]. Hin-

---

353 Rb. Assen, 12.04.1988, NIPR 1989, Nr. 270; Rb. Alkmaar, 23.08.1990, NIPR 1990, Nr. 462.

354 Artikel 6 des Spezialerlasses über Arbeitsverhältnisse von 1945 ist als zwingende Arbeitnehmervorschrift im Sinne dieser Vorschrift zu betrachten, da sie neben dem Schutz der sozialen und wirtschaftlichen Verhältnisse in den Niederlanden auch den Schutz der Interessen des einzelnen Arbeitnehmers bezweckt; vgl. hierzu *Hoge Raad*, 23.10.1987, NIPR 1987, Nr. 150; *Sauveplanne*, IPRax 1989, 119 (121).

355 Siehe etwa Pres.Rb. Rotterdam, 08.03.1996, NIPR 1997, Nr. 445.

356 So auch die Einschätzungen von *Polak*, Arbeidsverhoudingen in het Nederlandse internationaal privaatrecht, S. 73; *Polak/de Rooij/Steffens*, Private International Law in the Netherlands, Supplement, S. 66; *van Rijn van Alkemade*, AA 40 (1991), 399 (404 f.); *Strikwerda*, Inleiding, S. 199, *Strikwerda*, De overeenkomst in het IPR, S. 100; *Vlas*, TVVS 1991, 226 (229).

357 Als weitere Anknüpfungspunkte für den Fall, daß die Anknüpfung an den gewöhnlichen Aufenthalt versagte, wurde zunächst das Recht des Landes vorgeschlagen, in dem der Arbeitnehmer kraft seines Vertrages seinen gewöhnlichen Arbeitsort hat; versagte auch diese An-

sichtlich der Rechtswahlmöglichkeit hat das Europäische Schuldvertragsübereinkommen mit der Sonderanknüpfung zwingender Normen für typische Ungleichgewichtslagen eine Neuerung gegenüber der zuvor im autonomen niederländischen Kollisionsrecht geltenden Rechtslage geschaffen[358]. Während sich aus dem *Mackay*-Urteil noch ergab, daß den Parteien die allgemeine kollisionsrechtliche Rechtswahl zukäme, beschränkt Artikel 6 Abs. 1 EVÜ die Rechtswahl auf solche Fälle, in denen dem Arbeitgeber nicht der Schutz entzogen wird, der ihm aufgrund des objektiv anwendbaren Rechts zukäme.

II. Versicherungsverträge

Das IPR der Versicherungsverträge ist eine Materie mit vielen Eigenheiten, auf die hier nicht im einzelnen eingegangen werden kann[359]. Grundsätzlich muß bei (Direkt-) Versicherungsverträgen danach unterschieden werden, ob sich das versicherte Risiko außerhalb oder innerhalb des Europäischen Wirtschaftsraumes befindet. Gemäß Artikel 1 Abs. 3 EVÜ fallen die in den Hoheitsgebieten der Mitgliedstaaten der Europäischen Wirtschaftsgemeinschaft belegenen Risiken nicht in den materiellen Anwendungsbereich des Europäischen Schuldvertragsübereinkommens. Das Europäische Schuldvertragsübereinkommen ist somit nur auf solche Versicherungsverträge anwendbar, die außerhalb der Europäischen Wirtschaftsgemeinschaft belegene Risiken decken[360]. Diese zunächst seltsam anmutende Begrenzung des materiellen Anwendungsgebietes hängt mit der Tatsache zusammen, daß die vom materiellen Anwendungsbereich des Abkommens ausgeschlossenen Versicherungsverträge europäischen Richtlinien unterfallen, die spezielle Kollisionsnormen für innerhalb des Europäischen Wirtschaftsraumes belegene Risiken vorsehen[361]. Die Umsetzung dieses „europäischen Internationalen

---

knüpfung, so sei das Recht des Landes anwendbar, in dem der Arbeitgeber seine Niederlassung hat. Diese Anknüpfungen standen unter dem Vorbehalt einer anderweitigen engeren Verbindung; vgl. *Hoge Raad*, 08.06.1973, NJ 1973, Nr. 400 (*Mackay II*). Siehe auch *Polak*, Arbeidsverhoudingen in het Nederlandse internationaal privaatrecht, S. 73 f.

358 Siehe *Strikwerda*, Inleiding, S. 199; *Vlas*, TVVS 1991, 226 (228 f.). Zur methodischen Grundlage dieser Vorschrift vgl. *Strikwerda*, De hanteerbaarheid van het IPR, in: Grensoverschrijdend privaatrecht, S. 245 (252 ff.).

359 Als grundlegende deutschsprachige Literatur vgl. *Basedow/Drasch*, NJW 1991, 785 (786 ff.); *Dörner*, Internationales Versicherungsvertragsrecht (1997); *Reichert-Facilides*, IPRax 1990, 1 (4); *Roth*, Internationales Versicherungsrecht (1985); *Roth*, IPRax 1994, 165 (165 ff.).

360 Zudem ist das EVÜ gemäß Artikel 1 Abs. 4 EVÜ auch auf Rückversicherungsverträge anwendbar, da in diesen Fällen ein rechtlicher Schutz des Schwächeren nicht geboten ist.

361 Richtlinie 73/239/EEG (Erste Schadensversicherungsrichtlinie) vom 24.07.1973 (ABl.EG 1973, L 228, 3); Richtlinie 88/357/EEG (Zweite Schadensversicherungsrichtlinie) vom 22.06.1988 (ABl.EG 1988 L 172, 1), geändert durch Richtlinie 92/94/EEG (Dritte Schadensversicherungsrichtlinie) vom 18.06.1992 (ABl.EG 1992 L 228, 1); Richtlinie 79/239/EEG (Erste Lebensversicherungsrichtlinie) vom 05.03.1979 (ABl.EG 1979, L 63, 1); Richtlinie

Versicherungsrechts" in das niederländische Recht ist durch das *Wet conflictenrecht schadeverzekering* (Gesetz über das IPR der Schadensversicherung) vom 18.04.1991[362] sowie durch das *Wet conflictenrecht levensverzekering* (Gesetz über das IPR der Lebensversicherung) vom 23.12.1992[363] erfolgt. Diese beiden Gesetze führen die europäischen Richtlinien aus und koordinieren deren kollisionsrechtliche Bestimmungen mit denen des Europäischen Schuldvertragsübereinkommens[364].

1. Gesetz über das IPR der Schadensversicherung

Artikel 3 *Wet conflictenrecht schadeverzekering* verweist bezüglich der Frage, ob das Risiko innerhalb des Europäischen Wirtschaftsraumes belegen ist, auf Artikel 2 d) Zweite Rl Nicht-LebensV. Diese Vorschrift beginnt mit drei Ausnahmen und nennt anschließend den Grundsatz: Artikel 2 d) Zweite Rl Nicht-LebensV sieht vor, daß sich die Frage der Risikobelegenheit bei Versicherungen für unbewegliche Sachen nach dem Recht des Belegenheitsstaates, bei Fahrzeugversicherungen nach dem Recht des Zulassungsstaates des Fahrzeuges und bei Versicherungen von Reise- und Ferienrisiken nach dem Recht des Staates beurteilt, in dem der Versicherungsnehmer die ihn bindende Willenserklärung abgegeben hat. In allen anderen Fällen richtet sich bei natürlichen Personen die Frage der Risikobelegenheit nach dem Recht des Staates, in dem diese ihren gewöhnlichen Aufenthalt haben und bei juristischen Personen nach dem Recht des Ortes, in dem ihre Niederlassung ist. Befindet sich der gewöhnliche Aufenthaltsort bzw. die Niederlassung außerhalb eines EG-Mitgliedstaates, so findet das Europäische Schuldvertragsübereinkommen Anwendung[365]. Ist das versicherte Risiko hingegen innerhalb des Europäischen Wirtschaftsraumes belegen, so sind die in den Richtlinien vorgesehenen Kollisionsnormen anzuwenden. Artikel 5 *Wet conflictenrecht schadeverzekering* verweist für diese Situation auf die in Artikel 7 sowie 8 Abs. 3 und 4 a) der Richtlinie vorgesehenen Verweisungsnormen. Daraus ergeben sich folgende Grundzüge. Im Gegensatz zu Artikel 3 EVÜ ist bei Versicherungsverträgen, die von den Europäischen Richtlinien umfaßt werden, die Parteiautonomie stark eingeschränkt. Zwar wird die Rechtswahlmöglichkeit grundsätzlich vorangestellt,

---

90/619/EEG (Zweite Lebensversicherungsrichtlinie) vom 08.11.1990 (ABl.EG 1990, L 330, 50) sowie Richtlinie 92/96/EEG (Dritte Schadensversicherungsrichtlinie) vom 10.11.1992 (ABl.EG 1992, L 360, 1).

362 Für die Niederlande ist das Gesetz zum 01.07.1991 in Kraft getreten. Gesetz vom 07.07.1993, abgedruckt in Stb. 1993, Nr. 392 sowie vom 09.03.1994, Stb. 1994, Nr. 252.

363 Gesetz vom 23.12.1992, Stb. 1993, Nr. 16. In Kraft getreten ist das Gesetz zum 01.03.1993.

364 Die IPR-Skizze verweist in Artikel 89 Abs. 2 und 3 auf diese niederländischen Ausführungsgesetze. Zu den niederländischen Ausführungsgesetzen siehe *Koppenol-Laforce*, TVVS 1993, 126 (126 ff.); *Steffens*, Verbindnissenrecht, III.1.Art. 1-39 ff.

365 Vgl. näher hierzu *Koppenol-Laforce*, TVVS 1991, 264 (265).

doch lediglich bei der Versicherung von sog. Großrisiken[366] ist die Rechtswahl grundsätzlich frei. Grund hierfür ist, daß in diesen Fällen der Schutz einer typischerweise schwächeren Partei nicht in Betracht kommt. Beschränkungen der Rechtswahl für Großrisiken bestehen nur insofern, als sie allgemein vom Europäischen Schuldvertragsübereinkommen vorgesehen werden. Im übrigen ist die Parteiautonomie zwar nicht ausgeschlossen, allerdings insofern beschränkt, als sie auf das Land, in dem der Versicherungsnehmer seinen gewöhnlichen Aufenthaltsort hat oder auf das Recht des Landes, in dem das versicherte Risiko belegen ist, beschränkt wird. Haben die Parteien von ihrer Rechtswahlmöglichkeit keinen Gebrauch gemacht, so wird der Versicherungsvertrag dem Recht unterworfen, mit dem er am engsten verbunden ist. Dabei gewichtet die objektive Anknüpfung das Moment der Risikobelegenheit am stärksten, da eine Vermutung zugunsten des Rechts besteht, wo das Risiko belegen ist[367].

2. Gesetz über das IPR der Lebensversicherungen

Bei Lebensversicherungsverträgen beurteilt sich die Frage, ob das Risiko in einem EG-Mitgliedstaat belegen ist, nach dem Recht des gewöhnlichen Aufenthaltes des Versicherungsnehmers[368]. Verzichtet wird im Gegensatz zu den Schadensversicherungsrichtlinien auf die Verwendung der Risikobelegenheit. Befindet sich der gewöhnliche Aufenthaltsort außerhalb des Europäischen Wirtschaftsraumes, dann ist auch auf Lebensversicherungsverträge das Europäische Schuldvertragsübereinkommen anzuwenden. Hat der Versicherungsnehmer seinen gewöhnlichen Aufenthalt jedoch innerhalb der EG, so finden die Kollisionsregeln des *Wet conflictenrecht levensverzekering* Anwendung. Kern der kollisionsrechtlichen Regelung auf dem Gebiet der Lebensversicherung ist, daß es den Parteien freisteht, eine Rechtswahl zu treffen. Wenn der Versicherungsnehmer jedoch als Verbraucher betrachtet werden muß, ist die Rechtswahl auf eine materiellrechtliche Rechtswahl beschränkt. Haben die Parteien kein anzuwendendes Recht gewählt, so wird ihr Vertrag durch das Recht des gewöhnlichen Aufenthaltes des Versicherungsnehmers beherrscht.

III. Internationaler Warenkauf

Der Internationale Warenkauf wird in den Niederlanden mittlerweile wie in anderen europäischen Ländern stark durch internationales Einheitsrecht beherrscht. Seit dem 01.01.1992 ist für die Niederlande das *Wiener UN-Übereinkommen über*

---

366 Gemeint sind die in Artikel 5 d) und i) der Ersten Rl Nicht-LebensV aufgezählten Risiken.

367 Vgl. Artikel 7 Abs. 1 Zweite Rl Nicht-LebensV.

368 Siehe Artikel 3 *Wet conflictenrecht schadeverzekering* sowie Artikel 2 e) Zweite Rl LebensV sowie Artikel 4 Abs. 1 Zweite Rl LebensV.

Verträge über den internationalen Warenkauf vom 11.04.1980[369] in Kraft getreten[370]. Ursache für die späte Ratifikation des Wiener Kaufrechtsübereinkommens durch die Niederlande war im Wesentlichen die in Artikel 99 Abs. 3 des Wiener Kaufrechtsübereinkommens niedergelegte Verpflichtung. Die Vorschrift sieht vor, daß jeder Staat, der das Übereinkommen ratifiziert und Vertragspartei des *Haager Übereinkommens zur Einführung eines Einheitlichen Gesetzes über den internationalen Kauf beweglicher Sachen*[371] oder des *Haager Übereinkommens zur Einführung eines Einheitlichen Gesetzes über den Abschluß von internationalen Kaufverträgen über bewegliche Sachen*[372] vom 01.07.1964 ist, diese gleichzeitig zu kündigen hat. Die Niederlande waren Vertragspartei beider Haager Übereinkommen, die durch Ausführungsgesetze in nationales Recht umgesetzt worden waren[373]. Beim Zustandekommen dieser Haager Übereinkommen, die materielles Einheitsrecht beinhalten, haben die Niederlande eine maßgebende Rolle gespielt. Sie sind während einer von der niederländischen Regierung einberufenen Staatenkonferenz verabschiedet worden. Lange wurde gehofft, an ihnen festhalten zu können. Doch aufgrund der nur geringen Anzahl an Ratifikationen sind die Übereinkommen insgesamt als relativ erfolglos zu bewerten[374]. Als jedoch die Bundesrepublik Deutschland als einer der wichtigsten europäischen Handelspartner

---

369 Trb. 1981, Nr. 184; deutscher Text abgedruckt bei *Jayme/Hausmann*, Nr. 48.

370 Trb. 1991, Nr. 30; weitergehende Literatur bei hierzu *Bertrams*, IPR Koop; in: Bijzondere Overeenkomsten, unter IA.Hfdst.IX.-3 ff.; *Frohn*, Toepassing Weens Koopverdrag 1980 door de nederlandse rechter; in: Europees Privaatrecht, S. 199 (199 ff.) mit Rechtsprechungsübersicht; *van der Velden*, NJB 1990, 1663 (1663 ff.); *van der Velden*, Indications of the Interpretation by Dutch Courts of the U.N. Convention on Contracts for the International Sale of Goods 1980; in: Gerver/Hondius/Steenhoff, Netherlands Reports to the Twelfth International Congress of Comparative Law at Sydney-Melbourne 1986, Den Haag 1986, S. 21 (21 ff.); *Vlas*, TVVS 1991, 70 (71 f.); zur Situation vor dem Inkrafttreten vgl. *Bertrams*, NJB 1988, 160 (160 f.).

371 BGBl. 1973 II 886.

372 BGBl. 1973 II 919.

373 Sog. einheitliche Kaufrechtsgesetze (*eenvormige Koopwetten*); dazu gehören das niederländische einheitliche Kaufgesetz vom 15.12.1971 und das niederländische einheitliche Kaufabschlußgesetz vom 15.12.1971 (abgedruckt in Stb. 1971, Nr. 780 und 781); vgl. hierzu auch *Bertrams*, Enige aspecten van het Weens Koopverdrag, S. 1 (1); *Frohn*, Toepassing Weens Koopverdrag 1980 door de nederlandse rechter; in: Europees Privaatrecht, S. 199 (202 f.); *Hensen*, WPNR 1987, 5854, 689 (691); *van Rooij/Polak*, Private International Law in the Netherlands, S. 121 ff.

374 Die geringe Resonanz war in erster Linie auf die Tatsache zurückzuführen, daß die westeuropäischen Staaten bei der Ausarbeitung eine beherrschende Stellung einnahmen und sich die Vereinigten Staaten, die ehemaligen sozialistischen Länder sowie die Entwicklungsländer sich nicht ausreichend berücksichtigt sahen. Vgl. hierzu *Bertrams*, Enige aspecten van het Weens Koopverdrag, S. 1 (1 f.); *Kropholler*, IPR, § 52 IV 2; *Herber*, RIW 1980, 601 (601); *Herrmann*, IPRax 1981, 109 (110) mit weiteren Nachweisen.

schließlich die Haager Übereinkommen kündigte und mit Wirkung zum 01.01.1991 dem Wiener Kaufrechtsübereinkommen beitrat[375], sah sich auch die niederländische Regierung veranlaßt, nicht länger an den Haager Übereinkommen festzuhalten[376]. Die beiden Haager Übereinkommen wurden im Zuge der Unterzeichnung des Wiener Kaufrechtsübereinkommens mit Wirkung zum 01.01.1992 gekündigt[377]. Die einheitlichen Kaufrechtsgesetze finden seit dem Inkrafttreten des Wiener Kaufrechtsübereinkommens noch auf solche internationale Kaufverträge Anwendung, die vor dem 01.01.1992 zustande gekommen sind (vgl. auch Artikel 100 des Wiener Kaufrechtsübereinkommens). Die Kündigung der beiden Haager Übereinkommen hob allerdings nicht automatisch die Geltung der nationalen einheitlichen Kaufrechtsgesetze auf. Für die Aufhebung dieser Gesetze war vielmehr ein separates Aufhebungsgesetz erforderlich, welches nur zwei materiellrechtliche Artikel enthielt[378]. Der erste Artikel des Gesetzes hob das einheitliche Kaufrechtsgesetz sowie das einheitliche Kaufabschlußgesetz, also die *eenvormige koopwetten* (Einheitliche Kaufgesetze) auf. Doch bestimmt dieser Artikel ausdrücklich, daß das einheitliche Kaufrechtsgesetz für die Fälle maßgebend bleibt, die vor dem 01.01.1992 abgeschlossen wurden und das einheitliche Abschlußgesetz für solche Abschlußstreitigkeiten in Kraft bleibt, bei denen die Vorschlag zum Abschluß des Vertrages vor dem 01.01.1992 stattgefunden hat. Alle ab diesem Datum geschlossenen Warenkaufverträge werden vom Wiener Kaufrechtsübereinkommen beherrscht, wenn die Parteien ihre Niederlassung in verschiedenen Vertragsstaaten haben (Artikel 1 Abs. 1 a des Aufhebungsgesetzes) oder wenn infolge der Kollisionsnormen das Recht eines Vertragsstaates anzuwenden ist (Artikel 1 Abs. 1 b des Aufhebungsgesetzes)[379]. Artikel 2 des niederländischen Aufhebungsgesetzes erweitert den Wirkungsbereich des Wiener Kaufrechtsabkommens. Er bestimmt, daß das Wiener Kaufrechtsübereinkommen auch dann zur Anwendung gelangt,

---

375 In der Bundesrepublik Deutschland galten die Haager Übereinkommen seit dem 16.04.1974 (BGBl. 1974 II 146, 148); nach ihrer Kündigung zum 01.01.1991 sind sie außer Kraft getreten (BGBl. 1990 II 1482).

376 Vgl. *Hensen*, WPNR 1987, 5854, 689 (692); *Vlas*, TVVS 1991, 70 (71). Anzumerken ist an dieser Stelle, daß das UN-Übereinkommen über Verträge über den internationalen Warenkauf auch vor seinem Inkrafttreten bereits in der niederländischen Rechtsprechung Berücksichtigung fand; vgl. beispielsweise Rb. Almelo, 21.06.1989, NIPR 1989, Nr. 468; siehe hierzu auch *Bertrams*, IPR koop; in: Bijzondere Overeenkomsten, unter IA.; S. IA.Hfdst. IX-6.

377 Trb. 1991, Nr. 28 und Nr. 29.

378 Gesetz vom 18.12.1991, Stb. 1991, Nr. 753; vgl. *Frohn*, Toepassing Weens Koopverdrag 1980 door de nederlandse rechter; in: Europees Privaatrecht, S. 199 (202 ff.); *van der Velden*, IPRax 1992, 58 (58).

379 Vgl. zu dem Verhältnis zwischen den Verträgen auch *Frohn*, Toepassing Weens Koopverdrag 1980 door de nederlandse rechter; in: Europees Privaatrecht, S. 199 (206 f.) sowie die dieses Thema behandelnden Rechtsprechungsübersichten von *van der Velden*, WPNR 1994, 6146, 546 (546 f.) und WPNR 1994, 6147, 564 (564 ff.).

wenn eine Regel des Internationalen Privatrechts zur Anwendung des niederländischen Rechts führt. Mit dieser Ausdehnung werden zwei Ziele verfolgt. Zum einen soll eine gewisse Reziprozität erreicht werden, damit sich *forum-shopping* nicht mehr lohnt. Zum anderen soll die Universalität des Wiener Kaufrechts betont werden[380].

Das *Wiener UN-Übereinkommen über Verträge über den internationalen Warenkauf* ist ein Projekt der UNCITRAL. Es umfaßt ebenso wie die *Eenvormige Koopwetten* keine Kollisionsregeln, sondern materielles Einheitsrecht. Geregelt werden der Abschluß eines Kaufvertrages[381] und die aus ihm erwachsenden Rechte und Pflichten des Verkäufers und Käufers[382]. Ferner sind die Folgen der Nichterfüllung von Vertragspflichten[383] sowie die Frage des Gefahrübergangs erfaßt[384]. Die weiteren gesetzlichen Regelungen beinhalten etwa die Voraussetzungen für die Aufhebung des Vertrages[385], den Inhalt der Schadensersatzpflicht[386] und besondere Erhaltungspflichten[387]. Grundsätzlich unterfallen dem UN-Kaufrecht keine Fragen nach der Gültigkeit des Vertrages, einzelner Vertragsbestimmungen oder von Gebräuchen, Fragen nach den Wirkungen, die der Vertrag auf das Eigentum an der verkauften Sache haben kann sowie die Produkthaftung[388]. Das Gesetz ist anwendbar auf Kaufverträge über Warenlieferungen, deren Vertragsparteien ihre Niederlassungen in verschiedenen Vertragsstaaten haben oder das Recht eines Vertragsstaates Anwendung findet[389]. Das UN-Kaufrecht stellt dispositives Recht dar. Die Parteien können die Geltung durch ausdrückliche oder still-

---

380 Siehe *Frohn*, Toepassing Weens Koopverdrag 1980 door de nederlandse rechter; in: Europees Privaatrecht, S. 199 (203 f.); *van der Velden*, IPRax 1992, 58 (59).

381 Vgl. Artikel 14 bis 24 sowie Artikel 4 Satz 2 a UN-Kaufrecht.

382 Vgl. für die Verkäuferpflichten Artikel 30 bis 44 UN-Kaufrecht, für die Käuferpflichten Artikel 53 bis 60 UN-Kaufrecht. Umfassend *Bertrams*, Enige aspecten van het Weens Koopverdrag, S. 1 (5); *Herber*, RIW 1980, 601 (605 ff.).

383 Bei Pflichtverletzungen des Verkäufers sind die Rechte des Käufers in Artikel 45 bis 52 geregelt. Verletzt der Käufer seine Pflichten, so richten sich die Rechte des Verkäufers nach Artikel 61 bis 65 UN-Kaufrecht.

384 Vgl. hierzu Artikel 66 bis 70 UN-Kaufrecht.

385 Vgl. Artikel 71 bis 72 UN-Kaufrecht, für Sukzessivlieferungsverträge Artikel 73 UN-Kaufrecht.

386 Vgl. Artikel 74 bis 77 UN-Kaufrecht, die den Schadensersatz auf den vorhersehbaren Schaden beschränken.

387 Artikel 85 bis 88 UN-Kaufrecht regeln besondere Erhaltungspflichten der Partei, die die Ware in Besitz hat, wenn bei der anderen Partei Leistungsstörungen vorliegen.

388 Vgl. Artikel 4 UN-Kaufrecht.

389 Vgl. Artikel 1 bis 3 UN-Kaufrecht.

schweigende Einigung ganz oder teilweise ausschließen oder abändern[390]. Ebenso wie im Rahmen des Artikels 3 EVÜ kann der Ausschluß auch nachträglich geschehen. In den Niederlanden ist die Ratifikation ohne Vorbehalte erfolgt[391].

---

390 Vgl. Artikel 6 UN-Kaufrecht.

391 So wurde etwa in Artikel 2 des Gesetzes vom 18. 12.1991, durch welches die beiden Haager Übereinkommen gekündigt wurden, ausdrücklich festgestellt, daß der in Artikel 95 UN-Kaufrecht vorgesehene Vorbehalt von den Niederlanden nicht erklärt wurde und daß deshalb das UN-Kaufrecht auch auf Kaufverträge über Waren zwischen Parteien, die ihre Niederlassung in verschiedenen Staaten haben, anwendbar ist, wenn die Regeln des Internationalen Privatrechts zur Anwendung des Rechts eines Vertragsstaates führen; siehe auch *Pünder*, RIW 1990, 869 (870 ff.).

§ 6. Außervertragliche Schuldverhältnisse

Wichtige Teilbereiche des Kollisionsrechts der außervertraglichen Schuldverhältnisse haben staatsvertragliche Regelungen erfahren. Ein umfassendes Teilkollisionsgesetz, welches das Internationale Privatrecht der außervertraglichen Schuldverhältnisse normiert, ist bislang noch nicht verabschiedet worden. Autonome gesetzliche Regelungen in diesem Bereich sind noch rar. Doch das Kollisionsrecht der außervertraglichen Schuldverhältnisse befindet sich in Bewegung. In den letzten Jahren wurde zunehmend an der Kodifikation dieses Gebietes gearbeitet. Mittlerweile mündeten diese Bestrebungen in einem Gesetzesentwurf[392]. Auch innerhalb der Europäischen Union wird an einer kollisionsrechtlichen Regelung auf diesem Gebiet gearbeitet[393]. In der folgenden Darstellung werden zunächst die für die Niederlande verbindlichen Staatsverträge behandelt. Anschließend wird auf die autonomen niederländischen Regelungen und abschließend auf die jüngsten Entwicklungen in diesem Bereich eingegangen.

I. Staatsverträge im Bereich der außervertraglichen Schuldverhältnisse

Für das Königreich der Niederlande bestehen auf dem Gebiet der außervertraglichen Schuldverhältnisse zahlreiche Staatsverträge. Die Niederlande sind Vertragspartei des *Brüsseler Abkommens zur einheitlichen Feststellung von Regeln über den Zusammenstoß von Schiffen* vom 23.09.1910, des *Warschauer Abkommens zur Vereinheitlichung von Regeln über die Beförderung im internationalen Luftverkehr* vom 12.10.1929, des *Übereinkommens über die zivilrechtliche Haftung für Ölverschmutzungsschäden* vom 29.11.1969, des *Haager Übereinkommens über das auf Straßenverkehrsunfälle anzuwendende Recht* vom 04.05.1971[394], des *Haager Übereinkommens über das auf die Produkthaftungspflicht anzuwendende Recht* vom 02.10.1973[395] sowie des *Übereinkommens über den internationalen Eisenbahnverkehr* vom 09.05.1980.

---

[392] Kamerstukken II 1998/99, 26608, Nr. 1-3.

[393] Vgl. Aktionsplan des Rates und der Kommission zur bestmöglichen Umsetzung der Bestimmungen des Amsterdamer Vertrages über den Ausbau eines Raumes der Freiheit, der Sicherheit und des Rechts vom 23.01.1999 (ABl. EG 1999, C-19/1 (10 f.). Näher hierzu *Koppenol-Laforce*, NTBR 2000, 51 (51); *Koppenol-Laforce/Visser*, JutD 1999, 19 (19).

[394] Trb. 1971, Nr. 118; der deutsche Text ist abgedruckt bei *Jayme/Hausmann* Nr. 52. Das Übereinkommen ist für die Niederlande am 30.12.1978 in Kraft getreten.

[395] Trb. 1974, Nr. 84 sowie Trb. 1977, Nr. 110. Der Text ist ebenfalls abgedruckt bei *Duintjer Tebbens*, Produktaansprakelijkheid, S. 50 ff. Zu den Kollisionsnormen dieses Staatsvertrages vgl. statt vieler *Duintjer Tebbens*, Produktaansprakelijkheid, S. 50 ff.

Insbesondere die beiden vorgenannten Haager Übereinkommen sind in unserem Nachbarland von großer Bedeutung[396]. Das *Haager Übereinkommen über das auf Straßenverkehrsunfälle anzuwendende Recht* regelt in den Niederlanden die Anknüpfung aller internationaler Verkehrsunfälle. Als Grundsatz wurde in Artikel 3 des Übereinkommens die *lex loci delicti*-Regel niedergelegt. Für spezielle Fälle sehen die Artikel 4 bis 6 des Übereinkommens gesonderte Anknüpfungen vor[397]. Da diese Ausnahmemöglichkeiten von der Anknüpfung an das Tatortrecht sehr verwickelt sind und dem Zulassungsort der beteiligten Fahrzeuge ein sehr hoher Stellenwert eingeräumt wurde, ist die Bundesrepublik Deutschland diesem Übereinkommen bislang nicht beigetreten[398]. Die Niederlande sind im Gegensatz zur Bundesrepublik Deutschland auch dem *Haager Übereinkommen über das auf die Produkthaftungspflicht anzuwendende Recht* beigetreten. Dieses Übereinkommen zeichnet sich durch die umstrittene Kombination einer Vielzahl von Anknüpfung aus[399]. Richterliche Entscheidungen zu diesen Staatsverträgen sind in den Niederlanden eher selten. Diese Tatsache ist in erster Linie auf den Umstand zurückzuführen, daß die vertraglichen Kollisionsnormen in der Praxis keinen Anlaß für besondere Probleme geben. Auch werden auf diesem Gebiet häufig Vergleiche geschlossen[400].

II. Autonome kollisionsrechtliche Regelungen

Alle Fälle, die nicht in den Anwendungsbereich der für die Niederlande verbindlichen Staatsverträge fallen, sind nach autonomen niederländischen Kollisionsregeln zu beurteilen. Wie bereits angesprochen sind im Internationalen Privatrecht der außervertraglichen Schuldverhältnisse bislang nur wenige gesetzliche Regelungen erlassen worden. Der größte Teil der autonomen Regelungen basiert noch auf richterlicher Rechtsfortbildung.

1. Artikel 7 Seeschiffahrts-, Binnenschiffahrts- und Luftfahrtskollisionsgesetz

Eine gesetzliche Bestimmung, die einen Teilbereich des außervertraglichen Schuldrechts regelt, findet sich in Artikel 7 des Seeschiffahrts-, Binnenschiffahrts-

---

396 Zu der zukünftigen Einbeziehung dieser Übereinkommen in gesamteuropäische Pläne siehe *Wagner*, EuZW 1999, 709 (712).

397 Zu den kollisionsrechtlichen Bestimmungen des Übereinkommens vgl. etwa *Strikwerda*, Inleiding, S. 214 ff.; *Vonken*, Verkeersongevallen, S. 18 ff.

398 Siehe hierzu beispielsweise Staudinger (*v. Hoffmann*), zu Artikel 38 EGBGB, Rn. 310; *Wagner*, EuZW 1999, 709 (712).

399 Vgl. hierzu näher *Strikwerda*, Inleiding, S. 216 ff.

400 So auch die Einschätzung von *Vlas*, IPRax 1995, 194 (199).

und Luftfahrtskollisionsgesetzes[401]. Diese Norm sieht vorbehaltlich international vereinheitlichter Regelungen bei Schiffskollisionen[402] sowie des Rechts des gemeinsamen Registrierungsstaates von Seeschiffen eine Sondervorschrift für Schiffsunfälle vor. Hiernach unterliegt eine Schadensersatzforderung im Falle einer Kollision in territorialen Gewässern der Tatortregel, im Falle einer Kollision auf hoher See der *lex fori*[403]. Mit dieser Vorschrift wurde das Problem des *locus sine lege*[404] auch hinsichtlich solcher Kollisionen auf hoher See entschieden, bei denen das materielle Einheitsrecht des *Brüsseler Übereinkommens zur einheitlichen Feststellung von Regeln über den Zusammenstoß von Schiffen* vom 23.09.1910[405] nicht greift. Während sich zuvor in der Rechtsprechung noch zwei Lösungsansätze unterscheiden ließen[406], wurde im *Wet houdende enige bepalingen van internationaal privaatrecht met betrekking tot het zeerecht, het binnenvaatrecht en het luchtrecht* (Seeschiffahrts-, Binnenschiffahrts- und Luftfahrtskollisionsgesetz) vom 18.03.1993 die *lex-fori*-Lösung niedergelegt (vgl. Artikel 7 Abs. 2 des Gesetzes). Eine Ausnahme zu diesem Grundsatz greift gemäß Artikel 7 Abs. 3 des Gesetzes allerdings in solchen Fällen, in denen Schiffe betroffen sind, die zum Zeitpunkt des Zusammenstoßes mit dem gleichen Staat am engsten verbunden sind; das Recht dieses Staates ist dann anwendbar.

---

401 Stb. 1993, Nr. 168; in Kraft getreten am 01.05.1993. Die Regelung des Artikel 7 *Wet houdende enige bepalingen van internationaal privaatrecht met betrekking tot het zeerecht, het binnenvaartrecht en het luchtrecht* wurde bereits entsprechend in Artikel 111 der IPR-Skizze aufgenommen. Einwände bestanden damals gegen den in der IPR-Skizze gewählten Regelungsort dieser Vorschrift. Aus systematischen Gründen wurde empfohlen, zukünftig eine Regelung im Bereich der außervertraglichen Schuldverhältnisse vorzunehmen; so *Boele-Woelki*, IPRax 1995, 264 (269); *Kokkini-Iatridou/Boele-Woelki*, NIPR 1992, 477 (528). Ausführlich zu Artikel 7 *Wet houdende enige bepalingen van internationaal privaatrecht met betrekking tot het zeerecht, het binnenvaartrecht en het luchtrecht* vgl. *Prisse*, Conflictenrecht met betrekking tot het zee- en binnenvaartrecht, S. 45 ff.

402 Dies ergibt sich aus der Gesetzeserläuterung. Bezogen ist dies auf die Übereinkommen zur Feststellung von Regelungen über den Zusammenstoß von Schiffen von 1910 bzw. über den Zusammenstoß von Binnenschiffen von 1960; vgl. hierzu auch *Boele-Woelki*, IPRax 1995, 264 (269); *Prisse*, Conflictenrecht met betrekking tot het zee- en binnenvaartrecht, S. 45 f.

403 Kritisch zur *lex fori*-Anknüpfung *de Boer*, AA 41 (1992), 521 (524).

404 C/G/H/K (*de Boer/Kotting*), Introduction to Dutch law, S. 283; vgl. allgemein zu diesem Problem *de Boer*, AA 41 (1992), 521 (524 f.); *Kokkini-Iatridou/Boele-Woelki*, NIPR 1992, 477 (537 f.); *Strikwerda*, Inleiding, S. 211.

405 Siehe RGBl. 1913, 49 (89).

406 Zum einen die Anwendung der *lex fori* als Verlegenheitslösung, zum anderen die Anwendung des Rechts des Staates, mit dem die Kollision, unter Berücksichtigung aller Umstände, am engsten verbunden ist. Übersichtlich hierzu *Strikwerda*, Inleiding, S. 211.

2. Ungeschriebene Kollisionsnormen

Insbesondere die kollisionsrechtliche Behandlung des Deliktsrechts, des unlauteren Wettbewerbes, der Geschäftsführung ohne Auftrag sowie die ungerechtfertigte Bereicherung haben in den Niederlanden noch keine gesetzliche Regelung erfahren.

a) Internationales Deliktsrecht

Die wichtigste Kategorie der außervertraglichen Schuldverhältnisse ist die der unerlaubten Handlung. Über die genaue Kollisionsregel in diesem Bereich bestand lange Zeit Unsicherheit. Im Jahre 1993 fällte der *Hoge Raad* schließlich mit dem sog. COVA-Urteil[407] eine Grundsatzentscheidung, auf welche sich seither das Internationale Deliktsrecht der Niederlande stützt. Mit dieser Entscheidung beendete er die bestehende Unsicherheit über die auf das außervertragliche Schuldrecht anzuwendenden Verweisungsnormen. Das aufgegebene Benelux-Einheitsprojekt zur Vereinheitlichung des Internationalen Privatrechts beeinflußte diese Leitentscheidung des Obersten Gerichtshofes in Zivilsachen maßgeblich.

aa) Grundsätzliche Anknüpfung: Tatortregel

In der für das niederländische Internationale Deliktsrecht richtungsweisenden COVA-Entscheidung hat der *Hoge Raad* erstmals eine eindeutige Kollisionsregel für die kollisionsrechtliche Behandlung der unerlaubten Handlung aufgestellt. Der Oberste Gerichtshof geht in der Leitentscheidung davon aus, daß im Internationalen Deliktsrecht grundsätzlich vorbehaltlich einer Rechtswahl das Recht des Handlungsortes gilt (sog. *lex loci delicti-* bzw. Tatortregel)[408]. Damit folgte der *Hoge Raad* der Rechtsprechung der unterinstanzlichen Gerichte[409] sowie der Auf-

---

407 *Hoge Raad*, 19.11.1993, NJ 1994, Nr. 622 (COVA) mit Anm. *Schultsz*; vgl. auch *Duintjer Tebbens*, NIPR 1994 (speciale aflevering), 44 (44 f.). Die Tatortregel beherrscht u.a. die Fragen, ob die Handlung eine unerlaubte Handlung darstellt, ob ein notwendiger Kausalzusammenhang zwischen der Handlung und dem Schaden besteht, und bestimmt den Umfang und die Modalitäten des Schadensersatzes sowie den Kreis der berechtigten Personen.

408 *Hoge Raad*, 19.11.1993, NJ 1994, Nr. 622 (COVA); vgl. auch *Boele-Woelki*, IPRax 1995, 264 (269); *Koppenol-Laforce*, NTBR 1996, 42 (45); *Vlas*, IPRax 1995, 194 (199); *Vlas*, Onrechtmatige daad, De onrechtmatige daad in het ipr, IX.3 2-20.

409 Aus neuerer Zeit vgl. beispielsweise Rb. Zwolle, 27.07.1994, NIPR 1995, Nr. 242; Hof 's-Hertogenbosch, 10.08.1995, NIPR 1995, Nr. 519; Hof 's-Hertogenbosch, 06.11.1995, NIPR 1995, Nr. 80; Hof Arnhem, 31.12.1996, NIPR 1997, Nr. 340; siehe auch Übersicht bei *Vlas*, Onrechtmatige daad, De onrechtmatige daad in het ipr, IX.3-20 ff.; die Tatortregel wird auch in Deutschland als Ausgangspunkt des niederländischen Internationalen Deliktsrechts verstanden, vgl. aus jüngster Vergangenheit LG Bonn, RIW 1999, 879 (882).

fassung weiter Teile der niederländischen Literatur, die die *lex loci delicti* Regel als die natürliche Kollisionsnorm auf dem Gebiet des Internationalen Deliktsrechts betrachteten[410]. Diese Rechtsprechung des Obersten Gerichtshofes negierte die in der zum damaligen Zeitpunkt schon veröffentlichten IPR-Skizze vorgeschlagenen Regelungen[411].

Ihre besondere Bedeutung erlangt die COVA-Entscheidung zudem durch die Tatsache, daß durch sie klargestellt wurde, daß von der Anwendung der *lex loci delicti*-Regel Ausnahmen und Modifikationen möglich sind. Zwar wenden die niederländischen Instanzgerichte die Tatortregel seit langer Zeit an, doch wurde sie bis weit in das 20. Jahrhundert völlig unmodifiziert gebraucht[412]. Der Zweck der langjährigen unmodifizierten Anwendung der Tatortregel bestand in erster Linie darin, daß auch durch zivilrechtliche Regelungen auf dem Gebiet der unerlaubten Handlung Einfluß auf das Verhalten von Personen ausgeübt werden sollte. Eine zivilrechtliche Sanktion wurde als Pendant zu strafrechtlichen Sanktionen bei gesetzeswidrigem Verhalten gesehen. Da das Strafrecht aber an das Territorialitätsprinzip gebunden war (vgl. Art. 8 AB), wurde das zivilrechtliche Gegenstück ebenfalls diesem unterworfen[413].

Ab den fünfziger Jahren wurde schließlich an der absoluten Autorität der Tatortregel gerüttelt. Zurückzuführen war dies auf zweierlei Gründe. Erstens kam es zu einer Verschiebung der rechtspolitischen Funktion des materiellen Deliktsrechts. Die Zunahme von Versicherungssystemen, die zu einer Abkoppelung der Schadensvergütungspflicht von der persönlichen Schuld führten, tasteten die Notwendigkeit der territiorialen Anknüpfung des Internationalen Deliktsrechts zunehmend an; nicht die verhaltensbeeinflußende Wirkung, sondern die Funktion der Schadensabwicklung rückte nunmehr in den Vordergrund. Es blieb daher nicht mehr selbstverständlich, lediglich das unangemessene Verhalten als für die Anknüpfung entscheidend zu erachten, den Folgen der unerlaubten Handlung aber keinerlei Anknüpfungswert zuzumessen[414]. Zweitens wurde durch technische

410 *Sauveplanne*, Elementair internationaal privaatrecht, S. 68; *Strikwerda*, Inleiding, S. 205; *Vlas*, Onrechtmatige daad, De onrechtmatige daad in het ipr, IX.3-22 mit weiteren Nachweisen.

411 Die IPR-Skizze ging von einer offenen Kollisionsnorm und verschiedenen konkretisierenden Vermutungen aus (vgl. die in Artikel 92 bis 94 IPR-Skizze vorgesehene Anknüpfungsleiter sowie die in Artikel 95 bis 97 IPR-Skizze niedergelegten Vermutungen). Der Oberste Gerichtshof erklärte hingegen grundsätzlich das Recht des Landes für anwendbar, in dem das schädigende Ereignis geschah. Näher zu den in der IPR-Skizze enthaltenen Regelungen Seite 41 f.

412 Siehe beispielsweise *Hoge Raad*, 18.03.1938, NJ 1939, Nr. 69 (*Ooievaar*).

413 Vgl. hierzu *Strikwerda*, Inleiding, S. 205.

414 Siehe *Strikwerda*, Inleiding, S. 206.

Entwicklungen und die Intensivierung des Internationalen Verkehrs die Tatortregel verstärkt zu einem zu groben Maßstab. Fallösungen waren bei Anwendung der Tatortregel häufig mit dem Fehler der „Zufälligkeit" behaftet. Die territioriale Anknüpfung bot etwa keine Lösungen an, wenn sich der Tatort nicht auf einem Staatsgebiet befand. Diese Unzulänglichkeiten der unmodifizierten Anwendung der Tatortregel führten verstärkt zu einer Bedeutungseinbuße. Versuche im Schrifttum, die Tatortregel völlig zugunsten einer anderen Verweisungsnorm aufzugeben, konnten sich in den Niederlanden nicht durchsetzen[415].

bb) Distanzdelikte

Probleme warfen sich insbesondere in den Fällen auf, in denen nicht nur ein Tatort existiert, sondern der Handlungsort und der Ort, an dem das schädigende Ereignis eintritt, räumlich auseinander fallen.

Die Frage, welche Regel bei diesen sog. Distanzdelikten anzuwenden sein soll, hat die niederländische Rechtsprechung[416] und Literatur[417] in den letzten Jahren, insbesondere im Zusammenhang mit grenzüberschreitenden Umweltverschmutzungen, stark beschäftigt. In diesen Fallgruppen kommen somit zwei verschiedene Orte als Tatort im Sinne der Kollisionsregel in Betracht. Bei der Festlegung des anwendbaren Rechts anhand der Tatortregel muß eine Entscheidung zwischen der Anwendung des Rechts des Handlungs- und des Erfolgsortes getroffen werden. Während in Deutschland mittlerweile durch Artikel 40 Abs. 1 EGBGB eine klare gesetzliche Regelung dieses Problemkreises erreicht wurde[418], besteht in den Nie-

---

415 Vgl. zur Übersicht *de Boer*, Alternatieven voor de lex loci delicti, S. 33.

416 Vgl. *Hoge Raad*, 23.09.1988, NJ 1989, Nr. 743; *Hoge Raad*, 14.04.1989, NJ 1990, Nr. 712; Rb. Rotterdam, NJ 1992, Nr. 91.

417 Vgl. C/G/H/K (*de Boer/Kotting*), Introduction to Dutch law, S. 283; *Koppenol-Laforce*, NTBR 1996, 42 (47); *Strikwerda*, Inleiding, S. 212 f.; *Vlas*, De onrechtmatige daad in het ipr, IX.3 48-68 ff.; rechtsvergleichend siehe auch *Kokkini-Iatridou/Boele-Woelki*, NIPR 1992, 477 (532 ff.).

418 Mit dem Gesetz zum Internationalen Privatrecht für außervertragliche Schuldverhältnisse und Sachen vom 21.05.1999, das zum 01.06.1999 in Kraft getreten ist, hat auch die Frage nach der Behandlung von Distanzdelikten eine Regelung erfahren. Artikel 40 Abs. 1 Satz 1 EGBGB sieht nunmehr auch bei grenzüberschreitenden Delikten eine generelle Anknüpfung an das Recht des Handlungsortes vor. Artikel 40 Abs. 1 Satz 2 EGBGB räumt dem Verletzten allerdings noch die Möglichkeit ein, die Anwendung des Erfolgsortrechts zu verlangen; diese Möglichkeit erfährt durch Artikel 40 Abs. 1 Satz 3 EGBGB jedoch noch eine zeitliche Beschränkung. Damit ist bei Distanzdelikten weiterhin alternativ das am Handlungs- oder am Erfolgsort geltende Recht maßgeblich, doch das früher bestehende Günstigkeitsprinzip wurde auf ein dem Kläger zustehendes fristgebundenes Gestaltungsrecht reduziert; vgl. zu der Neuregelung des Internationalen Deliktsrechts in Deutschland insbesondere *Junker*, RIW 2000,

derlanden über die Lösung dieser Frage bislang keine Einigkeit. In der niederländischen Literatur wird teilweise dem Recht des Handlungsortes Vorzug verliehen. Teilweise wird aber auch für die Anwendung des am Erfolgsort geltenden Rechts plädiert. Andere Stimmen wollen das Günstigkeitsprinzip zur Anwendung gelangen lassen[419]. In der niederländischen Rechtsprechungspraxis hat sich noch keine eindeutige Auffassung herausgebildet[420]. Zwar ist zu vermuten, daß der *Hoge Raad* der zweiten Auffassung folgt[421], doch eine endgültige Klärung der Frage steht noch aus[422].

cc) Modifikationen der Tatortregel

Mittlerweile ist in den Niederlanden anerkannt, daß die Tatortregel Modifikationen zugänglich ist[423]. Sie basieren unter anderem auf der Tatsache, daß die *lex loci delicti* nicht immer das am engsten verbundene Recht anweist. Die im Bereich des niederländischen Internationalen Deliktsrechts mehr oder weniger etablierten Abwandlungen lassen sich in vier verschiedene Kategorien unterteilen.

(1) Rechtsfolgenausnahme (sog. „*gevolgenuitzondering*")

Der *Hoge Raad* hat in der COVA-Entscheidung zunächst verdeutlicht, daß generell Ausnahmen von der Tatortregel möglich sind. Im speziellen stellt er in dieser Entscheidung dar, daß neben der Möglichkeit einer Rechtswahl eine Ausnahme von der *lex loci delicti*-Regel auch im folgenden Fall in Betracht kommen kann:

---

241 (241); *Junker*, JZ 2000, 477 (477 ff.); *Spickhoff*, NJW 1999, 2209 (2212 f.); *Staudinger*, DB 1999, 1589 (1590 ff.).

419 Vgl. zu diesem Problemkreis auch C/G/H/K (*de Boer/Kotting*), Introduction to Dutch law, S. 283; *Duintjer Tebbens*, NIPR 1994 (speciale aflevering), 44 (50); *Strikwerda*, Inleiding, S. 212 f.; *Vlas*, Onrechtmatige daad, De onrechtmatige daad in het ipr, IX.3-48-68 f.

420 So wurde dem *Hoge Raad* beispielsweise in der Entscheidung vom 23.09.1988, NJ 1989, Nr. 743 die Möglichkeit genommen, eine grundsätzliche Entscheidung zu treffen, da während des Prozesses eine Rechtswahl zugunsten des niederländischen Rechts getroffen wurde; vgl. auch Rb. Rotterdam, 08.01.1979, NJ 1979, Nr. 113; Rb. Rotterdam, 15.03.1991, NJ 1992, Nr. 91; Rb. Amsterdam, 13.05.1992, NIPR 1992, Nr. 378; Pres. Rb. 's-Gravenhage, 04.11.1992, NIPR 1993, Nr. 178; Pres.Rb. Arnhem, 14.02.1997, NIPR 1997, Nr. 247.

421 So auch die Einschätzung von C/G/H/K (*de Boer/Kotting*), Introduction to Dutch law, S. 283 sowie *Duintjer Tebbens*, NIPR 1994 (speciale aflevering), 44 (50). Vgl. *Hoge Raad*, 14.04.1989, NJ 1990, Nr. 712: Zwar wählt der *Hoge Raad* in dieser Entscheidung das Recht des Erfolgsortes, stützt seine Entscheidung aber hauptsächlich auf die Tatsache, daß der Beklagte als Teilnehmer an der unerlaubten Handlung einer Zwischenperson gehandelt hat, welche in den Niederlanden stattgefunden hat und auf die daher niederländisches Recht anzuwenden ist.

422 Zur Behandlung dieser Frage in der jüngsten Zeit vgl. Seite 95 f.

423 Vgl. Staudinger (*v. Hoffmann*), zu Artikel 38 EGBGB, Rn. 39.

Beide Parteien haben in einem anderen Staat als dem Staat, in dem die unerlaubte Handlung begangen worden ist, jeweils ihren gewöhnlichen Aufenthalt und die Rechtsfolgen treten auch ausschließlich dort ein[424].

Diese sog. *gevolgenuitzondering* (Rechtsfolgenausnahme) ist bereits seit den fünfziger Jahren fester Bestandteil der Rechtsprechung niederländischer Instanzgerichte[425]. Zurückzuführen ist sie auf eine Vorschrift des Entwurfes zum Benelux-Einheitsgesetzes. Nach Artikel 14 des Benelux-Einheitsgesetzes konnte bei der Frage des Haftungsumfangs das Tatortrecht durch das Recht des Staates verdrängt werden, zu dessen Rechtssphäre die Konsequenzen der unerlaubten Handlung gehören. Das Tatortrecht entschied also grundsätzlich über die Frage, ob eine bestimmte Handlung überhaupt ein Delikt darstellt; die Rechtsfolgen konnten aber gegebenenfalls auch einem anderen Recht unterliegen[426]. Die in Artikel 14 des Benelux-Einheitsgesetzes noch vorgesehene Unterscheidung hat sich allerdings nicht durchgesetzt. Vielmehr wird mittlerweile die *gevolgenuitzondering* als allgemeine Ausnahme zu der Tatortregel verstanden. Daraus wird geschlossen, daß das Recht des Landes, in dem die Folgen eintreten, grundsätzlich das Recht des Tatortes auch hinsichtlich der Frage der Unrechtmäßigkeit verdrängt. In Fällen der *gevolgenuitzondering* bleibt für die Anwendung des Tatortrechts daher kein Raum. Eine Dichotomie zwischen dem auf die Frage nach der Unrechtmäßigkeit und dem auf die Deliktsfolgen anzuwendenden Recht besteht nach herrschender Auffassung nicht mehr[427]. Hingegen ist allgemein anerkannt, daß etwa örtlich geltende Verkehrs- und Sicherheitsvorschriften anwendbar bleiben und Einfluß auf die Frage der Unrechtmäßigkeit der Handlung haben können[428].

---

[424] Vgl. hierzu *Bernhard*, IPR des unlauteren Wettbewerbs, S. 223 f.; *de Boer*, AA 43 (1994), 165 (167 ff); *Schultsz*, NJ 1994, Nr. 622; *Vlas*, Onrechtmatige daad, De onrechtmatige daad in het ipr, IX.3-45 ff.

[425] Vgl. zum Beispiel Hof 's-Gravenhage, 16.06.1955, NJ 1955, Nr. 615; Rb. Breda, 02.10.1962, NJ 1963, Nr. 109; Hof 's-Hertogenbosch, 06.02.1973, AK 7962.

[426] Gerechtshof Amsterdam, NJ 1972, Nr. 280; Gerechtshof Den Haag, NJ 1955, Nr. 615; siehe auch *Erauw*, NIPR 1994 (speciale aflevering), 52 (53); Staudinger (*v. Hoffmann*), zu Artikel 38 EGBGB, Rn. 39; *Vonken*, WPNR 1993, 6113, 831 (832); *Vlas*, Onrechtmatige daad, De onrechtmatige daad in het ipr, IX.3-47; kritisch zu dieser Unterscheidung *Sauveplanne*, Elementair internationaal privaatrecht, S. 65, da sich Kausalität, Schuld und Vorhersehbarkeit des Erfolges nicht eindeutig zuordnen ließen.

[427] Vgl. *de Boer*, AA 43 (1994), 165 (167 ff.); *Duintjer Tebbens*, NIPR 1994 (speciale aflevering), 44 (49); *Koppenol-Laforce*, NTBR 1996, 42 (46);*Vlas*, IPRax 1995, 194 (199); *Vlas*, Onrechtmatige daad, De onrechtmatige daad in het ipr, IX.3-47.

[428] Über welche Rechtsgrundlage sie Anwendung finden, ist bislang strittig; der *Hoge Raad* mußte diesbezüglich noch keine Entscheidung treffen; vgl. hierzu *Koppenol-Laforce*, NTBR 1996, 42 (46).

(2) Akzessorische Anknüpfung

Die zweite in den Niederlanden allgemein anerkannte Ausnahme zu der Tatortregel ist die akzessorische Anknüpfung des Deliktsstatuts[429]. Sie unterstellt eine unerlaubte Handlung, wenn sie mit einem bereits zwischen Schädiger und Geschädigtem bestehenden Rechtsverhältnis eng verbunden ist, dem Recht, dem das bestehende Rechtsverhältnis unterliegt[430]. Generell ist die akzessorische Anknüpfung als Ausnahme zur Tatortregel anerkannt; feste Konturen hat die Rechtsprechung auf diesem Gebiet bislang allerdings nicht herausgearbeitet; viele Fragen sind noch offen[431]. Fraglich ist insbesondere, wie eine solche Regelung in einem zukünftigen IPR-Gesetz formuliert werden sollte. An dem in der IPR-Skizze enthaltenen Formulierungsvorschlag ist in der Literatur verschiedentlich Kritik geübt worden[432]. Auch ist bislang nicht deutlich geworden, wie eng die unerlaubte Handlung mit dem Rechtsverhältnis verbunden sein muß[433].

dd) Rechtswahl

Als weitere Ausnahme von der *lex loci delicti*-Regel ist die in den Niederlanden bestehende Rechtswahlmöglichkeit auf diesem Gebiet zu nennen[434]. Sie wurde

---

[429] Aus der Rechtsprechung siehe beispielsweise *Hoge Raad*, 16.12.1983, NJ 1985, Nr. 311 (Saudi Independence); Rb. Arnhem, 28.10.1993, Nr. 1994, 132; Auffassung des Advocate General bei *Hoge Raad*, RvdW 1993, 230; Rb. Rotterdam, 20.06.1996, Nr. 1996, 416; Rb. Rotterdam, 16.01.1997, NIPR 1997, Nr. 224; in der Literatur siehe *Duintjer Tebbens*, NIPR 1994 (speciale aflevering), 44 (47); Staudinger (*v. Hoffmann*), zu Artikel 38 EGBGB, Rn. 39; *Strikwerda*, Inleiding, S. 208 ff.; *Strikwerda*, De internationale onrechtmatige daad en accessoire aanknoping; in: Vijftig jaar lex loci delicti, S. 47 ff.; *Polak/de Rooij/Steffens*, Private International Law in the Netherlands, Supplement, S. 79; *Vlas*, Onrechtmatige daad, De onrechtmatige daad in het ipr, IX.3-93 ff.

[430] Siehe Hof 's-Hertogenbosch, 08.01.1973, AK 11679; *Duintjer Tebbens*, NIPR 1994 (speciale aflevering), 44 (47); *Strikwerda*, Inleiding, S. 208.

[431] Vgl. *Vlas*, Onrechtmatige daad, De onrechtmatige daad in het ipr, IX.3-95.

[432] *Kokkini-Iatridou/Boele-Woelki*, NIPR 1992, 477 (540); *Vonken*, WPNR 1993, 6113, 831 (832).

[433] Der *Hoge Raad* hat über die Voraussetzungen noch nicht entschieden; siehe zu dieser Fragestellung *Duintjer Tebbens*, NIPR 1994 (speciale aflevering), 44 (47); *Strikwerda*, Inleiding, S. 208.

[434] Rb. Rotterdam, 08.01.1979, NJ 1979, Nr. 113; Rb. 's-Gravenhage, 04.01.1984, NIPR 1984, Nr. 213; Rb. Alkmaar, 26.07.1990, NIPR 1990, Nr. 461; vgl. hierzu auch *Koppenol-Laforce*, NTBR 1996, 42 (46); *Mostermans*, De processuele behandeling van het conflictenrecht, 78 f.; Staudinger (*v. Hoffmann*), zu Artikel 38 EGBGB, Rn. 39; *Strikwerda*, Inleiding, S. 210; *Vlas*, IPRax 1995, 194 (199); *Vlas*, Rechtskeuze op het gebied van de onrechtmatige daad; in: Vijftig jaar lex loci delicti, S. 17 (17); zu dem weiten Umfang der in den Niederlanden zuge-

bereits vor dem COVA-Urteil durch den *Hoge Raad* zugestanden[435], doch in der wegweisenden Entscheidung erneut explizit angesprochen. Das Zugestehen einer Rechtswahlmöglichkeit bei unerlaubten Handlungen entsprach auch der Praxis der unterinstanzlichen Gerichte[436]. Grundsätzlich können Parteien daher die Tatortregel durch die Wahl eines anderen Rechtssystems abbedingen. Dies gilt zumindest für den Normalfall, daß die Rechtswahl nachträglich getroffen wird. Offen ist in den Niederlanden bislang hingegen, ob eine Rechtswahl auch vor Eintritt des schädigenden Ereignisses möglich ist. In der unterinstanzlichen Rechtsprechungspraxis sowie bei Teilen der Literatur ist zumindest anerkannt, daß eine Rechtswahl noch während des Prozesses getroffen werden kann[437]. Nach verschiedenen Ansichten in der Literatur schließt dies eine vorherige Rechtswahl jedoch nicht grundsätzlich aus[438]. Zu denken sei dabei an die Situation, daß bereits ein Rechtsverhältnis zwischen den Parteien besteht, bezüglich dessen bereits eine Rechtswahl getroffen wurde und diese so ausgelegt werden muß, daß sie sich auch auf Forderungen erstrecken soll, die aus unerlaubten Handlungen entstanden sind. Bei einer solchen Fallkonstruktion nähern sich Rechtswahlmöglichkeit und akzessorische Anknüpfung einander an[439].

Bezüglich der Möglichkeit der Rechtswahl bleiben noch weitere Fragen offen. So ist etwa fraglich, ob jedes Recht gewählt werden kann oder ob die Möglichkeit der Rechtswahl auf das Recht des Handlungs-, Erfolgs- oder Schadensortes, begrenzt ist bzw. ob sie auf die Wahl der *lex fori* beschränkt bleiben soll. Das Oberste Gericht hat hierzu bislang noch nicht Stellung bezogen. In der Literatur wird davon ausgegangen, daß die Rechtswahlmöglichkeit auf dem Gebiet der unerlaubten Handlung den gleichen Bedingungen und Beschränkungen unterliegt wie die Rechtswahlbefugnis auf dem Gebiet der vertraglichen Schuldverhältnisse. Eine Rechtswahl sei daher nur zugestanden, falls die unerlaubte Handlung einen internationalen Charakter besitze[440] und Eingriffsnormen nicht umgangen werden[441].

---

standenen Rechtswahlmöglichkeit im internationalen Vergleich siehe *Kokkini-Iatridou/Boele-Woelki*, NIPR 1992, 477 (528 f.).

435 Vgl. *Hoge Raad*, 23.09.1988, NJ 1989, Nr. 743 (*Kalimijnen*).

436 Rb. Rotterdam, 08.01.1979, NJ 1979, Nr. 113; Rb. 's-Gravenhage, 04.01.1984, NIPR 1984, Nr. 213; Rb. Alkmaar, 26.07.1990, NIPR 1990, Nr. 461.

437 Vgl. Rb. Rotterdam, 08.01.1979, NJ 1979, Nr. 113; *Mostermans*, De processuele behandeling van het conflictenrecht, S. 78; *Strikwerda*, Inleiding, S. 210.

438 Siehe *Duintjer Tebbens*, NIPR 1994 (speciale aflevering), 44 (47); *Strikwerda*, Inleiding, S. 210; *Vlas*, Onrechtmatige daad, De onrechtmatige daad in het ipr, IX.3-118 f.

439 Vgl. *Strikwerda*, Inleiding, S. 210; *Vlas*, Onrechtmatige daad, De onrechtmatige daad in het ipr, IX.3-119.

440 *Strikwerda*, Inleiding, S. 210; *Vlas*, Onrechtmatige daad, De onrechtmatige daad in het ipr, IX.3-119.

441 *Strikwerda*, Inleiding, S. 210.

Umstritten geblieben ist bislang auch, ob sich die Rechtswahlmöglichkeit auch auf Fälle erstreckt, die dem Haager Übereinkommen über das auf Verkehrsunfälle anzuwendende Recht bzw. dem Haager Produkthaftungsübereinkommen unterfallen, obwohl die Übereinkommen selbst darüber schweigen[442].

b) Unlauterer Wettbewerb

Vergleichbar mit dem deutschen Internationalen Privatrecht nimmt auch in den Niederlanden das Recht des internationalen unerlaubten Wettbewerbs gegenüber dem Internationalen Deliktsrecht eine Sonderstellung ein. Dies ist auf die Tatsache zurückzuführen, daß im Bereich des unlauteren Wettbewerbs die Anwendung der Tatortregel auf Schwierigkeiten stößt. Tatsache ist, daß im internationalen Handelsverkehr nicht nur Handlungs- und Erfolgsort auseinander fallen können, sondern häufig auch die Anknüpfung an den Begehungs- bzw. an den Schadensort nicht zu befriedigenden Ergebnissen führt. Aus der existierenden Rechtsprechung auf diesem Gebiet eine generelle Kollisionsregel zu entwickeln, gestaltet sich aus zwei Gründen als schwierig. Zum einen ist der Umfang der niederländischen Rechtsprechung im Bereich des unlauteren Wettbewerbs gering; höchstrichterliche Entscheidungen fehlen fast ganz. Zum anderen werden in den Entscheidungen keine expliziten, vom Streitgegenstand losgelösten Aussagen getroffen. Dennoch ist aus den vorhandenen Entscheidungen ersichtlich, daß im Ergebnis meist das Recht des Marktortes ausschlaggebend ist[443]. Die Anknüpfung an die Marktortregel im Bereich des unlauteren Wettbewerbs wird auch durch das niederländische Schrifttum befürwortet[444]. Entscheidend für die Anknüpfung im Bereich des unlauteren Wettbewerbs ist somit der Ort, an dem der Wettbewerb zwischen den

---

442 Zustimmend in der Literatur etwa *de Boer*, Alternatieven voor de lex loci delicti, S. 27 ff.; *Duintjer Tebbens*, NIPR 1994 (speciale aflevering), 44 (47); *Kokkini-Iatridou/Boele-Woelki*, NIPR 1992, 477 (527); *Strikwerda*, Inleiding, S. 210; *Vonken*, Verkeersongevallen, Praktijkreeks IPR 17, S. 38; anders *van Rijn van Alkemade*, WPNR 1997, 6257, 114 (115); auch die Rechtsprechung weist in diese Richtung: siehe hinsichtlich der Produkthaftung Rb. Rotterdam, 15.10.1993, NIPR 1995, Nr. 240; hinsichtlich von Verkehrsunfällen etwa Rb. Amsterdam, 21.04.1993, NIPR 1994, Nr. 127; Rb. 's-Gravenhage, 13.12.1995, NIPR 1997, Nr. 102; Rb. 's-Hertogenbosch, 22.11.1996, NIPR 1997, Nr. 104.

443 Vgl. zum Beispiel Pres.Rb. Zwolle, 06.07.1983, NIPR 1983, Nr. 369; Rb. Arnhem, 31.05.1990, NIPR 1990, Nr. 468; Hof Amsterdam, 31.10.1991, NIPR 1992, Nr. 221; Rb. Arnhem, 20.02.1992, NIPR 1992, Nr. 385 sowie die in der Analyse von *Bernhard*, IPR des unlauteren Wettbewerbs, S. 229 angegebenen Entscheidungen; a.A. Hof Amsterdam, 27.06.1975, BIE 1976, 217, der noch die Niederlassung der am Wettbewerb Teilnehmenden als ausschlaggebend betrachtete.

444 Vgl. hierzu *Bernhard*, IPR des unlauteren Wettbewerbs, S. 232; *Strikwerda*, Inleiding, S. 211; *Verkade*, AA 27 (1978), 413 (421).

Konkurrenten stattfindet[445]. An einer expliziten Formulierung dieser Regel, ihrer sauberen dogmatischen Herleitung sowie ihrer Verfeinerung mangelt es aber in der Rechtsprechung[446].

c) Geschäftsführung ohne Auftrag sowie ungerechtfertigte Bereicherung

Für den Bereich der ungerechtfertigten Bereicherung sowie der Geschäftsführung ohne Auftrag findet sich in den Niederlanden wenig Rechtsprechung und Literatur. In der IPR-Skizze wurde diesen beiden Gebiete keine eigene Kollisionsnormen bzw. keine besonderen Spezialisierungen gewidmet. Diese gesetzlichen Schuldverhältnisse sollten vielmehr der in den Artikeln 92 bis 94 IPR-Skizze vorgesehenen generellen Anknüpfungsleiter unterfallen. Einschlägig sollte daher nach Auffassung des Justizministeriums die offene Kollisionsnorm des Artikel 94 IPR-Skizze sein. Aufgrund der geringen Praxisrelevanz fand dieser Weg in der Literatur zumindest für die Geschäftsführung ohne Auftrag Zustimmung und jede weitere Konkretisierung wurde als unnötig erachtet[447]. Im Jahre 1996 hat der *Hoge Raad* das niederländische Kollisionsrecht jedoch mit einer eindeutigen Kollisionsnorm für dem Bereich der Geschäftsführung ohne Auftrag bereichert[448]. Der *Hoge Raad* entschied, daß vorbehaltlich einer Rechtswahl das Recht desjenigen Landes angewendet werden müsse, in dem die Geschäftsführung stattgefunden hat. Falls sich die Geschäftsführung über mehrere Länder erstreckt, so entscheidet das Recht des Landes, mit dem die engste Verbindung besteht. Daß die IPR-Skizze in ihrer bisherigen Fassung für die ungerechtfertigte Bereicherung keine eigene Kollisionsnorm formuliert, wurde in der niederländischen Literatur bereits frühzeitig kritisiert[449]. Begründet wurde dies mit dem Argument, daß der Tendenz Rechnung getragen werden müsse, außervertragliche Schuldverhältnisse zu individualisieren.

---

[445] Die in der IPR-Skizze vorgesehene Regelung weicht von dieser Kollisionsnorm ab. Zunächst wird in der IPR-Skizze auch für diesen Bereich eine Rechtswahlmöglichkeit vorgesehen. Ist eine solche nicht erfolgt, so sieht Artikel 94 grundsätzlich die Anwendung des Rechts vor, mit dem die engste Verbindung besteht. Das Marktrecht fungiert gemäß Artikel 97 IPR-Skizze lediglich als sekundärer Anknüpfungspunkt; kritisch hierzu *Kokkini-Iatridou/Boele-Woelki*, NIPR 1992, 477 (543 f.).

[446] So vermeidet etwa der *Hoge Raad* in der Entscheidung *Frisco* (17.12.1982, abgedruckt in NJ 1983, Nr. 232) über eine Beweislastregel eine Auseinandersetzung mit dem ausländischen Recht; vgl. näher *Bernhard*, IPR des unlauteren Wettbewerbs, S. 229 ff.

[447] *Duintjer Tebbens*, NIPR 1994 (speciale aflevering), 44 (48); *Kokkini-Iatridou/Boele-Woelki*, NIPR 1992, 477 (546).

[448] *Hoge Raad*, 23.02.1996, abgedruckt in AA 45 (1996), 642 (642 ff.) mit Anm. *Vlas*; in diesem Sinne schon Hof Amsterdam, 04.01.1990, NIPR 1990, Nr. 277; vgl. auch *Koppenol-Laforce*, NTBR 1998, 182 (189); *Pellis*, NJB 1997, 469 (472).

[449] *Kokkini-Iatridou/Boele-Woelki*, NIPR 1992, 477 (547).

III. Jüngere Entwicklungen

Das IPR der außervertraglichen Schuldverhältnisse befindet sich im Fluß. Angestrebt ist, auch diesen Bereich in die schrittweise Kodifikation des niederländischen Internationalen Privatrechts mit einzubeziehen. Aus diesem Grund ist vor Kurzem ein Gesetzesentwurf erarbeitet worden, der sich mit der kollisionsrechtlichen Behandlung der außervertraglichen Schuldverhältnisse beschäftigt. Die Notwendigkeit, das außervertragliche Schuldrecht einer gesetzlichen Regelung zuzuführen, wurde schon früher erkannt. Aus diesem Grund versuchte der niederländische Gesetzgeber bereits in der IPR-Skizze, verbindliche Kollisionsnormen zu formulieren.

1. Artikel 91 bis 102 IPR-Skizze

Die IPR-Skizze sah insgesamt 12 Vorschriften für den Bereich der außervertraglichen Schuldverhältnisse vor[450]. Artikel 91, 101 und 102 verwiesen für Teilbereiche des außervertraglichen Schuldrechts auf bereits bestehende Sonderregelungen[451]. Im übrigen differenzierten Artikel 92 bis 102 IPR-Skizze nur unwesentlich zwischen den verschiedenen außervertraglichen Schuldverhältnissen und Deliktstypen. Artikel 92 bis 94 enthielten zunächst eine allgemeine Anknüpfungsleiter für alle außervertraglichen Schuldverhältnisse[452]. Dabei wurde von der IPR-Skizze (Artikel 92 IPR-Skizze) zunächst eine Rechtswahlmöglichkeit vorgesehen[453]. Im Gegensatz zur COVA-Entscheidung, die die Tatortregel als Grundsatz für den Bereich der unerlaubten Handlung formuliert, statuierte Artikel 94 IPR-Skizze in Anlehnung an Artikel 4 EVÜ eine offene Kollisionsnorm; die Anknüpfung an das Recht der engsten Verbindung wurde als grundsätzlich maßgebend angesehen[454]. Artikel 95 bis 99 IPR-Skizze sahen für den Bereich der unerlaubten

---

[450] Siehe hierzu *Boele-Woelki*, IPRax 1995, 264 (269); *Duintjer Tebbens*, NIPR 1994 (speciale aflevering), 44 (45 ff.); *Erauw*, NIPR 1994, speciale aflevering, 52 (56 ff.); *Kokkini-Iatridou/Boele-Woelki*, NIPR 1992, 477 (527 ff.); *Vonken*, WPNR, 1993, 6113, 831 (831 ff.).

[451] Dazu gehören die Fälle der Schiffskollisionen, die Verkehrsunfälle sowie die Produkthaftung; vgl. hierzu auch *Erauw*, NIPR 1994, speciale aflevering, 52 (56 f.)

[452] Darunter fallen zunächst einmal die unerlaubte Handlung, aber auch die Geschäftsführung ohne Auftrag sowie die ungerechtfertigte Bereicherung; vgl. *Kokkini-Iatridou/Boele-Woelki*, NIPR 1992, 477 (524).

[453] Diese war hinsichtlich des Zeitpunktes, der zu wählenden Rechtsordnung sowie der Form als unbeschränkte Rechtswahlmöglichkeit vorgesehen; vgl. auch *Vonken*, WPNR 1993, 6113, 831 (831 f.).

[454] Artikel 93 sieht als Ausnahme dazu die Möglichkeit einer akzessorische Anknüpfung an ein bereits zwischen den Parteien bestehendes Rechtsverhältnis vor; vgl. hierzu *Duintjer Tebbens*, NIPR 1994, speciale aflevering, 44 (47); kritisch *Kokkini-Iatridou/Boele-Woelki*, NIPR 1992, 477 (540); *Vonken*, WPNR 1993, 6113, 831 (832).

Handlung zusätzlich nähere Ausformungen vor, die auf die anderen außervertraglichen Schuldverhältnisse keine Anwendung finden sollten. Der in Artikel 94 IPR-Skizze niedergelegte Grundsatz der engsten Verbundenheit wurde für den Bereich des Internationalen Deliktsrechts durch drei Vermutungstatbestände konkretisiert[455].

Die COVA-Entscheidung des *Hoge Raad* überholte die in der IPR-Skizze aufgenommenen Regelungen weitestgehend. Trotz Kenntnis der einschlägigen Normen der IPR-Skizze entschied sich der Oberste Gerichtshof für Zivilsachen gegen die Übernahme der vorgeschlagenen offenen Kollisionsnorm sowie der konkretisierenden Vermutungen. Vielmehr sah der *Hoge Raad* die Tatortregel als ausschlaggebend für die Bestimmung des anwendbaren Rechts an. Ausnahmen von diesem Grundsatz werden in dieser Entscheidung ausdrücklich dann als zulässig erachtet, wenn entweder eine Rechtswahl vorliegt oder beide Parteien in einem anderen Land als dem Land des Handlungsortes wohnhaft sind und die Rechtsfolgen der unerlaubten Handlung ausschließlich in diesem anderen Land eintreten. Die Tatsache, daß sich der vom *Hoge Raad* gewählte Ausgangspunkt von dem der IPR-Skizze unterscheidet, gab Anlaß, die in den Artikeln 92 bis 102 IPR-Skizze niedergelegten Vorschriften zu überdenken. Als wichtigster Kritikpunkt wurde angeführt, daß die Regelungen der IPR-Skizze eben nicht mehr den momentanen, durch die Rechtsprechung vorgegebenen Stand widerspiegeln[456]. Zudem wurde beanstandet, daß es den in der IPR-Skizze getroffenen Regelungen ohnehin an Vollständigkeit mangele[457]. Mittlerweile sind zumindest die die kollisionsrechtliche Behandlung der unerlaubten Handlung betreffenden Regelungen der IPR-Skizze als überholt zu betrachten[458].

---

455 Artikel 95 IPR-Skizze beinhaltete eine allgemeine Vermutung zugunsten der Tatortregel, die in zwei Fällen durch andere Vermutungen ersetzt werden kann. Gemäß Artikel 96 IPR-Skizze sollte bei Distanzdelikten grundsätzlich das Recht des Erfolgsortes anwendbar sein, wenn sich die Folgen in überwiegendem Maße dort manifestieren; für Fälle des unlauteren Wettbewerbs sah Artikel 97 IPR-Skizze vor, daß das Recht des betroffenen Marktes gelten solle; vgl. *Vonken*, WPNR 1993, 6113, 831 (832 f.).

456 *Boele-Woelki*, IPRax 1995, 264 (269); *Polak/de Rooij/Steffens*, Private International Law in the Netherlands, Supplement, S. 82; kritisch auch *de Boer*, Anm. zu *Hoge Raad* 19.11.1993, RvdW 1993, Nr. 230 in AA 43 (1994), 165 (166).

457 Angeregt wurden etwa spezielle Kollisionsnormen für den Bereich der Umweltverschmutzung, der ungerechtfertigten Bereicherung und die verschiedenen Formen des unlauteren Wettbewerbs. Vgl. *Boele-Woelki*, IPRax 1995, 264 (269); *Kokkini-Iatridou/Boele-Woelki*, NIPR 1992, 477 (535 f.; 542 f.; 546 f.); *Polak/de Rooij/Steffens*, Private International Law in the Netherlands, Supplement, S. 82; *Vonken*, WPNR 1993, 6113, 831 (834).

458 So auch die Einschätzung von *Koppenol-Laforce*, NTBR 1996, 42 (46).

2. Gutachten der Staatskommission für IPR

Im Jahre 1996 haben die Kodifikationsbestrebungen im Bereich der außervertraglichen Schuldverhältnisse einen neuen Impuls erhalten. Die niederländische Staatskommission für Internationales Privatrecht veröffentlichte im Dezember 1996 eine gutachterliche Stellungnahme über die kollisionsrechtliche Behandlung der unerlaubten Handlung[459]. Den Ausgangspunkt des Gutachtens bildet die Rechtsprechung des *Hoge Raad*[460]. Zusätzlich beinhaltet es neue Anregungen. Die in der IPR-Skizze aufgenommenen ministeriellen Vorschläge wurden grundlegend überarbeitet. Die Vorschläge der Staatskommission für IPR beschränken sich auf den Bereich der unerlaubten Handlung. Andere außervertragliche Schuldverhältnisse, wie etwa die Geschäftsführung ohne Auftrag oder die ungerechtfertigte Bereicherung, erfahren keine Beachtung, da nach Auffassung der Staatskommission kein dringendes Regelungsbedürfnis bestünde: Entscheidungen zu diesen Rechtsgebieten seien spärlich, und einheitliche Auffassungen nicht erkennbar[461].

a) Grundsatz: Tatortprinzip

Das Gutachten wählt die COVA-Entscheidung des *Hoge Raad* als Ausgangspunkt: Nach den Vorschlägen der Staatskommission sollen deliktische Ansprüche grundsätzlich dem Recht des Begehungsortes unterliegen. Ebenso wie der *Hoge Raad* sprach sich die Staatskommission in ihrem Gutachten für die Verwendung der Tatortregel als konkreten Anknüpfungspunkt aus. Von dem in Artikel 94 IPR-Skizze eingeschlagenen Weg wendet sich die Staatskommission ab; der Grundsatz der engsten Verbindung solle zukünftig nicht als primäre Kollisionsnorm normiert werden. Diesem Grundsatz solle vielmehr durch eine im Allgemeinen Teil zu integrierende Vorschrift Rechnung getragen werden.

b) Weitere Vorschriften des Gutachtens

Das Gutachten der Staatskommission erkennt im Internationalen Deliktsrecht eine Rechtswahlmöglichkeit zu. Damit schließt sich die Staatskommission der bestehenden Rechtsprechungspraxis an. Nach Auffassung der Staatskommission soll sie gegenüber der *lex loci delicti*-Regel als subsidiäre Kollisionsnorm gelten. Hinsichtlich der noch zu klärenden Frage, ob Parteien auch im Bereich der Straßenverkehrsunfälle und der Produkthaftung eine Rechtswahl treffen können sollen, hat sich die Staatskommission gegen die in den Niederlanden herrschende Mei-

---

459 Die Vorschriften des Gutachtens sind abgedruckt in Vijftig jaar lex loci delicti, S. 57 (58).

460 Vgl. *Dubbink*, Vijftig jaren; in: Vijftig jaar lex loci delicti, S. 7 (16).

461 Vgl. hierzu auch *Boele-Woelki*, IJVO 7 (1997/98), 1 (10 f.).

nung entschieden[462]. Sie vertritt vielmehr die Auffassung, daß eine Zulassung der Bestimmung des anwendbaren Rechts durch die Parteien eine Frage der Interpretation der Übereinkommen sei. Eine Rechtswahl innerhalb der Anwendungsbereiche der beiden Staatsverträge sei unzulässig, da der nationale Gesetzgeber im Falle der Zulassung einer Rechtswahl Gefahr laufen könne, daß eine solche Regelung nicht als mit dem Übereinkommen übereinstimmend angesehen werden würde.

Der Vorschlag der Staatskommission erachtet eine gesonderte Regelung für die Fallgruppe der Distanzdelikte als geboten. Die Staatskommission spricht sich bei dieser umstrittenen Fallkonstellation zugunsten der Anwendung des Erfolgsortrechts aus. Entfaltet eine unerlaubte Handlung in einem anderen Staat als dem Begehungsort seine schädigende Wirkung, so soll nach der im Gutachten vertretenen Auffassung das Recht des Erfolgsortes zur Anwendung gelangen, soweit der eingetretene Schaden vom Schädiger hätte billigerweise vorhergesehen werden können[463]. Einschränkend sei jedoch zu verlangen, daß sich der Schädiger auf die Anwendung des Erfolgsortrechts selbst beruft.

Eine besondere Anknüpfung will die Staatskommission auch in den Fällen zulassen, in denen Handlungs- und Erfolgsort auseinander fallen, Schädiger und Geschädigter aber einen gemeinsamen gewöhnlichen Aufenthaltsort besitzen. In dieser Fallkonstellation soll das Recht des Staates zur Anwendung gelangen, in dem sich der gemeinsame gewöhnliche Aufenthalt der Parteien befindet. Nach Auffassung der Staatskommission muß der gemeinsame gewöhnliche Aufenthalt jedoch bereits im Zeitpunkt des Schadensereignisses bestanden haben; ein gemeinsamer gewöhnlicher Aufenthalt im Zeitpunkt der Klageerhebung wird als nicht ausreichend erachtet.

Im Anschluß an die COVA-Entscheidung des *Hoge Raad* hat sich die Staatskommission ebenfalls für die Anerkennung der akzessorischen Anknüpfung als Ausnahme von der *lex loci delicti*-Regel ausgesprochen. In Fällen eines bereits zwischen den Parteien bestehenden Rechtsverhältnisses soll auch eine zwischen ihnen begangene unerlaubte Handlung dem Recht des Staates unterstellt werden, dem das bereits bestehende Rechtsverhältnis unterliegt. Dabei soll die akzessorische Anknüpfung im Ermessen des Richters stehen.

---

462 Siehe etwa für die Zulässigkeit der Rechtswahl bei Verkehrsunfällen: Rb. Den Haag, 13.12.1995, NIPR 1997, Nr. 102; Rb. 's-Hertogenbosch, 22.11.1996, NIPR 1997, Nr. 104. Zu der Frage nach der Zulässigkeit einer Rechtswahl bei nachehelichem Unterhalt auch *Hoge Raad*, 27.02.1997, RvdW 1997, Nr. 56 sowie *Boele-Woelki*, IPRax 1998, 492 (494).

463 *Roelvink*, De meervoudige locus delicti; in: Vijftig jaar lex loci delicti, S. 29 (31 f.).

Eine Modifikation der Tatortregel schlägt die Staatskommission für den Bereich des unlauteren Wettbewerbs vor. Obwohl die Anknüpfung an das Recht des Marktes international anerkannt ist, hat die Staatskommission eine nähere Beschreibung dieses Begriffes versucht. Nach Auffassung der Staatskommission ist es aufgrund zunehmender Internationalität, insbesondere durch das Zusammenwachsen Europas, schwieriger geworden, den Markt zu lokalisieren. Daher soll im Bereich des unlauteren Wettbewerbs grundsätzlich objektiver Anknüpfungspunkt das Recht des Landes sein, auf dessen Staatsgebiet der unlautere Wettbewerb die Konkurrenzverhältnisse beeinflußt. Als Ausnahmen von dieser objektiven Anknüpfung sollen die Möglichkeit der Rechtswahl und der akzessorischen Anknüpfung anerkannt werden. In der niederländischen Literatur ist der Versuch, den objektiven Anknüpfungspunkt neu zu fassen, auf Kritik gestoßen[464]. Angeführt wird, daß der neue Ansatz keinen Vorteil brächte. Denn auch durch ihn könne nicht verhindert werden, daß verschiedene Rechte Anwendung beanspruchen, da auch Konkurrenzverhältnisse gleichzeitig in verschiedenen Ländern beeinflußt werden könnten.

Des weiteren nennt das Gutachten der Staatskommission abschließende Vorschriften bezüglich des Umfangs des Deliktsstatuts und über die Rücksichtnahme auf am Begehungsort geltende Verkehrs- und Sicherheitsvorschriften. Eine weitere Vorschrift sieht vor, daß unerlaubte Handlungen, die an Bord von Schiffen auf hoher See, auf Bohrinseln oder in Luftfahrzeugen gegangen wurden, unter Umständen einem Delikt auf dem Gebiet eines Staates gleichgestellt werden können. Die letzte Vorschrift des Gutachtens ist der Abgrenzung der nationalen Regelung gegenüber internationalen Abkommen einerseits und dem bereits in Kraft getretenen Seeschiffahrts-, Binnenschiffahrts- und Luftfahrtskollisionsgesetz von 1993 andererseits gewidmet. Sie besagt, daß gegenüber diesen spezielleren Vorschriften die allgemeinen Kollisionsnormen der unerlaubten Handlung als subsidiär anzusehen sind.

3. Gesetzesentwurf *Wet conflictenrecht onrechtmatige daad*

Im Jahre 1999 wurde ein Gesetzesentwurf erarbeitet, der auf die gesetzliche Regelung des Kollisionsrechts der außervertraglichen Schuldverhältnisse in einem Teilkollisionsgesetz abzielt[465]. Der Entwurf beschränkt sich in erster Linie auf Kollisionsregeln für den Bereich der unerlaubten Handlung[466]. Er stützt sich im

---

464 *Boele-Woelki*, IJVO 7 (1997/98), 1 (13).

465 Kamerstukken II 1998/99, 26608, Nr. 1-3. Vgl. hierzu insbesondere *Koppenol-Laforce/Visser*, JutD 1999, 19 (20 ff.).

466 Über die kollisionsrechtliche Behandlung der GoA sowie der ungerechtfertigten Bereicherung enthält der Entwurf keine Bestimmungen, da weiterhin kein praktisches Bedürfnis an der Re-

wesentlichen auf die Vorschläge der Staatskommission und schließt somit an die COVA-Entscheidung des *Hoge Raad* vom 19.11.1993 an. Als Grundsatz wird die *lex loci delicti*-Regel vorangestellt. In Fällen, in denen Handlungs- und Erfolgsort auseinanderfallen, sieht der Gesetzesentwurf ebenfalls die Anwendbarkeit des Rechts am Erfolgsort vor, sofern der grenzüberschreitende Bezug nicht vorhersehbar gewesen ist[467]. In Einklang mit der COVA-Entscheidung wird den Parteien eine Rechtswahlmöglichkeit zugestanden. Ebenfalls durch das COVA-Urteil inspiriert beinhaltet der Gesetzesentwurf auch die „gevolgenuitzondering“: Haben Schädiger und Geschädigter ihren gewöhnlichen Aufenthaltsort in einem Staat und handelt es sich bei dem Aufenthaltsstaat um einen anderen als den, an dem die unerlaubte Handlung vorgenommen wurde, so geht das Recht des Aufenthaltsstaates gegenüber der *lex loci delicti* vor. Auch die akzessorische Anknüpfung sowie die Möglichkeit der Rechtswahl durch die Parteien finden sich im Gesetzesentwurf wider. Daß der Entwurf in nächster Zeit Gesetzeskraft erlangt, ist anzunehmen.

---

gelung bestände; vgl. hierzu *Koppenol-Laforce/Visser*, JutD 1999, 19 (20). Im Gegensatz dazu hat der unlautere Wettbewerb in Artikel 4 des Gesetzentwurfes eine gesonderte Regelung erfahren.

467 Damit hat sich der niederländische Gesetzgeber für eine andere Lösung ausgesprochen, als sie vom deutschen Gesetzgeber jüngst kodifiziert worden ist; vgl. auch *Koppenol-Laforce/Visser*, JutD 1999, 19 (22).

§ 7. Sachenrecht

Das Internationale Sachenrecht gehört bislang zu den unkodifizierten Bereichen des niederländischen Internationalen Privatrechts. Weder existiert ein die Materie erschöpfend behandelnder Staatsvertrag noch ist bislang ein Teilkollisionsgesetz auf diesem Gebiet verabschiedet worden[468]. Die in der IPR-Skizze aufgenommenen Vorschläge erlangten keine Gesetzeskraft[469]. Daher basiert das Internationale Sachenrecht bis heute auf einer einzigen gesetzlichen Vorschrift[470]. Die geltenden

---

468 Im Jahre 1998 wurde ein Gutachten der Staatskommission über das Internationale Sachenrecht angefertigt, das im Jahre 1999 veröffentlicht wurde (www.minjust.nl/c-actual). Die Situs-Regel bildet auch weiterhin den Ausgangspunkt der kollisionsrechtlichen Behandlung. Besondere Regelungen wurden etwa für die Behandlung von Eigentumsvorbehalten und Retentionsrechten sowie dem auf Anteile und Forderungsrechts anwendbaren Sachenrechtsregime vorgesehen. Bezüglich letzterer schließt sich die Empfehlung der Staatskommission der in der Entscheidung *Brandsma/Hansa Chemie* vom 16.05.1997, abgedruckt in NJ 1998, Nr. 585, vertretenen höchstrichterlichen Auffassung an. Vgl. hierzu auch *Polak/van den Eeckhout*, NJB 2000, 573 (576 f.).

469 Im Allgemeinen wurden in der IPR-Skizze die von der niederländischen Rechtsprechung entwickelten Kollisionsnormen aufgenommen. Sie gaben größtenteils das geltende niederländische Internationales Privatrecht wider. Bewegliche und unbewegliche Sachen sollten gem. Artikel 78 IPR-Skizze grundsätzlich dem Regime des am Lageort geltenden Rechts unterstehen. Für Parteiautonomie in diesem Bereich soll indessen kein Raum bleiben. Vorgesehen ist, daß einmal begründete Sachenrechte auch bei einem Statutenwechsel bestehen bleiben (Artikel 79 IPR-Skizze). Die besondere Bestimmung wurde dem Übergang des Eigentums von abhanden gekommenen Sachen auf den Versicherer in Artikel 80 IPR-Skizze gewidmet: Maßgebend ist hiernach, auch wenn die Sache in ein anderes Rechtsgebiet gelangt ist, das vom IPR des Staates berufene Recht, in dem sich die Sache ursprünglich befand. Diese Vorschrift zielte speziell auf die nicht seltenen Fälle, in denen ein in Deutschland gestohlenes Kraftfahrzeug in den Niederlanden auftaucht und zweifelhaft ist, wo es sich zu dem Zeitpunkt befunden hat, als der Versicherer gegen Übertragung des Eigentums die Versicherungssumme an den Bestohlenen leistete. In Artikel 82 IPR-Skizze befaßte sich die IPR-Skizze mit der Behandlung von nach ausländischem Recht begründeten Eigentumsvorbehalten. Hiernach soll ein nach ausländischem Recht begründeter Eigentumsvorbehalt an einer Sache, die sich in den Niederlanden befindet, gegenüber Dritten nur nach Maßgabe des niederländischen Rechts geltend gemacht werden können. Andere Sicherungsrechte haben in der IPR-Skizze keine Regelung erfahren. Artikel 81 IPR-Skizze sah vor, daß Sachen, die aufgrund einer Vereinbarung zur See oder zu Lande transportiert werden, sachenrechtlich dem Recht des Bestimmungsortes unterstehen (*lex loci destinationis*). In diesem Fall wird den Parteien auch eine Rechtswahlmöglichkeit eröffnet, die allerdings keine Wirkung gegenüber Dritten entfalten soll. Näher zu den in der IPR-Skizze getroffenen Regeln über das Internationale Sachenrecht vgl. Staudinger (*Stoll*), Int. Sachenrecht, Rn. 39 sowie *Steffens*, WPNR 1993, 6111, 773 (773 ff.).

470 Vgl. Artikel 7 AB.

Kollisionsnormen im Bereich des Internationalen Sachenrechts sind deshalb größtenteils durch Rechtsprechung und Lehre entwickelt worden[471].

I. Sachenrechte an unbeweglichen Sachen

Für Sachenrechte an unbeweglichen Sachen gibt Artikel 7 AB eine eindeutige Kollisionsnorm vor. Die Norm besagt, daß für eine unbewegliche Sache das Gesetz des Landes bzw. des Ortes gilt, an welchem die Sache belegen ist (*lex rei sitae*). Die Situs-Regel ist im niederländischen Internationalen Privatrecht unbestritten; sie stellt nach wie vor die herrschende Kollisionsregel für Rechte an unbeweglichen Sachen dar[472]. Das Recht des Lageortes bestimmt, ob eine Sache beweglich oder unbeweglich ist und auf welche Art und Weise die Sache belastet werden kann. Es entscheidet etwa darüber, welche Rechte eine Sache belasten können, von welcher Art, Inhalt und Umfang diese Rechte sein können, wie sie entstehen, übergehen oder erlöschen[473]. Nach geltendem Recht werden nur Sachenrechte im eigentlichen Sinn von der Situs-Regel erfaßt. Erbrechtliche sowie ehegüterrechtliche Fragen, die sich auf unbewegliche Sachen beziehen, unterfallen aufgrund des sog. Einheitsprinzips entweder der erbrechtlichen oder der ehegüterrechtlichen Verweisungsnorm[474]. Forderungsrechte, die unbewegliche Sachen betreffen, richten sich nach dem Vertragsstatut[475]. Der Anwendungsbereich der sachenrechtlichen Kollisionsregeln ist daher relativ beschränkt.

II. Sachenrechte an beweglichen Sachen

Auf unbewegliche Sachen findet Artikel 7 AB seinem Wortlaut nach keine Anwendung. Zu klären ist, wie Sachenrechte an beweglichen Sachen in den Niederlanden kollisionsrechtlich behandelt werden.

---

[471] Vgl. *de Ly*, NIPR 1995, 329 (329 f.).

[472] Vgl. *de Ly*, NIPR 1995, 329 (329); *Polak*, WPNR 1991, 6019, 637 (638); *Polak/de Rooij/Steffens*, Private International Law in the Netherlands, Supplement, S. 93; Staudinger (*Stoll*), Int. SachenR, Rn. 39; *Vlas*, IPRax 1995, 194 (199).

[473] Vgl. *de Ly*, NIPR 1995, 329 (330).

[474] Siehe beispielsweise *van Rooij/Polak*, Private International Law in the Netherlands, S. 157; *Strikwerda*, Inleiding, S. 176.

[475] Statt vieler *Strikwerda*, Inleiding, S. 176.

1. Grundsatz: Situs-Regel

Generell ist unbestritten, daß die Situs-Regel als ungeschriebene Kollisionsnorm auch auf bewegliche Sachen Anwendung findet[476]; Rechte des Eigentümers oder die eines Dritten an einer beweglichen Sache werden vom Recht des Lageorts der Sache bestimmt. Maßgebend ist der Lageort im Zeitpunkt des Erwerbs des Sachenrechts[477]. Dennoch wirft die Situs-Regel hinsichtlich beweglicher Sachen teilweise Probleme auf. Bewegliche Sachen können Landesgrenzen überschreiten. Daraus ergibt sich die Frage, ob durch die Lageveränderung der Sache sich auch das auf sie anwendbare Recht ändert und wenn ja, wie und wann dies der Fall ist. Ausgangspunkt in den Niederlanden ist die Erhaltung wirksam begründeter Sachenrechte. In Fällen, in denen Sachenrechte an beweglichen Sachen in Übereinstimmung mit dem Recht des momentanen Belegenheitsstaates erlangt oder begründet werden, bleiben diese Rechte bestehen, auch wenn sich später der Lageort der Sache verändert. Dies gilt unabhängig davon, ob sie auch nach dem Recht des neuen Lageortes entstanden wären[478]. Werden aber in dem Land, in das die Sache verbracht wurde, von einem Dritten Rechte an der Sache erworben oder begründet, so gehen diese Rechte denen vor, die unter dem Recht des vormaligen Lageortes entstanden sind[479]. Im Grundsatz bleiben somit die unter dem Recht des alten Belegenheitsstaates entstandenen Sachenrechte erhalten; dies gilt allerdings vorbehaltlich solcher Rechte, die von einem Dritten wirksam nach dem Recht des neuen Lageortes begründet worden sind.

Im Internationalen Sachenrecht der Niederlande ist kein Platz für Parteiautonomie[480]. Da das niederländische Recht, ebenso wie das deutsche, ein geschlossenes

---

476 In jüngster Zeit etwa Hoge Raad, 08.05.1998, NJ 1999, Nr. 44 (*Land Sachsen/Cohen*) sowie Hoge Raad, 03.09.1999, RvdW 1999, 114 (*van der Boon/RG Lease*). Vgl. beispielsweise auch Rb. Amsterdam, 22.07.1976, NJ 1978, Nr. 47; Hof Arnhem, 14.07.1982, NJ 1983, Nr. 375; C/G/H/K (*de Boer/Kotting*), Introduction to Dutch law, S. 282; *Polak*, WPNR 1991, 6019, 637 (638); *Sauveplanne*, Elementair internationaal privaatrecht, S. 51; Staudinger (*Stoll*), Int. SachenR, Rn. 39; *Strikwerda*, Inleiding, S. 175; *Vlas*, IPRax 1995, 194 (199).

477 *Polak/de Rooij/Steffens*, Private International Law in the Netherlands, Supplement, S. 93.

478 Hof Amsterdam, 07.02.1969, NJ 1970, Nr. 214; Hof Amsterdam, 27.10.1988, NIPR 1989, Nr. 106 bzw. S&S 1990, 41; *Polak/de Rooij/Steffens*, Private International Law in the Netherlands, Supplement, S. 93; *Sauveplanne*, Elementair internationaal privaatrecht, S. 51; *Strikwerda*, Inleiding, S. 177; so auch Artikel 79 IPR-Skizze.

479 Vgl. zum Beispiel Rb. Amsterdam, 27.11.1932, NJ 1935, Nr. 657; Hof Amsterdam, 27.10.1988, NIPR 1989, Nr. 106 bzw. S&S 1990, 41; Pres.Rb. Zutphen, 17.03.1994, NIPR 1994, Nr. 277.

480 *Koppenol-Laforce*, International Contracts, S. 176; *de Ly*, NIPR 1995, 329 (330); *Polak*, WPNR 1991, 6019, 637 (641); *Polak*, Vermogensrechtelijke meerpartijenverhoudingen, S. 32 ff.

System von Sicherungsrechten mit einer feststehenden Rangfolge zwischen den Sicherungs- und Vorrechten kennt[481], könnten die Parteien durch eine Rechtswahl das geschlossene System der Sachenrechte durchbrechen und Rechte Dritter gefährden[482].

2. Abweichungen von der Situs-Regel bei beweglichen Sachen

Der Situs-Grundsatz wird in folgenden Situationen nicht unverändert beibehalten.

a) Unfreiwilliger Besitzverlust

Ist längere Zeit unbekannt, wo sich eine Sache befindet, etwa bei gestohlenen Sachen, so bedarf die grundsätzliche Anwendung der *lex rei sitae* der Änderung[483]. Mit dieser Konstellation mußte sich die niederländische Rechtsprechung insbesondere im deutsch-niederländischen Rechtsverkehr häufig beschäftigen. Die Fälle waren in erster Linie so gelagert, daß in Deutschland gestohlene Autos nach einiger Zeit in den Niederlanden aufgefunden wurden. Auf den deutschen Versicherer, der den Eigentümer des in Deutschland gestohlenen Wagen entschädigte, ging kraft einer in den Versicherungsbedingungen aufgenommenen Klausel das Eigentumsrecht des bestohlenen Eigentümers über. Lange Zeit konnte diese Art der Eigentumsübertragung in den Niederlanden nicht als gültig betrachtet werden, da eine „Übergabe" im Sinne des alten Artikel 667 BW nicht stattgefunden hatte[484]. Es drängte sich die Frage auf, nach welcher Rechtsordnung ein Eigentumserwerb zu beurteilen ist, wenn dieser in einem Zeitraum stattfindet, in dem der Verbleib der Sache unbekannt ist. Die ältere Rechtsprechung entschied sich dafür, das Recht des Landes anzuwenden, in welchem sich der Wagen zum Zeitpunkt der Eigentumsübertragung tatsächlich befunden zu haben schien[485]. Diese Lösung hatte zur Folge, daß der Versicherer kein Eigentum erwarb, wenn sich der Wagen zum Zeitpunkt der Eigentumsübertragung bereits in den Niederlanden befand. Die neuere Rechtsprechung wich von diesem, der Situs-Regel noch nahestehenden

---

481 Siehe statt vieler *de Ly*, NIPR 1995, 329 (330); *Polak*, WPNR 1991, 6019, 637 (639).

482 In der Literatur wird teilweise allerdings die Zulassung einer beschränkten Rechtswahl in den Fällen befürwortet, in denen das niederländische IPR keine oder nur unbefriedigende Lösungen bietet; vgl. *de Ly*, NIPR 1995, 329 (330).

483 Vgl. hierzu *Koppenol-Laforce*, International Contracts, S. 178; *Polak/de Rooij/Steffens*, Private International Law in the Netherlands, Supplement, S. 94; *Sauveplanne*, Elementair internationaal privaatrecht, S. 52; *Strikwerda*, Inleiding, S. 178.

484 Erst zu Beginn der achtziger Jahre beschloß der *Hoge Raad*, daß unter „Übergabe" unter Umständen auch eine Übereinkunft verstanden werden könne, die dem Erwerber zubilligt, sich gegenüber Dritten als Eigentümer zu legitimieren (*Hoge Raad*, 27.04.1979, NJ 1981, Nr. 139 und *Hoge Raad*, 01.02.1980, NJ 1981, Nr. 140).

485 Siehe zum Beispiel Hof Arnhem, 29.11.1955, NJ 1956, Nr. 231.

Lösungsmodell ab, um die sich aus diesem Ansatz ergebene Rechtsunsicherheit zu vermeiden. Nach neuerer Rechtsprechung wandelt sich das Sachenrechtsstatut in Fällen des unfreiwilligen Besitzverlustes durch eine eventuell folgende Lageveränderung des Gutes nicht; das Recht des Landes bleibt anwendbar, in welchem sich die Sache vor dem Diebstahl befand bzw. dem der Versicherungsvertrag unterlag[486]. Diese Rechtsprechung ist nach Auffassung der niederländischen Literatur in der Weise zu interpretieren, daß in solchen Fällen das materielle Recht des Ursprungslandes anzuwenden ist[487]. Auch die IPR-Skizze sah eine Sonderregelung hinsichtlich des Problems des unfreiwilligen Besitzverlustes vor (Artikel 80 IPR-Skizze)[488]. Unberührt bleibt bei dieser Fallkonstellation jedoch der Grundsatz, daß die durch den Versicherer erworbenen Rechte denen nachgehen, die unter dem Recht des Landes des tatsächlich neuen Situs entstanden sind[489]; hat ein Dritter demnach nach dem Ortsrecht wirksam Eigentum erworben, so geht dieses Recht des Dritten dem des Versicherers vor.

b) Eigentumsvorbehalte und andere Sicherungsrechte

Die Situs-Regel wird in den Niederlanden teilweise in Fällen angepaßt, bei denen es um Sicherungsrechte an beweglichen Sachen geht. Die Notwendigkeit der Modifikation der Situs-Regel ergibt sich in diesen Fällen nicht aus der problematischen Bestimmung des Lageortes. In diesen Konstellationen stellt sich primär die Frage, wie Sicherungsrechte zu behandeln sind, bei denen der Sicherungsgegenstand erst nach Entstehung des Rechts in die Niederlande gelangt. Schwierigkeiten ergeben sich, wenn das Sicherungsrecht im Ausland unter ausländischem Recht entstanden ist, in den Niederlanden jedoch nicht bzw. nicht in der Form existiert.

---

486 So zum Beispiel Rb. Alkmaar, 21.04.1983, NIPR 1983, Nr. 227; Pres.Rb. Arnhem, 27.04.1994, NIPR 1994, Nr. 431; implizit auch *Hoge Raad*, 18.01.1991, NJ 1992, Nr. 667; vgl. hierzu auch *van Rooij/Polak*, Private International Law in the Netherlands, S. 159 f.

487 *Steffens*, WPNR 1993, 6111, 773 (774).

488 Diese besondere Bestimmung widmet sich dem Übergang des Eigentums von abhanden gekommenen Sachen auf den Versicherer: Maßgebend ist hiernach, auch wenn die Sache in ein anderes Rechtsgebiet gelangt ist, das vom IPR des Staates, in dem sich die Sache ursprünglich befand, berufene Recht. Die niederländische Literatur kritisiert an dieser Vorschrift, daß sie als Gesamtnormverweisung ausgestaltet worden ist und spricht sich für eine Sachnormverweisung aus. Vgl. hierzu Staudinger (*Stoll*), Int. Sachenrecht, Rn. 39; *Steffens*, WPNR 1993, 6111, 773 (774).

489 Vgl. Pres.Rb. Alkmaar, 20.07.1982, NIPR 1983, Nr. 227; siehe auch *Polak/de Rooij/Steffens*, Private International Law in the Netherlands, Supplement, S. 94; *Strikwerda*, Inleiding, S. 179.

Hinsichtlich von im Ausland entstandenen Sicherungsrechten wenden niederländische Gerichte zwei unterschiedliche Prinzipien an. Ausgangspunkt der Rechtsprechung bleibt, daß das Recht des Situs im Zeitpunkt des Erwerbs des Sicherungsrechts über dessen Zustandekommen, dessen Inhalt und dessen Umfang entscheidet[490]. Handelt es sich bei dem Sicherungsrecht um ein akzessorisches Recht, so knüpft die Rechtsprechung gewöhnlich an das Recht des Staates an, dem die schuldrechtliche Forderung, zu dessen Sicherung das Recht bestimmt ist, unterfällt[491]. Werden bewegliche Sachen, auf denen ein ausländisches Sicherungsrecht ruht, später in den Niederlande gebracht, so muß das ausländische Sicherungsrecht in den Niederlanden prinzipiell anerkannt werden. Um dies zu erreichen, muß das fremde Sicherungsrecht in den niederländischen *numerus clausus* der Sachenrechte eingepaßt werden, wenn es zu einer Vollstreckung in den Niederlanden kommt[492]. Dies bedeutet, daß das fremde Sicherungsrecht umgeformt bzw. angeglichen werden muß, um es in das niederländische System der Sicherungsrechte einzuordnen. Im Prinzip wird das Sicherungsrecht also wie andere Sachenrechte anerkannt; es ist allerdings in ein niederländisches Äquivalent umzuformen.

Dieser Ausgangspunkt gilt grundsätzlich auch bei im Ausland vereinbarten Eigentumsvorbehalten sowie anderen Vorzugsrechten. Ob das Eigentum vorbehalten werden kann oder ob eine Forderung privilegiert ist, entscheidet das durch die Situs-Regel zum Zeitpunkt der Begründung des Eigentumsvorbehaltes berufene Recht[493]. In diesem Zusammenhang wirft sich die Frage nach dem (notwendigen) Schutz Dritter auf. Kann die Wirkung eines sachenrechtlichen Sicherungsrechtes gestört werden, indem ein Dritter in gutem Glauben Rechte an beweglichen Sachen erwirbt? Oder kann es durch die Veräußerung der Vermögenswerte zu einer Beeinträchtigung des Schuldners im Wege der Zwangsvollstreckung kommen? In der niederländischen Lehre wird in diesem Zusammenhang angenommen, daß die Belange des Dritten gegenüber denen des Gläubigers Vorrang genießen. Die kollisionsrechtliche Anknüpfung richtet sich zwar auch hier nach der Situs-Regel, doch wird der Zeitpunkt für entscheidend erachtet, in dem der Eigentumsvorbe-

---

490 Vgl. *Polak/de Rooij/Steffens*, Private International Law in the Netherlands, Supplement, S. 95; *Strikwerda*, Inleiding, S. 179.

491 Siehe bespielsweise Hof 's-Gravenhage, 28.04.1978, NJ 1981, Nr. 16; Rb. Arnhem, 15.02.1979, NJ 1979, Nr. 579; Rb. Middelburg, 02.01.1985, NIPR 1985, Nr. 410.

492 So beispielsweise Hof Den Haag, 28.04.1978, NJ 1981, Nr. 16, *de Ly*, NIPR 1995, 329 (340 f.); *Polak/de Rooij/Steffens*, Private International Law in the Netherlands, Supplement, S. 95; *Steffens*, WPNR 1993, 6111, 773 (775); *Strikwerda*, Inleiding, S. 180.

493 Vgl. *Steffens*, WPNR 1993, 6111, 773 (775).

halt gegenüber dem Dritten geltend gemacht wird[494]. Damit werden zwei Zeitpunkte unterschieden. Während sich die Begründung des Sicherungsrechtes nach dem Recht des Lageortes zum Zeitpunkt seiner Begründung richtet, unterliegt seine sachenrechtliche Wirkung dem Recht des aktuellen Situs[495]. Übereinstimmend hiermit bestimmt Artikel 3 des *Wet houdende enige bepalingen van internationaal privaatrecht met betrekking tot het zeerecht, het binnenvaartrecht en het luchtrecht* (Seeschiffahrts-, Binnenschiffahrts- und Luftfahrtskollisionsgesetz) vom 18.03.1993[496], daß bei der Frage, ob eine Forderung im Falle eines Konkurses oder einer gerichtlich angeordneten Zwangsvollstreckung bezüglich des Verkaufserlöses eines registrierten Schiffs privilegiert ist, das Recht des Landes darüber entscheidet, in dem das Schiff registriert ist und das Recht, dem die Forderung unterliegt. Die Rangfolge jedoch soll sich nach niederländischem Recht richten, wenn der Vollzug innerhalb oder außerhalb eines Konkurses stattfindet.

c) Zurückbehaltungsrechte

Hinsichtlich der kollisionsrechtlichen Behandlung von Zurückbehaltungsrechten hat der *Hoge Raad* jüngst in Anlehnung an das von der Staatskommission erstellte Gutachten entschieden, daß sich das Bestehen sowie der Inhalt von Zurückbehaltungsrechten nach der Rechtsordnung richtet, die auf die Rechtsbeziehung anwendbar ist, in der das Zurückbehaltungsrecht seinen Ursprung findet. Zudem kann hiernach ein Zurückbehaltungsrecht nur dann geltend gemacht werden, sofern das Recht des Staates, auf dessen Gebiet sich die Sache befindet, dies zuläßt[497].

d) *Res in transitu*

Eine Besonderheit ergibt sich auch hinsichtlich solcher Sachen, die sich auf dem Transport befinden (*res in transitu*). Bei auf dem Transport befindlichen Sachen muß ein festes Recht bestimmt werden, dem das Gut während des gesamten

---

[494] Vgl. *Polak/de Rooij/Steffens*, Private International Law in the Netherlands, Supplement, S. 95. Diese Anknüpfung wurde auch in Artikel 82 IPR-Skizze aufgenommen; vgl. *Steffens*, WPNR 1993, 6111, 773 (775). Unklar ist allerdings die dogmatische Grundlage dieser Anknüpfung. Vgl. hierzu ausführlich *de Ly*, NIPR 1995, 329 (337).

[495] Sog. *twee momentenleer*; vgl. *Polak*, WPNR 1991, 6019, 637 (641). Eine deutliche Unterscheidung zwischen der Frage nach der Gültigkeit des Sicherungsrechtes und der Frage nach seiner Wirkung gegenüber Dritten wird von der niederländischen Rechtsprechung allerdings häufig nicht deutlich getroffen; vgl. etwa Hof Amsterdam, 05.09.1991, NIPR 1992, Nr. 89; Rb. Zutphen, 31.12.1991, NIPR 1992, Nr. 114; Pres. Rb. Amsterdam, 30.07.1992, NIPR 1992, Nr. 381.

[496] Abgedruckt in Stb. 1993, Nr. 168.

[497] Hoge Raad, 07.01.2000, RvdW 2000, 16 (*Leyland Daf/de Rooy en Edcrest*).

Transportes unterliegt, um einer rein zufälligen Anwendung einer Rechtsordnung zuvorzukommen. Neben dem Recht des Bestimmungslandes (*lex loci destinationis*) wird auch das Recht des Versendungslandes (*lex loci expeditionis*) in Erwägung gezogen[498]. Der Problemkreis hat in den Niederlanden noch keine endgültige Regelung erfahren. Während in Artikel 6 des nie in Kraft getretenen *Haager Übereinkommens über das auf den Eigentumserwerb bei internationalen Käufen beweglicher Sachen anzuwendende Recht* vom 15.04.1958 als Anknüpfungspunkt für Verfügungen über Waren auf dem Transport noch das Recht des Absendeortes vorgesehen war, entschied sich das Benelux-Einheitsgesetz für die Anknüpfung an das Recht des Bestimmungsortes. In der IPR-Skizze wird ebenfalls für die Anwendung des Rechts des Bestimmungsstaates optiert (vgl. Artikel 81 IPR-Skizze). Zudem sieht die IPR-Skizze für diesen Problemkreis auch die Möglichkeit einer begrenzten Rechtswahl vor. Den Parteien wird freigestellt, sich zwischen dem Recht des Versendungslandes und dem Recht des Staates, dem der Vertrag unterliegt, zu entscheiden. Allerdings soll diese Rechtswahl nur zwischen den Parteien gültig sein und Rechte Dritter unberührt lassen. Fraglich ist jedoch, ob die in der IPR-Skizze getroffenen Regelungen tatsächlich den momentan herrschenden Meinungsstand in der niederländischen Literatur wiedergibt. Die Auffassungen in Schrifttum und Rechtsprechung sind nach wie vor geteilt[499]. Geht es hingegen um den Transport auf See, so wird das Recht des Landes angewendet, unter dessen Flagge das Schiff fährt[500].

e) Eingetragene Schiffe und Luftfahrzeuge

Ausnahmen von dem in Artikel 7 AB niedergelegten Grundsatz ergeben sich auch bei registrierten Schiffen und Luftfahrzeugen. Fragen nach der Eigentümerstellung an einem eingetragenen Schiff oder Luftfahrzeug sowie danach, welche weiteren Sachenrechte darauf beruhen, werden von dem Recht des Staates beantwortet, in dem das Schiff oder Luftfahrzeug zum Zeitpunkt ihrer Begründung als staatszugehörig eingetragen war[501].

---

498 Vgl. *de Ly*, NIPR 1995, 329 (329 Fn. 2).

499 Vgl. statt vieler *Strikwerda*, Inleiding, S. 181.

500 Vgl. beispielsweise Hof 's-Gravenhage, 20.03.1987, NIPR 1987, Nr. 422; *Hoge Raad*, 17.03.1989, NJ 1990, Nr. 427; Rb. Rotterdam, 29.02.1996, NIPR 1996, Nr. 412.

501 Vgl. Artikel 1 des *Genfer Übereinkommens über die internationale Anerkennung von Rechten an Luftfahrzeugen* vom 19.06.1948, deutsche Fassung abgedruckt bei *Jayme/Hausmann*, Nr. 55, sowie Artikel 2 des Seeschiffahrts-, Binnenschiffahrts- und Luftfahrtskollisionsgesetzes (*Wet houdende enige bepalingen van internationaal privaatrecht met betrekking tot het zeerecht, het binnenvaartrecht en het luchtrecht*).

III. Der *trust* in den Niederlanden

In ihrer 15. Sitzung hat die Haager Konferenz das *Haager Übereinkommen über das auf den trust anwendbare Recht und die Anerkennung von trusts* vom 01.07.1985 (im Folgenden Haager Trustübereinkommen)[502] erarbeitet. Die Niederlande haben das Haager Trustübereinkommen ratifiziert[503]; am 01.02.1996 trat es für die Niederlande in Kraft[504]. Zu den Zielen des Haager Trustübereinkommens zählt in erster Linie, daß dem *trust* auch in Staaten, die dieses Rechtsinstitut nicht kennen, größtmögliche Wirkung zu verleihen.

Bei einem *trust* handelt es sich um eine stark im anglo-amerikanischen Rechtskreis verwurzelte Rechtsfigur[505], die außerhalb dieser Rechtsordnungen nahezu nicht vorkommt. Die internationalprivatrechtliche Behandlung von *trusts* war in den Niederlanden lange Zeit insbesondere deshalb problematisch, weil das niederländische Recht keine dem *trust* entsprechende Rechtsfigur kennt[506]. Da der

---

502 Der niederländische Text ist abgedruckt in Trb. 1985, Nr. 141; die englische und französische Fassung in RabelsZ 50 (1986), 698 (698 ff.); zwischen den deutschen Teilnehmern der Haager Konferenz weitgehend abgestimmte Übersetzung in IPRax 1987, 55 ff. sowie bei Staudinger (*Dörner*), Vor Art. 25 f., Rn. 111. Vgl. zum Haager Trustübereinkommen auch Actes et Documents XV (Trust), Band 2, Bericht *von Overbeck*, S. 370 ff. sowie die ausführliche Behandlung bei *Koppenol-Laforce*, Het Haagse Trustverdrag, S. 47 ff.

503 Stb. 1995, Nr. 507.

504 Von der Bundesrepublik Deutschland ist eine Ratifikation dieses Übereinkommens wohl nicht zu erwarten, da es in der großen Mehrzahl der Fälle, in denen deutsche Gerichte mit dem *trust* in Berührung kommen, um die Erteilung von Erbscheinen und Testamentsvollstreckerzeugnissen geht. Das Übereinkommen bietet jedoch bei der Anpassung bzw. Umdeutung, die in der Praxis den deutschen Richtern Schwierigkeiten bereiten, keine Lösungen an und im Bereich des Kollisionsrechts entstehen in der deutschen Praxis keine Probleme, da man mit der in Artikel 25 vorgesehenen Anknüpfung zu den gleichen Ergebnissen gelangt, die auch mit dem Abkommen erreicht werden würden; vgl. hierzu *Kötz*, RabelsZ 50 (1986), 562 (584 f.); *Pirrung*, IPRax 1987, 52 (55).

505 Zu den typischen Merkmalen des *trusts* statt vieler und mit zahlreichen Verweisen *van Boeschoten*, Het Haagse Trustverdrag in Nederlands perspectief, Preadvies Vereniging voor Burgerlijk Recht, 1 (4 f., 7 ff.).

506 Vgl. hierzu statt vieler *Koppenol-Laforce/Kottenhagen*, The Institution of the trust and Dutch Law, in: Netherlands Reports to the Fifteenth International Congress of Comparative Law, S. 137 (137). Allerdings besteht in den Niederlanden eine mit dem amerikanischen *trust* vergleichbare Rechtsfigur, nämlich die *overdracht/eigendom ten title van beheer*. Im Gegensatz zum *trust* begründet sie allerdings lediglich persönliche Rechte und Verpflichtungen, aber keine externen oder sachenrechtlichen Wirkungen; vgl. *van Boeschoten*, Het Haagse Trustverdrag in Nederlands perspectief, Preadvies Vereniging voor Burgerlijk Recht, S. 1 (40 f.); *Polak/de Rooij/Steffens*, Private International Law in the Netherlands, Supplement, S. 97. Eine Übersicht zu *trust*-artigen Rechtsfiguren im niederländischen Recht findet sich in den Kamerstukken II 1992/1993, 23027 S. 5/6.

trust nach anglo-amerikanischem Recht aber zur Realität des internationalen Rechtsverkehrs gehört und auch am niederländischen Rechtsverkehr zunehmend teilnimmt, wollten die Niederlande Regeln zur Behandlung dieses Rechtsinstituts aufstellen[507]. Die Ratifikation des Haager Trustübereinkommens war insbesondere deshalb ein großer Fortschritt, weil dieses die Behandlung und Anerkennung des *trust* als eben jene Rechtsfigur ermöglicht[508]. Bei der Ratifikation des Haager Trustübereinkommens ging es vor allem um die Frage, wie *trusts* nach anglo-amerikanischem Recht am niederländischen Rechtsverkehr teilnehmen können und wie dazu die Grenzen zwischen Regelungen des Staatsvertrages und des niederländischen Rechts gezogen werden müssen.

Die ersten drei Kapitel des Haager Trustübereinkommens regeln den Anwendungsbereich des Staatsvertrages, das *trust*-Statut sowie die Anerkennung dieses Rechtsinstituts[509]. Kapitel 1 des Übereinkommens gibt dessen Anwendungsbereich wieder[510]. Dabei umschreiben die Artikel 2 und 3 den *trust* i.S. des Abkommens als rechtsgeschäftliche schriftliche Vermögensunterstellung unter die Kontrolle eines *trustee* zu einem bestimmten Zweck zugunsten eines Begünstigten. Sie heben den Umstand hervor, daß das Vermögen des *trust* ein getrenntes Sondervermögen darstellt und nicht Bestandteil des persönlichen Vermögens des *trustee* ist. Eine genaue Definition des *trust*-Begriffs enthält das Übereinkommen nicht. Zahlreiche den *trust* charakterisierende Elemente ergeben sich jedoch aus den Artikeln

---

507 *Van Boeschoten*, Het Haagse Trustverdrag in Nederlands perspectief, Preadvies Vereniging voor Burgerlijk Recht, S. 1 (43 f.).

508 Es findet eine Behandlung und Anerkennung als *trust* statt. Entbehrlich ist damit, wie es vor der Ratifikation des Haager Trustübereinkommens im autonomen niederländischen IPR üblich war, den *trust* an eine im Recht des anerkennenden Staates bekannte Rechtsfigur anzupassen. Zum vorherigen Rechtszustand vgl. *Joppe*, WPNR 1996, 6215, 181 (184) mit zahlreichen Literaturnachweisen. In den Artikeln 85, 86 IPR-Skizze wurde auf das *Haager Übereinkommen über das auf den trust anzuwendende Recht und über ihre Anerkennung* vom 01.07.1985 verwiesen.

509 Umfassend zu den Vorschriften des Trustübereinkommens beispielsweise *van Boeschoten*, Het Haagse Trustverdrag in Nederlands perspectief, Preadvies Vereniging voor Burgerlijk Recht, S. 1 (12 ff.); *Joppe*, WPNR 1996, 6215, 181 (183 ff.); *Kötz*, RabelsZ 50 (1986), 562 (565 ff.); *Koppenol-Laforce*, Het Haagse trustverdrag, S. 47 ff.; *Pirrung*, IPRax 1987, 52 (53 ff.); *van Rijn van Alkemade*, WPNR 1998, 6317, 361 (363 ff.); Staudinger (*Dörner*), Vorbem. zu Art. 25 f. EGBGB, Rn. 135 ff.

510 Zum Anwendungsgebiet des Haager Trustübereinkommens vgl. statt vieler *Koppenol-Laforce*, Het Haagse Trustverdrag, S. 47 ff. Für *trusts*, die nicht in den Anwendungsbereich des Haager Trustübereinkommens fallen, ist eine Anerkennung in den Niederlanden jedoch nicht ausgeschlossen. Vielmehr liegt es auf der Hand, daß sich niederländische Rechtsanwender von den Vertragsvorschriften inspirieren lassen; siehe Kamerstukken II 1992/1993, 23027, Nr. 3, S. 15.

2, 8 und 11 des Übereinkommens[511]. Es ist nur auf freiwillig errichtete und schriftlich bestätigte *trusts* anzuwenden und gilt nicht für Vorfragen in Bezug auf die Gültigkeit eines Rechtsgeschäfts, insbesondere eines Testaments, durch welches dem *trustee* Vermögen übertragen wird (Artikel 3, 4 des Übereinkommens). Artikel 5 Haager Trustübereinkommens sieht eine negative Begrenzung des Anwendungsbereiches vor. Gemäß dieser Vorschrift ist das Übereinkommen dann unanwendbar, wenn dem gemäß Artikel 6 und 7 maßgeblichen *trust*-Statut das Rechtsinstitut des *trust* unbekannt ist[512]. Die Vertragsregeln haben gemäß Artikel 21 Haager Trustübereinkommen universelle Wirkung[513].

Die Grundvorschrift des 2. Kapitels, die das auf den *trust* anwendbare Recht bestimmt, ist Artikel 6 des Übereinkommens. Hiernach sind *trusts* grundsätzlich dem vom *trust*-Begründer (*settlor*) ausdrücklich oder konkludent gewählten Recht unterstellt. Dabei kann sich die Rechtswahl im Wege der Auslegung aus dem *trust*-Errichtungsgeschäft ergeben. Fehlt es an einer Rechtswahl oder geht diese ins Leere, weil das gewählte Recht *trusts* im allgemeinen oder den gewählten *trust*-Typ nicht kennt, muß gemäß Artikel 7 des Übereinkommens objektiv angeknüpft werden. Die objektive Anknüpfung unterwirft den *trust* dem Recht, mit dem die engsten Verbindungen bestehen. Diese offene Verweisungsregel wird durch den zweiten Absatz des Artikels 7 Haager Trustübereinkommen konkretisiert. Für die Beurteilung der Frage schreibt dieser beispielhaft die Berücksichtigung der folgenden, nach Gewicht hervorgehobenen Umstände vor: Entscheidend soll der Verwaltungsort, die Belegenheit des *trust*-Vermögens, der Aufenthaltsort des *trustee* sowie die *trust*-Ziele und der vorgesehene Ort ihrer Erfüllung sein. Artikel 8 des Übereinkommens bestimmt ergänzend den Umfang, in dem die auf den *trust* anzuwendende Rechtsordnung heranzuziehen ist. Das 3. Kapitel verpflichtet zur Anerkennung von *trusts*, wenn sie nach Maßgabe der in Artikel 6 ff. des Übereinkommens bezeichneten Rechtsordnung zustande gekommen sind[514]. In erster Linie bedeutet dies nach Artikel 11 Abs. 2 des Übereinkommens die Be-

---

511 Damit beschränkt sich der Vertrag zunächst auf den sog. *private express trust*; siehe *Boele-Woelki*, IPRax 1995, 264 (269) sowie *Joppe*, WPNR 1996, 6215, 181 (183). Zur näheren Auslegung des *trust*-Begriffes siehe statt vieler *Joppe*, WPNR 1996, 6215, 181 (181 ff.); *van Rijn van Alkemade*, WPNR 1998, 6317, 361 (363 f.).

512 Zu dieser umstrittenen Vorschrift siehe *Cohen Henriquez*, De erkenning van Anglo-Amerikaanse trusts en buitenlandse vennootschappen; in: Offerhauskring; S. 41 (49); *Kötz*, RabelsZ 50 (1986), 562 (569 f.); *van Rijn van Alkemade*, WPNR 1998, 6317, 361 (363).

513 Von dem in Artikel 21 vorgesehenen Vorbehalt wurde kein Gebrauch gemacht.

514 Zu den speziellen Problemen der Anerkennung des *trusts* und seinen Auswirkungen in den Niederlanden vgl. *Kleijn*, De trust in Nederland, in: CJHB Brunner-Bundel, 209 (209 ff.); *Koppenol-Laforce*, Het Haagse trustverdrag, S. 173 ff.; *van Rijn van Alkemade*, WPNR 1998, 6318, 379 (381 ff.).

rücksichtigung der Wirkungen von *trusts*[515]. Artikel 15 und 16 des Haager Trustübereinkommens sehen hinsichtlich der Folgen eines *trusts* die Möglichkeit vor, zwingende, durch das Internationale Privatrecht des Anerkennungsstaates berufene Vorschriften des Anerkennungsstaates zur Anwendung gelangen zu lassen. Die Gefahr dieser Vorschriften besteht darin, daß durch die Anwendung der *lex rei sitae* Regel die Anerkennung eines *trusts*, dessen *trust*-Vermögen in dem Anerkennungsland belegen ist, untergraben wird.

Zur gleichen Zeit wie das Ratifikationsgesetz ist für die Niederlande das *Wet conflictenrecht trusts* (Trustkollisionsgesetz, im Folgenden als WCt abgekürzt) vom 04.10.1995 in Kraft getreten[516]. Das Trustkollisionsgesetz ebnet übereinstimmend mit den Zielen des Haager Trustübereinkommens ausländischen *trusts* in wichtigen Punkten den Weg. Dem niederländische Recht selbst ist die angloamerikanische Rechtsfigur des *trust* oder ein Äquivalent dazu unbekannt[517]. Im Zusammenhang mit der Ratifikation des Haager Trustübereinkommens entbrannte in den Niederlanden (erneut) die Frage, ob ein eigenes materielles *trust*-Recht zu entwerfen sei[518]. Der Staatsvertrag selbst verpflichtet die Vertragsstaaten nicht dazu[519]. Die Auffassungen in der niederländischen Literatur, ob zukünftig eine

---

515 Als wichtigste ist darunter die Trennung des *trust*-Vermögens vom persönlichen Vermögen des *trustee* auch in einem Staat zu verstehen, in dem eine vergleichbare Vermögenssonderung sonst nur in anderen Formen möglich ist; vgl. *Joppe*, WPNR 1996, 6215, 181 (185); *Pirrung*, IPRax 1987, 52 (54). Damit findet eine Anerkennung als *trust* statt und nicht, wie es vor der Ratifikation des Haager Trustübereinkommens im autonomen niederländischen IPR üblich war, als eine an das Recht des anerkennenden Staates angepaßte Rechtsfigur; vgl. *Joppe*, WPNR 1996, 6215, 181 (184) mit zahlreichen Literaturnachweisen.

516 Stb. 1995, Nr. 508; deutscher Text abgedruckt bei *Ferid/Firsching*, Internationales Erbrecht, A I 4. Vgl. hierzu *Koppenol-Laforce*, NTBR 1998, 182 (190); *Strikwerda*, WPNR 1997, 6281, S. 541 (541 ff.); *Vlas*, TVVS 1996, 19 (19).

517 Vgl. hierzu statt vieler *Koppenol-Laforce/Kottenhagen*, The Institution of the trust and Dutch Law, in: Netherlands Reports to the Fifteenth International Congress of Comparative Law, S. 137 (137); *Vlas*, TVVS 1996, 19 (19). Allerdings besteht in den Niederlanden eine mit dem amerikanischen *trust* vergleichbare Rechtsfigur, nämlich die *overdracht/eigendom ten title van beheer*. Im Gegensatz zum *trust* begründet sie allerdings lediglich persönliche Rechte und Verpflichtungen, aber keine externen oder sachenrechtlichen Wirkungen; vgl. *van Boeschoten*, Het Haagse Trustverdrag in Nederlands perspectief, Preadvies Vereniging voor Burgerlijk Recht, S. 1 (40 f.); *Polak/de Rooij/Steffens*, Private International Law in the Netherlands, Supplement, S. 97.

518 Diskutiert wurde diese Frage auch im Zusammenhang mit der Reformierung des niederländischen Bürgerlichen Gesetzbuches. Umfassend zu der Entwicklung dieser Diskussion siehe *Koppenol-Laforce/Kottenhagen*, The Institution of the trust and Dutch Law, in: Netherlands Reports to the Fifteenth International Congress of Comparative Law, S. 137 (137 ff.) sowie *van Rijn van Alkemade*, WPNR 1998, 6317, 361 (367).

519 So *Koppenol-Laforce*, Het Haagse trustverdrag, S. 173; *Snijders*, Trustverdrag in Nederlands materieel recht; in: Grensoverschrijdend privaatrecht, S. 231 (232); zweifelnd die Staats-

dem anglo-amerikanischen Recht nachgebildete Rechtsfigur in das niederländische materielle Recht aufgenommen werden soll, sind geteilt[520]. Das Justizministerium erachtete bislang nur im Ausland zustande gekommene *trusts* und deren Behandlung im niederländischen Rechtsverkehr für regelungsbedürftig[521]. In diesem Lichte wurde auch die Ratifikation des Haager Trustübereinkommens und die Verabschiedung des Trustkollisionsgesetzes gesehen. Das Trustkollisionsgesetz verweist zunächst auf die staatsvertraglichen Vorschriften (Artikel 2 WCt). Mit Artikel 4 WCt wurde aber auch eine Vorschrift aufgenommen, die die Umsetzung des Übereinkommens spezifisch für die Niederlande regeln soll[522].

Wie oben bereits angesprochen, droht durch Artikel 15 des Haager Trustübereinkommens für *trusts*, deren *trust*-Vermögen in den Niederlanden belegen ist, die Aushöhlung der grundsätzlichen Anerkennung. Hinsichtlich der *trust*-Vermögen, die in den Niederlanden belegen sind, scheint Artikel 15 des Übereinkommens Vorschriften des niederländischen Rechts, die der Anerkennung eines *trusts* entgegen stehen, Vorrang zu verleihen[523]. Eine solche Auslegung des Vertragsartikels ist allerdings mit den Zielen des Übereinkommens nicht zu vereinbaren. Mit Artikel 4 WCt soll einer zu weiten Auslegung des Artikel 15 des Haager Trustübereinkommens zuvorgekommen und der in Artikel 11 des Übereinkommens festgelegte Grundsatz geschützt werden. Artikel 4 WCt sieht vor, daß Bestimmungen

---

kommission in ihrem Gutachten vom 05.10.1991, abgedruckt bei *Frohn/Hennis*, Staatscommissie IPR, Geselecteerde adviezen, Nr. 4, S. 256 sowie Nr. 8 S. 259.

520 Vgl. hierzu in erster Linie die Gutachten von *van Boeschoten*, Het Haagse Trustverdrag in Nederlands perspectief, Preadvies uitgebracht voor de Vereniging voor Burgerlijk Recht, S. 1 (42), der zunächst die Erfahrungen mit dem Übereinkommen abwarten möchte, sowie von *Vriesendorp*, Het Nederlandse goederenrecht en het Haagse Trustverdrag, S. 45 (45 ff.), der sich mit den Konsequenzen der Anerkennung von *trusts* in den Niederlanden auseinander setzt. Eingehend auch *Snijders*, Trustverdrag en Nederlands materieel recht; in: Grensoverschrijdend privaatrecht, S. 231 (232 ff.); *van Rijn van Alkemade*, WPNR 1998, 6317, 361 (362); *van Rijn van Alkemade*, WPNR 1998, 6318; 379 (381, 386 f.).

521 MvT 23027, Nr. 3 S. 3. Vgl. auch *Boele-Woelki*, IPRax 1995, 264 (269); *Hartkamp*, RabelsZ 57 (1993), 664 (677); *Koppenol-Laforce/Kottenhagen*, The Institution of the trust and Dutch Law, in: Netherlands Reports to the Fifteenth International Congress of Comparative Law (Hrsg. Hondius), 137 (140 ff.); *Vlas*, TVVS 1996, 19 (19).

522 Vgl. zu dieser Vorschrift insbesondere auch *Koppenol-Laforce/Kottenhagen*, The Institution of the trust and Dutch Law, in: Netherlands Reports to the Fifteenth International Congress of Comparative Law, S. 137 (144 ff.); *Polak/de Rooij/Steffens*, Private International Law in the Netherlands, Supplement, S. 99 f.

523 Zu diesen Vorschriften zählen etwa Artikel 3:84 Abs. 3 und Artikel 3:276 BW sowie Artikel 20 der niederländischen Insolvenzordnung. Vgl. hierzu *Joppe*, WPNR 1996, 6215, 181 (185 f.); *Koppenol-Laforce/Kottenhagen*, The Institution of the trust and Dutch Law, in: Netherlands Reports to the Fifteenth International Congress of Comparative Law, S. 137 (143 ff.); *Strikwerda*, Inleiding, S. 183.

des niederländischen Rechts bezüglich Eigentumsübergang, Sicherungsrechten oder Gläubigerschutz im Falle eines Konkurses die in Artikel 11 des Haager Trustübereinkommens umschriebenen Rechtsfolgen der Anerkennung des *trusts* unverletzt lassen. Sie bewirkt somit, daß Artikel 15 Abs. 1 d) und e) des Haager Trustübereinkommens hinsichtlich niederländischen *trust*-Vermögens nicht zur Anwendung gelangen[524]. Artikel 12 des Übereinkommens sieht für den *trustee* die Möglichkeit von Registereintragungen vorbehaltlich der Vereinbarkeit mit dem Recht des Eintragungsstaates vor. Artikel 3 WCt wiederholt diese staatsvertragliche Vorschrift[525]. Artikel 3 WCt verdeutlicht ausdrücklich, daß das interne niederländische Recht einer Registrierung nicht entgegen steht[526]. Die Vorschrift wird in den Niederlanden jedoch nicht so verstanden, als wäre die Registereintragung eine Voraussetzung für das Bestehen oder die Anerkennung des *trust* in den Niederlanden[527].

---

524 So C/G/H/K (*de Boer/Kotting*), Introduction to Dutch Law, S. 282; *Joppe*, WPNR 1996, 6215, 181 (186); *Koppenol-Laforce*, Het Haagse Trustverdrag, S. 173 ff.

525 Artikel 3 WCt trifft eine Regelung bezüglich Gegenständen, die in ein aufgrund Gesetzes geführtes Register eingetragen werden können und die zu den *trust*-Gegenständen gehören, die ein Sondervermögen bilden. Der *trustee* kann verlangen, daß eine Eintragung auf seinen Namen und in seiner Eigenschaft als *trustee* oder in einer anderen Weise erfolgt, so daß daraus das Bestehen eines *trusts* ersichtlich wird. Zu dieser Vorschrift siehe näher *Joppe*, WPNR 1996, 6215, 181 (186); *Koppenol-Laforce/Kottenhagen*, The Institution of the trust and Dutch Law, in: Netherlands Reports to the Fifteenth International Congress of Comparative Law, S. 137 (146 f.).

526 Vgl. hierzu Kamerstukken II 1992/1993, 23027, Nr. 3, S. 16 sowie auch *Joppe*, WPNR 1996, 6215, 181 (186).

527 *Koppenol-Laforce/Kottenhagen*, The Institution of the trust and Dutch Law, in: Netherlands Reports to the Fifteenth International Congress of Comparative Law, S. 137 (146); *van Rijn van Alkemade*, WPNR 1998, 6318, 379 (382).

§ 8. Gesellschaftsrecht

Das Internationale Gesellschaftsrecht der Niederlande hat bisher keine international vereinheitlichte Regelung erfahren. Alle Anläufe, das Kollisionsrecht auf diesem Gebiet durch einen Staatsvertrag anzugleichen, scheiterten. Das von der Haager Konferenz erarbeitete *Übereinkommen über die Anerkennung der Rechtspersönlichkeit ausländischer Gesellschaften, Personenvereinigungen und Stiftungen* vom 01.06.1956[528] etwa trat mangels der erforderlichen Anzahl an Ratifikationen nicht in Kraft; mittlerweile ist es wohl als obsolet zu bezeichnen[529]. Auch den Bestrebungen der Europäischen Gemeinschaft im Jahre 1968, die im *Brüsseler EWG-Übereinkommen über die gegenseitige Anerkennung von Gesellschaften und juristischen Personen* vom 29.02.1968[530] mündeten, kam nie eine die Staaten bindende Wirkung zu. Die Niederlande verweigerten die benötigte sechste Ratifikation; es trat somit für keinen EG-Staat in Kraft. Aus Sicht der Niederlande konnte das Übereinkommen keinen zufriedenstellenden Kompromiß hinsichtlich der unterschiedlichen Auffassungen über das Gesellschaftsstatut erzielen[531]. 1993 zogen die Niederlande den gesetzlichen Vorschlag zur Billigung dieses Übereinkommens zurück. Der Weg für eine autonome Gesetzgebung war somit frei.

Im Jahre 1995 wurden zwei das Internationale Gesellschaftsrecht betreffende Gesetzesentwürfe bei der Zweiten Kammer eingereicht[532]. Der erste Vorschlag zielte auf die Verabschiedung eines niederländischen Korporationskollisionsgesetzes. Die aufgenommenen Vorschriften basierten hauptsächlich auf einem Gutachten der Staatskommission aus dem Jahre 1990[533]. Der zweite Gesetzesentwurf stand

---

528 Siehe dazu auch Staudinger (*Großfeld*), IntGesR, Rn. 157; *Czapski*, RabelsZ 1960, 289 (304).

529 Vgl. hierzu mit weiteren Literaturnachweisen Staudinger (*Großfeld*), IntGesR, Rn. 141.

530 Deutscher Text abgedruckt bei *Jayme/Hausmann* Nr. 15; zu den Grundsätzen dieses Übereinkommens vgl. *Uniken Venema*, NV 1992, 266 (267).

531 Während in den Niederlanden die Gründungstheorie vorherrschte, gingen die anderen fünf damaligen EG-Mitgliedstaaten von der Sitztheorie aus. Zur heutigen Situation *Struyckēn*, De unificatie van het IPR in de 21e eeuw; in: Globalisiering van het IPR, S. 53 (66).

532 Gesetzesentwurf 24 141 der Zweiten Kammer, Versammlungsjahr 1994-1995, Nr. 1-3 bezüglich eines Korporationskollisionsgesetzes (*Wet conflictenrecht corporaties*); vgl. hierzu auch *van Rijn van Alkemade*, WPNR 1996, 6233, 563 (563 ff.) sowie Gesetzesentwurf 24 139 der zweiten Kammer, Versammlungsjahr 1994-1995, Nr. 1-4 bezüglich eines Gesetzes zur Regelung ausländischer Gesellschaften ohne tatsächliche Beziehung zu ihrem Gründungsstaat (*Wet op de formeel buitenlandse vennootschappen*). Siehe hierzu ausführlich *van Dongen/Wezeman*, JutD 1995, 2 (2 ff.); *van Rijn van Alkemade*, WPNR 1996, 6233, 563 (565 f.); *Vlas*, The Fight Against Pseudo Foreign Corporations in the Netherlands; in: Comparability and Evaluation, S. 307 (307 ff.); *Vlas*, TVVS 1995, 233 (233 ff.).

533 Gutachten der Staatskommission vom 30.11.1990, abgedruckt bei *Frohn/Hennis*, Staatscommissie IPR, Geselecteerde adviezen, S. 263 ff.

mit ersterem in engem Zusammenhang. Er enthielt Regelungen, um der Gründung von Unternehmen im Ausland entgegenzuwirken, deren Aktivitäten im Ausland sich lediglich auf die dortige Gründung beschränken. Grundlage dieses zweiten Entwurfes bildete ein Gutachten der Expertenkommission für Gesellschaftsrecht (sog. *Adviescommissie Vennootschapsrecht*) vom 29.10.1992[534]. Die in den beiden Gutachten erarbeiteten Vorschläge wurden bereits in den Artikeln 71 bis 76 IPR-Skizze aufgenommen. Die Vorschriften der Gesetzesentwürfe übernahmen größtenteils die in der IPR-Skizze niedergelegten Vorschriften[535]. Zum 01.01.1998 traten das Korporationskollisionsgesetz (*Wet conflictenrecht corporaties*) sowie das Gesetz zur Regelung ausländischer Gesellschaften ohne tatsächliche Beziehung zu ihrem Gründungsstaat (*Wet op de formeel buitenlandse vennootschappen*) in Kraft[536]. Das Internationale Gesellschaftsrecht der Niederlande hat mit diesen Gesetzen eine umfassende Regelung erfahren, auf deren Inhalt im Folgenden einzugehen sein wird.

I. Korporationskollisionsgesetz

Das Korporationskollisionsgesetz ist als ein Teil der *aanbouwwetgeving* und somit als ein Stück der fortschreitenden Kodifizierung des niederländischen Internationalen Privatrechts zu verstehen. Das Inkrafttreten des Korporationskollisionsgesetzes brachte gegenüber der vorherigen Rechtslage keine grundsätzlichen Veränderungen. Es bildet vielmehr den Abschluß einer längeren Entwicklung, deren Ausgangspunkt das Gutachten der Staatskommission aus dem Jahre 1990 war[537]. Die zuvor bestehende niederländische Rechtspraxis wird durch das Gesetz grundsätzlich bestätigt; teilweise erfolgt zusätzlich eine nähere Ausgestaltung der schon bekannten Regelungen[538].

---

[534] Veröffentlicht ist dieses Gutachten im Niederländischen Staatsanzeiger (*Nederlandse Staatscourant*) vom 23.11.1992, Nr. 227, S. 6 ff. Besprochen wurden die vorgeschlagenen Regelungen etwa von *Uniken Venema*, NV 1992, 266 (266 ff.); *Vlas*, TVVS 1993, 57 (58).

[535] *Boele-Woelki*, IPRax 1995, 264 (269); *Polak/de Rooij/Steffens*, Private International Law in the Netherlands, Supplement, S. 104; *Polak*, WPNR 1993, 6110, 756 (757 f.). Während die IPR-Skizze die Materie noch einheitlich regelte, ist sie heute auf zwei Gesetze verteilt. Zu den Gründen sowie zum Verhältnis zwischen den beiden Gesetzen vgl. *Vlas*, TVVS 1995, 233 (233).

[536] Das Korporationskollisionsgesetz ist abgedruckt in Stb. 1997, Nr. 699 sowie Stb. 1997, Nr. 743. Im Folgenden wird es als WCC abgekürzt. Das *Wet op formeel buitenlandse vennootschappen* ist abgedruckt in Stb. 1997, Nr. 697 und Nr. 698; abgekürzt wird es im Folgenden als WFBV.

[537] Siehe hierzu *Vlas*, Rechtspersonen, S. 2 f.

[538] *Van Rijn van Alkemade*, WPNR 1996, 6233, 563 (563).

Artikel 1 WCC erläutert wichtige Bezeichnungen des Gesetzes. Legaldefiniert wird unter anderem, was unter dem Begriff „Korporation" im Sinne des Gesetzes zu verstehen ist[539]: Unter diese Bestimmung fallen alle Gesellschaften, Vereinigungen, Kooperationen, Versicherungsvereine auf Gegenseitigkeit, Stiftungen und andere als selbständige Einheit oder Organisation nach außen in Erscheinung tretende Körperschaften. Entscheidendes Kriterium für eine Korporation im Sinne dieses Gesetzes ist das einheitliche Auftreten nach außen[540]. Insgesamt ist der Begriff weit auszulegen[541].

Die bedeutendste Vorschrift des Korporationskollisionsgesetzes ist sein Artikel 2. Dieser legt für die Niederlande die grundsätzliche Geltung der Gründungs- bzw. Inkorporationstheorie fest. Die Bestimmung sieht vor, daß eine Korporation durch das Recht des Staates beherrscht wird, in dem sie aufgrund der Gründungsvereinbarung oder aufgrund ihrer Gründungsakte ihren Sitz hat. Fehlt es an einem solchen, so ist auf ihren Tätigkeitsschwerpunkt nach außen abzustellen[542]. Entscheidend ist der Zeitpunkt der Gründung. In der liberalen Tradition des niederländischen Gesellschaftsrechts werden damit Gesellschaften, die im Ausland rechtsgültig gegründet wurden, in den Niederlanden anerkannt. Damit schließt Artikel 2 WCC an die zuvor in den Niederlanden bestehende Rechtslage an[543].

---

539 Zur Entwicklung dieser Norm vgl. *Vlas*, TVVS 1995, 233 (233 f.).

540 *Van Dongen/Wezeman*, JutD 1995, 2 (3); *Polak*, WPNR 1993, 6110, 756 (757); *van Rijn van Alkemade*, WPNR 1996, 6233, 563 (563 f.); *Vlas*, Rechtspersonen, S. 2 f.

541 Insbesondere geht diese Regelung weiter als die beiden nicht in Kraft getretenen internationalen Verträge auf diesem Gebiet (vgl. das *Haager Abkommen über die Anerkennung der Rechtspersönlichkeit ausländischer Gesellschaften, Personenvereinigungen und Stiftungen* vom 01.06.1956 sowie das *Brüsseler EWG-Übereinkommen über die gegenseitige Anerkennung von Gesellschaften und juristischen Personen* vom 29.02.1968). Vgl. *Polak*, WPNR 1993, 6110, 756 (757); *Vlas*, TVVS 1995, 233 (233 f.).

542 Näher zu dieser Bestimmung siehe *van den Braak*, WPNR 2000, 6402, 347 (347); *Vlas*, Rechtspersonen, S. 20 ff.; *Vlas*, TVVS 1995, 233 (234).

543 So die Ansicht von *Koppenol-Laforce*, NTBR 1998, 182 (190); *Polak*, WPNR 1993, 6110, 756 (756 f.); *Polak/de Rooij/Steffens*, Private International Law in the Netherlands, Supplement, S. 104; *Strikwerda*, Inleiding, S. 227 ff.; *Vlas*, IPRax 1995, 194 (196), *Vlas*, Rechtspersonen, S. 23. In der Rechtsprechung der Instanzgerichte bestand vor 1959 keine einheitliche Linie; vgl. etwa Rb. Rotterdam, 29.12.1927, NJ 1928, Nr. 774, wo die Gründungstheorie zur Anwendung gelangte, aber die gegensätzliche Entscheidung der Rb. Roermond, 03.05.1934, NJ 1935, Nr. 235, in welcher von der Sitztheorie ausgegangen wurde. Die Rechtsprechung des *Hoge Raad* stand allerdings schon immer im Zeichen der Gründungstheorie; vgl. etwa *Hoge Raad* 19.05.1950, NJ 1951, Nr. 150; *Hoge Raad*, 20.04.1990, NJ 1991, Nr. 560. Nach dem Zustandekommen des Ausführungsgesetzes zum Haager Übereinkommen am 25.07.1959 setzte sich die Gründungstheorie auch in der Rechtsprechung der Instanzgerichte durch; siehe die zahlreichen Verweise bei *Vlas*, Rechtspersonen, S. 26. Einen Überblick zur geschichtlichen Entwicklung der Gründungstheorie in den Niederlanden gibt *Vlas*, Rechtspersonen, S. 23 ff.

Seit 1959 wurde die Geltung der Gründungstheorie für das Königreich anerkannt[544]. Sie wurde sogar als gesetzlich im niederländischen Ausführungsgesetz zum *Haager Abkommen über die Anerkennung der Rechtspersönlichkeit ausländischer Gesellschaften, Personenvereinigungen und Stiftungen* vom 01.06.1956[545] verankert betrachtet[546]. Das Überkommen sieht in seinem ersten Artikel vor, daß die in einem Vertragsstaat erlangte Rechtspersönlichkeit einer Gesellschaft, Personenvereinigung oder Stiftung in den anderen Vertragsstaaten anerkannt werden soll. Die Gründungstheorie bildet demnach den Ausgangspunkt dieses Haager Abkommens. Der zweite Artikel des Haager Abkommens sieht Ausnahmen für die Staaten vor, die traditionell der Sitztheorie folgen[547]. Im Anschluß an diese Vorschrift formuliert Artikel 1 des niederländischen Ausführungsgesetzes, daß das Königreich der Niederlande gerade nicht von dem in Artikel 2 des Haager Abkommens angesprochenen tatsächlichen Sitz ausgehe. Aus dieser negativen Formulierung wurde die Geltung der Gründungstheorie für die Niederlande abgeleitet. Während das Haager Abkommen vom 01.06.1956 selbst nicht in Kraft trat, erlangte das niederländische Ausführungsgesetz zum 07.10.1959 Geltung[548]. Bestätigt wurde die Verbindlichkeit der Gründungstheorie für die Niederlande auch durch Artikel 1:10 Abs. 2 BW. Mit Inkrafttreten des Korporationskollisionsgesetzes verlor das Ausführungsgesetz aus dem Jahre 1959 allerdings seine Gültigkeit (vgl. Artikel 7 WCC).

Artikel 3 WCC regelt den Umfang des Gesellschaftsstatuts. Dabei bedient sich diese Norm einer nicht erschöpfenden Aufzählung[549]. Während sich für die Grün-

---

544 Siehe beispielsweise Hof Amsterdam, 10.09.1981, S&S 1982, 42; Rb. Rotterdam, 15.04.1994, NIPR 1994, Nr. 436; siehe auch C/G/H/K (*de Boer/Kotting*), Introduction to Dutch Law, S. 284; *Vlas*, Rechtspersonen, Praktijkreeks IPR 9 (1993), S. 62 f.

545 Siehe dazu auch Staudinger (*Großfeld*), IntGesR, Rn. 157; *Czapski*, RabelsZ 1960, 289 (304).

546 *Polak*, WPNR 1993, 6110, 756 (756 f.); *Uniken Venema*, NV 1992, 266 (267); *van Rijn van Alkemade*, WPNR 1996, 6233, 563 (563); *Strikwerda*, Inleiding, S. 227; *Vlas*, The Fight Against Pseudo-Foreign Corporations in the Netherlands; in: Comparability and Evaluation, S. 307 (308); *Vlas*, Rechtspersonen, S. 23.

547 Den Vertragsstaaten, die der Sitztheorie folgen, wird die Befugnis eingeräumt, einer Gesellschaft die Anerkennung zu versagen, die nach dem Recht eines anderen Staates gegründet ist, deren Sitz sich aber in seinem Hoheitsgebiet oder im Hoheitsgebiet eines dritten Staates befindet. Der Streit zwischen Gründungs- und Sitztheorie wird durch das Haager Übereinkommen nicht entschieden; vgl. hierzu *Vlas*, Rechtspersonen, S. 15 ff. sowie *Wiedemann*, Gesellschaftsrecht, S. 781.

548 Vgl. Zustimmungs- und Ausführungsgesetz vom 25.07.1959 (Stb. 1959, Nr. 255, 256).

549 Das Gesellschaftsstatut umfaßte den Status des Unternehmens, die Organisation, die Struktur, seine Auflösung und Liquidation, die Beziehung zwischen den Organen des Unternehmens und die Haftung dieser für Unternehmensschulden. Zum Umfang des Gesellschaftsstatutes vgl. auch *Hoge Raad*, 20.04.1990, NJ 1991, Nr. 560 mit Anm. *Schultsz*; *van Rijn van Alke-*

dung, das Bestehen, die Gestaltung und die Beendigung der Korporation betreffende Fragen die Anwendbarkeit der Rechtsordnung des Gründungsstaates bereits aus Artikel 2 WCC ergibt, umfaßt das Recht des Gründungsstaates laut Artikel 3 des Gesetzes auch Fragen, die die Rechtspersönlichkeit einer Korporation, die innergesellschaftliche Organisation und alle damit im Zusammenhang stehenden Fragen, die Zulässigkeit der Vertretung des Unternehmens durch die Organe sowie Haftungsfragen, die Auflösung und Liquidation des Unternehmens betreffen. Artikel 3 WCC gibt an, welche Fragestellungen auf jeden Fall vom Recht des Gründungsstaates geregelt werden. Aufgrund des nicht abschließenden Charakters der Vorschrift können indes auch weitere im Zusammenhang stehende Fragen der Gründungstheorie unterfallen. Auszugehen ist dabei jeweils von dem Ziel der Vorschrift, der Gründungstheorie eine möglichst umfassende Geltung zuzuerkennen. Die Grenze der Anwendung ausländischen Rechts soll grundsätzlich erst der *ordre public* bilden[550]. Mit Artikel 5 WCC erfährt die Gültigkeit der Gründungstheorie allerdings eine geringfügige Einschränkung. Diese Norm transferiert im Bürgerlichen Gesetzbuch der Niederlande enthaltene Vorschriften, die auch auf ausländische juristische Personen Anwendung finden (Artikel 2:138 Abs. 11, 149 und 248 Abs. 10 BW), in das Korporationskollisionsgesetz. Insgesamt entsprechen diese eher der Systematik des Korporationskollisionsgesetzes als der des Bürgerlichen Gesetzbuchs. Im einzelnen beinhaltet Artikel 5 WCC eine Sonderregel für die Haftung von Vorständen einer Gesellschaft; der Artikel erklärt seinem Inhalt nach Artikel 2:138 und 2:149 BW sinngemäß auf Fälle anwendbar, in denen ein nach ausländischem Recht gegründetes, in den Niederlanden körperschaftssteuerpflichtiges Unternehmen in den Niederlanden den Konkurs erklärt[551]. Eine gegenüber der vorherigen Rechtslage neuartige Regelung führt Artikel 4 WCC ein. Diese Norm behandelt die Frage der Anerkennung von Sitzverlegungen einer mit Rechtspersönlichkeit ausgestatteten Korporation von einem ausländischen Staat in einen anderen ausländischen Staat[552]. Sitzverlegungen aus und in

---

made, WPNR 1996, 6233, 563 (564); *Polak/de Rooij/Steffens*, Private International Law in the Netherlands, Supplement, S. 104 ff.; *Vlas*, TVVS 1995, 233 (235).

550 *Van Rijn van Alkemade*, WPNR 1996, 6233, 563 (564).

551 Artikel 5 WCC besitzt die Funktion, die Vorschriften der Artikel 2:131 Satz 2 und 2:138 Abs. 11 BW in das neue Gesetz aufzunehmen, da sie aufgrund ihres internationalprivatrechtlichen Charakters eher dem Korporationskollisionsgesetz als dem materiellen Gesellschaftsrecht des 2. Buches des Burgerlijke Wetboek zuzuordnen sind. Der Vorstand einer ausländischen juristischen Person, die in den Niederlanden Körperschaftssteuer zahlen muß und über die in den Niederlanden der Konkurs verhängt wurde, muß etwa dann für das Defizit der Gesellschaft haften, wenn die Geschäftsführer ihre Pflichten offenbar nicht ordnungsgemäß wahrgenommen haben und diese Tatsache eine wichtige Ursache für den Konkurs darstellt.

552 Näher zu dieser Vorschrift bei *van Boeschoten*, Internationale zetelverplaatsing van vennootschapen; in: Grensoverschrijdend privaatrecht, opstellen aangeboden aan Mr. J. van Rijn van Alkemade, S. 13 (14 ff.); *Vlas*, Rechtspersonen, S. 9 f.; *Vlas*, TVVS 1995, 233 (236).

die Niederlande werden von dieser Norm nicht erfaßt[553]. Berührt eine Sitzverlegung von einem ausländischen Staat in einen anderen ausländischen Staat die niederländische Rechtssphäre, kann sich die Frage nach der Rechtsgültigkeit ihres Fortbestandes aufwerfen. Gemäß Artikel 4 WCC wird eine solche Sitzverlegung auch nach niederländischem Recht anerkannt, wenn zum Zeitpunkt der Sitzverlegung das Fortbestehen der Korporation sowohl nach dem Recht des ursprünglichen, als auch nach dem Recht des neuen Sitzlandes anerkannt wird. Am Ende der Vorschrift ist geregelt, daß die in Artikel 3 des Gesetzes geregelten Fragen ab dem Zeitpunkt der Sitzverlegung der neuen Rechtsordnung unterworfen sind. Ausnahmsweise soll das Recht des neuen Sitzes jedoch nicht anwendbar sein, wenn die Rechtsordnung des neuen Sitzes die Anwendbarkeit der Rechtsordnung des Staates des ursprünglichen Sitzes vorschreibt.

Wie oben bereits erwähnt, ist die Geltung der Gründungstheorie im Korporationskollisionsgesetz eindeutig festgelegt[554]. Die Richtigkeit dieses Grundsatzes wird in den Niederlanden nicht angezweifelt[555]. Er ist einfach und bietet Rechtssicherheit. Die Gründungstheorie besitzt durch die neue gesetzliche Regelung eine sehr weitreichende Wirkung; Beschränkungen des Grundsatzes enthält das Korporationskollisionsgesetz lediglich in seinem Artikel 5. Folge der nahezu uneingeschränkten Anwendung der Gründungstheorie ist, daß ausländische, nach den Voraussetzungen des dortigen Rechts gegründete Unternehmen anerkannt werden müssen, wenn sie nach dem Recht ihres Gründungsstaates wirksam bestehen. Kern der Gründungstheorie ist nämlich, daß juristische Personen grundsätzlich hinsichtlich aller gesellschaftsrechtlichen Fragen dem Recht des Gründungslandes unterworfen bleiben[556]. Die Gründungstheorie birgt daher die Möglichkeit des Mißbrauchs von im Ausland gegründeten Unternehmen in sich: auch wenn die eigentlichen Unternehmensaktivitäten in den Niederlanden ausgeübt werden, so richten sich die anwendbaren Vorschriften doch nach dem Gründungsortrecht. Lange Zeit war in den Niederlanden für die Anerkennung ausländischer juristischer Personen nicht erforderlich, daß sie eine Verbindung zu ihrem Gründungsland besaßen. Zur Umgehung belastender inländischer Vorschriften wurde sich daher in der Vergan-

---

[553] Vgl. hierzu das *Rijkswet vrijwillige zetelverplaatsing van rechtspersonen* vom 09.03.1967 sowie das *Rijkswet zetelverplaatsing door de overheid van rechtspersonen en instellingen* vom 09.03.1967, abgedruckt im Stb. 1967, Nr. 161 und Nr. 162; siehe auch das *Wet vrijwillige zetelverplaatsing derde landen* vom 13.10.1994, abgedruckt in Stb. 1994, Nr. 800.

[554] Zum Formstatut bei der Gründung niederländischer Rechtspersonen vgl. *van Maas de Bie*, WPNR 1993, 6116, 929 (929); *Polak/de Rooij/Steffens*, Private International Law in the Netherlands, Supplement, S. 109.

[555] Vgl. *Timmerman*, Das niederländische Gesellschaftsrecht im Umbruch; in: FS für Lutter, S. 173 (183).

[556] Zum Umfang des Gesellschaftsstatuts in den Niederlanden vgl. oben Artikel 3 WCC.

genheit zunehmend lediglich pseudo-ausländischen Gesellschaften bedient[557]. So war es etwa möglich, durch Gebrauch einer ausländischen Rechtsform die dortigen, gegenüber dem niederländischen Gesellschaftsrecht liberaleren Gründungsvoraussetzungen auszunutzen. Bevorzugt wurden dabei Unternehmensformen aus Rechtssystemen, die nicht zu einem Mindestkapital verpflichten. Ohne verpflichtendes Mindestkapital ließen sich Gesellschaften billiger gründen. Der niederländische Gesetzgeber befürchtete bei dieser Vorgehensweise aber die Benachteiligung niederländischer Gläubiger. Umgangen wurden auch die im niederländischen Gesellschaftsrecht vorgesehenen Aufsichtsregelungen bei Gründung einer Gesellschaft. Teilweise bezweckte die Gründung einer ausländischen Gesellschaft auch die Ausnutzung der dortigen schnelleren und unkomplizierteren Gründungsbedingungen[558].

Zur Lösung dieser der Gründungstheorie immanenten Mißbrauchsproblematik bietet das Korporationskollisionsgesetz keine Instrumente. Vielmehr läßt das Korporationskollisionsgesetz die Frage nach der Reichweite der Gründungstheorie, und somit auch nach Instrumenten gegen die Mißbrauchsgefahr, abgesehen von Artikel 5 WCC, weitgehend unberücksichtigt. Durch das Korporationskollisionsgesetz werden keine Möglichkeiten vorgesehen, Wertungen des niederländischen Gesellschaftsrechts auch auf im Ausland gegründete juristische Personen anwenden zu können.

II. Gesetz zur Regelung pseudo-ausländischer Gesellschaften

Durch das Gesetz zur Regelung ausländischer Gesellschaften ohne tatsächliche Beziehung zu ihrem Gründungsstaat (*Wet op de formeel buitenlandse vennootschappen*, abgekürzt als WFBV) wurde eine gesetzliche Regelung geschaffen, um der Mißbrauchsgefahr vorzubeugen, die eine bedingungslose Anwendung der Gründungstheorie mit sich bringt. In keinem anderen europäischen Staat existiert ein vergleichbares Gesetz. Das Gesetz zur Regelung ausländischer Gesellschaften ohne tatsächliche Beziehung zu ihrem Gründungsstaat gilt für Gesellschaften, die nach ausländischem Recht gegründet wurden, ihre Geschäftstätigkeit aber ausschließlich oder nahezu ausschließlich in den Niederlanden ausüben und zu dem Recht ihres Gründungsstaates keine wirkliche Beziehung besitzen. Es enthält im Gegensatz zum Korporationskollisionsgesetz keine Kollisionsnormen. Beide Ge-

---

557 Vgl. *Polak*, WPNR 1993, 6110, 756 (757); *Strikwerda*, Inleiding, S. 228; *Timmerman*, Das niederländische Gesellschaftsrecht im Umbruch; in: FS für Lutter, S. 173 (183); *Vlas*, IPRax 1995, 194 (196); *Vlas*, Rechtspersonen, S. 30; *Vlas*, The Fight Against Pseudo-Foreign Corporations in the Netherlands; in: Comparability and Evaluation, S. 307 (308).

558 Zu verschiedenen Gründen, die gerade in den Niederlanden zu einem mißbräuchlichen Ausnutzen der Gründungstheorie führten siehe *van Rijn van Alkemade*, WPNR 1996, 6233, 563 (565).

setze gehen jedoch Hand in Hand. Sinn und Zweck des Gesetzes zur Regelung ausländischer Gesellschaften ohne tatsächliche Beziehung zu ihrem Gründungsstaat ist, die negativen Folgen der Gründungstheorie für die Niederlande unter Beibehaltung ihrer Vorteile auszugleichen. Zwischen den beiden zum gleichen Zeitpunkt verabschiedeten Regelungen besteht also eine enge Verknüpfung.

Vor Verabschiedung des Gesetzes zur Regelung ausländischer Gesellschaften ohne tatsächliche Beziehung zu ihrem Gründungsstaat war lange Zeit fraglich, wie die durch die Gründungstheorie ermöglichte Umgehung niederländischen Gesellschaftsrechts vermieden bzw. bekämpft werden sollte. Bis zu dem Inkrafttreten des Gesetzes existierte in den Niederlanden keine umfassende Regelung[559]. Die Entwicklung von Mitteln und Wegen, um Mißbrauch entgegen zu wirken, war in erster Linie der Rechtsprechung überlassen[560].

Die richterlichen Entscheidungen brachten allerdings keine erfolgreichen Instrumente gegen den Mißbrauch hervor. In offensichtlichen Mißbrauchsfällen bediente sich die Judikative der Rechtsfigur des *ordre public*[561]. Die Einschränkung der Geltung der Gründungstheorie über den *ordre public* war jedoch insbesondere dann problematisch, wenn die Gesellschaft im Ausland bereits errichtet worden war. In diesen Fällen konnte die *ordre public*-Ausnahme nur zu Hilfe genommen werden, wenn das ausländische Gesellschaftsrecht bezüglich seines Inhalts bzw. bezüglich seines Ergebnisses mit den fundamentalen Voraussetzungen oder Werten der niederländischen Rechtsordnung unvereinbar war. Die Möglichkeit, den *ordre public* anzuwenden, beschränkte sich daher auf Ausnahmefälle. Auch wurde versucht, den Mißbrauch durch die Anwendung des Instituts der Gesetzesumgehung (*fraus legis*) einzudämmen[562]. Da der dafür zu erbringende Beweis schwierig zu führen ist, konnte die niederländische Rechtsprechung die Anerkennung einer im Ausland gegründeten Gesellschaft nie wegen einer Gesetzesumgehung verweigern[563].

---

559 Siehe allerdings die vom niederländischen Gesetzgeber in den Jahren 1981 und 1986 verabschiedeten Regelungen, um den Mißbrauch von niederländischen Gesellschaften zu bekämpfen, welche auch Anwendung auf ausländische juristische Personen finden: Gesetz vom 04.06.1981, abgedruckt in Stb. 1981, Nr. 370, in Kraft getreten zum 01,07.1982; Gesetz vom 21.05.1986, abgedruckt in Stb. 1986, Nr. 276 sowie Rijkswet vom 16.05.1986, abgedruckt in Stb. 1986, Nr. 275, beide zum 01.01.1987 in Kraft getreten.

560 Kamerstukken 17050 und 17522, Nr. 30, S. 2. Vgl. hierzu auch *Vlas*, Rechtspersonen, S. 32.

561 Vgl. Rb. Amsterdam, 06.04.1982, WPNR 1985, 5765, 817 (817 f.).

562 Umfassend hierzu *Strikwerda*, Inleiding, S. 229; *Vlas*, Rechtspersonen, S. 31.

563 Siehe *Strikwerda*, Inleiding, S. 229; *Vlas*, IPRax 1995, 194 (196); *Vlas*, Rechtspersonen, S. 31.

In der Literatur wurden weitere Lösungsansätze vertreten[564]. So wurde sich unter anderem dafür ausgesprochen, gewisse gesellschaftsrechtliche Bestimmungen der Niederlande als Eingriffsnormen auf solche ausländischen juristischen Personen anzuwenden, die in den Niederlanden tätig waren und keine tatsächliche Beziehung zu ihrem Gründungsstaat besaßen. Schon vor Inkrafttreten des Gesetzes zur Regelung pseudo-ausländischer Gesellschaften fand sich in Artikel 2:138 Abs. 11 BW eine Vorschrift, die diesem Ansatz entsprach[565]. Artikel 2:138 Abs. 11 des Bürgerlichen Gesetzbuches bestimmte, daß der Vorstand einer Aktiengesellschaft (bzw. die Geschäftsführung einer GmbH, siehe Artikel 2:248 BW) für das Defizit der überschuldeten Konkursmasse haftet, sofern er die Leitung der Gesellschaft offensichtlich nicht gewissenhaft ausgeübt hat und plausibel ist, daß dieses Versagen als eine wichtige Ursache des Konkurses anzusehen ist. Diese Regelung fand gleichermaßen auf den in den Niederlanden erklärten Konkurs einer ausländischen Gesellschaft Anwendung. In diesem Falle mußte die Gesellschaft jedoch körperschaftsteuerpflichtig sein. Nicht nur die Vorstandsmitglieder der ausländischen Gesellschaft waren danach haftpflichtig, sondern auch die lokalen Geschäftsführer.

Über die Problematik, ob die bestehenden gesetzlichen Wertungen des niederländischen Gesellschaftsrechts zur Bekämpfung lediglich pseudo-ausländischer Gesellschaften herangezogen werden können, hatte der *Hoge Raad*[566] im Jahre 1988 zu entscheiden. Der Obersten Gerichtshof mußte die Frage zu klären, ob neben Artikel 2:138 Abs. 11 BW auch andere Bestimmungen des niederländischen Gesellschaftsrechts im Wege der Analogie auf ausländische Gesellschaften angewendet werden können, auch wenn diese über die Anwendbarkeit auf ausländische juristische Personen schweigen. Das Instanzgericht sah Vorschriften des niederländischen Gesellschaftsrechts auf solche ausländischen juristischen Personen als analog anwendbar an, die sich zu einem wichtigen Teil in die niederländische Rechtssphäre begeben hätten. In dieser Entscheidung wendete das Instanzgericht sogar zwei Artikel des niederländischen Gesellschaftsrechts explizit analog an (Artikel 2:69 sowie 2:180 BW)[567]. Im Revisionsverfahren entschied der *Hoge Raad* jedoch, daß eine analoge Anwendung niederländischer Gesellschaftsvorschriften auch dann nicht in Betracht käme, wenn sich eine im Ausland errichtete juristische Person in die niederländische Rechtssphäre begeben hätte. Nach Auffassung des Obersten Gerichtshofes konnten ausländische juristische Personen

---

[564] Umfassend hierzu *Strikwerda*, Inleiding, S. 229.

[565] Vgl. hierzu auch *Vlas*, The Fight Against Pseudo-Foreign Corporations in the Netherlands; in: Comparability and Evaluation, S. 307 (309).

[566] *Hoge Raad*, 11.11.1988, NJ 1989, Nr. 606.

[567] Im gleichen Sinne auch eine frühere Entscheidung der Rb. Breda vom 21.09.1982, abgedruckt in NIPR 1983, Nr. 209.

also nicht den Voraussetzungen unterworfen werden, die das niederländische Gesellschaftsrecht an niederländische Unternehmen stellte. Die niederländischen Vorschriften könnten demnach pseudo-ausländischen juristischen Personen keine Voraussetzungen auferlegen, auch wenn sich das Zentrum der unternehmerischen Aktivität der juristischen Person in den Niederlanden befand.

Konsequenz dieser Entscheidung war, daß die Bekämpfung des Mißbrauchs schwierig blieb. Zunehmend wurde deutlich, daß ohne eine klare gesetzliche Regelung der Mißbrauch kaum einzudämmen sein würde[568]. Daraufhin wurde von einer Expertenkommission für Gesellschaftsrecht auf Anfrage des Justizministeriums eine Begutachtung der Problematik vorgenommen und ein Gesetzesentwurf erarbeitet[569]. Auf diesem Vorschlag der Expertenkommission für Gesellschaftsrecht basiert die neue gesetzliche Regelung aus dem Jahre 1998.

Wie bereits angedeutet, zielt das Gesetz zur Regelung ausländischer Gesellschaften ohne tatsächliche Beziehung zu ihrem Gründungsstaat auf eine Einschränkung der bedingungslosen Anwendung der Gründungstheorie bei lediglich formal ausländischen juristischen Personen ab. Die gesetzliche Regelung will dem Mißbrauch von im Ausland gegründeten Gesellschaften, die in erster Linie die Umgehung niederländischer Vorschriften bezwecken, effektiv entgegenwirken[570]. Ansatzpunkt des Gesetzes ist, daß es Artikel 2 WCC einschränkt. Die in Artikel 2 WCC verankerte Gründungstheorie wird insofern modifiziert, daß ausländische juristische Personen, die keine Beziehung mehr zu ihrem Gründungsstaat besitzen und die ihre Unternehmensaktivitäten nahezu ausschließend in den Niederlanden ausüben (*formeel buitenlandse vennootschappen*), sich bestimmten Vorschriften des niederländischen Gesellschaftsrechts unterwerfen müssen.

Artikel 1 WFBV definiert zunächst, was unter einer lediglich formal ausländischen Gesellschaft zu verstehen ist. Die Norm beschreibt eine ausländische Gesellschaft als lediglich pseudo-ausländisch, wenn es sich bei ihr um eine nach ausländischem Recht gegründete, Rechtspersönlichkeit besitzende juristische Person handelt und sie ihre Tätigkeiten vollständig oder nahezu vollständig in den Niederlanden ausübt. Ferner darf sie keine geschäftlichen Beziehungen mehr mit dem Gründungsstaat besitzen bzw., wenn das Land Teilgebiet eines anderen Lan-

---

568 Siehe *Vlas*, The Fight Against Pseudo-Foreign Corporations in the Netherlands; in: Comparability and Evaluation, S. 307 (311 f.); *Vlas*, Rechtspersonen, S. 33 f.

569 Vgl. Advies van de Adviescommissie Vennootschapsrecht inzake het internationaal privaatrecht met betrekking tot rechtspersonen, 29.10.1992, abgedruckt in Staatscourant 23.11.1992, Nr. 227; besprochen bei *Uniken Venema*, NV 1992, 266 (266 ff.); *Vlas*, TVVS 1993, 57 (58 f.); siehe auch *Vlas*, The Fight Against Pseudo-Foreign Corporations in the Netherlands; in: Comparability and Evaluation, S. 307 (314 ff.).

570 *Van Rijn van Alkemade*, WPNR 1996, 6233, 563 (565 f.); *Strikwerda*, Inleiding, S. 230.

des ist, mit dem Land oder einem anderen Teilgebiet dessen. Eine abschließende Auslegung dieser Vorschrift ist noch nicht erfolgt. Sinn und Zweck der Bestimmung ist jedenfalls, daß die Motive für die Gründung der Gesellschaft im Ausland beleuchtet werden sollen[571]. Handelt es sich um legitime Gründe, so wird die Gesellschaft als „echte" ausländische Gesellschaft anerkannt. Sind die Gründe nicht gerechtfertigt, so unterfällt die juristische Person der Beschreibung als lediglich formale ausländische Rechtsperson. Auf solche juristischen Personen sind die weiteren Vorschriften des Gesetzes anzuwenden.

Die gesetzliche Regelung für als pseudo-ausländisch zu bezeichnende Gesellschaften besteht aus vier Elementen. Artikel 2 WFBV sieht zunächst für pseudo-ausländische Gesellschaften zwingend vor, im Handelsregister eintragen zu lassen, daß es sich um eine pseudo-ausländische Gesellschaft handelt[572]. Bei dieser Eintragung müssen die Statuten der Gesellschaft hinterlegt werden und es ist anzugeben, in welchem ausländischen Handelsregister die Gesellschaft eingetragen ist. Beim Fehlen dieser Eintragung haften der Vorstand und die lokalen Geschäftsführer gesamtschuldnerisch für die Gesellschaftsschulden. Sie haften ebenso, falls die ausländische Gesellschaft von dem Zeitpunkt an, zu dem sie nach niederländischen Maßstäben als pseudo-ausländische Gesellschaft gilt, nicht über ein Gesellschaftsvermögen von hfl. 40000.- verfügt, das dem niederländischen Mindestkapital für Gesellschaften mit beschränkter Haftung entspricht[573]. Weiterhin enthält das Gesetz zur Regelung ausländischer Gesellschaften ohne tatsächliche Beziehung zu ihrem Gründungsstaat die Verpflichtung zur Aufnahme des vollständigen Gesellschaftsnamens, ihrer Gesellschaftsform, des statutarischen Sitz, ihrer niederländischen Niederlassung, des Namens und des Ortes der eventuellen Eintragung in ein ausländischen Handelsregister, der Nummer und der Kennzeichnung jeder Eintragung und des Datums der ersten Eintragung in alle Dokumente und Schriftstücke der Gesellschaft[574]. Ein Verstoß gegen diese Vorschrift gilt als Wirtschaftsdelikt. Weiterhin sich die Vorstandsmitglieder einer pseudo-ausländischen Gesellschaft und die Geschäftsführer vor Ort zur Buchführung, zur Aufstellung eines Jahresabschlusses und zu dessen Publikation nach niederländischen Vorschriften verpflichtet[575]. Fehlt sie, so haften die Vorstandsmitglieder und die loka-

---

[571] Siehe *Koppenol-Laforce*, NTBR 1998, 182 (190).

[572] Näher *Vlas*, Rechtspersonen, S. 38 f.

[573] Der Vorstand ist verpflichtet, beim Handelsregister die Erklärung eines Wirtschaftsprüfers zu hinterlegen, aus der ersichtlich ist, daß die Gesellschaft obrige Bedingung erfüllt. Gesamtschuldnerisch haften müssen sie auch in Fällen, in denen das Gesellschaftsvermögen durch der pseudo-ausländischen Gesellschaft durch Ausschüttung an Aktionäre oder durch den Kauf eigener Anteile vermindert wird.

[574] Artikel 3 Abs. 1 WFBV.

[575] Siehe in diesem Zusammenhang auch Artikel 5 WCC.

len Geschäftsführer persönlich[576]. Für Gesellschaften anderer Staaten der Europäischen Union existieren Ausnahmen von der Pflicht, Rechnung abzulegen und diese zu veröffentlichen sowie von der Verpflichtung, über hfl. 40000.- Mindestkapital zu verfügen[577]. Diese Gesellschaften sind bereits europäischen Richtlinien unterworfen, die eine Vereinheitlichung bewirken[578]. Auch solche ausländischen Gesellschaften, die bereits vor dem 01.01.1998 bestanden, unterfallen dem Gesetz zur Regelung ausländischer Gesellschaften ohne tatsächliche Beziehung zu ihrem Gründungsstaat. Ihnen wurde von dem Gesetzgeber eine Übergangsfrist bis zum 01.04.1998 gewährt, um die neuen Voraussetzungen zu erfüllen[579].

Insgesamt bewirken die Artikel 2 ff. WFBV eine Gleichstellung mit in den Niederlanden gegründeten juristischen Personen und bezwecken hauptsächlich den Schutz Dritter, die mit der Gesellschaft in Berührung kommen[580]. Es handelt sich primär um zwingende niederländische Vorschriften, die abweichende ausländische Regelungen einschränken können. Das System des Gesetzes ist als eine besondere Anwendung der Lehre von den Eingriffsnormen zu verstehen. Unterfällt eine ausländische juristische Person der Definition des Artikel 1 WFBV, so besteht hinsichtlich der Anwendung der folgenden Artikel des Gesetzes nicht mehr die Möglichkeit einer Abwägung. Fällt die Gesellschaft jedoch nicht unter die gesetzliche Beschreibung einer ausschließlich formalen ausländischen Gesellschaft, so findet das Gesetz zur Regelung ausländischer Gesellschaften ohne tatsächliche Beziehung zu ihrem Gründungsstaat keine Anwendung und das Korporationskollisionsgesetz ist ohne Einschränkungen anzuwenden.

Die Geltung des Korporationskollisionsgesetzes mit seiner Anknüpfung an die Gründungstheorie wird durch das Gesetz zur Regelung ausländischer Gesellschaften ohne tatsächliche Beziehung zu ihrem Gründungsstaat für rein formal ausländische Gesellschaften mit Elementen der Sitztheorie versehen[581]. Die Gründungstheorie verliert damit zwar hinsichtlich lediglich formal ausländischer juri-

---

576 Siehe Artikel 5 und 6 WFBV.

577 Vgl. Artikel 4 Abs. 5 sowie Artikel 5 Abs. 3 WFBV.

578 Ausnahmen gelten für Gesellschaften, die nach dem Recht eines EU-Staates gegründet wurden; sie dürfen ihren Jahresabschluß ihrem eigenen Recht gemäß aufstellen sowie veröffentlichen und brauchen die Vermögensschutzbestimmungen nicht zu erfüllen.

579 Artikel 11 WFBV.

580 *Van Rijn van Alkemade*, WPNR 1996, 6233, 563 (565); *Schutte-Veenstra*, Ondernemingsrecht 1999, 227 (228). Ausführlich zu den weiteren Vorschriften des Wet op de formeel buitenlandse vennootschappen *Vlas*, Rechtspersonen, S. 38 ff.

581 So bereits Auffassung der Expertenkommission für Gesellschaftsrecht in Staatscourant 1993, 227; vgl. auch *Boele-Woelki*, IPRax 1995, 264 (269); *van Rijn van Alkemade*, WPNR 1996, 6233, 563 (565).

stischer Personen ihre exklusive Geltung, wird aber auch in diesen Fällen nicht durch eine Anknüpfung an die Sitztheorie ersetzt. Nach Einschätzung der Literatur[582] handelt es sich bei dem Gesetz zur Regelung ausländischer Gesellschaften ohne tatsächliche Beziehung zu ihrem Gründungsstaat um ein wirksames Instrument mit wohlüberlegten Bestimmungen.

III. Auswirkungen der *Centros*-Entscheidung

Die Interpretation der Niederlassungsfreiheit, wie sie durch den Europäischen Gerichtshof in der *Centros*-Entscheidung[583] vorgenommen wird, hat Folgen für die Regelungen des niederländischen Internationalen Gesellschaftsrechts. Einigkeit besteht darüber, daß das Korporationskollisionsgesetz keiner Änderung bedarf[584]. Kontrovers wird jedoch erörtert, ob die Vorschriften des Gesetzes zur Regelung ausländischer Gesellschaften ohne tatsächliche Beziehung zu ihrem Gründungsstaat den europarechtlichen Vorgaben entsprechen und in ihrer heutigen Form beibehalten werden können[585]. Der Europäische Gerichtshof hat in seiner Entscheidung erwogen, daß allein der Umstand, daß eine Gesellschaft in einem Mitgliedstaat, in dem sie ihren Sitz hat, keine Geschäftstätigkeiten entfaltet, sondern ausschließlich im Mitgliedstaat der Zweigniederlassung aktiv ist, nicht hinreiche, einen Mißbrauch und Betrug zu beweisen. Allein aufgrund dessen könne der Staat mit der Zweigniederlassung der Gesellschaft eine Berufung auf das Niederlassungsrecht der Europäischen Union nicht versagen. Vielmehr schütze die Niederlassungsfreiheit auch das Vorhaben, eine Gesellschaft in einem Mitgliedstaat zu errichten, dessen gesellschaftsrechtliche Vorschriften ihm die größte Freiheit lassen, die eigentliche Geschäftstätigkeit dann aber ausschließlich in einem Staat zu entfalten, in dem sich eine Zweigniederlassung befindet[586].

Der niederländische Gesetzgeber spricht pseudo-ausländischen Gesellschaften das Recht zur freien Niederlassung im Königreich nicht generell ab, unterwirft sie aber den Regelungen des Gesetzes für die formal ausländischen Gesellschaften. Er rechtfertigt die Geltung der dort vorgesehen Regelungen mit dem Argument, daß

---

582 Siehe *Uniken Venema*, NV 1992, 266 (271); *Vlas*, The Fight Against Pseudo-Foreign Corporations in the Netherlands; in: Comparability and Evaluation, S. 307 (320 f.).

583 EuGH, 09.03.1999, Rs. C-212/97 (*Centros*), in:NJW 1999, 2027 (2027 ff.).

584 Vgl. statt vieler *van den Braak*, WPNR 2000, 6402, 347 (355).

585 Vgl. *van den Braak*, WPNR 2000, 6402, 347 (352); *de Kluiver*, WPNR 1999, 6364, 527 (528); *Schutte-Veenstra*, Ondernemingsrecht 1999, 227 (229); *Timmerman*, Das niederländische Gesellschaftsrecht im Umbruch; in: FS für Lutter, S. 173 (184 f.). Thematisiert wurde diese Thematik bereits bei Erlaß des Gesetzes, vgl. hierzu etwa *Schutte-Veenstra*, Ondernemingsrecht 1999, 227 (229).

586 Vgl. hierzu auch *Bungert*, DB 1999, 1841 (1841); *Timmerman*, NJB 1999, 1495 (1496).

durch eine in den Niederlanden tätige pseudo-ausländische Gesellschaft die Möglichkeit des Betruges zumindest erhöht sei[587]. Dieser Ansatz ist jedoch mit den in der *Centros*-Entscheidung getroffenen Überlegungen kaum in Einklang zu bringen[588]. Auch wenn der Europäische Gerichtshof am Ende seiner Entscheidung ausdrücklich davon ausgeht, daß die Mitgliedstaaten Maßnahmen gegen den Betrug ergreifen könnten, so soll dafür Voraussetzung sein, daß sich eine Gesellschaft tatsächlich ihren Pflichten gegenüber den jeweiligen Gläubigern zu entziehen sucht. Da das niederländische Gesetz zur Regelung pseudo-ausländischer Gesellschaften demgegenüber von der Vermutung ausgeht, daß Gläubiger generell schon durch pseudo-ausländische Gesellschaften benachteiligt werden und ein Rechtfertigungstatbestand zugunsten dieser Regelung nicht ersichtlich ist[589], bedarf das Gesetz zur Regelung ausländischer Gesellschaften ohne tatsächliche Beziehung zu ihrem Gründungsstaat der Anpassung[590].

Die *Centros*-Entscheidung läßt zudem Zweifel an der Vereinbarkeit der niederländischen Regelung mit der Niederlassungsfreiheit entstehen, da der Europäische Gerichtshof Vorbehalte gegen die Auferlegung eines Mindestkapitals hegt. Er führt aus, daß eine Gesellschaft regelmäßig über weit weniger eingreifende Mittel zum Schutz ihrer Gläubiger verfügt. Kern des niederländischen Gesetzes gegen die formal ausländischen Gesellschaften ist jedoch gerade die Forderung nach einem Mindestvermögen.

Das *Kantongerecht Groningen* hat dem Europäischen Gerichtshof inzwischen die präjudizielle Frage vorgelegt, ob es mit der Niederlassungsfreiheit (Artikel 43 und 48 des Vertrages der Europäischen Gemeinschaft) vereinbar sei, die pseudo-ausländischen Gesellschaften dem Gesetz für die formal ausländischen Gesellschaften zu unterstellen[591].

---

587 Vgl. *Timmerman*, NJB 1999, 1495 (1496).

588 So auch *Schutte-Veenstra*, Ondernemingsrecht 1999, 227 (229); *Timmerman*, Das niederländische Gesellschaftsrecht im Umbruch; in: FS für Lutter, S. 173 (185).

589 Vgl. näher *Schutte-Veenstra*, Ondernemingsrecht 1999, 227 (229).

590 Siehe hierzu insbesondere *van den Braak*, WPNR 2000, 6402, 347 (355).

591 Bescheid des Amtsgerichts Groningen vom 19.10.1999.

§ 9. Allgemeine Entwicklungen im IPR des Personen- und Familienrechts

Auf dem Gebiet des Personen- und Familienrechts standen sich lange Zeit zwei Auffassungen unversöhnlich gegenüber. Nach der einen Überzeugung stellte der Wohnsitz, nach der anderen Meinung die Staatsangehörigkeit die für den Bereich des Personen- und Familienrechts natürliche und sachgerechte Anknüpfung dar[592]. Traditionell gehörten die Niederlande zu den Ländern, die im Internationalen Personen- und Familienrecht dem Staatsangehörigkeitsprinzip folgten[593].

Die Grundlage für die herkömmliche Anwendung des Staatsangehörigkeitsprinzips findet sich in Artikel 6 des *Wet houdende algemene bepalingen der wetgeving van het Koningrijk* vom 15.05.1829 (Gesetz über die allgemeinen Bestimmungen der Gesetzgebung des Königreiches; abgekürzt: AB)[594]. Diese Vorschrift, die wörtlich gelesen lediglich eine einseitige Wirkung besitzt, wurde von der Rechtslehre[595] und Jurisprudenz[596] sehr früh als bilaterale Wirkung besitzend ausgelegt. Diese Interpretation der das Personalstatut regelnden Bestimmung bewirkte, daß Artikel 6 AB unterschiedslos sowohl auf Niederländer als auch auf Ausländer Anwendung finden konnte. Das Staatsangehörigkeitsprinzip als kollisionsrechtliche Anknüpfungsmaxime wurde auch durch eine Reihe von Haager Übereinkommen zu Beginn dieses Jahrhunderts gefördert[597]. Diese Anknüpfung entspricht ebenfalls dem im Internationalen Privatrecht bestehenden Kontinuitätsinteresse. Die Staatsangehörigkeit wechselt nicht automatisch mit der Verlagerung des Wohnsitzes in ein anderes Land. Vielmehr kann sie nur von der Anknüpfungsperson auf ihren eigenen Wunsch hin in der Regel nur mit einem relativ gro-

---

592 Vgl. hierzu statt vieler *Strikwerda*, Inleiding, S. 39 f.

593 *Boele-Woelki*, Die Effektivitätsprüfung, S. 1; *de Boer/Kotting*, Het belang van het kind; in: Kinderen en recht, S. 74 (74). Zum Inhalt des Begriffs der Staatsangehörigkeit in den Niederlanden vgl. *Polak/de Rooij/Steffens*, Private International Law in the Netherlands, Supplement, S. 113.

594 Artikel 6 AB, abgedruckt in Stct 1829, 28, geändert durch die Gesetze vom 26.04.1917 (Stb 1917, 303); vom 04.02.1988 (Stb 1988, 18) und 28.12.1989 (Stb 1989, 616) sieht vor: Die Gesetze betreffend der Rechte, des Status und der Befugnis der Personen binden die Niederländer, auch wenn sie sich im Ausland befinden.

595 So schon *Asser*, Schets van het Internationaal Privaatregt, S. 37. Vgl. auch *Boele-Woelki*, Die Effektivitätsprüfung, S. 37 f. mit einer Aufgliederung der rechtsmethodischen Begründungen sowie *Strikwerda*, Inleiding, S. 98.

596 Vgl. zum Beispiel *Hoge Raad*, NJ 1917, Nr. 143.

597 Etwa durch das *Haager Abkommen zur Regelung des Geltungsbereiches der Gesetze auf dem Gebiet der Eheschließung*; dem *Haager Abkommen zur Regelung der Vormundschaft über Minderjährige* und dem *Haager Ehescheidungsabkommen*, alle vom 12.06.1902 sowie dem *Haager Ehewirkungs- und dem Entmündigungsabkommen*, beide vom 17.07.1905.

ßen Aufwand gewechselt werden[598]. Durch diese Umstände gefördert entwickelte sich das Staatsangehörigkeitsprinzip zu der unumstrittenen Anknüpfung im niederländischen Internationalen Personen- und Familienrecht, das bis zum Zweiten Weltkrieg unangetastet blieb[599].

Seitdem hat sich jedoch ein Wandel vollzogen. Die Staatsangehörigkeitsanknüpfung wurde zunehmend relativiert[600]. Die Abkehr von der Hegemonie des Staatsangehörigkeitsprinzips spiegelte sich besonders in der Entwicklung des Benelux-Einheitsgesetzes wider. Während die erste Fassung des Benelux-Einheitsgesetzes aus dem Jahre 1951 noch uneingeschränkt vom Staatsangehörigkeitsprinzip ausging[601], wurde es in der zweiten Fassung zwar als Ausgangspunkt beibehalten[602], jedoch beim Kinderschutz und der Vormundschaft schon auf das Wohnsitzprinzip (gewöhnlicher Aufenthalt) über geschwenkt[603].

Mittlerweile ist die Staatsangehörigkeit nicht mehr der alleinige und unumstrittene Anknüpfungsfaktor im Internationalen Personen- und Familienrecht; die Anknüpfung an den Wohnsitz (*woonplaats*) bzw. an den gewöhnlichen Aufenthalt hat

---

598 Obwohl das Staatsangehörigkeitsrecht in den verschiedenen Rechtsordnungen erheblich variiert, ist den Regelungen aller Länder doch gemeinsam, daß der Erwerb ihrer Staatsangehörigkeit im Wege der Einbürgerung an einen staatlichen Zustimmungsakt gekoppelt ist. Diese Zustimmung ist oft an verhältnismäßig restriktive Voraussetzungen gebunden. Dies gilt zumindest sofern dem Einbürgerungskandidaten nicht aus bestimmten Gründen, wie etwa aufgrund der Geburt im Inland oder aufgrund der Abstammung von bzw. Ehe mit einem Angehörigen des Inlandsstaates, ein Optionsrecht oder ein Anspruch auf erleichterte Einbürgerung gewährt wird. Häufig wird etwa ein mehrjähriger Inlandsaufenthalt unmittelbar vor Einreichung des Einbürgerungsantrages, der Nachweis einer bereits vorhandenen Integration in die Gesellschaft des Aufenthaltsstaates und das Vorhandensein ausreichender wirtschaftlicher Mittel zur eigenen Versorgung verlangt. Außerdem setzt die Einbürgerung häufig einen Verzicht auf die bisherige Staatsangehörigkeit voraus. Vgl. für die Niederlande *de Groot*, Staatsangehörigkeitsrecht im Wandel, 133 ff.; *Strikwerda*, Inleiding, S. 100 ff.

599 Vgl. statt vieler *de Boer/Kotting*, Het belang van het kind; in: Kinderen en recht, S. 74 (74); *Strikwerda*, Inleiding, S. 98.

600 Vgl. hierzu *Boele-Woelki*, Die Effektivitätsprüfung, S. 1; C/G/H/K (*de Boer/Kotting*), Introduction to Dutch law, S. 276; *Cohen Henriquez*, IPR Trends, S. 66; *Fischer*, RabelsZ 57 (1993), 1 (23); *Stille*, Abweichung von der Staatsangehörigkeitsanknüpfung; in: Nation und Staat, S. 223 (225); *Strikwerda*, NJB 1991, 1287 (1287); *Strikwerda*, Inleiding, S. 98 f.

601 Vgl. Artikel 2 bis 12 Benelux-Einheitsgesetz (1951).

602 Artikel 2 Benelux-Einheitsgesetz (1966) besagte, daß der Personenstand, die Rechtsfähigkeit und die Handlungsfähigkeit einer natürlichen Person durch ihr Heimatrecht bestimmt werden.

603 Vgl. Artikel 6 sowie Artikel 7 Benelux-Einheitsgesetz (1966).

neben der Staatsangehörigkeitsanknüpfung vielmehr einen festen Platz im Internationalen Personen- und Familienrecht der Niederlande erworben[604].

Die Relativierung der Staatsangehörigkeitsanknüpfung ist auf verschiedene Ursachen zurückzuführen[605]. Zum einen beruhte sie auf der Durchsetzung des Gleichberechtigungsgebots im niederländischen Staatsangehörigkeitsrecht. Mit der Änderung des Staatsangehörigkeitsrechts durch das Gesetz vom 14.11.1963[606] verlor eine ausländische Frau durch die Heirat mit einem Niederländer nicht mehr automatisch ihre ursprüngliche Nationalität. Dies führte dazu, daß die Anzahl der gemischtnationalen Ehen zunahm. Hierdurch gestaltete sich die Staatsangehörigkeitsanknüpfung hinsichtlich der Rechtsbeziehungen zwischen den Eheleuten zunehmend schwieriger. Zudem wurde das Staatsangehörigkeitsprinzip auch durch die Anpassung an internationale Verträge geschwächt. Die meisten der jüngst für die Niederlande in Kraft getretenen Staatsverträge gehen von der Anknüpfung an den gewöhnlichen Aufenthalt und eben nicht mehr von der Staatsangehörigkeitsanknüpfung aus. Seitdem die Niederlande sich dem *Genfer UN-Abkommen über die Rechtsstellung der Flüchtlinge* vom 28.07.1951[607] und *New Yorker UN-Übereinkommens über die Rechtsstellung von Staatenlosen* vom 28.09.1954[608] angeschlossen haben, wurde die Staatsangehörigkeitsanknüpfung stetig durch das *Woonplaats*prinzip (Wohnsitz, gewöhnlicher Aufenthalt) verdrängt. Auch die Haager Konferenz, die früher völlig vom Staatsangehörigkeitsprinzip ausging, schränkt seit ihrer 7. Tagung im Jahre 1951 in allen neuen Konventionen die Anknüpfung an die Staatsangehörigkeit mehr oder weniger zugunsten der Anknüpfung an den Wohnsitz oder an den gewöhnlichen Aufenthalts ein[609].

---

604 Vgl. statt vieler *de Boer/Kotting*, Het belang van het kind; in: Kinderen en recht, S. 74 (74 f.). Die Begriffe Wohnsitz und gewöhnlicher Aufenthalt sind im niederländischen Kollisionsrecht kaum voneinander zu unterscheiden. Das niederländische *Woonplaats*prinzip kann gleichgestellt werden mit dem in den Haager Verträgen benutzten Kriterium des gewöhnlichen Aufenthalts, vgl. *Boele-Woelki*, StAZ 1980. 266 (268); *Boele-Woelki*, Die Effektivitätsprüfung, S. 27; C/G/H/K (*de Boer/Kotting*), Introduction to Dutch Law, S. 277; *van Rooij*, NILR 1975, 165 (166 ff.). Bei der Frage nach dem anwendbaren Recht sind an die beiden Anknüpfungen grundsätzlich die selben Anforderungen zu stellen; *Boele-Woelki*, Die Effektivitätsprüfung, S. 27, 106. Zum kollisionsrechtlichen Begriff des *woonplaats* vgl. auch *Strikwerda*, Inleiding, S. 108 f.

605 Siehe hierzu *Boele-Woelki*, Die Effektivitätsprüfung, S. 1; *Cohen Henriques*, IPR Trends, S. 66; *Strikwerda*, Inleiding, S. 98 f.

606 Stb. 1963, 467. Zum 01.01.1964 trat diese Gesetzesänderung in Kraft.

607 Trb. 1954, Nr. 88. Deutscher Text abgedruckt bei *Jayme/Hausmann*, Nr. 5, 109.

608 Trb. 1957, Nr. 22. Deutscher Text abgedruckt bei *Jayme/Hausmann*, Nr. 7, 110.

609 Siehe im einzelnen zur Entwicklung des Staatsangehörigkeitsprinzips in den Haager Übereinkommen: *Fischer*, RabelsZ 57 (1993), 1 (5 ff.).

Die Anknüpfung an die Staatsangehörigkeit und an den Wohnsitz stehen sich jedoch nicht unversöhnlich gegenüber. Beide Anknüpfungen sind vielmehr als Instrumente zu verstehen, um das Land festzustellen, mit dem der Betroffene *de facto* die engsten Bindungen besitzt[610]. Insbesondere die Einführung der Realitäts- und Effektivitätsprüfung in Teilbereichen des niederländischen Internationalen Personen- und Familienrechts führte zu einer Annäherung der Anknüpfungspunkte. Ursache hierfür war der Zweifel an der Geeignetheit der Staatsangehörigkeitsanknüpfung in bestimmten Einzelfällen. So versagte das Staatsangehörigkeitsprinzip als Anknüpfungsmoment in der Praxis beispielsweise bei der Behandlung von Mehrstaatern[611]. Die Lösung dieser Fälle wurde indes nicht in der Anwendung des Wohnsitzprinzips gesucht, sondern es wurde zunächst das Staatsangehörigkeitskriterium angepaßt. Ausschlaggebend sollte die sog. *effektive Staatsangehörigkeit* sein. Darunter ist die Staatsangehörigkeit des Landes, mit dem das Leben der Person am engsten verbunden ist, zu verstehen[612]. Eine Staatsangehörigkeit wird demzufolge dann als effektiv betrachtet, wenn aufgrund weiterer Umstände eine Verbundenheit zum Heimatland festgestellt wird; also die Staatsangehörigkeit im konkreten Einzelfall das geeignetste Anknüpfungsmoment darstellt, um das Recht, mit dem die Person die engste Verbindung aufweist, zur Anwendung zu bringen[613]. Die Idee der effektiven Staatsangehörigkeit wurde später auch auf Fälle von Monostaatern angewendet[614]. Führen die Kollisionsnormen zu einem Land, in dem verschiedene Teilrechtsordnungen bestehen, bestimmt sich das anwendbare Recht generell nach den kollisionsrechtlichen Bestimmungen der Teilrechtsordnung, mit dem die Person die engste Verbindung besitzt. Etwas anderes gilt, wenn das Land eine bestimmte Regelung für interpersonale bzw. interterritoriale Fragen vorsieht. Von der Staatsangehörigkeit als Anknüpfungspunkt mußte zumindest immer dann abgesehen werden, wenn das nationale Recht nicht als das „richtige" Recht hinsichtlich der tatsächlichen engsten Verbindung oder hinsichtlich des erzielten Resultats angesehen werden konnte[615]. Die Wohnsitzanknüpfung

---

610 *De Boer/Kotting*, Het belang van het kind; in: Kinderen en recht, S. 74 (75).

611 Zu den Problemen der Staatsangehörigkeitsanknüpfung vgl. *Strikwerda*, Inleiding, S. 103 ff.

612 *Hoge Raad*, 09.12.1965, NJ 1966, Nr. 378. Vgl. auch *Stille*, Die Abweichung von der Staatsangehörigkeitsanknüpfung; in: Nation und Staat, S. 223 (227). Artikel 2 WCN sieht vor, daß das niederländische Recht immer auf Personen anwendbar ist, die auch die niederländische Staatsangehörigkeit besitzen. Dies gilt auch, wenn die Person eine engere Bindung zu einem anderen Land hat.

613 *Boele-Woelki*, Die Effektivitätsprüfung, S. 49.

614 *Hoge Raad*, NJ 1979, Nr. 546.

615 Diese Auffassung hat teilweise auch Eingang in die niederländische Gesetzgebung gefunden. So ersetzt Artikel 1 Abs. 2 WCE in den Fällen, in denen einer der Eheleute keine wahre soziale Bindung mehr zu dem Staat seiner Staatsangehörigkeit hat, die Staatsangehörigkeit als ausschlaggebenden Anknüpfungsfaktor.

fungiert nunmehr häufig als subsidiäre, teilweise aber auch als primäre Anknüpfung.

Nicht nur der Kontrast zwischen dem Staatsangehörigkeits- und dem Wohnsitzprinzip hat in den vergangenen Jahrzehnten das Gesicht des Internationalen Personen- und Familienrechts der Niederlande geprägt. Vielmehr haben auch andere Grundsätze Eingang in diesen Bereich des Internationalen Privatrechts gefunden. Dazu zählt etwa, daß vermehrt den Parteien die Möglichkeit einer Rechtswahl zugestanden wurde[616]. Auch Schutz- und Begünstigungsaspekte haben sich in den letzten Jahren immer häufiger im Internationalen Personen- und Familienrecht der Niederlande durchgesetzt[617]. Materiellrechtlichen Erwägungen steht das niederländische Internationale Privatrecht nicht mehr gänzlich ablehnend gegenüber. Die Relativierung des Staatsangehörigkeitsprinzips wurde durch die Aufnahme dieser neuen Prinzipien noch verstärkt[618].

---

616 Die Rechtswahlmöglichkeiten sind in den unterschiedlichen Bereichen des Internationalen Personen- und Familienrechts verschieden ausgestaltet. So wird auf dem Gebiet der Eheschließung, der elterlichen Gewalt, des Kindesunterhalts und der Adoption die Rechtswahl ausgeschlossen. Auf dem Gebiet der Internationalen Adoption wird von niederländischen Gerichten den Parteien zwar teilweise eine Rechtswahlmöglichkeit zugestanden. Diese wird allerdings in erster Linie als stützendes Argument für die Anwendbarkeit einer Rechtsordnung verwendet, die auch aus anderen Gründen bereits eng mit dem Rechtsverhältnis verbunden ist; vgl. beispielsweise Rb. Breda, 19.08.1982, NIPR 1984, Nr. 66: Rb. Roermond, 05.01.1987, NIPR 1987, Nr. 333. In Fällen der Ehescheidung, des Ehegüterrechts sowie des Unterhalts- sowie Erbrechts ist dagegen die Rechtswahl grundsätzlich, wenn auch innerhalb bestimmter Grenzen, zulässig. Teilweise darf nur eine begrenzte Anzahl an Rechtsordnungen berufen werden.

617 So etwa durch Artikel 4 Haager Unterhaltsübereinkommen. Näher hierzu *de Boer/Kotting*, Het belang van het kind; in: Kinderen en recht, S. 74 (75 f.).

618 Vgl. statt vieler *de Boer/Kotting*, Het belang van het kind; in: Kinderen en recht, S. 74 (75); *Strikwerda*, NJB 1991, 1287 (1287 f.); *Strikwerda*, Inleiding, S. 99.

§ 10. Recht der natürlichen Personen

Unter dem Abschnitt „Recht der natürlichen Personen" wird zum einen auf die kollisionsrechtliche Behandlung der Minderjährigkeit sowie der Geschäftsfähigkeit, zum anderen auf das Internationale Namensrecht eingegangen.

I. Minderjährigkeit

Die Frage, ob jemand noch minderjährig oder bereits volljährig ist, stellt sich selten als selbständige Rechtsfrage. Vielmehr wirft sie sich in verschiedenen Zusammenhängen, etwa bei Adoptionen, Unterhaltsfragen usw. meist als Vorfrage auf, die dann selbständig anzuknüpfen ist[619].

1. Staatsvertragliche Regelungen hinsichtlich der Minderjährigkeit

Hinsichtlich der Klärung der Frage, ob jemand minderjährig ist, bestehen eine Reihe staatsvertraglicher Sonderregelungen. Wird die Lösung der Frage an die nationalen IPR-Systeme delegiert, so kann dies zu unterschiedlichen Beurteilungen hinsichtlich der Minderjährigkeit führen. Um dem zuvorzukommen und dem Ziel der internationalen Entscheidungseinheit Rechnung zu tragen, werden teilweise durch staatsvertragliche Vorschriften uniforme Regelungen gesucht. So sieht Artikel 1 Abs. 4 des *Haager Übereinkommens über das Unterhaltsverpflichtungen gegenüber Kindern anzuwendende Recht* vom 24.10.1956[620] eine sog. materielle Regelung für den Anwendungsbereich dieses Staatsvertrages vor; unter „Kind" im Sinne des Vertrages ist danach jedes eheliche, uneheliche oder an Kindes Statt angenommene Kind zu verstehen, das unverheiratet ist und das 21. Lebensjahr noch nicht vollendet hat. Das *Haager Übereinkommen über die Anerkennung und Vollstreckung von Entscheidungen auf dem Gebiet der Unterhaltspflicht gegenüber Kindern* vom 15.04.1958[621] enthält in seinem Artikel 1 Abs. 1 eine vergleichbare Regelung. Im *Haager Übereinkommen über die Zuständigkeit der Behörden und das anzuwendende Recht auf dem Gebiet des Schutzes von Minderjährigen* vom 05.10.1961[622] wird einer kumulativen Anknüpfung der Vorzug gegeben. Für die Anwendbarkeit des Übereinkommens wird unter einem Minderjährigen derjenige angesehen, der sowohl nach dem innerstaatlichen Recht

---

619 *Strikwerda*, Inleiding, S. 113; *Vonken*, Internationaal privaatrecht: Minderjarigheid en handelings(on)bekwamheid in het ipr; in: Personen- en familierecht, title 13, S. XIII.ipr (nw) – 8, aant. 3 sowie XIII.ipr (nw) – 22 f., aant. 10; *Vonken*, WPNR 1993, 6108, 703 (705); *Vonken*, B&R 1995, 69 (72).

620 Trb. 1959, Nr. 20. Deutscher Text abgedruckt bei *Jayme/Hausmann*, Nr. 28.

621 Trb. 1959, Nr. 187. Deutscher Text abgedruckt bei *Jayme/Hausmann*, Nr. 87.

622 Trb. 1968, Nr. 101. Deutscher Text abgedruckt bei *Jayme/Hausmann*, Nr. 35.

des Staates, dem er angehört, als auch nach dem Recht des Staates seines gewöhnlichen Aufenthaltsortes minderjährig ist (vgl. Artikel 12 des Abkommens)[623]. Ergibt sich die Frage nach der Minderjährigkeit innerhalb des Anwendungsgebiets einer der Verträge, so ist die jeweils spezielle Vertragsregelung vorrangig gegenüber den autonomen nationalen Regeln der Niederlande.

2. Autonome Anknüpfungen im niederländischen IPR

Nach niederländischem Kollisionsrecht ist in Anlehnung an Artikel 6 AB für die Lösung der Frage, ob eine Person als minderjährig gilt, grundsätzlich das nationale Recht des Betroffenen ausschlaggebend[624]. Grundsätzlich halten die Instanzgerichte an dieser Regel fest[625]; nur in Ausnahmefällen hat die niederländische Rechtsprechung bislang entschieden, daß die Frage nach der Minderjährigkeit einer Person nach dem Recht zu klären sei, daß auf die Hauptfrage (also die *lex causae*) Anwendung findet[626]. Allerdings ist die Hegemonie der Staatsangehörigkeitsanknüpfung in diesem Bereich ins Wanken geraten. Die Vormachtstellung der Grundregel bröckelt insofern, als daß bei Mehrstaatern das Recht der effektiven Staatsangehörigkeit[627] und bei Staatenlosen und Flüchtlingen das Recht des gewöhnlichen Aufenthalts[628] über das anwendbare Recht entscheidet. Im Falle von

---

623 Siehe beispielsweise Rb. Maastricht, 15.11.1984, NJ 1985, Nr. 587; Rb. 's-Gravenhage, 08.05.1987, NIPR 1987, Nr. 357; Rb. 's-Gravenhage, 10.08.1990, NIPR 1990, Nr. 438. Siehe auch *Kokkini-Iatridou/Frohn*, De voorvraag in het verdragenrecht, Molengrafica 1988, S. 98, *Vonken*, Internationaal privaatrecht: Minderjarigheid en handelings(on)bekwamheid in het ipr; in: Personen- en familierecht, title 13, S. XIII.ipr (nw) – 9 f., aant. 4.

624 Vgl. hierzu die bislang einzige Entscheidung des *Hoge Raad* vom 01.05.1963, abgedruckt in NJ 1964, Nr. 287. Vgl. auch *Sauveplanne*, Elementair internationaal privaatrecht, S. 30; *Strikwerda*, Inleiding, S. 113; *Vonken*, Internationaal privaatrecht: Minderjarigheid en handelings(on)bekwamheid in het ipr; in: Personen- en familierecht, title 13, S. XIII.ipr (nw) – 8, aant. 4; *Vonken*, B&R 1995, 69 (69 f.). Dieser Ansatz wurde auch als Grundregel in Artikel 58 der IPR-Skizze aufgenommen, vgl. hierzu *Boele-Woelki*, IPRax 1995, 264 (265); *Vonken*, WPNR 1993, 6108, 703 (705); *Vonken*, B&R 1995, 69 (70).

625 Siehe beispielsweise Rb. Alkmaar, 04.08.1983, NIPR 1983, Nr. 312; Rb. 's-Gravenhage, 30.09.1987, NIPR 1988, Nr. 111; Rb. Alkmaar, 28.04.1988, NIPR 1988, Nr. 479; Rb. 's-Gravenhage, 31.10.1990, NIPR 1991, Nr. 87. Weitere Rechtsprechungsnachweise bei *Vonken*, Internationaal privaatrecht: Minderjarigheid en handelings(on)bekwamheid in het ipr; in: Personen- en familierecht, title 13, S. XIII.ipr (nw) – 8, aant. 4.

626 Siehe Rb. Amsterdam, 15.03.1973, NJ 1974, Nr. 443; Rb. Amsterdam, 16.01.1975, NJ 1975, Nr. 375; Rb. Breda, 28.06.1979, AK 11708.

627 Vgl. *Strikwerda*, Inleiding, S. 113; *Vonken*, Internationaal privaatrecht: Minderjarigheid en handelings(on)bekwamheid in het ipr; in: Personen- en familierecht, title 13, S. XIII.ipr (nw) – 10-20, aant. 5.

628 Vgl. Artikel 12 Abs. 1 *New Yorker UN-Übereinkommen über die Rechtsstellung von Staatenlosen* vom 28.09.1954 (deutscher Text abgedruckt in *Jayme/Hausmann*, Nr. 7, 110) sowie

Mehrstaatern entscheidet diejenige Staatsangehörigkeit über das anzuwendende Recht, zu der der Betroffene unter Einbeziehung aller Umstände die engste Beziehung hat[629]. Zu beachten ist, daß im Gegensatz zu anderen Bereichen des Familienrechts bei der Beurteilung der Minderjährigkeit von Mehrstaatern kein Unterschied zwischen Personen gemacht wird, die auch eine niederländische Staatsangehörigkeit besitzen und solchen, die zwei oder mehrere ausländische Staatsangehörigkeiten haben[630]. Von der grundsätzlichen Anknüpfung an die Staatsangehörigkeit wird auch dann abgewichen, wenn es bei Monostaatern an einer tatsächlichen Verbundenheit mit dem Heimatland fehlt. Hält die Staatsangehörigkeit einer Realitätsprüfung nicht stand, so entscheidet die Rechtsordnung des Wohnsitzes über die Frage der Minderjährigkeit[631]. Volljährigkeit kann durch einen Statutenwechsel erworben werden[632]. Findet ein Statutenwechsel nach Erreichen der Volljährigkeit statt, so bleibt der Betroffene volljährig, auch wenn das neue Heimatrecht die Volljährigkeit erst zu einem späteren Zeitpunkt verleihen würde[633].

II. Geschäftsfähigkeit

Die wichtigste Rechtsfolge der Minderjährigkeit besteht in der Geschäftsunfähigkeit. Im autonomen niederländischen IPR richten sich der Umfang und die Folgen der Geschäftsunfähigkeit ebenso wie die Frage der Rechtsfähigkeit grundsätzlich nach dem Heimatrecht des Betroffenen[634]. Auf die Frage der Geschäftsfähigkeit ist also nicht die *lex causae* anwendbar, die über die Hauptfrage entscheidet. Sie wird

---

Artikel 12 *des Genfer UN-Abkommens über die Rechtsstellung der Flüchtlinge* vom 28.07.1951 (deutscher Text abgedruckt bei *Jayme/Hausmann* Nr. 5). Siehe hierzu auch *Vonken*, Internationaal privaatrecht: Minderjarigheid en handelings(on)bekwamheid in het ipr; in: Personen- en familierecht, title 13, S. XIII.ipr (nw) – 21, aant. 7; *Vonken*, B&R 1995, 69 (71).

629 So auch vorgesehen in Artikel 3 der IPR-Skizze; vgl. *Vonken*, WPNR 1993, 6108, 703 (705).

630 *Vonken*, B&R 1995, 69 (70 f.); *Vonken*, Internationaal privaatrecht: Minderjarigheid en handelings(on)bekwamheid in het ipr; in: Personen- en familierecht, title 13, S. XIII.ipr (nw) – 10-20, aant. 5.

631 Vgl. etwa Rb. 's-Gravenhage, 28.12.1982, NIPR 1983, Nr. 185; Rb. Zwolle, 02.12.1982, NIPR 1983, Nr. 177. Vgl. auch *Vonken*, Internationaal privaatrecht: Minderjarigheid en handelings(on)bekwamheid in het ipr; in: Personen- en familierecht, title 13, S. XIII.ipr (nw) – 10-20, aant. 6; *Vonken*, B&R 1995, 69 (71).

632 *Vonken*, Internationaal privaatrecht: Minderjarigheid en handelings(on)bekwamheid in het ipr; in: Personen- en familierecht, title 13, S. XIII.ipr (nw) – 23; aant. 11.1.

633 *Vonken*, WPNR 1993, 6108, 703 (705 f.); *Vonken*, B&R 1995, 69 (72 f.).

634 *Van Mourik/Schols/Schmellenkamp/Tomlow/Weber*, Deutsch-Niederländischer Rechtsverkehr in der Notariatspraxis, S. 55; *Sauveplanne*, Elementair internationaal privaatrecht, S. 30; *Strikwerda*, Inleiding, S. 113 f.; *Vonken*, Internationaal privaatrecht: Minderjarigheid en handelings(on)bekwamheid in het ipr; in: Personen- en familierecht, title 13, S. XIII.ipr (nw) – 35, aant. 15; *Vonken*, B&R 1995, 69 (74). Die in Artikel 58 Abs. 2 IPR-Skizze gewählte Anknüpfung spiegelt daher das geltende Recht wider.

vielmehr selbständig angeknüpft. Dabei stellt sich die Frage der Geschäftsfähigkeit im Gegensatz zur Minderjährigkeit nicht als Vorfrage, sondern als Teilfrage[635]. Allerdings hat die niederländische Rechtsprechung auch zur Ermittlung der Geschäftsfähigkeit von Personen, die keine gesellschaftliche Verbundenheit mehr mit ihrem Heimatstaat besitzen, ausnahmsweise das Recht des gewöhnlichen Aufenthaltes für maßgeblich gehalten. Die Anknüpfung an die Staatsangehörigkeit wird also auch in Fragen der Geschäftsfähigkeit einer Realitätsprüfung unterzogen[636]. Von dem Grundsatz der Maßgeblichkeit des Heimatrechts des Betroffenen wird eine weitere wichtige Ausnahme zugelassen. Jemand, der nach seinem Heimatrecht geschäftsunfähig ist, kann sich auf die Geschäftsunfähigkeit dann nicht berufen, wenn er vom Recht des Landes, in welchem er gehandelt hat, als geschäftsfähig betrachtet wird und dem Vertragsgegner die Geschäftsunfähigkeit nicht bekannt war und auch nicht sein mußte[637]. Diese in den Niederlanden geltende Ausnahme existiert auch in anderen Ländern, die das Personalstatut dem Staatsangehörigkeitsprinzip unterwerfen und ist auf die berühmte *Lizardi*-Entscheidung der französischen *Cour de Cassation*[638] zurückzuführen. Diese Entscheidung wurde bereits in Artikel 2 Abs. 2 des Benelux-Einheitsgesetzes[639], später dann auch in Artikel 59 der IPR-Skizze aufgenommen[640]. Die Entscheidung bildet ebenfalls die Grundlage für den Artikel 11 EVÜ[641].

Was unter der Geschäftsfähigkeit zu verstehen ist, beurteilt sich primär nach niederländischem Recht[642]. Doch auch ausländische Rechtsinstitute können unter das Geschäftfähigkeitsstatut fallen[643]. Allen Rechtsfiguren, die durch das Geschäftsfähigkeitsstatut erfaßt werden, ist gemein, daß sie einen besonderen rechtlichen Status betreffen. Dieser kann durch das Gesetz festgelegt oder durch die Recht-

---

635 *Vonken*, Internationaal privaatrecht: Minderjarigheid en handelings(on)bekwamheid in het ipr; in: Personen- en familierecht, title 13, S. XIII.ipr (nw) – 35, aant. 15.

636 *Van Rooij/Polak*, Private International Law in the Netherlands, S. 212 f.

637 Vgl. hierzu Rb. 's-Hertogenbosch, 30.12.1983, NIPR 1984, Nr. 294; *van Rooij/Polak*, Private International Law in the Netherlands, S. 212 f.; *Strikwerda*, Inleiding, S. 113; *Vonken*, Internationaal privaatrecht: Minderjarigheid en handelings(on)bekwamheid in het ipr; in: Personen- en familierecht, title 13, S. XIII.ipr (nw) – 51 ff., aant. 20 ff.

638 Cass.req. 16.01.1861, D.P. 1861.1.193, Recueil Sirey 1861.1.193.

639 Vgl. *Ferid*, StAZ 1969, 241 (242).

640 Vgl. *Boele-Woelki*, IPRax 1995, 264 (265).

641 Vgl. hierzu *Vonken*, WPNR 1993, 6108, 703 (706).

642 *Vonken*, Internationaal privaatrecht: Minderjarigheid en handelings(on)bekwamheid in het ipr; in: Personen- en familierecht, title 13, S. XIII.ipr (nw) – 35, aant. 35; *Vonken*, B&R 1995, 69 (74).

643 Vgl. hierzu *Vonken*, Internationaal privaatrecht: Minderjarigheid en handelings(on)bekwamheid in het ipr; in: Personen- en familierecht, title 13, S. XIII.ipr (nw) – 35 f.; aant. 16.

sprechung entwickelt worden sein. Dies führt dazu, daß Willensmängel wie etwa Zwang oder Täuschung, die nur indirekt die Willensbildung bei einer eigentlich geschäftsfähigen Person beeinflussen, nicht unter das Geschäftsfähigkeitsstatut fallen, sondern sich vielmehr etwa nach der *lex causae* des Vertragsstatuts richten. Im Verhältnis zu Deutschland ergeben sich bei der Frage nach einer eventuellen Volljährigkeit bzw. Geschäftsfähigkeit keine Probleme, da das niederländische Sachrecht nicht von den deutschen Regelungen abweicht[644].

Besondere Vorschriften über die Geschäftsfähigkeit finden sich beispielsweise in Artikel 2 WCH (Artikel 3 Haager Eheübereinkommen). Durch Artikel 1 Abs. 3 des zum 01.09.1992 in Kraft getretenen Haager Ehegüterrechtsabkommens wird die Frage nach der Geschäftsfähigkeit von Ehegatten explizit vom Anwendungsbereich des Übereinkommens ausgeschlossen. In der niederländischen Rechtsprechung und Lehre besteht Einigkeit darüber, daß die Frage, ob Ehegatten fähig sind, eine Rechtswahl hinsichtlich ihres Ehegüterrechts oder güterrechtliche Vereinbarungen zu treffen, dem Personalstatut unterworfen wird. Die Beurteilung dieser rechtlichen Fähigkeit erfolgt gemäß Artikel 6 AB nach dem Heimatrecht des Betroffenen. Hingegen wird die Verfügungsbefugnis der Ehegatten über ihr Vermögen nicht als eine Frage der Geschäftsfähigkeit qualifiziert. Diese beurteilt sich vielmehr nach dem Gesetz über das IPR des Ehegüterrechts[645]. Die Frage, ob ein Mann ein Kind anerkennen kann, richtet sich nach dem Anerkennungsstatut[646].

III. Namensrecht

Beim Internationalen Namensrecht der Niederlande handelt es sich mittlerweile um eine im Wesentlichen kodifizierte Materie[647].

1. Staatsverträge im Bereich des Internationalen Namensrechts

Die Niederlande sind Vertragspartei des *Istanbuler CIEC-Übereinkommens über*

---

[644] Die Volljährigkeit und damit die Geschäftsfähigkeit treten ebenfalls mit der Vollendung des 18. Lebensjahres ein, vgl. Art. 1:233 BW. Vgl. *van Mourik/Schols/Schmellenkamp/Tomlow/Weber*, Deutsch-Niederländischer Rechtsverkehr in der Notariatspraxis, S. 56.

[645] *Vonken*, B&R 1995, 69 (75).

[646] *Vonken*, B&R 1995, 69 (75). Ausführlich zu weiteren besonderen Vorschriften *Vonken*, Internationaal privaatrecht: Minderjarigheid en handelings(on)bekwamheid in het ipr; in: Personen- en familierecht, title 13, S. XIII.ipr (nw) – 37; aant. 17

[647] Zu den neueren Entwicklungen im materiellen Namensrecht der Niederlande vgl. *de Groot/Haase*, StAZ 1998, 165 (165 ff.).

die Änderung von Namen und Vornamen vom 04.09.1958[648]. Artikel 2 des Istanbuler CIEC-Übereinkommens bestimmt, daß Änderungen des Namens oder des Vornamens den Behörden des Heimatstaates vorbehalten bleiben und andere Vertragsstaaten dafür nicht zuständig sind. Namensänderungen, die gegenüber eigenen Staatsangehörigen in Form einer unanfechtbaren Entscheidung bewilligt wurden, sind im Hoheitsgebiet der anderen Vertragsstaaten grundsätzlich anzuerkennen (Artikel 3 Istanbuler CIEC-Übereinkommen)[649]. Das Istanbuler CIEC-Übereinkommen trifft jedoch keine Regelungen hinsichtlich des auf das Namensrecht anwendbaren Rechts. Diese Frage wird aber durch das *Münchener CIEC-Übereinkommens über das auf den Namen und den Vornamen anzuwendende Recht* vom 05.09.1980[650] geregelt. Dieser Staatsvertrag ist für die Niederlande am 01.01.1990 in Kraft getreten[651]. Dem Münchener CIEC-Übereinkommen liegt ein einfaches Prinzip zugrunde. Grundgedanke ist, daß jeder Staat selbst über den Namen seiner Staatsangehörigen entscheiden kann, was die anderen Vertragsstaaten respektieren[652]. Auf diese Neuregelung des Internationalen Namenrechts war die Rechtspraxis in den Niederlanden gut vorbereitet. Bereits seit 1987 wurden die Vorschriften des Münchener CIEC-Übereinkommens mit Zustimmung des niederländischen Justizministeriums antizipiert angewendet[653]. Das Übereinkommen enthält teilweise jedoch nur unvollständige Regelungen. Der nationale Gesetzgeber war also aufgerufen, die Abkommensvorschriften genauer auszuarbeiten. Die niederländische Legislative hat dies im Gesetz über das Internationale Namensrecht getan.

---

648 Trb. 1960, Nr. 48, der deutsche Text abgedruckt bei *Jayme/Hausmann*, Nr. 14. Für die Niederlande ist das Übereinkommen am 27.04.1962 in Kraft getreten.

649 Hinsichtlich des Istanbuler CIEC-Übereinkommens in den Niederlanden vgl. *Boele-Woelki*, HPS 1987, Nr. 2, 11 (11 ff.).

650 Trb 1981, 72; deutsche Übersetzung siehe bei *Böhmer*, StAZ 1980, 109 (113 f.).

651 Trb. 1989, Nr. 13. In der niederländischen Literatur stieß die Ratifikation des Münchener CIEC-Übereinkommens meist auf Zustimmung, siehe u.a. *Struycken*, HPS 1981, 18 (23); *de Groot/Sijmonsma*, HPS 1981, 69 (69). Gegen die Ratifikation hingegen *Jessurun d'Oliveira*, HPS 1984, 106 (110). Ausführlich zum Münchener CIEC-Übereinkommen *Struycken*, HPS 1981, 2 (3 ff.); *Struycken*, HPS 1981, 18 (18 ff.).

652 *Struycken*, HPS 1981, 2 (5); *Struycken*, HPS 1989, 79 (81).

653 Seit dem 01.01.1987 wurde das Münchner CIEC-Übereinkommen in den Niederlanden bereits aufgrund einer Empfehlung der niederländischen Zivilstandskommission an die Standesbeamten (Officiële Medeling Nr. 13, HPS 1986, 83 (83 ff.) antizipiert angewendet. Siehe auch *Boele-Woelki*, IPRax 1990, 337 (339); *Boele-Woelki*, Die Effektivitätsprüfung der Staatsangehörigkeit im niederländischen internationalen Familienrecht, S. 28 ff.; *Kokkini-Iatridou*, AA 1988 katern 28, 1179 (1179 f.); *Melchers/Kroft*, HPS 1990, Nr. 2, 3 (3).

2. Gesetz über das Internationale Namensrecht

Zum gleichen Zeitpunkt wie das Münchener CIEC-Übereinkommen hat in den Niederlanden ein nationales Ausführungsgesetz Geltung erlangt. Es wurde dem Antrag auf Ratifizierung des Münchener CIEC-Übereinkommens angehängt. Mit dem Gesetz zur Regelung des Kollisionsrechts des Namens und des Vornamens (*Wet conflictenrecht namen*, im folgenden Gesetz über das Internationale Namensrecht, abgekürzt als WCN) vom 03.07.1989[654] wurde das niederländische Internationale Privatrecht auf dem Gebiet des Namensrechts unter Beibehaltung des Staatsangehörigkeitsprinzips kodifiziert[655]. Das niederländische Ausführungsgesetz basiert weitestgehend auf den Vorschriften des Münchener CIEC-Übereinkommens. Da das Münchener CIEC-Übereinkommen gemäß Artikel 2 des Übereinkommens ohne Rücksicht auf ein Gegenseitigkeitserfordernis allseitig ausgestaltet ist, hätte sich das Gesetz über das Internationale Namensrecht darauf beschränken können, auf die entsprechenden vertraglichen Vorschriften zu verweisen. Davon sowie von einer wörtlichen Übernahme der vertraglichen Regeln wurde aber abgesehen. Das Gesetz über das Internationale Namensrecht formuliert vielmehr eigene kollisionsrechtliche Bestimmungen. Zu einer Divergenz zwischen den internationalen Vertragsregeln und den niederländischen Normen führte diese Vorgehensweise nicht. Das Gesetz über das Internationale Namensrecht wiederholt sinngemäß die Bestimmungen des Übereinkommens und führt die darin festgelegten Verpflichtungen als Vertragsstaat aus. Die Regelungen ergän-

---

[654] Stb 1989, 288. Jüngst hat das Gesetz über das Internationale Namensrecht eine Änderung durch das Gesetz vom 24.12.1998 erfahren (abgedruckt in Stb. 1999, Nr. 2), die am 15.02.1999 in Kraft getreten ist (Stb. 1999, Nr. 43). Dem Gesetz über das Internationale Namensrecht werden durch diese Änderung die Artikel 5a bis 5c zugefügt. Diese Vorschriften stehen in Verbindung mit einer Änderung des materiellen niederländischen Namensrechts (Gesetz vom 10.04.1997, Stb. 1997, Nr. 161), wodurch zahlreiche internationalprivatrechtliche Probleme aufgeworfen wurden. Zu den neu eingefügten Vorschriften siehe *Frohn*, FJR 1999, 122 (123 ff.); *de Groot*, Internationaal privaatrecht: Wet conflictenrecht namen; in: Personen- en familierecht, unter Titel 2, S. 1.2.ipr – 30-40 ff., aant. 26 sowie *Polak/van den Eeckhout*, NJB 2000, 573 (579). Eine deutsche Übersetzung der noch nicht geänderten Version findet sich bei *Boele-Woelki*, IPRax 1990, 337 (337 f.) sowie bei *Bergmann/Ferid/Henrich*, Internationales Ehe- und Kindschaftsrecht, Teil Niederlande, S. 16 f.

[655] Daß der Name dem Personalstatut unterfällt und daher durch das Staatsangehörigkeitsrecht des Betroffenen bestimmt wird, war bereits vor Verabschiedung des Gesetzes über das Internationale Namensrecht in den Niederlanden nahezu einhellige Meinung (vgl. statt vieler *Bergmann/Ferid/Henrich*, Internationales Ehe- und Kindschaftsrecht, Teil Niederlande, S. 15 f.). Zu den Gründen, die eine gesetzliche Regelung des Internationalen Namensrechts in den Niederlanden dennoch notwendig erscheinen ließen vgl. *van Rijn van Alkemade*, FJR 1988, 219 (219).

zen sich in vielerlei Hinsicht[656]. Damit trifft das Gesetz über das Internationale Namensrecht für das Internationale Namensrecht der Niederlande eine abschließende Regelung[657], auf die nun näher eingegangen wird.

a) Anknüpfungsgrundsätze im Gesetz über das Internationale Namensrecht

Wie bereits angedeutet, lehnen sich die Vorschriften des Gesetzes über das Internationale Namensrech größtenteils an die Regelungen des Münchener CIEC-Übereinkommens an. Der wichtigste Grundsatz des Staatsvertrages ist in Artikel 1 Abs. 1 des Übereinkommens niedergelegt. Die Vorschrift geht davon aus, daß sich der Name und der Vorname einer Person nach dem Recht seiner Staatsangehörigkeit richten[658]. Auch das Gesetz über das Internationale Namensrecht nimmt die Anknüpfung des Namens an die Staatsangehörigkeit des Namensträgers zum Ausgangspunkt (Artikel 1 Abs. 1 WCN). Dieser Ansatz führt dazu, daß etwa die Niederlande bezüglich Niederländern die niederländischen Kollisionsnormen anwenden können, bei Staatsangehörigen anderer Staaten jedoch deren Internationales Privatrecht beachten müssen. Die staatsvertragliche Regelung formuliert also keine allgemeingültige Kollisionsnorm für das Internationale Namensrecht der Vertragsstaaten, sondern verweist auf das Internationale Privatrecht des jeweiligen Vertragsstaats[659]. Es handelt sich um eine Gesamtverweisung[660]. Den Vertragsstaaten blieb es daher überlassen, hinsichtlich ihrer Staatsangehörigen eine eigene Regelung zu erstellen. Der niederländische Gesetzgeber hat diesen Freiraum in Artikel 2 WCN ausgestaltet. Die Vorschrift bestimmt, daß sich der

---

656 Den Artikeln 2 und 4 des Münchener CIEC-Übereinkommen entsprechende Vorschriften sind beispielsweise im Gesetz über das Internationale Namensrecht nicht aufgenommen worden. Teilweise enthält das Gesetz über das Internationale Namensrecht gegenüber dem Übereinkommen jedoch auch zusätzliche Regelungen. Diese sind entweder von dem Staatsvertrag nicht erfaßt worden (siehe etwa die in Artikel 1 Abs. 2, Artikel 2 und 3 WCN getroffenen Regelungen) oder der Staatsvertrag räumt den Vertragsstaaten einen Gestaltungsspielraum ein (vgl. beispielsweise Artikel 1 Abs. 2 Münchener CIEC-Übereinkommen mit Artikel 4 WCN). Siehe auch *Boele-Woelki*, IPRax 1990, 337 (339); *Polak/de Rooij/Steffens*, Private International Law in the Netherlands, Supplement, S. 138, *Strikwerda*, Inleiding, S. 110.

657 So sind die Bestimmungen der Artikel 1 bis 6 WCN nahezu unverändert in die Artikel 11 bis 16 IPR-Skizze aufgenommen worden. Vgl. *Polak/de Rooij/Steffens*, Private International Law in the Netherlands, Supplement, S. 139; *Vonken*, WPNR 1993, 6108, 703 (703 ff.).

658 Auch das Rechtsverhältnis, aus dem sich die Namensführung ergibt, soll sich nach dem Recht dieses Staates ergeben, soweit es sich um eine Frage der Namensführung handelt.

659 Vgl. beispielsweise Rb. 's-Gravenhage, 25.02.1994, NIPR 1994, Nr. 372.

660 *De Groot*, Internationaal privaatrecht: Wet conflictenrecht namen; in: Personen- en familierecht, unter Titel 2, S. 1.2.ipr – 12 f., aant. 9; *Jessurun d'Oliveira*, HPS 1984, 106 (108); *Polak/de Rooij/Steffens*, Private International Law in the Netherlands, Supplement, S. 138; *van Rijn van Alkemade*, FJR 1988, 219 (221); *Struycken*, HPS 1981, 2 (8); *Struycken*, HPS 1989, 79 (81).

Familienname und der Vorname einer Person, welche die niederländische Staatsangehörigkeit besitzt, nach internem niederländischem Recht bestimmen, auch wenn das die Person noch eine weitere Staatsangehörigkeit besitzt[661]. Mit der Beibehaltung des Staatsangehörigkeitsprinzips führt Artikel 2 WCN die Tradition des Artikels 6 AB fort[662]. Aus Artikel 6 AB war der Grundsatz abgeleitet worden, daß sich Namen regelmäßig nach dem Heimatrecht richten[663]. Begründet wird die Beibehaltung der Staatsangehörigkeitsanknüpfung mit dem vorrangigen Ziel, die Stabilität des Namens gerade im Interesse der vom Heimatstaat wahrzunehmenden Verwaltungsaufgaben zu gewährleisten[664]. Für Ausländer bleibt es gem. Artikel 1 Abs. 1 WCN bei der Grundregel: Der Name und der Vorname eines Ausländers richten sich nach dem Recht seines Heimatstaates, wobei die Verweisung das IPR des fremden Staates mit umfaßt[665].

Weder im Münchener CIEC-Vertrag noch im Gesetz über das Internationale Namensrecht wird das Problem der Anknüpfung des Namens bei ineffektiver Staatsangehörigkeit von Monostaatern ausdrücklich angesprochen[666]. Beide sehen keine Abweichungsmöglichkeit vom Staatsangehörigkeitsprinzip durch das negative Ergebnis einer Realitätsprüfung vor. Aufgrund der mangelnden ausdrücklichen Regelung im Münchener CIEC-Übereinkommen ist davon auszugehen, daß in seinem Rahmen die Anwendung der internationalprivatrechtlichen Regelungen eines Staates grundsätzlich nicht daran scheitern, daß die Staatsangehörigkeit des Betroffenen als ineffektiv zu bezeichnen ist. Dagegen spricht schon die durch den Staatsvertrag gewählte indirekte Verweisung. Sieht hingegen das durch das Übereinkommen zur Anwendung berufene IPR die Durchführung einer Realitätsprü-

---

661 Der *Hoge Raad* hatte bereits in einer Entscheidung vom 01.11.1985, abgedruckt in NJ 1986, Nr. 603 entschieden, daß die Frage, unter welchem Namen eine Person niederländischer Staatsangehörigkeit am inländischen Rechtsverkehr teilzunehmen hat, nach niederländischem Recht zu beantworten sei, auch wenn die Person zugleich noch eine weitere Staatsangehörigkeit besitzt, wobei es unerheblich sei, welche Staatsangehörigkeit die effektive sei.

662 Vgl. *Jessurun d'Oliveira*, HPS 1984, 106 (106); *Strikwerda*, Inleiding, S. 110; *Struycken*, HPS 1989, 79 (81).

663 Vgl. hierzu statt vieler *Bergmann/Ferid/Henrich*, Internationales Ehe- und Kindschaftsrecht, Teil Niederlande, S. 15 f. Im Gegensatz dazu lehnte aber ein Teil des Schrifttums die Anknüpfung an die Staatsangehörigkeit ab und plädierte für eine verstärkte Anwendung des Wohnortprinzips: Namensänderungen für Ausländer sowie Rechtswahlmöglichkeit bei Doppelstaatern oder bei Rechtsverhältnissen mit mehreren Anknüpfungsmöglichkeiten wurden befürwortet; vgl. *Jessurun d'Oliveira*, HPS 1984, 106 (110.) Teilweise schloß sich auch die Rechtsprechung dieser Tendenz an; vgl. Rb. Zutphen, 25.03.1981, HPS 1984, 13 mit Anm. *Struycken*.

664 *Boele-Woelki*, IPRax 1990, 337 (339); *Strikwerda*, Inleiding, S. 111.

665 Siehe näher hierzu *Melchers/Kroft*, HPS 1990, Nr. 2, 3 (3).

666 Vgl. zu diesem Problemkreis *Strikwerda*, Inleiding, S. 110 f.

fung vor, so steht sie im Einklang mit dem Staatsvertrag. Hinsichtlich niederländischer Staatsbürger bestimmt das niederländische IPR über die Frage, ob eine Realitätsprüfung durchzuführen ist. Das Gesetz über das Internationale Namensrecht hat auf eine entsprechende ausdrückliche Regelung verzichtet. Fraglich ist, ob deshalb davon ausgegangen werden muß, daß das niederländische IPR eine Realitätsprüfung im Bereich des Namensrechts nicht kennt. Auch wenn der Gedanke, die Effektivität der Staatsangehörigkeit auch bei Monostaatern zu prüfen, dem niederländischen Internationalen Privatrecht nicht fremd ist[667], so gelangt er auf dem Gebiet des Internationalen Namensrechts nicht zur Anwendung. Dies ist in erster Linie auf die wichtige öffentlich-rechtliche Bedeutung des Namensrechts zurückzuführen[668]. Aufgrund dieser Funktion sind an die Rechtssicherheit hohe Anforderungen zu stellen[669]. Für eine Realitätsprüfung ist daher in diesem Rahmen kein Platz[670].

Das Münchener CIEC-Übereinkommen läßt auch die Frage der Behandlung von Mehrstaatern ungeregelt. Das Gesetz über das Internationale Namensrecht hat diese Problematik hingegen aufgegriffen[671]. Es unterscheidet dabei zwischen Mehrstaatern mit auch niederländischer Staatsangehörigkeit und solchen, die zwei oder mehrere ausländische Staatsangehörigkeiten besitzen[672]. Bei Niederländern, die zusätzlich noch eine andere Nationalität besitzen, werden die Staatsangehörigkeiten nicht auf ihre Effektivität hin überprüft. Die niederländische Staatsangehörigkeit wird als die ausschlaggebende Staatsangehörigkeit betrachtet, so daß immer niederländisches Recht zur Anwendung gelangt[673]. Bereits vor Verabschiedung des Gesetzes über das Internationale Namensrecht vertrat der Oberste Gerichtshof diese Auffassung[674]. Er stützte sich dabei auf das Argument, daß das

---

667 Etwa im Bereich der Internationalen Ehescheidung ist die Realitätsprüfung bei Monopatriden gesetzlich in Artikel 1 Abs. 2 Satz 1 WCE vorgesehen.

668 Siehe ausführlich hierzu *van Rijn van Alkemade*, FJR 1988, 219 (219 f.).

669 Vgl. *Hoge Raad*, 01.11.1985, NJ 1986, Nr. 603.

670 Vgl. *Frohn*, FJR 1999, 122 (124 Fu. 14); *de Groot*, Internationaal privaatrecht: Wet conflictenrecht namen; in: Personen- en familierecht, unter Titel 2, S. 1.2.ipr – 12, aant. 8; *Strikwerda*, Inleiding, S. 111.

671 Zu dieser Problematik vgl. *de Groot*, Internationaal privaatrecht: Wet conflictenrecht namen; in: Personen- en familierecht, unter Titel 2, S. 1.2.ipr – 13 f., aant. 11. Anregungen zur Regelung dieses Problems vor Inkrafttreten des Gesetzes über das Internationale Namensrecht lieferten beispielsweise *de Groot/Sijmonsma*, HPS 1981, 69 (70 ff.).

672 Artikel 1 Abs. 2 und Artikel 2 WCN.

673 Vgl. Artikel 2 WCN. Siehe auch *Frohn*, FJR 1999, 122 (123).

674 Der *Hoge Raad* hat in seinem Urteil vom 01.11.1985, abgedruckt in NJ 1986, Nr. 603, entschieden, daß die Frage, unter welchem Namen ein niederländischer Staatsangehöriger am inländischen Rechtsverkehr teilzunehmen hat, nach niederländischem Recht beantwortet wer-

Namensrecht ein hohes Maß an Rechtssicherheit und einfacher Anwendbarkeit erfordere. Bei Mehrstaatern, die nicht auch die niederländische Staatsangehörigkeit besitzen, werden hingegen die Staatsangehörigen auf ihre Effektivität überprüft. So schreibt Artikel 1 Abs. 2 WCN vor, daß in den Fällen, in denen Betroffene die Staatsangehörigkeit mehrerer Staaten besitzen, das Recht desjenigen Landes gelten soll, dessen Staatsangehörigkeit er besitzt und zu dem er unter Berücksichtigung aller Umstände die engste Verbindung hat. Eine Neuerung hinsichtlich der vorherigen Rechtslage bringt in diesem Zusammenhang Artikel 3 WCN. Diese Norm sieht vor, daß Mehrstaater beim Standesbeamten beantragen können, daß auf ihrer Geburtsurkunde ein Randvermerk über den Namen angebracht wird, den sie in Übereinstimmung mit dem Recht tragen, das infolge des Artikels 1 Abs. 2 oder des Artikels 2 WCN nicht angewendet worden ist[675]. Die Eintragung einer Randbemerkung erfolgt nicht automatisch, sondern lediglich auf Antrag des Betroffenen[676]. Mit der durch Artikel 3 WCN eröffneten Möglichkeit wird in erster Linie bezweckt, dem Wunsch von Mehrstaatern entgegen zu kommen, ihren registrierten Namen sowie den, der ihnen nach dem Recht des anderen Landes zukommt und den sie im gesellschaftlichen Verkehr benutzen, in Übereinstimmung zu bringen[677]. Wird eine Randbemerkung eingetragen, so führt dies dazu, daß der Betroffene den anderen Namen auch bei offiziellen Anlässen gebrauchen kann, da der Name in einer niederländischen öffentlichen Urkunde festgelegt ist[678]. Mehrstaatern wird also eine beschränkte Wahlmöglichkeit zugestanden[679].

Welche Folgen ein Staatsangehörigkeitswechsel für den Namen hat, überläßt das Münchener CIEC-Übereinkommen der Beurteilung durch die Rechtsordnung des

---

den muß. Dies gelte auch, wenn diese Person zugleich eine fremde Staatsangehörigkeit besitzt, wobei es unerheblich ist, welche Staatsangehörigkeit die effektive ist.

675 Näher zu dieser Vorschrift *de Groot*, Internationaal privaatrecht: Wet conflictenrecht namen; in: Personen- en familierecht, unter Titel 2, S. 1.2.ipr – 26 ff., aant. 20 ff; *Melchers/Kroft*, HPS 1990, Nr. 2, 3 (4); *Struycken*, HPS 1989, 79 (82 f.).

676 Vgl. *Melchers/Kroft*, HPS 1990, Nr. 2, 3 (4).

677 Zu weiteren Funktionen des Artikel 3 WCN vgl. *Struycken*, HPS 1989, 79 (82 f.).

678 Siehe bei *Boele-Woelki*, IPRax 1990, 337 (340); *Struycken*, HPS 1989, 79 (83).

679 Diese beschränkte Wahlmöglichkeit ist u.a. auf die Folgen des am 01.01.1985 in Kraft getretenen niederländischen Staatsangehörigkeitsgesetzes zurückzuführen. Erst seit diesem Zeitpunkt erwerben die Kinder einer gemischt-nationalen Ehe auch die niederländische Staatsangehörigkeit der Mutter. Zuvor geborene Kinder erhielten nur die ausländische Staatsangehörigkeit des Vaters. Während der Name der vor dem Inkrafttreten des Staatsangehörigkeitsgesetzes geborenen Kinder dem Heimatrecht des Vaters unterlag, wurden Kinder, die nach dem 01.01.1985 geboren wurden, unter dem Namen eingetragen, den sie nach niederländischem Recht führten. Stimmte die Namensführung unter den beiden Rechtsordnungen nicht überein, so konnte dies unterschiedlichen Namen von dem Kindern innerhalb derselben Familie mit sich bringen. Artikel 3 WCN bietet nunmehr die Möglichkeit, die Einheitlichkeit des Familiennamens wieder herzustellen.

neuen Staatsangehörigkeitsstaates (Artikel 1 Abs. 2 des Übereinkommens)[680]. Artikel 4 Abs. 1 WCN wiederholt diese Vorschrift, fügt allerdings zusätzlich an, daß dies auch für die Regeln des Rechts über die Folgen des Staatsangehörigkeitswechsels auf den Namen gelte. In ihrem zweiten Absatz präzisiert sie, daß die Niederlande davon ausgehen, daß der Erwerb der niederländischen Staatsangehörigkeit grundsätzlich keine Änderung des Familien- und Vornamens mit sich bringt, ein sog. Statutenwechsel mithin nicht stattfindet[681].

Die novellierte Fassung des Gesetzes über das Internationale Namensrecht vom 24.12.1998 beinhaltet nunmehr auch Anerkennungsregelungen: Der neu eingefügte Artikel 5a WCN sieht vor, daß im Ausland durch Geburt festgelegte beziehungsweise im Ausland vorgenommene zivilstandlichen Änderungen des Vor- sowie Nachnamens in den Niederlanden anerkannt werden. Die Anerkennung soll unter Berufung auf den *ordre public* nicht alleine aus dem Grund versagt werden können, daß eine andere Rechtsordnung als die im Gesetz über das Internationale Namensrecht vorgesehene Anwendung fand[682].

b) Probleme im Internationalen Namensrecht

Speziell im Internationalen Namensrecht wirft sich häufig das Problem der Vorfrage auf. Oft ist der Name einer Person von anderen rechtlichen Tatsachen wie einer Anerkennung, einer Adoption, einer Heirat usw. abhängig. Ist der den Namen betreffende Umstand nach niederländischem IPR nicht gültig, wohl aber nach dem IPR des Staates, dem der Betroffene angehört, oder umgekehrt, so stellt sich die Frage, ob und welche Bedeutung diese Tatsache für den Namen des Betroffenen hat. In diesem Zusammenhang ist zu klären, ob die Vorfrage selbständig oder unselbständig anzuknüpfen ist. In den Niederlanden ergab sich die Fragestellung in erster Linie bei ausländischen Adoptionen, die in den Niederlanden nicht anerkannt werden[683]. Früher zeigte sich die Rechtsprechung hinsichtlich die-

---

680 Siehe hierzu *Struycken*, HPS 1981, 18 (20 f.) sowie *Struycken.*, HPS 1989, 79 (82).

681 Diese Regelung gilt allerdings vorbehaltlich des Artikels 12 des Reichsgesetzes über die niederländische Staatsangehörigkeit, abgedruckt in Stb. 1984, Nr. 628 sowie in deutscher Fassung bei *Bergmann/Ferid/Henrich*, Internationales Ehe- und Kindschaftsrecht, Teil Niederlande, S. 12, der eine Sonderregelung für Fälle beinhaltet, in denen der Antragsteller keinen Familiennamen oder Vornamen besitzt oder dessen Schreibweise nicht feststeht. Vgl. zu Artikel 4 Abs. 2 WCN auch *Melchers/Kroft*, HPS 1990, Nr. 2, 3 (4); *van Rijn van Alkemade*, FJR 1988, 219 (221 f.).

682 Gesetz vom 24.12.1998, abgedruckt in Stb. 1999, Nr. 2. Siehe hierzu auch *Frohn*, FJR 1999, 122 (123 ff.); *de Groot*, Internationaal privaatrecht: Wet conflictenrecht namen; in: Personen- en familierecht, unter Titel 2, S. 1.2.ipr – 30-40 ff., aant. 26 sowie *Polak/van den Eeckhout*, NJB 2000, 573 (579).

683 Siehe hierzu auch *van Rijn van Alkemade*, FJR 1988, 219 (220 f.).

ses Problems uneinheitlich[684]. Im autonomen niederländischen Internationalen Privatrecht werden Haupt- und Vorfrage grundsätzlich selbständig angeknüpft[685]. Das Münchener CIEC-Übereinkommen wählt hingegen die unselbständige Anknüpfung der Vorfrage, um eine größtmögliche Vereinheitlichung zu erreichen[686]. Es unterstellt somit den dem Namen zugrunde liegenden Tatbestand der Anknüpfung an das Personalstatut des Namensträgers. Da die in internationalen Abkommen getroffenen Regelungen aufgrund Artikel 93, 94 *Grondwet* Vorrang genießen, mußte dem beim Erlaß von nationalen Kollisionsnormen auch Rechnung getragen werden. Daher ist nunmehr auch im Gesetz über das Internationale Namensrecht die unselbständige Anknüpfung der Vorfrage verankert[687]. Zudem geht das Münchener CIEC-Übereinkommen von einer Gesamtverweisung aus. Auch dies widerspricht dem ungeschriebenen niederländischen Grundsatz der Sachnormverweisung[688]. Damit widerspricht das Münchener CIEC-Abkommen ebenso wie das *Haager Übereinkommen über die Eheschließung und die Anerkennung der Gültigkeit von Ehen* vom 14.03.1978[689] teilweise den bis dahin im niederländischen Internationalen Privatrecht herrschenden Grundsätzen.

---

684 Siehe beispielsweise Rb. Haarlem, 04.12.1986, NIPR 1988, Nr. 267.

685 Statt vieler siehe *de Groot*, Internationaal privaatrecht: Wet conflictenrecht namen; in: Personen- en familierecht, unter Titel 2, S. 1.2.ipr – 13, aant. 10; *van Rijn van Alkemade*, FJR 1988, 219 (220) sowie *Struycken*, HPS 1981, 18 (19).

686 Artikel 1 Münchener CIEC-Abkommen. Siehe auch *Boele-Woelki*, IPRax 1990, 337 (341); *de Groot*, Internationaal privaatrecht: Wet conflictenrecht namen; in: Personen- en familierecht, unter Titel 2, S. 1.2.ipr – 13, aant. 19; *van Rijn van Alkemade*, FJR 1988, 219 (221).

687 Artikel 1 Abs. 1 Satz 3 WCN bestimmt, daß zur Feststellung des Familiennamens und des Vornamens die Umstände, von denen diese abhängen, ausschließlich nach dem Recht der Staatsangehörigkeit beurteilt werden.

688 Statt vieler *van Rijn van Alkemade*, FJR 1988, 219 (221).

689 Siehe dazu Seite 157 ff.

§ 11. Familienrecht

Insbesondere auf dem Gebiet des Internationalen Familienrechts ist die Gesetzgebung in den letzten Jahren beträchtlich vorangeschritten[690]. Neben einer großen Anzahl multilateraler Verträge, die durch die Niederlande ratifiziert wurden, spielen auch die Teilkollisionsgesetze eine große Rolle. Der Trend, im Zusammenhang mit der Ratifikation von Staatsverträgen den jeweiligen Teilbereich auch auf nationaler Ebene zu regeln, zeigt sich insbesondere im Internationalen Familienrecht. Auf diese Weise erlangen die Kollisionsnormen staatsvertraglichen Ursprungs auch für solche Sachverhalte Bedeutung, die ansonsten nicht dem Anwendungsgebiet des Staatsvertrages unterfallen. Die Teilkollisionsgesetze verhelfen den Staatsverträgen nicht nur zu einer problemlosen Umsetzung im Königreich, sondern schaffen für die Niederlande darüber hinaus ein uniformes IPR.

I. Eheschließung

Das Recht der Internationalen Eheschließung erfuhr in den Niederlanden zu Beginn der neunziger Jahre eine gesetzliche Regelung.

1. Staatsverträge im Bereich der Internationalen Eheschließung

Am 01.05.1991 trat für die Niederlande das auf der dreizehnten Konferenz beschlossene *Haager Übereinkommen über die Eheschließung und die Anerkennung der Gültigkeit von Ehen* (sog. Haager Eheschließungsübereinkommen) vom 14.03.1978[691] in Kraft. Es sollte das *Haager Abkommen zur Regelung des Geltungsbereichs der Gesetze auf dem Gebiet der Eheschließung* vom 12.06.1902[692] ersetzen, das für das Königreich am 01.06.1979 außer Kraft getreten ist[693]. Das Haager Eheschließungsübereinkommen aus dem Jahre 1978 unterscheidet zwischen den Voraussetzungen einer Inlandsheirat (Artikel 1 bis 6 des Übereinkommens) und der Anerkennung einer Auslandsheirat (Artikel 7 bis 15 des Übereinkommens)[694]. Grundsätzlich soll für eine Inlandsheirat das Sach- oder Kollisions-

---

690 Siehe etwa *Sumampouw*, FJR 1991, 121 (121).

691 Trb. 1987, Nr. 137 sowie Trb. 1991, Nr. 44; deutscher Text abgedruckt in StAZ 1977, 202 f. *von Bar*, RabelsZ 57 (1993), 63 (81).

692 Stb. 1904, Nr. 121; deutscher Text abgedruckt bei *Jayme/Hausmann*, Nr. 20 sowie bei Staudinger (*von Bar/Mankowski*), Artikel 13 EGBGB, Rn. 3.

693 Kamerstukken II 1976-1977, 14615, Nr. 6. Zu den Gründen, warum das Abkommen aus dem Jahre 1902 gekündigt worden ist, siehe Actes et documents, XIII, Band 3 (Heirat), Bericht Malmström, S. 289 f. Nr. 2 f., *van Rijn van Alkemade*, FJR 1989, 220 (221 f.).

694 Ausführlich hierzu auch *Polak/de Rooij/Steffens*, Private International Law in the Netherlands, Supplement, S. 116 f.; *van Rijn van Alkemade*, FJR 1989, 220 (223 f.).

recht des Heimatstaates gelten. Eine Auslandsheirat ist dann anzuerkennen, wenn sie nach dem Recht des Heimatstaates wirksam geschlossen worden ist. Das Haager Eheschließungsübereinkommen überläßt die Entscheidung also weitestgehend dem Heimatstaat. Die Freiheit der Vertragsstaaten kommt insofern zum Ausdruck, als das Haager Eheschließungsübereinkommen nicht definiert, was zu dem formalen und materiellen Erfordernissen einer Eheschließung zählt. Dies bleibt vielmehr dem Internationalen Privatrecht der Vertragsstaaten überlassen. Zudem beinhaltet das Übereinkommen teilweise nur Mindeststandards, die dem nationalen Gesetzgeber die Möglichkeit lassen, weitergehende Regelungen zu treffen. Insgesamt liegt dem Haager Eheschließungsübereinkommen der Gedanke zugrunde, Eheschließungen im internationalen Kontext zu fördern (Gedanke des *favor matrimonii*)[695].

Wie nachfolgend aufzuzeigen sein wird, entspricht die durch die Ratifikation des Haager Eheschließungsabkommens geschaffene Rechtslage im wesentlichen den vor seinem Inkrafttreten geltenden Rechtsgrundsätzen. Teilweise weicht sie davon aber auch ab. Eine wichtige Änderung ergab sich insbesondere aus der Tatsache, daß das Haager Eheschließungsabkommen von einer Gesamtverweisung ausgeht[696]. Einen Grundsatz des niederländischen Internationalen Privatrecht bildet jedoch die Sachnormverweisung[697]. Da von dem Übereinkommen indes keine abweichenden Vorbehalte vorgesehen wurden, gab es für den niederländischen Gesetzgeber bei der Ratifikation dieses Übereinkommens keine andere Möglichkeit, als den Vorrang des internationalen Vertrages anzuerkennen und das nationale Kollisionsrecht entsprechend zu gestalten. Im Folgenden ist auf die nationale Ausgestaltung der staatsvertraglichen Regelungen einzugehen.

2. Gesetz über das IPR der Eheschließung

Seit dem 01.01.1990 bestimmt das Gesetz über das IPR der Eheschließung vom 07.09.1989 (*Wet conflictenrecht huwelijk*, im Folgenden abgekürzt als WCH)[698] über das auf die Eheschließung anwendbare Recht, wenn in den Niederlanden

---

695 Actes et documents, XIII, Band 3 (Heirat), Bericht Malmström, S. 293 Nr. 8, 15; *Strikwerda*, NJB 1991, 1287 (1288).

696 Actes et documents, XIII, Band 3 (Heirat), Bericht Malmström, S. 295 Nr. 14.

697 Siehe *van Rijn van Alkemade*, FJR 1989, 220 (221).

698 *Wet houdende regeling van het conflictenrecht inzake het huwelijk*, Stb. 1989, Nr. 392 bzw. 1989, Nr. 419; deutscher Text abgedruckt bei *Boele-Woelki*, IPRax 1990, 337 (338 f.) sowie bei *Bergmann/Ferid/Henrich*, Internationales Ehe- und Kindschaftsrecht, Teil Niederlande, S. 21.

Eheschließungen unter Beteiligung ausländischer Staatsangehöriger erfolgen[699]. Das niederländische Ausführungsgesetz trat über ein Jahr früher als das Haager Eheschließungsabkommen selbst in Kraft. Das Gesetz über das IPR der Eheschließung beinhaltet eine umfassende Regelung des Kollisionsrechts der Eheschließung für die Niederlande[700]. Primär übernimmt es die staatsvertraglichen Vorschriften: Es regelt ebenso wie das Haager Übereinkommen sowohl die sog. Eheschließungsbefugnis, die Form der Eheschließung als auch die Anerkennung im Ausland geschlossener Ehen. Durch die Aufnahme der Vorschriften des Haager Eheschließungsübereinkommens in das autonome niederländische Kollisionsrecht verleiht das Gesetz über das IPR der Eheschließung den staatsvertraglichen Vorschriften universelle Wirkung. Die Regelungen staatsvertraglichen Ursprungs erhalten somit im Königreich auch Geltung gegenüber Nichtvertragsstaaten. Der Staatsvertrag wird zudem teilweise durch das niederländische Ausführungsgesetz ergänzt[701].

Artikel 1 WCH regelt das Anwendungsgebiet des Gesetzes. Hiernach findet das Gesetz über das IPR der Eheschließung zum einen auf in den Niederlanden geschlossene Ehen Anwendung, wenn in Verbindung mit der Staatsangehörigkeit oder dem Wohnsitz der künftigen Ehegatten bezüglich der Frage, welches Recht die Voraussetzungen der Ehescheidung beherrscht, eine Wahl getroffen werden muß. Zum anderen regelt das niederländische Ausführungsgesetz die Anerken-

---

699 Am 01.01.1998 ist in den Niederlanden die registrierte Partnerschaft eingeführt worden. Hinsichtlich der internationalprivatrechtlichen Aspekte von registrierten Partnerschaften ist kaum Gesetzgebung und Rechtsprechung vorhanden. Bei aufkommenden Fragen muß sich der Rechtsanwender daher vorerst mit den in der Literatur vorgeschlagenen Lösungen (vgl. hierzu beispielsweise *Boele-Woelki*, FJR 1999, 11 (11 ff.); *Frohn*, Huwelijksvermogensrecht, Nr. 107 ff.; *Joppe*, WPNR 2000, 6403, 371 (371 ff.); *Joppe*, WPNR 2000, 6404, 391 (391 ff.); *Mostermans*, Echtscheiding, Nr. 39 ff.; 109 ff.; 192 ff.) und dem durch die Staatskommission veröffentlichten Gutachten (Advies en voorstel van een aantaal IPR-bepalingen inzake het geregistreerd partnerschap van de Staatscommissie voor het internationaal privaatrecht, veröffentlicht in FJR 1998, 146 ff.) begnügen. Das Gutachten verdeutlicht, daß auch im Bereich des Internationalen Privatrechts eine Gleichstellung der registrierten Partnerschaft mit der Ehe angestrebt wird. Da das Institut der registrierten Partnerschaft jedoch noch keine Verbreitung gefunden hat, ist eine Analogie der Regeln des Internationalen Eherechts nach Ansicht der Staatskommission noch nicht möglich. Zu den neueren Entwicklungen siehe auch *Jessurun d'Oliveira*, NJB 1999, 305 (305 f.).

700 Die Vorschriften des Gesetzes über das IPR der Eheschließung wurden fast wörtlich in die Artikel 17-22 IPR-Skizze aufgenommen. Siehe hierzu *Reinhartz*, WPNR 1993, 6105, 642 (642 f.).

701 Das Gesetz über das IPR der Eheschließung enthält etwa die nationale Kollisionsnorm, auf die in Artikel 3 Abs. 2 des Übereinkommens verwiesen wird. Zudem beinhaltet das Ausführungsgesetz liberale Vorschriften hinsichtlich der Anerkennung der Gültigkeit von Eheschließungen; dazu näher *Strikwerda*, NJB 1991, 1287 (1288 f.); *Verheul*, FJR 1991, 122 (122), *Vonken*, HPS 1992, Nr. 7/8, S. 3 (3).

nung der im Ausland vollzogenen Eheschließungen. Gemäß Artikel 8 WCH unterfallen den Regelungen nur solche Ehen, die nach dem Inkrafttreten des Gesetzes geschlossen worden sind. Damit nimmt das Ausführungsgesetz den durch Niederlande gemäß Artikel 15 Abs. 2 des Übereinkommens eingelegten Vorbehalt auf. Der Vorbehalt unterbindet die grundsätzlich vorgesehene Rückwirkung des Haager Eheschließungsabkommens. Niederländische Gerichte und Behörden brauchen den Übereinkommensvorschriften daher erst nach dem Inkrafttreten des Übereinkommens bzw. praktisch nach Inkrafttreten des Gesetzes über das IPR der Eheschließung Geltung zu verleihen[702].

a) Eheschließungsbefugnis

Hinsichtlich der Eheschließungsbefugnis brachte der Staatsvertrag eine wichtige Neuerung. Zuvor wurde von der Staatsangehörigkeitsanknüpfung ausgegangen[703]. Artikel 3 Haager Eheschließungsabkommen hingegen knüpft die persönlichen Eheschließungsvoraussetzungen (wie Ehefähigkeit, das Nichtvorliegen von Ehehindernissen) alternativ an. Die Norm sieht vor, daß eine Eheschließung dann erfolgen kann, wenn die künftigen Ehegatten die durch die Rechtsordnung des Staates der Eheschließung gestellten sachlichen Voraussetzungen erfüllen und wenn einer der zukünftigen Ehegatten Staatsangehöriger dieses Staates ist oder dort seinen gewöhnlichen Aufenthaltsort hat[704]. Die Ehe muß gemäß Artikel 3 Haager Eheschließungsabkommen ebenfalls dann geschlossen werden, wenn beide künftigen Ehegatten die sachlichen Voraussetzungen erfüllen, die nach dem innerstaatlichen Recht vorgesehen sind, auf welches die Kollisionsnormen des Staates der Eheschließung verweisen. Artikel 2 WCH konkretisiert die Fassung

---

702 Für Ehen, die vor dem 01.05.1991 geschlossen worden sind, gilt weiterhin das alte autonome niederländische Kollisionsrecht; vgl. hierzu *van Rooij/Polak*, Private International Law in the Netherlands, S. 189 f. *Verheul* gibt in FJR 1991, 122 (124) jedoch zu bedenken, daß sich das alte Internationale Eheschließungsrecht vor 1990 bereits in einer Entwicklungsphase befand. Daher spricht er sich für eine Anwendung des neuen Systems auch auf alte Eheschließungen aus.

703 Nach der traditionellen, auch in Artikel 1 Haager Abkommen zur Regelung des Geltungsbereichs der Gesetze auf dem Gebiet der Eheschließung aus dem Jahre 1902 vorgesehenen Verweisungsnorm, die für das autonome niederländische Kollisionsrecht ihre gesetzliche Basis in Artikel 6 AB fand, bestimmte sich das Recht zur Eingehung der Ehe in Ansehung eines jeden Verlobten grundsätzlich nach dem Recht des Heimatstaates; vgl. auch *van Rijn van Alkemade*, FJR 1989, 220 (221); *Strikwerda*, NJB 1991, 1287 (1288).

704 Artikel 6 Haager Eheschließungsabkommen sieht vor, daß sich ein Vertragsstaat abweichend von Artikel 3 Ziffer 1 des Abkommens vorbehalten kann, sein innerstaatliches Recht nicht auf die sachlichen Voraussetzungen der Eheschließung von dem Ehegatten anzuwenden, der nicht Angehöriger seines Staates ist oder dort keinen gewöhnlichen Aufenthalt hat. Die Niederlande haben von der Einlegung dieses Vorbehaltes abgesehen. Vielmehr wurde Artikel 3 des Abkommens in Artikel 2 WCH aufgenommen.

der staatsvertraglichen Vorschrift[705]. Gemäß der niederländischen Norm findet heimisches Recht Anwendung, wenn jeder der künftigen Ehepartner die Voraussetzungen des niederländischen Rechts für die Eheschließung erfüllt und einer von ihnen die niederländische Staatsangehörigkeit besitzt oder seinen gewöhnlichen Aufenthalt in den Niederlanden hat und beide die Voraussetzungen einer Eheschließung nach niederländischem Recht erfüllen. Ausländisches Recht kommt dann zur Anwendung, wenn jeder der heiratswilligen Ehegatten die Voraussetzungen des ausländischen Rechtes für die Eheschließung erfüllt, dessen Staatsangehörigkeit er besitzt.

Aus der Vorschrift des Artikel 2 WCH folgt, daß niederländisches Recht ungeachtet der Staatsangehörigkeit der zukünftigen Ehegatten immer über die Eheschließungsbefugnis entscheidet, wenn die Ehe in den Niederlanden geschlossen werden soll. Die alternative Regelung kommt erst dann zum Zuge, wenn die Eheschließung nach niederländischem Recht nicht vollzogen werden kann. Mit der Ratifizierung des Haager Eheschließungsübereinkommens und der Ausführung im Gesetz über das IPR der Eheschließung haben sich die Niederlande somit für eine alternative Verweisungsnorm im Bereich der Eheschließung entschieden.

Der Begriff des gewöhnlichen Aufenthalts stellt gegenüber der früheren Anknüpfung an die Staatsangehörigkeit der künftigen Ehepartner auf dem Gebiet des Eheschließungsrechts ein neues Anknüpfungsmoment dar. Die Kollisionsnorm des Gesetzes über das IPR der Eheschließung greift die jüngere Entwicklung im niederländischen Internationalen Familienrecht auf[706]; einer ausschließlichen Anknüpfung an die Staatsangehörigkeit wird eine Absage erteilt. Die Anknüpfung an den gewöhnlichen Aufenthaltsort erfordert eine Beurteilung der Umstände des Einzelfalls[707]. Für die Frage, wann ein Aufenthaltsort als der gewöhnliche anzusehen ist, sind Dauer und Beständigkeit sowie andere Umstände persönlicher und beruflicher Art zu berücksichtigen, die dauerhafte Beziehungen zwischen einer Person und ihrem Aufenthalt anzeigen. Zu beachten ist, daß es sich bei Artikel 3 Haager Eheschließungsabkommen um eine Gesamtverweisung handelt[708].

---

705 Vgl. hierzu näher *Polak/de Rooij/Steffens*, Private International Law in the Netherlands, Supplement, S. 115; *van Rijn van Alkemade*, FJR 1989, 220 (221 f.); *Verheul*, FJR 1991, 122 (122).

706 In Anlehnung an den Sprachgebrauch der neueren Haager Abkommen hatte die das neue Anknüpfungsmoment des gewöhnlichen Aufenthaltsortes bereits Eingang in das 1981 in Kraft getretene Gesetz über das IPR der Ehescheidung gefunden. Vgl. näher Seite 173 ff.

707 *Boele-Woelki*, IPRax 1990, 337 (340).

708 *Van Rijn van Alkemade*, FJR 1989, 220 (222).

Das Prinzip der Eheschließungsfreiheit, auf dem Artikel 2 WCH (Artikel 3 Haager Eheschließungsabkommen)[709] beruht, besteht allerdings nicht unbeschränkt. Einige Ehehindernisse des niederländischen Rechts werden durch Artikel 3 WCH mit Hilfe des *ordre public* durchgesetzt und begrenzen somit die Eheschließungsfreiheit. Eine Eheschließung kann demnach in den Niederlanden verweigert werden, wenn ihr nach dem Recht des Staates, dessen Staatsangehörigkeit einer der künftigen Ehegatten besitzt, ein Hindernis entgegen steht, das der niederländischen öffentlichen Ordnung widerspricht. Grundsätzlich stützt sich diese Vorschrift auf Artikel 5 Haager Eheschließungsabkommen, die im niederländischen Teilkollisionsgesetz jedoch noch angefüllt wird: Artikel 3 WCH fügt eine enumerative Darstellung von Situationen hinzu, die grundsätzlich gegen den niederländischen *ordre public* verstoßen[710]. So wird eine in den Niederlanden geschlossene Ehe auf jeden Fall dann als mit der niederländischen öffentlichen Ordnung unvereinbar angesehen, wenn die künftigen Ehegatten das fünfzehnte Lebensjahr nicht vollendet haben, sie von Natur oder Adoption in gerader Linie oder von Natur als Bruder und Schwester miteinander verwandt sind, die freie Zustimmung eines der künftigen Ehepartner fehlt oder das Geistesvermögen eines von ihnen so gestört ist, daß er nicht imstande ist, seinen Willen zu bestimmen oder die Bedeutung seiner Erklärung zu begreifen[711] oder daß im Gegensatz zu der Vorschrift, daß ein Mann gleichzeitig nur mit einer Frau, die Frau nur mit einem Mann durch die Ehe verbunden sein kann[712]. Aus Gründen der Praktikabilität erschien es dem niederländischen Gesetzgeber notwendig, den abstrakten Begriff der öffentlichen Ordnung zu definieren[713]. In Artikel 3 WCH spiegelt sich deutlich das materielle nie-

---

709 Actes et documents, XIII, Band 3 (Heirat), Bericht *Malmström*, S. 295 Nr. 15.

710 Vgl. hierzu näher *Verheul*, FJR 1991, 122 (123); *Vonken*, HPS 1992, Nr. 7/8, S. 3 (6).

711 In diesem Zusammenhang ist auch das *New Yorker UN-Übereinkommen über die Erklärung des Ehewillens, das Heiratsmindestalter und die Registrierung von Eheschließungen* vom 10.12.1962 (Trb. 1964, Nr. 55) zu beachten, welches für die Niederlande zum 30. 09.1985 in Kraft getreten ist. Dieses Übereinkommen verbietet es Vertragsstaaten, Eheschließungen gegen die freie und umfassende Zustimmung von beiden Parteien zu vollziehen und sieht Regelungen gegen Kinderheiraten vor.

712 Von einer Definition der Ehe hat der Gesetzgeber bewußt abgesehen. Die Qualifikation des Begriffes richtet sich also nach dem eigenen Recht des Rechtsanwenders. Gleichgeschlechtliche Verbindungen fallen nach niederländischem Recht nicht unter den Begriff der Ehe und verstoßen gegen die öffentliche Ordnung der Niederlande. Siehe hierzu *van Rijn van Alkemade*, FJR 1989, 220 (223).

713 Sitzungsbericht der Zweiten Kammer, 20507, Nr. 3, S. 6, 8. Hingegen hat sich der niederländische Gesetzgeber bei der Anerkennung ausländischer Ehen in den Niederlanden mit einer allgemeinen Klausel begnügt. Damit weichen die in Artikel 3 und 6 WCH formulierten *ordre public*-Vorbehalte von dem im Haager Übereinkommen gewählten System abweichen. Zwar ist eine Ähnlichkeit der Wortlaute festzustellen. So ist Artikel 3 WCH mit Artikel 11 des Übereinkommens, und Artikel 6 WCH mit Artikel 5 des Übereinkommens vergleichbar. Je-

derländische Eheschließungsrecht wider. Im Ergebnis läßt sich feststellen, daß ausländisches Recht nicht deutlich von de niederländischen Regelungen abweichen darf, da es ansonsten wegen Verstoßes gegen den *ordre public* nicht anwendbar ist.

Das Haager Eheschließungsabkommen hat die Frage, wie Mehrstaater zu behandeln sind, ungeregelt gelassen. Den einzelnen Vertragsstaaten steht es daher frei, eine diesbezügliche Regelung zu treffen. Das niederländische Teilkollisionsgesetz befaßt sich in Artikel 2 Buchst. b 2. Satz WCH mit dieser Problematik. Die Norm sieht vor, daß beim Besitz mehrerer Staatsangehörigkeiten das Recht derjenigen Staatsangehörigkeit gelten soll, zu dem unter Berücksichtigung aller Umstände die engste Beziehung besteht. Die Vorschrift normiert somit den Grundsatz der effektiven Staatsangehörigkeit. Damit folgte der niederländische Gesetzgeber auch auf dem Gebiet der Internationalen Eheschließung der Linie, die er auch in anderen Rechtsgebieten schon zuvor angedeutet hat[714]. Zu beachten ist, daß bei der Eheschließung von Mehrstaatern mit auch niederländischer Staatsangehörigkeit die niederländische Staatsangehörigkeit das anwendbare Recht bestimmt. Der Vorrang des niederländischen Rechts ergibt sich beim Gesetz über das IPR der Eheschließung allerdings nicht direkt aus dem Gesetzestext. Unter Hinzuziehung der Gesetzeserläuterungen wird jedoch deutlich, daß dieser Grundsatz, ebenso wie beispielsweise im Gesetz über das Internationale Namensrecht, auch auf dem Gebiet der Internationalen Eheschließung gilt[715].

b) Form der Eheschließung

Für die Form der Eheschließung gelten andere Kollisionsnormen als für die materiellen Voraussetzungen. Artikel 2 Haager Eheschließungsabkommen sieht vor, daß sich die Formerfordernisse einer Eheschließung nach dem Recht des Staates richten, in dem die Ehe geschlossen wurde (*lex loci celebrationis*). Das „Recht des Staates der Eheschließung“ umfaßt allerdings auch das Internationale Privatrecht des jeweiligen Staates. Bei dieser Norm handelt es sich mithin um eine Gesamtverweisung[716]. Mit Aufnahme der klassischen *lex loci celebrationis*-Regel schließt das Haager Eheschließungsabkommen an die vor seinem Inkrafttreten für die

doch unterscheidet sich die Stellung der Vorbehaltsklauseln; vgl. hierzu *Boele-Woelki*, IPRax 1990, 337 (341); *van Rijn van Alkemade*, FJR 1989, 220 (224); *Verheul*, FJR 1991, 122 (124).

714 Vgl. etwa Artikel 1 WCE. Die IPR-Skizze sieht eine Regelung der Effektivitätsprüfung bei Mehrstaatern in ihrem Allgemeinen Teil vor.

715 Kamerstukken II, 20507, Nr. 3, S. 5. Siehe auch *Reinhartz*, WPNR 1993, 6105, 642 (642); *van Rijn van Alkemade*, FJR 1989, 220 (222).

716 Actes et documents, XIII, Band 3 (Heirat), Bericht Malmström, S. 295 Nr. 14.

Niederlande bestehende Rechtslage an[717]. Artikel 4 WCH setzt Artikel 2 Haager Eheschließungsabkommen um und sieht für Ehen, die rechtsgültig in den Niederlanden geschlossen werden sollen, als formelles Erfordernis die standesamtliche Eheschließung nach niederländischem Recht vor. Die *lex loci celebrationis*-Regel führt in den Niederlanden also dazu, daß auch eine Heirat zwischen Ausländern nur in Gegenwart eines Standesbeamten (*ambtenaar van de burgerlijke stand*) geschlossen werden kann. Das Gesetz über das IPR der Eheschließung regelt nicht die Zuständigkeit des Standesbeamten[718]; diese richtet sich vielmehr nach Artikel I:43 BW[719]. Hiernach muß wenigstens einer der zukünftigen Ehegatten über einen Wohnsitz in den Niederlanden verfügen oder die niederländische Staatsangehörigkeit besitzen, damit ein niederländischer Standesbeamter zuständig ist[720].

Von dem Grundsatz der obligatorischen Zivilehe sieht Artikel 4 WCH eine Ausnahme vor[721]. Die Niederlande gehören zu den Staaten, die auch weiterhin eine Eheschließung auf ihrem Staatsgebiet im Beisein eines ausländischen Konsulats- oder Botschaftsbeamten zulassen[722]. Für eine gültige Eheschließung unter diesen Umständen müssen drei Voraussetzungen erfüllt sein[723]. Die erste Voraussetzung war ursprünglich, daß keiner der Verlobten die niederländische Staatsangehörigkeit besitzt. Diese Anforderung wurde vom *Hoge Raad* jedoch im Urteil vom 13.12.1996[724] gemildert. Nach höchstrichterlicher Auffassung sollte einer Eheschließung durch einen konsularischen oder diplomatischen Vertreter die Tatsache

---

[717] Siehe dazu Artikel 5 Haager Abkommen aus dem Jahre 1902. Vgl. auch *van Rijn van Alkemade*, FJR 1989, 220 (221); *Sauveplanne*, Elementair internationaal privaatrecht, S. 32.

[718] Siehe Artikel 1 Satz 2 WCH.

[719] Der deutsche Text von Artikel 1:43 BW ist abgedruckt bei *Bergmann/Ferid/Henrich*, Internationales Ehe- und Kindschaftsrecht, Teil Niederlande, S. 64. Vgl. auch *Melchers/Kroft*, HPS 1990, Nr. 2, 8 (8).

[720] Vgl. hierzu auch *Polak/de Rooij/Steffens*, Private International Law in the Netherlands, Supplement, S. 115; *van Rijn van Alkemade*, FJR 1989, 220 (222).

[721] Das Haager Abkommen aus dem Jahre 1902 sah noch spezielle Regelungen für kirchliche Heiraten und Ankündigungen vor. Das Haager Eheschließungsabkommen hat von der Aufnahme solcher Vorschriften abgesehen. Auch die Vorschrift, die bei nicht formgültig geschlossenen Ehen eine Anerkennung in einem anderen Lande als zulässig erachtet, wenn der dort vorgeschriebenen Form genügt wurde, findet sich im neuen Haager Eheschließungsabkommen nicht wieder.

[722] Vgl. *van Rooij/Polak*, Private International Law in the Netherlands, S. 189 sowie den Schlußvortrag des Generalstaatsanwaltes zu *Hoge Raad*, 13.12.1996, NIPR 1997, Nr. 68 mit weiteren Literaturhinweisen.

[723] Allgemein zu diesen Voraussetzungen *Kosters/Dubbink*, Algemeen Deel van het Nederlandse Internationaal Privaatrecht, S. 876 f.; *Strikwerda*, Inleiding, S. 118.

[724] Abgedruckt in NIPR 1997, Nr. 68. Siehe hierzu auch *Boele-Woelki*, AA 46 (1997), katern 62, 2953 (2953 f.); *Koppenol-Laforce*, NTBR 1998, 182 (183); *Pellis*, NJB 1997, 469 (472).

nicht entgegenstehen, daß einer der zukünftigen Ehegatten die niederländische Staatsangehörigkeit besitzt. Der weiten Auslegung des Artikel 4 WCH ist der niederländische Gesetzgeber mit einer Gesetzesänderung entgegengetreten. Die Bestimmung wurde durch das Gesetz vom 17.12.1998[725] in der Weise geändert, daß Konsulatsehen aus internationalprivatrechtlicher Sicht der Niederlande dann nicht als gültig betrachtet werden, wenn eine der Parteien ausschließlich oder zumindest auch die niederländische Staatsangehörigkeit besitzt. Mit der Novellierung des Gesetzes wird damit hinsichtlich Konsulatsehen an die Rechtslage angeschlossen, die vor dem Urteil des Obersten Gerichtshofes bestand[726]. Als zweite Voraussetzung ist erforderlich, daß die ausländischen konsularischen oder diplomatischen Vertreter nach dem Recht ihres Sendestaates befugt sein müssen, Eheschließungen vorzunehmen. Drittens muß der Sendestaat niederländischen Konsulats- bzw. Botschaftsbeamten in seinem Staat ebenfalls die Möglichkeit einräumen, Eheschließungen zu vollziehen (Gegenseitigkeitsvoraussetzung). Die Folgen der Nichtbeachtung der diesbezüglichen Vorschriften richteten sich ebenfalls nach niederländischem Recht[727]. Die materielle Gültigkeit und die Folgen der Nichterfüllung der hierfür geforderten Voraussetzungen bestimmen sich hingegen auch für Ehen, die vor Inkrafttreten des Gesetzes über das IPR der Eheschließung geschlossen worden sind, nach dem jeweiligen Heimatrecht der beiden Ehegatten im Zeitpunkt der Eheschließung[728].

II. Allgemeine Ehewirkungen

Das Recht der allgemeinen Ehewirkungen regelt mittlerweile das Gesetz vom 16.09.1993 über das Kollisionsrecht der persönlichen Rechtsbeziehungen zwischen den Ehegatten und den zwischen ihnen bestehenden vermögensrechtlichen Beziehungen, die nicht unter das Ehegüterrecht fallen (*Wet conflictenrecht huwelijksbetrekkingen*)[729]. Das Gesetz betrifft neben weniger praxisrelevanten rein

---

[725] Gesetz vom 17.12.1998, abgedruckt in Stb. 1999, Nr. 1, in Kraft getreten zum 15.01.1999.

[726] Die neue gesetzliche Regelung hat keine rückwirkende Kraft. Sie sieht vor, daß Konsulatsehen, die nach dem 01.01.1990, aber vor dem 15.01.1999 geschlossen worden sind, als gültig betrachtet werden, wenn sie nicht gegen den niederländischen *ordre public* verstoßen. Zu der Gesetzesänderung siehe auch *Polak/van den Eeckhout*, NJB 2000, 573 (580); *Rutten*, FJR 1999, 114 (114 ff.).

[727] *Lemaire*, Hoofdlijnen, S. 92 mit weiteren Nachweisen.

[728] *Hoge Raad*, 06.12.1955, Nr. 1956, 182. Vgl. zu den autonomen Kollisionsregeln auch *Lemaire*, Hoofdlijnen, S. 92 ff.

[729] *Wet houdende regelingen van het conflictenrecht inzake de persoonlijke rechtbetrekkingen tussen de echtgenoten en de tussen hen bestaande vermogensrechtlijke betrekkingen die niet vallen onder het huwelijksvermogenregime*; Stb. 1993, Nr. 514. Es trat zum 01.01.1994 in Kraft. Der deutsche Text ist abgedruckt bei *Bergmann/Ferid/Henrich*, Internationales Ehe- und Kindschaftsrecht, Teil Niederlande, S. 22. Allgemein zu diesem Gesetz vgl. *Polak/de*

persönlichen Rechtsbeziehungen der Ehegatten untereinander[730] andere für die tägliche Praxis wichtige Fragen. So erfaßt es etwa die Veräußerung oder Belastung der Ehewohnung, Bürgschaftserklärungen eines Ehegatten und die (Mit-) Haftung eines Ehegatten für Geschäfte, die im deutschen Recht als Schlüsselgewaltgeschäfte bezeichnet werden; zu den allgemeinen Ehewirkungen im Sinne des Gesetzes über das IPR der allgemeinen Ehewirkungen zählen damit auch solche vermögensrechtlichen Beziehungen der Ehegatten zueinander, die nicht unter das Ehegüterrechtsstatut fallen. Das Gesetz normiert weitestgehend, von einigen Ausnahmen abgesehen[731], Kollisionsnormen für die Materie, die im materiellen niederländischen Recht im 6. Titel des ersten Buches des *Burgerlijk Wetboek* geregelt ist[732].

Im Gesetz über das IPR der allgemeinen Ehewirkungen finden sich verschiedene Kollisionsregeln. Zunächst formuliert das Gesetz in Artikel 1 eine Kollisionsregel für die persönlichen Rechtsbeziehungen der Ehegatten. Artikel 2 des Gesetzes beinhaltet eine gesonderte Kollisionsregel für die Anknüpfung solcher Verbindlichkeiten, die im Zusammenhang mit der gewöhnlichen Haushaltsführung entstanden sind. Sein Artikel 3 normiert die kollisionsrechtliche Anknüpfung ehelicher Zustimmungserfordernisse.

Zunächst ist auf die erste Norm des Gesetzes über das IPR der allgemeinen Ehewirkungen einzugehen. Die Vorschrift schließt an die Grundsätze an, die von der niederländischen Literatur und Rechtsprechung nach dem Außerkrafttreten des Haager Ehewirkungsabkommens vom 17.07.1905 zum 23.08.1977 entwickelt

---

Rooij/Steffens, Private International Law in the Netherlands, Supplement, S. 130 f.; *Tenbieg*, FuR 1990, 146 (146 ff.).

730 Darunter sind diejenigen persönlichen Rechtsbeziehungen zu verstehen, die im materiellen niederländischen Recht in den Artikeln 1:81 bis 83 BW aufgezählt sind. Dazu gehört etwa die Pflicht des Zusammenwohnens, die Pflicht zur Treue, Hilfe und Beistand, die Pflicht, sich das Notwendige zu verschaffen sowie die gegenseitige Pflicht, gemeinsame Kinder zu versorgen und aufzuziehen.

731 Zu diesen Ausnahmen zählen etwa die gegenseitigen finanziellen Verpflichtungen, die unter das *Haager Übereinkommen über das auf die Unterhaltsverpflichtungen anzuwendende Recht* vom 02.10.1973 fallen. Auch die Verpflichtung der Ehegatten, ihr eigenes und das gemeinschaftliche Vermögen zu verwalten sowie Regelungen, die Schenkungen oder kaufrechtliche Vorgänge zwischen den Ehegatten betreffen, werden nicht durch das Gesetz über das IPR der allgemeinen Ehewirkungen geregelt, sondern unterfallen vielmehr dem Haager Ehegüterrechtsabkommen aus dem Jahre 1978 bzw. dem Gesetz über das IPR des Ehegüterrechts. Die in Artikel 1:92 Abs. 1 und 2 BW geregelte Problematik wird durch Artikel 7 AB beherrscht. Artikel 1:92 Abs. 3 BW gelangt nur in den Fällen zur Anwendung, wenn niederländisches Recht auf die ehegüterrechtlichen Beziehungen der Ehegatten anwendbar ist. Vgl. hierzu auch *ten Wolde*, NJB 1994, 1064 (1065).

732 Vgl. *ten Wolde*, NJB 1994, 1064 (1064 f.).

worden sind. Statt des früher für die Beurteilung der allgemeinen Ehewirkungen maßgeblichen Heimatrechts des Mannes hat sich nach Kündigung des Haager Ehewirkungsübereinkommens im Zuge der Gleichberechtigung eine gestufte Anknüpfung der Ehewirkungen durchgesetzt[733] und nunmehr in Artikel 1 des Gesetzes über das IPR der allgemeinen Ehewirkungen verankert. Zunächst bestimmt die gemeinsame Staatsangehörigkeit der Ehegatten das auf ihre persönlichen Beziehungen anwendbare Recht. Bei abweichenden Staatsangehörigkeiten ist an den gemeinsamen Wohnsitz anzuknüpfen. Mangelt es sowohl an einer gemeinsamen Staatsangehörigkeit als auch an einem gemeinsamen gewöhnlichen Aufenthaltsort, so ist das Recht desjenigen Staates maßgebend, zu welchem unter Einbeziehung aller Umstände die engsten Beziehungen bestehen.

Auffallend ist, daß in dieser Kollisionsnorm den Ehepartnern keine Rechtswahlmöglichkeit zugestanden wird[734]. Der Wechsel der Staatsangehörigkeit oder des gewöhnlichen Aufenthalts eines Ehegatten kann also dazu führen, daß ein anderes Recht bestimmt wird, die dann ab dem Zeitpunkt der Änderung Anwendung findet[735]. Eine Realitätsprüfung ist ebenfalls nicht vorgesehen. In Fällen, in denen Ehegatten engere Verbindungen zum Land und mithin auch zu der Rechtsordnung des gemeinsamen gewöhnlichen Aufenthalts haben, wird trotzdem an das gemeinsame Heimatrecht angeknüpft. Besitzen die Ehepartner mehr als eine gemeinsame Staatsangehörigkeit, so findet gemäß Artikel 1 Abs. 2 Gesetz über das IPR der allgemeinen Ehewirkungen keine Anknüpfung an ein gemeinsames Heimatrecht statt. Auch bei Mehrstaatern werden die Nationalitäten demnach nicht auf ihre Effektivität überprüft; eine Untersuchung, zu welcher Staatsangehörigkeit eine engere Verbindung besteht, findet mithin nicht statt[736]. Bei Mehrstaatern wird vielmehr davon ausgegangen, daß es an einem gemeinsamen Heimatrecht fehlt und daher die weiteren Anknüpfungspunkte der in Artikel 1 des Gesetzes vorgesehenen Anknüpfungsleiter zum Zuge kommen. Mangelt es an einem gemeinsamen Heimatrecht, so entscheidet gemäß der vorgenannten Vorschrift die Rechtsordnung des gemeinsamen gewöhnlichen Aufenthalts über das auf die allgemeinen Ehewirkungen anwendbare Recht.

---

733 So schon Hof Arnhem, 21.04.1987, NIPR 1987, Nr. 423; siehe auch *Tenbieg*, FuR 1996, 146 (147) sowie weitere Nachweise bei *Bergmann/Ferid/Henrich*, Internationales Ehe- und Kindschaftsrecht, Teil Niederlande, S. 22 Fn. 23 c und Sauveplanne, Elementair internationaal privaatrecht, S. 38.

734 Begründet wird dies damit, daß die Regelung ansonsten zu kompliziert würde und es sich bei der behandelten Materie um zwingende Vorschriften des Eherechts handele, die den Parteien nur wenig Spielraum lasse. Vgl. Kamerstukken, 21328, Nr. 3 S. 8. Siehe auch *Tenbieg* in FuR 1990, 146 (147), der kein praktisches Bedürfnis für eine Rechtswahl sieht.

735 Siehe Artikel 1 Abs. 3 des Gesetzes über das IPR der allgemeinen Ehewirkungen.

736 Vgl. *ten Wolde*, NJB 1994, 1064 (1066).

Die Anknüpfung an den gemeinsamen gewöhnlichen Aufenthalt dient dazu, das mit der Person am engsten verbundene Recht zu finden und ihr zuzuordnen. Der gewöhnliche Aufenthalt einer Person hat daher einen starken tatsächlichen Gehalt. In der Praxis ist daher zu untersuchen, ob sich jemand tatsächlich in einem Land niedergelassen hat[737]. In Fällen, in denen es auch an einem gemeinsamen gewöhnlichen Aufenthaltsort der Ehegatten fehlt, muß unter Einbeziehung aller Umstände an das am engsten verbundene Recht angeknüpft werden[738]. Beruft Artikel 1 des Gesetzes fremdes Recht zur Anwendung, so ist dieses vom niederländischen Richter anzuwenden, solange kein Verstoß gegen den niederländischen *ordre public* vorliegt. In den Gesetzeserläuterungen hat der niederländische Gesetzgeber dargestellt, in welchen Fällen ausländisches Recht von wesentlichen Grundsätzen des niederländischen Rechts abweicht[739].

Des weiteren enthält das Gesetz über das IPR der allgemeinen Ehewirkungen in seinen Artikel 2 und 3 spezielle Kollisionsnormen. Artikel 2 des Gesetzes legt fest, daß sich die (Mit-)Haftung des anderen Ehepartners für Verbindlichkeiten aus Rechtsgeschäften, die im deutschen Recht als Schlüsselgewaltgeschäfte (§ 1357 BGB) bezeichnet werden, nach dem Aufenthaltsrecht beurteilt, wenn der andere Ehegatte und die Gegenpartei zum Zeitpunkt des Eingehens der Verbindlichkeit ihren gewöhnlichen Aufenthalt in dem selben Staat hatten[740]. Die Staatsangehörigkeit der Ehegatten spielt bei dieser Fragestellung keine Rolle. In Fällen,

---

737 Die bloße Eintragung in einem Bevölkerungsregister gibt für sich allein keine Auskunft über den gewöhnlichen Aufenthalt einer Person. Vgl. *ten Wolde*, NJB 1994, 1064 (1066).

738 *Ten Wolde*, NJB 1994, 1064 (1066).

739 Dies soll beispielsweise immer dann der Fall sein, wenn das fremde Recht dem Mann die Möglichkeit zugesteht, einseitig den gemeinsamen Wohnort zu bestimmen, der Frau gegenüber das Verbot zu erteilen, die eheliche Wohnung zu betreten, gegen den Willen der Frau ihr einseitig die Sorge für gemeinsame Kinder aufzuerlegen, den in den Niederlanden ohne seine Zustimmung von seiner Frau geschlossenen Arbeitsvertrag für nichtig zu erklären oder gegen den Willen der Frau zu fordern, daß ihr Einkommen an ihn ausbezahlt wird, vgl. Kamerstukken, 21328, Nr. 9, S. 4.

740 Mit der Fassung dieser Norm wurde der Empfehlung der Staatskommission und der Koninklijke Broederschap van Notarissen gefolgt. In der Rechtsprechung wurde die in Artikel 2 Gesetzes über das IPR der allgemeinen allgemeinen Ehewirkungen gewählte Anknüpfung schon vor Inkrafttreten des Gesetzes über das IPR der allgemeinen Ehewirkungen akzeptiert und die Norm teilweise antizipiert angewendet; vgl. beispielsweise die Entscheidung des Ktg. Zaandam, 03.12.1992, abgedruckt in NJ 1995, Nr. 338. Die niederländische Lösung unterscheidet sich somit von der deutschen, die Fälle der Schlüsselgewalt an Artikel 14 EGBGB, und somit grundsätzlich an das Heimatrecht der Ehegatten anknüpfen. Anwendungsbeispiele des Artikel 2 finden sich bei *Tenbieg*, FuR 1990, 146 (148) sowie bei *ten Wolde*, NJB 1994, 1064 (1066). Zu der Vorschrift siehe auch *Reinhartz*, Derdenbescherming in het huwelijksvermogensrecht, S. 492 ff.

in denen kein gemeinsamer gewöhnlicher Aufenthalt besteht, existiert keine gesetzliche Regelung[741].

Die für die Praxis wichtigste Regelung findet sich in Artikel 3 des Gesetzes. Die Vorschrift normiert die kollisionsrechtliche Behandlung ehelicher Zustimmungserfordernisse[742]. Abweichend von seinen Artikeln 1 und 2, die auf die gemeinsame Staatsangehörigkeit bzw. den gemeinsamen gewöhnlichen Aufenthalt der Ehegatten abstellen, knüpft Artikel 3 des Gesetz an den gewöhnlichen Aufenthalt des nicht handelnden Ehepartners an. Diese Norm dient damit dem Schutz des nicht handelnden Ehegatten gegenüber einem Dritten, mit dem der andere Ehegatte eine Rechtshandlung vorgenommen hat. Die Frage, ob und in welcher Form es zu einem Rechtsgeschäft der Zustimmung des nicht handelnden Ehegatten oder eines Gerichtes oder einer Behörde bedarf, wird durch das Recht des Staates beherrscht, in dem der andere Ehegatte im Zeitpunkt der Vornahme des Rechtsgeschäfts seinen gewöhnlichen Aufenthalt hatte. Auch die Folgen des Fehlens der Zustimmung bestimmen sich nach dieser Rechtsordnung.

Artikel 3 des Gesetzes bezweckt in erster Linie die Regelung von Situationen, in denen ein Ehegatte die eheliche Wohnung verkaufen, Schenkungen vornehmen, Sicherheitsleistungen für einen Dritten oder Verträge über einen Abzahlungskauf schließen will. Über diese Vorschrift gelangen auch Schutzvorschriften des gutgläubigen Vertragspartners zur Anwendung, wenn diese im anzuwendenden Recht vorgesehen werden. Für die Niederlande folgt aus Artikel 3 des Gesetzes über das IPR der allgemeinen Ehewirkungen, daß die Artikel 1:88 und 89 BW auf alle in den Niederlanden wohnenden Ehepartner Anwendung finden[743]. Damit unterscheidet sich diese Regelung deutlich von der vorherigen Rechtslage, die

---

741 Zur Behandlung dieser Konstellation siehe *Strikwerda*, Inleiding, S. 167 und *Tenbieg*, FuR 1990, 146 (148).

742 Ausführlich zu dieser Bestimmung *Reinhartz*, Derdenbescherming in het huweliksvermogensrecht, S. 514 ff.

743 Artikel 1:89 BW sieht eine Schutzvorschrift für den gutgläubigen Vertragspartner vor. Ein Rechtsgeschäft kann hiernach durch den übergangenen Ehegatten nicht angefochten und durch ein Gericht für unwirksam erklärt werden, wenn der Vertragspartner gutgläubig und das Rechtsgeschäft entgeltlich war. Nach der Rechtsprechung des *Hoge Raad* ist ein Vertragspartner gutgläubig im Sinne des Artikel 1:89 BW, wenn ihm nicht bekannt war und auch nicht bekannt zu sein brauchte, daß das niederländische Recht die Zustimmung des anderen Ehegatten zu einer Bürgschaft verlangt (vgl. Hoge Raad, RvdW 1989, Nr. 27). Hat der nicht handelnde Ehegatten seinen gewöhnlichen Aufenthalt hingegen nicht in den Niederlanden, so sind die Regelungen der Artikel 1:88 und 89 BW nicht einschlägig. Freilich können ausländische Rechtsordnungen vergleichbare Regelungen vorsehen (vgl. etwa § 1365 BGB). Zu der Situation vor Inkrafttreten des Gesetzes über das IPR der allgemeinen Ehewirkungen vgl. etwa *Hoge Raad*, 13.01.1989, NIPR 1989, Nr. 24.

noch an das gemeinsame Heimatrecht der Ehegatten anknüpfte[744]. Die Artikel 2 und 3 des Gesetzes finden unabhängig davon Anwendung, welches Recht auf die vermögensrechtlichen oder persönlichen Beziehungen der Ehegatten anzuwenden ist (Artikel 4 des Gesetzes). Im Gegensatz zum deutschen Internationalen Privatrecht besteht in den Niederlanden keine direkte Koppelung zwischen den allgemeinen Ehewirkungen und dem Ehegüterrecht. Allerdings finden diese Vorschriften nur auf solche Rechtsgeschäfte Anwendung, die nach dem 01.01.1994 eingegangen worden sind. Auf zuvor eingegangene Verträge findet grundsätzlich noch das gemeinsame Heimatrecht der Ehegatten, ansonsten das Recht des gemeinsamen gewöhnlichen Aufenthaltsortes Anwendung[745].

III. Ehegüterrecht

Das niederländische Internationale Privatrecht auf dem Gebiet des Ehegüterrechts ist sehr komplex, da diverse Kollisionsnormen staatsvertraglichen sowie autonomen Ursprungs nebeneinander Geltung beanspruchen. Zum einen enthalten das *Haager Abkommen betreffend den Geltungsbereich der Gesetze in Ansehung auf die Wirkungen der Ehe auf Rechte und Pflichten der Ehegatten in ihren persönlichen Beziehungen und auf das Vermögen der Ehegatten* vom 17.07.1905 (sog. Haager Ehewirkungsabkommen)[746] sowie das *Haager Übereinkommen über das auf die Ehegüterstände anzuwendende Recht* vom 14.03.1978 (Haager Ehegüterrechtsabkommen)[747] ehegüterrechtliche Kollisionsnormen. Zum anderen sind von der niederländischen Rechtsprechung autonome Kollisionsnormen entwickelt worden. In erster Linie bestimmt der Zeitpunkt der Eheschließung über die Frage, welche der Quellen, mithin welche Kollisionsnormen Anwendung finden. Mit der folgenden Übersicht soll vorab kurz die zeitliche Geltung der einzelnen Regelungen dargestellt werden. Anschließend wird auf die unterschiedlichen Kollisionsnormen im einzelnen eingegangen.

- Das Ehegüterrecht der Ehen, die vor dem 23.08.1977 (Zeitpunkt der Kündigung des Haager Ehewirkungsabkommens) geschlossen wurden und dem Anwendungsbereich des Haager Ehewirkungsabkommens aus dem

---

744 Vgl. hierzu an *Tenbieg*, FuR 1990, 146 (148 f.) mit verschiedenen Beispielen.

745 Siehe beispielsweise Hof Arnhem, 21.04.1987, NIPR 1987, Nr. 423; Hof Leeuwarden, 23.11.1988, NJ 1990, Nr. 269.

746 Deutscher Text abgedruckt in RGBl. 1912, 453 und 475; abgedruckt und kommentiert bei Palandt (*Heldrich*), 46. Auflage, Anh. zu Art. 15 EGBGB, Anm. 1 bis 4; siehe hierzu auch *von Bar*, RabelsZ 57 (1993), 63 (77 ff.); *Ten Wolde*, Hoofdlijnen van het Nederlandse Internationaal Huwelijksvermogensrecht, S. 3 ff.

747 Trb. 1988, Nr. 130.

Jahre 1905 unterfallen, beurteilt sich nach den im Haager Ehewirkungsabkommen vorgesehenen Kollisionsregeln.

- Die güterrechtlichen Beziehungen von Ehepaaren, die vor dem 10.12.1976 (Zeitpunkt der *Chelouche/van Leer-Entscheidung*) geheiratet haben, für die jedoch der Anwendungsbereich des Haager Ehewirkungsabkommens nicht eröffnet ist, unterfallen den in der *Chelouche/van Leer*-Entscheidung entwickelten Kollisionsregeln, falls keine besonderen Umstände vorliegen.
- Bei Eheschließungen, die am oder nach dem 10.12.1976 erfolgten, wird das Ehegüterrechtsstatut nach dem Stufenmodell der *Chelouche/van Leer*-Entscheidung bestimmt, wenn nicht das Haager Ehewirkungsabkommen aus dem Jahre 1905 anwendbar ist.
- Bei Eheschließungen, die nach dem 22.08.1977, aber vor dem 01.09.1992 erfolgt sind, unterfällt das Ehegüterrecht der Ehepartner den Kollisionsregeln der *Chelouche/van Leer*-Entscheidung.
- Erfolgte die Eheschließung am 01.09.1992 oder später, so richtet sich die kollisionsrechtliche Behandlung des Ehegüterrechts nach dem Haager Ehegüterrechtsabkommen aus dem Jahre 1978.

1. Haager Ehewirkungsabkommen vom 17.07.1905

Bis in das Jahr 1977 waren die Niederlande Partner des *Haager Abkommens betreffend den Geltungsbereich der Gesetze in Ansehung auf die Wirkungen der Ehe auf Rechte und Pflichten der Ehegatten in ihren persönlichen Beziehungen und auf das Vermögen der Ehegatten* vom 17.07.1905 (sog. Haager Ehewirkungsabkommen). Mit Wirkung zum 23.08.1977 kündigte das Königreich diesen Staatsvertrag[748]. Trotz des Außerkrafttretens besitzt das sowohl die persönlichen als auch die ehegüterrechtlichen Fragen regelnde Haager Ehewirkungsabkommen für die Niederlande weiterhin Bedeutung. Mit dem sog. *Haagse Italianen*-Urteil[749] räumte der *Hoge Raad* dem Haager Übereinkommen ausdrücklich nach dem Prinzip des *favor conventionis* den Vorrang vor autonomem Kollisionsrecht ein, sofern der Anwendungsbereich des Abkommens eröffnet ist. Demnach unterliegen güterrechtliche Fragen der Ehen, die im Zeitraum vom 23.08.1912 bis zum 23.08.1977 zwischen Niederländern und anderen Angehörigen eines Vertragsstaates geschlossen wurden, den staatsvertraglichen Verweisungsnormen.

---

[748] Vgl. BGBl. 1977 II, 444; vgl. statt vieler *Heyning*, WPNR 2000, 6403, 384 (384).

[749] *Hoge Raad*, 27.03.1981, NJ 1981, Nr. 335 (*Haagse Italianen*) mit Anm. *Schultsz;* vgl. zu diesem Urteil auch *Boele-Woelki*, DNotZ 1981, 666 (666 ff.); *Heyning*, WPNR 2000, 6403, 384 (384); *Klinke*, IPRax 1983, 132 (133 ff.). Dieses Urteil behandelt das intertemporale Internationale Ehegüterrecht der gesetzlichen, nicht aber der vertraglichen Ehegüterstände. Zu der Möglichkeit von Ehegüterverträgen vor und nach Kündigung des Haager Ehewirkungsabkommens siehe *van der Ploeg*, WPNR 1981, 5554, 133 (138 f.).

Artikel 2 Abs. 1 des Haager Ehewirkungsabkommens unterstellt die güterrechtlichen Verhältnisse von gemischtnationalen Ehen dem Heimatrecht des Mannes im Zeitpunkt der Eheschließung[750]. In Verbindung mit Artikel 10 des Abkommens könnte diese Vorschrift in der Form zu interpretieren sein, daß das Ehegüterrecht eines Niederländers, der vor dem 23.02.1977 eine Ehe mit einer ausländischen Frau einging, immer niederländischem Recht unterliegen soll. Mit der sog. *Zimbabwe*-Entscheidung[751] hat sich der *Hoge Raad* jedoch für die restriktive Auslegung ausgesprochen und somit den Anwendungsbereich des Haager Ehewirkungsabkommens beschränkt[752]. Zur Eröffnung des Anwendungsbereiches soll demnach nicht ausreichen, daß das laut der staatsvertraglichen Kollisionsnorm anzuwendende Recht das eines Vertragsstaates ist, wenn sonstige Verbindungen zu einem weiteren Vertragsstaat fehlen. Voraussetzung sei vielmehr, daß die Ehe eine weitere Verbindung zu einem anderen Vertragsstaat aufweist, sei es aufgrund des Ortes der Eheschließung, sei es aufgrund der Staatsangehörigkeit der Ehegatten vor oder nach der Eheschließung. Aufgrund der geringen Anzahl an Vertragsstaaten ist die Anzahl der Fälle, auf die das Haager Ehewirkungsabkommen Anwendung findet, sehr begrenzt[753].

---

750 Die für die Gültigkeit von Eheverträgen maßgebliche Artikel 5 des Abkommens knüpft ebenfalls an das Mannesrecht an. Bei der Anknüpfung an das Mannesrecht werden weder eine Realitätsprüfung noch eine Effektivitätsprüfung durchgeführt. Eine kollisionsrechtliche Rechtswahlmöglichkeit war in dem Übereinkommen nicht vorgesehen (siehe auch Artikel 13 a. E. WCHvr); vgl. statt vieler *Joppe*, Internationaal privaatrecht, in: Personen- en familierecht, titel 7, S. 1.7.ipr-377, aant. 88.

751 *Hoge Raad*, 19.03.1993, NJ 1994, Nr. 187 (*Zimbabwe*, teilweise auch als *Rhodesische Nederlanders* zitiert).

752 Zur Begründung seiner Entscheidung führte der Oberste Gerichtshof das Reziprozitätsprinzip an. Teile der Literatur interpretierten Artikel 10 Haager Ehewirkungsübereinkommen hingegen extensiv. Siehe ausführlicher zu den unterschiedlichen Auffassungen *Joppe*, Internationaal privaatrecht, in: Personen- en familierecht, titel 7, S. 1.7.ipr – 377 f., aant. 88 mit zahlreichen Literaturverweisen.

753 *Ten Wolde*, NIPR 2000, 42 (42 f.). Siehe umfassend zur Bedeutung des Haager Ehewirkungsabkommens für das niederländische Internationale Privatrecht *Hensen*, Matrimonial Property Relations and Dutch Conflicts of Law, in: Comparability and Evaluation, S. 201 (204 f.); *Joppe*, Internationaal privaatrecht, in: Personen- en familierecht, titel 7, S. 1.7.ipr –377, aant. 88; *van Mourik*, Huwelijksvermogensrecht, S. 220; *Polak/de Rooij/Steffens*, Private International Law in the Netherlands, Supplement, S. 120; *Strikwerda*, Inleiding, S. 151; *Ten Wolde*, Hoofdlijnen van het Nederlandse Internationaal Huwelijksvermogensrecht S. 3 ff. Aus deutscher Sicht ist die Anknüpfung an das Mannesrecht wegen des Verstoßes gegen Artikel 3 Abs. 2 GG verfassungswidrig, vgl. BGH NJW 1987, 583 (583 ff.); BGH NJW 1988, 103 (103 ff.); *Brondics/Mark*, DNotZ 1985, 131 (134 f.). Umstritten ist, ob trotzdem eine sich aus dieser Anknüpfung des niederländischen Kollisionsrechts ergebene Rückverweisung auf das deutsche Recht anzunehmen ist; vgl. hierzu *Schotten*, Das Internationale Privatrecht in der notariellen Praxis, S. 108.

2. Haager Ehegüterrechtsabkommen sowie Gesetz über das IPR des Ehegüterrechts

Die güterrechtlichen Wirkungen von Ehen, die nach dem 01.09.1992 geschlossen wurden, unterliegen einem weiteren Staatsvertrag. Mit dem Zustimmungsgesetz vom 20.11.1991 hat das Königreich das *Haager Übereinkommen über das auf die Ehegüterstände anzuwendende Recht* vom 14.03.1978 (im Folgenden Haager Ehegüterrechtsabkommen)[754] ratifiziert, welches zum 01.09.1992 für das Königreich in Kraft trat[755]. Zu diesem Zeitpunkt erlangte auch ein niederländisches Ausführungsgesetz zum Haager Ehegüterrechtsabkommen, das sog. *Wet conflictenrecht huwelijksvermogensregime* (im Folgenden Gesetz über das IPR des Ehegüterrechts)[756] Geltung. In erster Linie bezweckt das Gesetz über das IPR des Ehegüterrechts, die Ausführung der Abkommensvorschriften für die Niederlande zu erleichtern. Dazu übernimmt es zunächst die Vorschriften des Haager Ehegüterrechtsabkommens in das niederländische Internationale Privatrecht[757]. Darüber hinaus trifft das niederländische Ausführungsgesetz aber auch einige zusätzliche Vorschriften[758].

Das Haager Ehegüterrechtsabkommen gilt zur Bestimmung des Ehegüterrechtsstatuts der Ehen, die seit dem Zeitpunkt seines Inkrafttretens im jeweiligen Vertragsstaat geschlossen worden sind[759]. In den Niederlanden sind die Übereinkommensvorschriften daher für das Ehegüterrecht solcher Ehen relevant, die nach dem 01.09.1992 geschlossenen worden sind. Auf die güterrechtlichen Beziehungen von Ehepartnern, die vor diesem Zeitpunkt heirateten, findet grundsätzlich das autonome niederländische Internationale Privatrecht bzw. das Haager Ehewirkungsabkommen aus den Jahre 1905 Anwendung[760]. Das Haager Ehegüterrechts-

---

754 Trb. 1988, Nr. 130.

755 Niederländisches Zustimmungsgesetz vom 20.11.1991, Stb. 1991, Nr. 627. Vgl. zum Inkrafttreten des Haager Ehegüterrechtsabkommens auch *von Bar*, RabelsZ 57 (1993), 63 (80 f.).

756 Abgedruckt in Stb. 1991, Nr. 628.

757 Vgl. Artikel 1 WCHvr, der aufgrund des monistischen Systems der Niederlande nicht unbedingt erforderlich war.

758 Siehe die Vorschriften 6 bis 8 WCHvr; hierzu näher *Joppe*, Internationaal privaatrecht, in: Personen- en familierecht, titel 7, S. 1.7.ipr – 180 ff., aant. 31 ff.

759 Ausführlicher zum Anwendungsbereich des Abkommens siehe *Ten Wolde*, Hoofdlijnen van het Nederlandse Internationaal Huwelijksvermogensrecht, S. 38 f.

760 In bestimmten Fällen beeinflußt das Haager Ehegüterrechtsabkommen aber auch die güterrechtlichen Beziehungen von Ehen, die vor dem 01.09.1992 geschlossen wurden. Laut Artikel 21 Abs. 1 des Abkommens bzw. Artikel 12 Abs. 3 WCHvr gilt das Abkommen für Ehegatten, die das für ihre Ehe maßgebliche Güterrecht nach Inkrafttreten des Abkommens für diesen Vertragsstaat gewählt haben. Ehegatten, die vor dem 01.09.1992 geheiratet haben, steht daher offen, nach dem 01.09.1992 eine Rechtswahl nach Maßgabe des Haager Ehegüterrechtsab-

abkommen besitzt gemäß Artikel 2 des Abkommens Wirkung *erga omnes*. Sein materieller Anwendungsbereich ist in Artikel 1 des Abkommens umschrieben. Dabei fehlt es an einer positiven Definition des Begriffs Ehegüterrecht. Der Anwendungsbereich wird lediglich negativ begrenzt[761]. Ausgeschlossen sind danach Fragen des Unterhalts- und Erbrechts sowie der Geschäftsfähigkeit[762].

Im Folgenden werden die kollisionsrechtlichen Grundsätze des Abkommens skizziert. Zunächst liegt dem Haager Ehegüterrechtsabkommen der Grundsatz der Parteiautonomie zugrunde. Den Ehegatten kommt vor und nach der Eheschließung eine beschränkte Rechtswahlmöglichkeit hinsichtlich des auf ihr Ehegüterrecht anzuwendendes Recht zu[763]. Beschränkt ist die Rechtswahlmöglichkeit hinsichtlich der wählbaren Rechtsordnungen[764]. Die Rechtswahl ist grundsätzlich

---

kommen zu treffen. In Fällen, in denen die Ehegatten vor dem 01.09.1992 geheiratet und vor dem Inkrafttreten des Abkommens auch eine Rechtswahl getroffen haben, trifft Artikel 13 WCHvr die Regelung, daß die getroffene Rechtswahl nicht allein deshalb unwirksam ist, weil sie zu einem Zeitpunkt getroffen wurde, in dem in den Niederlanden noch keine gesetzliche Grundlage für eine Rechtswahlmöglichkeit bestand. Dies gilt allerdings nicht für solche Fälle, auf die das Haager Ehewirkungsabkommen anzuwenden ist. Artikel 13 WCHvr sieht vor, daß eine vor dem 01.09.1992 getroffene, wahrscheinlich unwirksame Rechtswahl grundsätzlich als wirksam betrachtet werden kann, auch wenn sie den Anforderungen des Haager Ehegüterrechtsabkommens nicht entspricht (näher zu Artikel 13 des Gesetzes *Polak/de Rooij/Steffens*, Private International Law in the Netherlands, Supplement, S. 123; *ten Wolde*, Hoofdlijnen van het Nederlandse Internationaal Huwelijksvermogensrecht, S. 16).

761 Vgl. näher zu dem materiellen Anwendungsbereich des Übereinkommens *Beitzke*, RabelsZ 41 (1977), 457 (459); *Joppe*, Internationaal privaatrecht, in: Personen- en familierecht, titel 7, S. 1.7.ipr-81, aant. 9; *Strikwerda*, Inleiding, S. 161; *ten Wolde*, Hoofdlijnen van het Nederlandse Internationaal Huwelijksvermogensrecht, S. 38 f.

762 Der Begriff des Ehegüterrechts ist vertragsautonom zu interpretieren. Das zeigt sich insbesondere in Artikel 4 des niederländischen Zustimmungsgesetzes wider, in welchem die Niederlande klargestellt haben, daß die Artikel 1:85 Abs. 1, 86, 88 und 89 BW nicht zum Ehegüterrecht im Sinne des Übereinkommens zählen sollen.

763 Artikel 3 und 6 des Abkommens. Bei *van Mourik/Schols/Schmellenkamp/Tomlow/Weber*, Deutsch-Niederländischer Rechtsverkehr in der Notariatspraxis, S. 26 f. ist eine deutsche Übersetzung der beiden Artikel abgedruckt. Vgl. umfassend zu der im Abkommen vorgesehenen eingeschränkten Rechtswahlmöglichkeit auch *von Bar*, RabelsZ 57 (1993), 63 (108); *Beitzke*, RabelsZ 41 (1977), 459 (461 ff.); *van Mourik/Schols/Schmellenkamp/Tomlow/Weber*, Deutsch-Niederländischer Rechtsverkehr in der Notariatspraxis, S. 28 f.; *Polak/de Rooij/Steffens*, Private International Law in the Netherlands, Supplement, S. 125 sowie *Strikwerda*, Inleiding, S. 162.

764 Insgesamt bestehen vier Rechtswahlmöglichkeiten. Wählbar ist zum einen das Heimatrecht eines Ehegatten, das Aufenthaltsrecht eines Ehegatten sowie das Recht des zukünftigen gemeinsamen Ehedomizils. Für unbewegliche Sachen ist darüber hinaus die Möglichkeit einer teilweisen Rechtswahl vorgesehen. Vgl. *Meijer/ten Wolde*, WPNR 1998, 6328, 599 (600); *Mostermans*, De processuele behandeling van het conflictenrecht, S. 81. Detailliert *ten Wolde*, Hoofdlijnen van het Nederlandse Internationaal Huwelijksvermogensrecht, S. 40 ff.

unwandelbar[765] und betrifft das gesamte Vermögen[766]. Im Zusammenhang mit Artikel 6 des Abkommens, der eine Rechtswahlmöglichkeit für bereits bestehende Ehen vorsieht, muß Artikel 8 WCHvr beachtet werden. Diese Vorschrift sieht vor, daß die im materiellen niederländischen Recht durch Artikel 1:119 BW gestellten Anforderungen[767] dann keine Anwendung finden, wenn Ehegatten während der Ehe für die güterrechtlichen Wirkungen ihrer Ehe ein anderes als das zuvor anwendbare Recht wählen. In den Fällen, in denen zuvor die niederländische Rechtsordnung einschlägig war, schließlich aber eine Rechtswahl zugunsten eines ausländischen Rechts getroffen wird, brauchen die Voraussetzungen des Artikels 1:119 BW nicht erfüllt zu werden[768]. Gelangt durch die Rechtswahl während der Ehe jedoch niederländisches Recht zur Anwendung, so ist Artikel 1:119 BW zu beachten[769].

Bei fehlender oder ungültiger Rechtswahl findet eine objektive Anknüpfung gemäß Artikel 4 und 5 des Abkommens statt. Dabei bildet Artikel 4 des Abkommens den Ausgangspunkt für die objektive kollisionsrechtliche Anknüpfung, da dieser die grundsätzlich anwendbare Anknüpfungsleiter vorsieht. Primärer Anknüpfungspunkt ist hiernach das Recht des ersten gemeinsamen gewöhnlichen Aufenthalts der Eheleute[770]. Existiert kein gemeinsamer gewöhnlicher Aufent-

---

765 Artikel 3 Abs. 3 sowie Artikel 6 Abs. 3 des Abkommens.

766 Sog. Einheit des Ehegüterrechtsstatutes, vgl. etwa *von Bar*, RabelsZ 57 (1993), 63 (108 f.). Die in Artikel 3 Abs. 4 sowie 6 Abs. 4 des Abkommens vorgesehene Möglichkeit der partiellen Rechtswahl bei unbeweglichen Sachen bildet hierzu eine Ausnahme. Zu den weiteren in Artikel 10, 11 sowie 13 des Abkommens niedergelegten Voraussetzungen der Rechtswahl siehe *Ten Wolde*, Hoofdlijnen van het Nederlandse Internationaal Huwelijksvermogensrecht, S. 42 f.

767 Diese Vorschrift des materiellen niederländischen Rechts bestimmt, daß für den Abschluß sowie für Änderungen von Eheverträgen während der Ehe eine gerichtliche Genehmigung erforderlich ist.

768 Artikel 1:119 BW findet auch in den Fällen keine Anwendung, in denen Ehegatten während der Ehe das Recht wählen, welches zuvor bereits über Artikel 4 und 5 des Abkommens zur Anwendung gelangte; vgl. *Polak/de Rooij/Steffens*, Private International Law in the Netherlands, Supplement, S. 129; *van Rijn van Alkemade*, FJR 1992, 150 (154); *Strikwerda*, Inleiding, S. 166; *Ten Wolde*, Hoofdlijnen van het Nederlandse Internationaal Huwelijksvermogensrecht, S. 51.

769 Vgl. *Meijer/ten Wolde*, WPNR 1998, 6328, 599 (600).

770 Ausreichend für die Annahme eines gemeinsamen gewöhnlichen Aufenthaltsortes im Sinne des Abkommens soll sein, daß die Eheleute in einem Staat leben. Im Gegensatz zu der Auslegung des Begriffs im autonomen niederländischen Internationalen Privatrecht soll es auf ein Zusammenwohnen der Ehepartner nicht mehr ankommen; vgl. hierzu *Schmidt*, NIPR 2000, 33 (35); *Strikwerda*, Inleiding, S. 164. Zur genauen Auslegung dieses Begriffs vgl. *Schmidt*, NIPR 2000, 33 (34 f.). Das Sachrecht des berufenen Staates soll entscheidend sein, vgl. *von*

haltsort des Ehegatten, wird diejenige Rechtsordnung berufen, deren Staatsangehörigkeit beide Eheleute besitzen. Fehlt es an einem gemeinsamen gewöhnlichen Aufenthaltsort und gehören die Ehegatten unterschiedlichen Staaten an, so richtet sich der Güterstand nach dem Recht des Staates, mit dem die engste Verbindung besteht[771].

Neben dieser allgemeinen Anknüpfungsleiter sieht das Übereinkommen für die Staaten, die ursprünglich dem Staatsangehörigkeitsprinzip folgten[772], eine Möglichkeit vor, von der allgemeinen Anknüpfung des Artikel 4 des Abkommens abzuweichen. Durch die Einlegung eines spätestens bei der Ratifikation oder beim Beitritt zu erklärenden Vorbehaltes erhalten diese Staaten die Option, die objektive Anknüpfungsleiter des Artikels 4 des Abkommens zu modifizieren (Artikel 5 des Abkommens). Hintergrund für die Einräumung dieser Möglichkeit ist die Zielsetzung des Haager Ehegüterrechtsabkommens. Das Übereinkommen soll einen Kompromiß zwischen den Staaten erzielen, die wie die Niederlande dem Staatsangehörigkeitsprinzip folgen, und solchen, die das Domizilprinzip als Anknüpfungsfaktor zugrunde legen. Der Ausgleich zwischen den Ansätzen wurde dabei nicht in der Form gesucht, daß ein System als Ausgangspunkt genommen wurde, welches mit Ausnahmeregelungen zugunsten des anderen Ansatzes versehen wurde. Vielmehr sollten die beiden Systeme intakt bleiben und lediglich aufeinander abgestimmt werden[773]. Die Niederlande als Staatsangehörigkeitsstaat haben den angesprochenen Vorbehalt eingelegt[774]. In Folge dieser Erklärung treten die beiden in Artikel 4 Abs. 2 Ziffer 1 und 2 des Abkommens vorgesehenen Ausnahmen in Kraft. Staaten, die dem Staatsangehörigkeitsprinzip anhängen, können sich somit die Anwendung ihres Sachrechts auf ihre Staatsangehörigen unter bestimmten Voraussetzungen vorbehalten. Vereinfacht gesagt bewirkt die Einlegung des Vorbehaltes also, daß die Anknüpfungsfaktoren des ersten gemeinsamen Eheaufenthalts und der gemeinsamen Staatsangehörigkeit in der Anknüpfungsleiter des Artikels 4 Haager Ehegüterrechtsabkommen die Plätze tauschen. Im einzelnen führt die Erklärung des Vorbehaltes jedoch zu einem komplizierten System von Verweisungsnormen, dessen Anwendbarkeit durch das folgende Schema vereinfacht werden soll:

Bar, RabelsZ 57 (1993), 63 (97); *Graue*, RabelsZ 57 (1993), 26 (54). Der *renvoi* ist ausgeschlossen, vgl. *Strikwerda*, NJB 1998, 541 (542).

771 Siehe beispielsweise Rb. 's-Gravenhage, 04.10.1995, NIPR 1996, Nr. 193.

772 Im Folgenden werden diese Länder aus Vereinfachungsgründen als Staatsangehörigkeitsländer bezeichnet.

773 Vgl. zur Entwicklung *Beitzke*, RabelsZ 41 (1977), 459 (467 ff.); *Strikwerda*, Inleiding, S. 162.

774 Vgl. Artikel 2 des niederländischen Zustimmungsgesetzes vom 20.11.1991, abgedruckt in Stb. 1991, Nr. 627.

Besitzen die Ehegatten keine gemeinschaftliche Staatsangehörigkeit, wohl aber einen gemeinsamen gewöhnlichen Aufenthalt, so ist das Recht des Aufenthaltslandes anwendbar.

Haben die Ehegatten keinen gewöhnlichen Aufenthaltsort, wohl aber eine gemeinschaftliche Staatsangehörigkeit, dann findet die Rechtsordnung der gemeinsamen Staatsangehörigkeit Anwendung.

Besitzen die Ehegatten weder eine gemeinschaftliche Staatsangehörigkeit noch einen gemeinsamen ehelichen Aufenthalt, so wird das Recht des Landes angewendet, mit dem die ehegüterrechtlichen Beziehungen der Ehegatten in Anbetracht aller Umstände am engsten verbunden sind.

Wenn die Ehegatten sowohl eine gemeinschaftliche Staatsangehörigkeit als auch einen gemeinsamen gewöhnlichen Aufenthaltsort haben, so

- ist das gemeinsame Heimatrecht der Ehepartner anwendbar, wenn beide Ehegatten die Staatsangehörigkeit eines Vertragsstaates/Staatsangehörigkeitsland besitzen und sich ihr gewöhnlicher Aufenthalt in einem Staatsangehörigkeitsland befindet.
- ist in den Fällen, in denen sie die Staatsangehörigkeit eines Vertragsstaates/Staatsangehörigkeitsland besitzen und in einem Domizilland ihren gewöhnlichen Aufenthalt haben, das Recht des Staatsangehörigkeitslandes anwendbar, wenn die Eheleute im Zeitpunkt der Eheschließung weniger als fünf Jahre ihren gewöhnlichen Aufenthalt in dem Land des gewöhnlichen Aufenthalts besaßen. Waren sie bis zu diesem Zeitpunkt hingegen länger als fünf Jahre in diesem Land domiziliert, so findet das Recht des Domizillandes Anwendung.
- ist das Recht des Staatsangehörigkeitslandes anwendbar, wenn beide Ehepartner gemeinschaftlich die Nationalität eines Nichtvertragsstaates/Staatsangehörigkeitsland besitzen und in einem Staatsangehörigkeitsland domiziliert sind.
- findet das Recht des Domizilstaates Anwendung, wenn sich die Ehepartner gewöhnlich in einem Domizilland aufhalten und die gemeinsame Staatsangehörigkeit eines Nichtvertragsstaates/Staatsangehörigkeitsland haben.
- ist das Recht des Domizillandes einschlägig, wenn die Ehegatten Staatsangehörige eines Domizillandes sind[775].

---

[775] Das Schema ist an das von der Staatskommission für das Internationale Privatrecht sowie der Königlichen Notariatsgesellschaft für das niederländische Justizministerium im Jahre 1988 erstellte Gutachten angelehnt (Vgl. Staatscourant vom 01.07.1988, Nr. 125 S. 2; NJB 1988, 959). Vgl. auch *von Bar*, RabelsZ 57 (1993), 63 (110 f.); *Strikwerda*, NJB 1993, 673 (679); *Ten Wolde*, Hoofdlijnen van het Nederlandse Internationaal Huwelijksvermogensrecht, S. 45;

Voraussetzung für eine von der Rangfolge des Artikel 4 Abs. 1 des Abkommens abweichenden Anknüpfung ist immer eine gemeinsame Staatsangehörigkeit der Ehegatten. Wann eine solche vorliegt, geht aus Artikel 15 Abs. 1 des Abkommens hervor. Eine gemeinsame Staatsangehörigkeit besteht danach nur, wenn die Ehegatten sie vor Eheschließung gemeinsam besaßen, sie nach der Eheschließung gemeinsam willentlich erworben haben oder wenn sie nur ein Ehepartner besaß, der andere sie aber willentlich im Zeitpunkt der Eheschließung oder danach durch Option oder durch willentliche Unterlassung der Ausschlagung die Staatsangehörigkeit erwirbt[776]. Haben beide Ehegatten mehr als eine gemeinsame Staatsangehörigkeit, so liegt, abgesehen von den in Artikel 7 Abs. 2 des Abkommens geregelten Fällen, keine „gemeinsame" Staatsangehörigkeit im Sinne des Abkommens vor (vgl. Artikel 15 Abs. 2 des Abkommens)[777]. Artikel 2 WCHvr gestaltet in diesem Zusammenhang für die Niederlande den eingelegten Vorbehalt nach Artikel 5 des Abkommens näher aus. Er legt fest, daß sich das Ehegüterrecht von Ehegatten, die beide die niederländische Staatsangehörigkeit besitzen in Übereinstimmung mit Artikel 4 Abs. 2 Nr. 1 des Haager Ehegüterrechtsabkommens und mangels einer Rechtswahl nach niederländischem Recht bestimmt, auch wenn die Ehegatten daneben noch andere Staatsangehörigkeiten besitzen[778].

Auch die Maxime der Unwandelbarkeit prägt das Haager Ehegüterrechtsabkommen (Artikel 7 Abs. 1 des Abkommens)[779]. Von diesem Grundsatz kann jedoch in den durch Artikel 6 sowie 7 Abs. 2 des Abkommens vorgesehenen Fällen abgewichen werden. Eine automatische Änderung des auf die güterrechtlichen Wirkungen anwendbaren Rechts tritt gemäß Artikel 7 Abs. 2 des Abkommens zugunsten des gemeinsamen Aufenthaltsrechts ein, wenn der Aufenthaltsstaat zugleich der Staat ist, dessen gemeinsame Staatsangehörigkeit sie besitzen, wenn der gewöhnliche Aufenthalt seit zehn Jahren besteht oder wenn vorher mangels gewöhnlichem Aufenthalt im selben Staat das gemeinsame Heimatrecht galt. Die Wandlung der gesetzlichen Anknüpfung vollzieht sich daher insbesondere in den Fäl-

---

Vlas, IPRax 1995, 194 (196) sowie Werkgroup internationaal privaatrecht van de Nederlandse Vereniging voor Rechtspraak, Trema 1995 Nr. 5.

776 Vgl. *Beitzke*, RabelsZ 41 (1977), 459 (469 f.).

777 In diesen Konstellationen erfolgt die Bestimmung des Ehegüterrechtsstatuts gemäß Artikel 4 Abs. 1 oder Abs. 3 des Abkommens. Siehe auch *Polak/de Rooij/Steffens*, Private International Law in the Netherlands, Supplement, S. 126.

778 Artikel 2 WCHvr bezweckt, die Durchführung einer Realitätsprüfung zu vermeiden; vgl. *Polak/de Rooij/Steffens*, Private International Law in the Netherlands, Supplement, S. 126, *van Rijn van Alkemade*, FJR 1992, 150 (154).

779 Anders *von Bar*, RabelsZ 57 (1993), 63 (109).

len, in denen Angehörige desselben Staates ihren ersten gewöhnlichen Aufenthalt im Ausland aufgeben und in das gemeinsame Heimatland zurückkehren[780].

Als weitere kollisionsrechtliche Grundmaxime des Haager Ehegüterrechtsabkommens ist die vorgesehene Drittwirkung des ermittelten Ehegüterrechtsstatuts zu nennen (Artikel 9 Abs. 1 des Abkommens, Artikel 3 WCHvr). Allerdings wurde den Vertragsstaaten die Möglichkeit zugebilligt, bezüglich der Drittwirkung nähere Ausgestaltungen zu treffen (Artikel 9 Abs. 2 und 3 des Abkommens). Die Niederlande haben von dieser Gelegenheit in den Artikeln 4 und 5 WCHvr Gebrauch gemacht und Schutzvorschriften hinsichtlich der Drittwirkung eines ausländischen Ehegüterrechtsstatuts vorgesehen[781]. Für die Drittwirkung eines ausländischen Güterrechts bei gewöhnlichem Aufenthalt der Ehegatten sowie des Dritten in den Niederlanden verlangen die Niederlande die Errichtung und die Eintragung einer notariellen Erklärung im Güterrechtsregister gemäß Artikel 1:116 BW. Damit sich ein Ehegatte auf das ausländische Ehegüterrecht berufen kann, muß die Erklärung den Inhalt haben, daß die güterrechtlichen Wirkungen der Ehe nicht dem niederländischem Recht unterliegen[782]. Gemäß Artikel 5 Abs. 1 WCHvr besteht generell eine Vermutung zugunsten des niederländischen gesetzlichen Güterstandes[783], wenn der Dritte sowie der Ehegatte im Zeitpunkt des Entstehens der rechtlichen Beziehungen ihren gewöhnlichen Aufenthalt in den Nie-

---

[780] Siehe näher zu den Fällen, in denen das Ehegüterrechtsstatut wandelbar ist *Beitzke*, RabelsZ 41 (1977), 459 (470 ff.); *Bergmann/Ferid/Henrich*, Internationales Ehe- und Kindschaftsrecht, Teil Niederlande, S. 23 f.; *Polak/de Rooij/Steffens*, Private International Law in the Netherlands, Supplement, S. 127 f.; *van Rijn van Alkemade*, FJR 1992, 150 (153); *Strikwerda*, Inleiding, S. 164 f.; *Ten Wolde*, Hoofdlijnen van het Nederlandse Internationaal Huwelijksvermogensrecht, S. 46 ff. Die Folgen einer automatischen Wandlung des Ehegüterrechtsstatuts sind in Artikel 8 des Abkommens geregelt.

[781] Siehe Artikel 3 des niederländischen Zustimmungsgesetzes. Weitere Bestimmungen sind zudem in Artikel 7 und 10 WCHvr enthalten. Umfassend zum Schutz von Dritten im Gesetz über das IPR des Ehegüterrechts *Polak/de Rooij/Steffens*, Private International Law in the Netherlands, Supplement, S. 128; *van Rijn van Alkemade*, FJR 1992, 150 (153); *Strikwerda*, Inleiding, S. 165 f.; *Strikwerda*, NJB 1993, 673 (679); *Ten Wolde*, Hoofdlijnen van het Nederlandse Internationaal Huwelijksvermogensrecht, S. 51 ff. Zu der früheren Situation sowie zu der Anwendbarkeit der Regeln auf Altehen vgl. *ten Wolde*, WPNR 1999, 6341, 30 (31 f.) mit weiteren Nachweisen.

[782] Artikel 4 WCHvr.

[783] In den Niederlanden ist der gesetzliche Güterstand gemäß Artikel 1:93 BW die allgemeine Gütergemeinschaft; vgl. *Bergmann/Ferid/Henrich*, Internationales Ehe- und Kindschaftsrecht, Teil Niederlande, S. 40; *Hensen*, Matrimonial Property Relations and Dutch Conflicts of Law, in: Comparability and Evaluation, S. 201 (202 f.); *van Mourik/Schols/Schmellenkamp/Tomlow/Weber*, Deutsch-Niederländischer Rechtsverkehr in der Notariatspraxis, S. 33 ff.; *van Rijn van Alkemade*, FJR 1992, 150 (151); Staudinger (*von Bar/Mankowski*), Artikel 15, Rn. 244.

derlanden haben. Dies gilt jedoch gemäß Artikel 5 Abs. 2 WCHvr dann nicht, wenn der Dritte weiß oder hätte wissen müssen, daß ein ausländisches Ehegüterrecht einschlägig ist. Dies wird ab dem vierzehnten Tag nach der Eintragung der notariellen Erklärung über die Geltung ausländischen Güterrechts am 23.08.1977 in das Güterrechtsregister vermutet. Faktisch kommt gutgläubigen Dritten damit der Schutz zu, den sie auch in rein niederländischen Fällen genießen würden, wenn gütervertragliche Vereinbarungen von den Ehegatten getroffen werden.

3. Anknüpfung im autonomen niederländischen Kollisionsrecht

Auf Fälle, die nicht dem Anwendungsbereich eines Staatsvertrags unterfallen, ist autonomes niederländisches Kollisionsrecht anzuwenden. Bis zum Jahre 1992 blieb das autonome Internationale Ehegüterrecht gesetzlich nicht normiert und wurde primär durch richterliche Rechtsfortbildung geprägt. Im Laufe der Jahre war es verschiedenen Wandlungen unterworfen und zeichnete sich lange Zeit hauptsächlich durch Einzelfallentscheidungen aus[784]. Traditionell wendeten Rechtsprechung und Literatur Artikel 6 AB an. Obwohl die Norm selbst nicht klärt, welche Materien als solche des Personalstatuts zu betrachten sind, entnahm ihr die Rechtsprechung, daß das gemeinsame Heimatrecht der Ehegatten im Zeitpunkt der Eheschließung das auf ihr Ehegüterrecht anzuwendende Recht bestimme[785]. Bis in die sechziger Jahre bedeutete dies faktisch eine Anknüpfung an das Heimatrecht des Mannes, da die ausländische Ehefrau grundsätzlich durch die Eheschließung mit einem Niederländer die niederländische Staatsangehörigkeit erwarb[786]. Erst unter dem Eindruck von Gleichberechtigungsforderungen im materi-

---

[784] Zur Rechtsentwicklung vgl. näher *Klinke*, DNotZ 1981, 351 (353 ff.); *Klinke*, IPRax 1983, 131 (132 ff.); *Klinke*, MittRhNotK 1984, 45 (45 ff.); *van Rooij/Polak*, Private International Law in the Netherlands, S. 194 ff. bzw. *Polak/de Rooij/Steffens*, Private International Law in the Netherlands, Supplement, S. 119 ff.; *van Rijn van Alkemade*, FJR 1992, 150 (151); *Sauveplanne*, Elementair internationaal privaatrecht, S. 34; *Strikwerda*, Inleiding, S. 151 ff.

[785] *Hoge Raad* 17.05.1929, NJ 1929, Nr. 1279 (*Clemens-Klein*). Vgl. auch *Klinke*, DNotZ 1981, 351 (353); *Klinke*, IPRax 1983, 132 (135 f.); *van Mourik*, Huwelijksvermogensrecht, S. 220 f.; *van Rooij/Polak*, Private International Law in the Netherlands, S. 194 f.; *Strikwerda*, Inleiding, S. 151 f.

[786] Gemäß des niederländischen Staatsangehörigkeitsgesetzes erwarb die ausländische Ehefrau eines Niederländers bis zum 01.03.1964 automatisch die Staatsangehörigkeit ihres Mannes (Text von Artikel 5 Wet op het Nederlanderschap en het ingezetenschap vom 12.12.1892 in der bis zum 01.03.1964 geltenden Fassung bei *Baumann*, Geltende Staatsangehörigkeitsgesetze: Niederlande, 1953, S. 44). Damit war durch die *Clemens-Klein*-Entscheidung die Kollisionsregel des Haager Ehewirkungsübereinkommens faktisch in das autonome Internationale Privatrecht übernommen worden. Auch die Fassung des Benelux-Einheitsgesetzes aus dem Jahre 1969 sah noch das Heimatrecht des Ehemannes als ausschlaggebenden Anknüpfungsfaktor an. Siehe zum Ganzen *Lubbers*, Internationaal privaatrecht, in: Personen- en familierecht, titel 7 (alte Bearbeitung), aant. 85; *van Mourik*, Huwelijksvermogensrecht, S. 221;

ellen Eherecht[787] und der Änderung des Staatsangehörigkeitsgesetzes[788] wurde allmählich von der Anknüpfung an das Heimatrecht des Mannes abgewichen. In der niederländischen Rechtsprechung zeichnete sich schließlich die Tendenz ab, die Staatsangehörigkeitsanknüpfung gänzlich zugunsten einer Anknüpfung an das Recht des ehelichen Wohnsitzes aufzugeben[789].

a) *Chelouche/van Leer*-Entscheidung

In dieser durch Rechtsunsicherheit geprägten Situation fällte der *Hoge Raad* die erste der fünf Grundsatzentscheidungen, die in den folgenden Jahren das Internationale Ehegüterrecht der Niederlande entscheidend prägen sollten[790]. In der sog. *Chelouche/van Leer*-Entscheidung vom 10.12.1976[791] stellte der Oberste Gerichtshof für das autonome Internationale Ehegüterrecht ein mit der deutschen „Kegel'schen Anknüpfungsleiter" vergleichbares Stufenmodell auf, mit der er der im Benelux-Einheitsgesetz vorgesehenen Regelung des Internationalen Ehegüterrechts den Rücken kehrte. Zunächst billigte der Oberste Gerichtshof Verlobten

---

van Rijn van Alkemade, FJR 1992, 150 (151); *Ten Wolde*, Hoofdlijnen van het Nederlandse Internationaal Huwelijksvermogensrecht, S. 10.

787 Die Gleichberechtigung von Mann und Frau wurde im materiellen Eherecht durch die sog. „lex van Oven" vom 14.06.1956 (Stb. 1956, Nr. 343, deutscher Text in RabelsZ 22 (1957), 324 ff.) eingeführt. Vgl. hierzu *Brondics/Mark*, DNotZ 1985, 131 (138); *Czapski*, RabelsZ 22 (1957), 300 (300 ff.); *Klinke*, MittRhNotK 1984, 45 (47); *Voskuil*, RabelsZ 43 (1979), 346 (346 ff.).

788 Die ausländische Ehefrau eines Niederländers kann gemäß der neuen Fassung des Artikel 8, 12a *Wet op het Nederlanderschap en het ingezetenschap* vom 12.12.1892 in der Fassung des Gesetzes vom 14.11.1963 (Text abgedruckt bei *Bergmann/Ferid/Henrich*, Internationales Ehe- und Kindschaftsrecht, Teil Niederlande, S. 6 f.) nur noch durch Option die niederländische Staatsangehörigkeit erwerben; vgl. auch *Voskuil*, RabelsZ 43 (1979), 346 (354).

789 Vgl. beispielsweise Rb. Rotterdam, 25.11.1974, NJ 1976, Nr. 52; Rb. Amsterdam, 24.02.1974, NJ 1974, Nr. 191. Diese Tendenz fand auch in der niederländischen Literatur teilweise Zustimmung; vgl. statt vieler *Lemaire*, Hoofdlijnen, S. 120 f. Siehe zu weiteren Literaturangaben *Ten Wolde*, Hoofdlijnen van het Nederlandse Internationaal Huwelijksvermogensrecht, S. 19 Fn. 28.

790 Zu diesen wichtigen Grundsatzentscheidungen des *Hoge Raad* zählen die *Chelouche/van Leer*-Entscheidung vom 10.12.1976 (NJ 1977, Nr. 275), die *Haagse Italianen*-Entscheidung vom 27.03.1981 (NJ 1981, Nr. 335), die *Sabah*-Entscheidung vom 07.04.1989 (NJ 1990, Nr. 347; teilweise auch als *Tan/Bavinck* zitiert), die *Zimbabwe*-Entscheidung vom 19.03.1993 (NJ 1994, Nr. 187, teilweise auch als *Rhodesische Nederlanders* zitiert) sowie die *Hong-Kong*-Entscheidung vom 16.09.1994 (NJ 1995, Nr. 169).

791 *Hoge Raad*, 10.12.1976, NJ 1977, Nr. 275. Zu beachten ist, daß in diesem Fall keine gütervertraglichen Regelungen getroffen worden waren. Zu den dieser Entscheidung vorgehenden Entscheidungen der Instanzgerichte siehe *Klinke*, DNotZ 1981, 351 (360 f.); *Lubbers*, Internationaal privaatrecht, in: Personen- en familierecht, titel 7, (alte Bearbeitung) aant. 86 sowie *Strikwerda*, Inleiding, S. 152 ff.

das Recht zu, vor der Ehe eine Rechtswahl bezüglich des Ehegüterrechts treffen zu können, daß dann für die Gesamtdauer der Ehe maßgeblich bleiben sollte[792]. Offen blieb in diesem Urteil allerdings, ob eine das Ehegüterrechtsstatut betreffende Rechtswahl auch nach der Eheschließung getroffen werden kann[793]. Zumindest für die Auseinandersetzung der in den Niederlanden den gesetzlichen Güterstand bildenden allgemeinen Gütergemeinschaft nach einer Scheidung neigt die Rechtsprechung dazu, eine Rechtswahl zuzulassen[794]. Auch über die Fragen, welche Rechtsordnungen gewählt werden können[795] sowie in welcher Form die Rechtswahl erfolgen muß[796], schwieg das Urteil. Wurde keine Rechtswahl getrof-

---

[792] Siehe *Hoge Raad*, 10.12.1976, NJ 1977, Nr. 275 sowie auch *Hoge Raad*, NJ 1981, Nr. 335. Näher zur Rechtswahlmöglichkeit im autonomen Internationalen Ehegüterrecht sowie ihrer Entwicklung *van Rijn van Alkemade*, FJR 1992, 150 (151); *Schotten*, Das IPR in der notariellen Praxis, S. 344; *Strikwerda*, Inleiding, S. 155 f.; *Ten Wolde*, Hoofdlijnen van het Nederlandse Internationaal Huwelijksvermogensrecht, S. 15 f. Die beschränkte Rechtswahlmöglichkeit ist mittlerweile für nach dem 01.09.1992 geschlossene Ehen in Artikel 1 WCHvr i.V.m. dem Haager Ehegüterrechtsabkommen verankert. Rechtswahlen, die vor dem 01.09.1992 stattgefunden haben, werden mittlerweile von Artikel 13 WCHvr erfaßt. Die durch die *Chelouche/van Leer*-Entscheidung zugebilligte Rechtswahlmöglichkeit hat somit ihre praktische Bedeutung verloren.

[793] Zweifelhaft erschien dies, da die Entscheidung des *Hoge Raad* von der Rechtswahlmöglichkeit der künftigen Ehegatten sprach. Zu der Behandlung durch die Instanzgerichte vgl. beispielsweise Rb. Den Haag, 22.07.1988, NIPR 1988, Nr. 500; Rb. Arnhem, 03.05. 1990, NIPR 1990, Nr. 411, Rb. Alkmaar, 01.11.1990, NIPR 1991 Nr. 61; Rb. 's-Gravenhage, 12.10.1993, NIPR 1994, Nr. 222. In der niederländischen Literatur wurde dies wohl bejaht; siehe *Brondics/Mark*, DNotZ 1985, 131 (144); *Polak/de Rooij/Steffens*, Private International Law in the Netherlands, Supplement, S. 121; *Ten Wolde*, Hoofdlijnen van het Nederlandse Internationaal Huwelijksvermogensrecht, S. 29 ff. sowie Nachweise bei *Bergmann/Ferid/Henrich*, Internationales Ehe- und Kindschaftsrecht, Bd. 7, Niederlande, S. 24, Fn. 25, 25 a. Im Gegensatz zu der im Haager Ehegüterrechtsabkommen getroffenen Regelung soll eine während einer bestehenden Ehe getroffene Rechtswahl lediglich *ex nunc*-Wirkung besitzen; vgl. etwa Rb. Den Haag, 22.07.1988, NIPR 1988, Nr. 500. Durch das Inkrafttreten des Haager Ehegüterrechtsabkommens sowie des Gesetzes über das IPR des Ehegüterrechts hat die Frage, ob eine Rechtswahl auch bei bestehenden Ehen möglich ist, durch Artikel 13 WCHvr eine eindeutige Klärung erfahren; siehe hierzu *Joppe*, Internationaal privaatrecht, in: Personen- en familierecht, titel 7, S. 1.7.ipr – 420-430 ff. aant. 92.

[794] So etwa Rb. Den Haag, 09.11.1987, NIPR 1988, Nr. 123; Rb. Roermond, 11.08.1988, NIPR 1989, Nr. 232, das sogar eine stillschweigende Rechtswahl zuläßt.

[795] In der Literatur wurde angenommen, daß diese Frage in Anlehnung an die im Haager Ehegüterrechtsabkommen vorgesehenen Regelungen zu lösen sei, vgl. hierzu ausführlicher *Strikwerda*, Inleiding, S. 155, *Ten Wolde*, Hoofdlijnen van het Nederlandse Internationaal Huwelijksvermogensrecht, S. 15.

[796] Aus dem Urteil des *Hoge Raad* vom 19.03.1993, abgedruckt in NJ 1994, Nr. 187 (*Zimbabwe*), ließ sich ableiten , daß die Rechtswahl nicht formfrei ist und eine stillschweigende Rechtswahl nicht akzeptiert wird; siehe auch Rb. Alkmaar, 10.08.1989, NJ 1990, Nr. 348.

fen, so findet nach dem *Chelouche/van Leer*-Stufenmodell das gemeinsame Heimatrecht der Eheleute im Zeitpunkt der Eheschließung auf das Ehegüterrecht Anwendung. Das durch die Anknüpfung im Haager Ehewirkungsübereinkommen bestehende Gleichberechtigungsdefizit wurde damit aufgehoben. Bei der Anknüpfung an die gemeinsame Staatsangehörigkeit besteht insofern Spielraum, als die gemeinsame Staatsangehörigkeit nicht schon im Zeitpunkt der Eheschließung vorgelegen haben muß, sondern vielmehr noch im Zusammenhang mit der Eheschließung erworben werden kann[797]. In einer späteren Entscheidung hat der Oberste Gerichtshof festgestellt, daß aus Gründen der Rechtssicherheit eine Effektivitäts- bzw. eine Realitätsprüfung im Bereich des Ehegüterrechts nicht stattfindet[798].

Fehlt es an einer gemeinsamen Staatsangehörigkeit der Ehegatten, knüpft das Gericht hinsichtlich des Ehegüterrechts an das Recht des ersten Ehewohnsitzes an[799]. Anders als bei der Staatsangehörigkeit handelt es sich beim gemeinsamen ehelichen Wohnsitz um einen tatsächlichen Begriff. Erforderlich für einen gemeinsamen ehelichen Wohnsitz soll das Zusammenleben der Ehegatten an diesem Ort sein. Der *Hoge Raad* erachtete dabei die Begründung eines gemeinsamen ehelichen Wohnsitzes erst einige Wochen nach der Eheschließung als ausreichend[800]. In der *Chelouche/van Leer*-Entscheidung deutete der Oberste Gerichtshof an, daß unter besonderen Umständen von dieser dritten Stufe der Anknüpfungsleiter ab-

---

Ausführlicher hierzu *Strikwerda*, Inleiding, S. 155; *Ten Wolde*, Hoofdlijnen van het Nederlandse Internationaal Huwelijksvermogensrecht, S. 16.

797 *Hoge Raad*, 14.05.1976, NJ 1977, Nr. 335, Hof Amsterdam, 19.01.1983, NIPR 1983, Nr. 190; Hof 's-Gravenhage, 30.06.1995, NIPR 1995, Nr. 491) sowie in der Literatur *Joppe*, Huwelijksvermogensrecht, S. 72; *Klinke*, DNotZ 1981, 351 (357); *van der Ploeg*, NILR 1977, 474 (478). Siehe zu dieser Anknüpfung auch *Sauveplanne*, Elementair internationaal privaatrecht, S. 35; *Strikwerda*, Inleiding. S. 156; *Ten Wolde*, Hoofdlijnen van het Nederlandse Internationaal Huwelijksvermogensrecht, S. 17 ff.

798 Siehe *Hoge Raad*, 06.12.1991, NJ 1992, Nr. 669 (*Rotterdamse Spanjaarden*) mit Anm. *Schultsz*. Diese Auffassung entsprach auch der überwiegend in der Literatur vertretenen Auffassung, vgl. anstatt vieler *de Boer/Kotting*, WPNR 1982, 5607, 289 (295); *van Erp*, Internationaal huwelijksvermogensrecht, S. 59 ff. Ausführlich zu diesem Problemkreis *Joppe*, Internationaal privaatrecht, in: Personen- en familierecht, titel 7, S. 1.7.ipr –460 ff., aant. 97, *Joppe*, Huwelijksvermogensrecht, S. 74 sowie *Ten Wolde*, Hoofdlijnen van het Nederlandse Internationaal Huwelijksvermogensrecht, S. 18 ff.

799 Detailliert hierzu *Joppe*, Internationaal privaatrecht, in: Personen- en familierecht, titel 7, S. 1.7.ipr –488 ff., aant. 100; Schmidt, NIPR 2000, 33 (33 f.); *Strikwerda*, Inleiding, S. 156 f.; *Ten Wolde*, Hoofdlijnen van het Nederlandse Internationaal Huwelijksvermogensrecht, S. 21 f.

800 So der *Hoge Raad* im Urteil vom 16.09.1994, abgedruckt in NJ 1995, Nr. 169 (*Hong Kong*). Mit dieser Entscheidung hat der Oberste Gerichtshof der Wohnsitzanknüpfung der *Chelouche/van Leer*-Entscheidung erst deutliche Konturen verliehen. Siehe zu dieser Entscheidung *Joppe*, WPNR 1995, 6192, 569 (570) sowie Rapport van de Werkgroep IPR van de Nederlandse Vereniging voor Rechtspraak, Trema 1995, S. 144, 150.

gewichen werden kann. Eine Ausnahmeanknüpfung soll in den Fällen zulässig sein, in denen die Anknüpfung unzumutbar ist[801]. Läßt sich ein erster Ehewohnsitz nicht feststellen, dann will der *Hoge Raad* hilfsweise das Ehegüterrecht des Landes angewendet wissen, zu dem beide Ehegatten die engsten Beziehungen unterhalten[802]. Zur Feststellung der engsten Beziehung müssen alle tatsächlichen Umstände in Betracht gezogen werden[803].

b) Geltungsumfang des *Chelouche/van Leer*-Stufenmodells

Das vom *Hoge Raad* in der *Chelouche/van Leer*-Entscheidung entwickelte Stufenmodell, welches letztlich einen Kompromiß zwischen Staatsangehörigkeits- und Wohnortprinzip darstellt, bewirkte zunächst Rechtssicherheit über das auf nach dem 10.12.1976 (Datum der Entscheidung) geltende Ehegüterrechtsstatut. Nicht beantwortet wurde hingegen die intertemporale Frage, ob das Kollisionsnormensystem auch auf schon vor dem Urteilsspruch eingegangene (Alt-) Ehen anzuwenden sei[804]. Mit der *Sabah*-Entscheidung aus dem Jahre 1989[805] hat sich der *Hoge Raad* zugunsten einer grundsätzlichen Rückwirkung der *Chelouche/van Leer*-Anknüpfungsleiter ausgesprochen[806]. Folglich unterliegen auch die ehegüter-

---

801 Siehe statt vieler *Sauveplanne*, Elementair internationaal privaatrecht, S. 35. Zur Bedeutung der Unzumutbarkeitsklausel siehe unten Seite 169 f.

802 Im Gegensatz zum Haager Ehegüterrechtsabkommen, das in Artikel 4 Abs. 3 des Abkommens von der Anknüpfung an die engsten Beziehungen des Ehegüterrechts ausgeht, spricht die *Chelouche/Van Leer*-Entscheidung von der engsten Verbindung der Parteien. Zu den Auswirkungen dieser unterschiedlichen Formulierung vgl. *Joppe*, Internationaal privaatrecht, in: Personen- en familierecht, titel 7, S. 1.7.ipr –501 ff., aant. 101. Insgesamt näher zu diesem Anknüpfungspunkt *Cohen Henriquez*, IPR-Trends, S. 106; *de Ly*, Open Normen in het Nederlandse Conflictenrecht; in: Miscellanea, Festschrift van Dunné, S. 3 (5 f.); *Klinke*, DNotZ 1981, 351 (356 ff.); *Sauveplanne*, Elementair internationaal privaatrecht, S. 35; *Ten Wolde*, Hoofdlijnen van het Nederlandse Internationaal Huwelijksvermogensrecht, S. 22.

803 So in der Praxis beispielsweise Rb. Alkmaar, 01.06.1989, NIPR 1989, Nr. 377; Rb. Arnhem, 03.05.1990, NIPR 1990, Nr. 411; Rb. 's-Gravenhage, 09.06.1992, NIPR 1992, Nr. 336.

804 In der Literatur wurde die *Chelouche/van Leer*-Entscheidung bereits überwiegend in der Weise interpretiert, daß die Anknüpfungsleiter rückwirkend auf Altehen anzuwenden sei, vgl. statt vieler *Cohen Henriquez*, IPR Trends, S. 110, *Jessurun d'Oliveira*, AA 36 (1977), 195 (206); *Klinke*, DNotZ 1981, 352 (362 f.); *Schultsz*, NJ 1977, Nr. 952. Siehe zudem die Darstellungen bei *van Mourik/Schols/Schmellenkamp/Tomlow/Weber*, Deutsch-Niederländischer Rechtsverkehr in der Notariatspraxis, S. 13 f.; *Ten Wolde*, Hoofdlijnen van het Nederlandse Internationaal Huwelijksvermogensrecht, S. 12 f.; *Vlas*, IPRax 1995, 194 (195 f).

805 *Hoge Raad*, 07.04.1989, NJ 1990, Nr. 347 (*Sabah* oder auch als *Tan/Bavinck* zitiert).

806 Vgl. in der Literatur *Hoog*, Das niederländische Erbschafts- und Schenkungsteuerrecht, Rn. 110 ff.; *Joppe*, Internationaal privaatrecht, in: Personen- en familierecht, titel 7, S. 1.7. ipr – 391 ff., aant. 90; *van Mourik*, Huwelijksvermogensrecht, S. 222 f.; *Polak/de Rooij/Steffens*,

rechtlichen Beziehungen von Ehen, die vor dem 10.12.1976 geschlossen wurden, prinzipiell dem Stufenmodell der *Chelouche/van Leer*-Entscheidung.

Zu diesem Grundsatz hat der *Hoge Raad* allerdings zwei Ausnahmen formuliert. So stellte der Oberste Gerichtshof klar, daß die *Chelouche/van Leer*-Regeln in den Fällen keine Rückwirkung entfalten, in denen das Haager Ehewirkungsübereinkommens aus dem Jahre 1905 einschlägig ist und die Eheschließung vor dessen Kündigung durch die Niederlande stattfand[807]. Das Ehegüterrechtsstatut wird somit als unwandelbar angesehen, wenn im Zeitpunkt der Heirat eine eindeutige geschriebenen Kollisionsnorm bestand. Rückwirkung entfalten die *Chelouche/van Leer*-Regeln hingegen grundsätzlich dann, wenn die güterrechtlichen Beziehungen ungeschriebenen Regelungen des autonomen Internationalen Privatrechts unterfallen. Doch auch hinsichtlich dieser Fälle sind Einschränkungen zu beachten. Um unerwünschten Folgen der Rückwirkung des *Chelouche/van Leer*-Stufenmodells entgegenzutreten, hat der Oberste Gerichtshof im *Sabah*-Urteil als weitere Ausnahme zugestanden, daß bei Ehen, die vor 1976 geschlossen wurden und nicht dem Anwendungsbereich des Haager Ehewirkungsabkommens unterfallen, von der grundsätzlichen Anwendung der *Chelouche/van Leer*-Regel unter besonderen Umständen abgewichen werden kann[808]. Dies soll etwa dann der Fall sein, wenn die Ehepartner gerechtfertigt, nämlich „aus guten Gründen", von anderen Kollisionsregeln ausgegangen sind und ihre ehegüterrechtlichen Beziehungen darauf abgestimmt haben. Maßgeblich soll dann die andere Verweisungsnorm sein[809]. Mit der *Sabah*-Entscheidung schließt der Oberste Gerichtshof an die *Chelouche/van Leer*-Entscheidung an, in der er bereits erwog, daß bei Unzumutbarkeit die Anknüpfungsleiter derogiert werden könne[810]. Die *Sabah*-Entscheidung

---

Private International Law in the Netherlands, Supplement, S. 120 f.; anders wohl *Bergmann/Ferid/Henrich*, Internationales Ehe- und Kindschaftsrecht, Bd. 7, Niederlande, S. 24 f.

807 Vgl. *Haagse Italianen*-Entscheidung des *Hoge Raad* vom 27.03.1981, abgedruckt in NJ 1981, Nr. 335. Dieses Judikat wurde in der niederländischen Literatur teilweise kritisiert; vgl. etwa *de Boer/Kotting*, WPNR 1982, 5607, 289 (297 f.); *Jessurun d'Oliveira*, AA 33 (1984), 472 (472 ff.). Umfassend *Boele-Woelki*, DNotZ 1981, 666 (667 ff.); *Klinke*, IPRax 1983, 132 (133 ff.); *Lubbers/Joppe*, Internationaal privaatrecht, in: Personen- en familierecht, titel 7 (alte Bearbeitung), aant. 87.

808 *Hoge Raad*, 07.04.1989, NJ 1990, Nr. 347; siehe auch C/G/H/K (*de Boer/Kotting*), Introduction to Dutch law, S. 279; *Polak/de Rooij/Steffens*, Private International Law in the Netherlands, Supplement, S. 122; *Vlas*, IPRax 1995, 194 (195 f.).

809 Siehe auch *Hensen*, Matrimonial Property Relations and Dutch Conflicts of Law, in: Comparability and Evaluation, S. 201 (207 f.); *Joppe*, Internationaal privaatrecht, in: Personen- en familierecht, titel 7, S. 1.7.ipr – 391 ff., aant. 90 mit weiteren Nachweisen.

810 Diese Unzumutbarkeitsklausel, die der *Hoge Raad* in der *Chelouche/van Leer*-Entscheidung vom 10.12.1976, abgedruckt in NJ 1977 Nr. 275, bereits ansprach, hat schon damals heftige Reaktionen in der Literatur ausgelöst; vgl. statt vieler *van der Ploeg*, NILR 1977, 474 (474

konkretisiert die im *Chelouche/van Leer*-Urteil gewählte Formulierung. In beiden Fällen findet eine Korrektur auf kollisionsrechtlicher Ebene statt. Die *Sabah*-Ausnahme ist jedoch auf solche Ehen beschränkt, die vor dem 10.12.1976 geschlossen wurden. Inwiefern die in der *Sabah*-Entscheidung präzisierte Ausnahme verallgemeinerungsfähig und somit als allgemeine Unzumutbarkeitsklausel im autonomen Kollisionsrecht zu verstehen ist, bleibt noch zu klären[811].

In der *Zimbabwe*-Entscheidung scheint der *Hoge Raad* davon auszugehen, daß die *Sabah*-Ausnahme nicht als allgemeine Einschränkung zu interpretieren ist, die losgelöst von der Problematik des Übergangsrechts gelten soll. Vielmehr greift der Oberste Gerichtshof in dem *Zimbabwe*-Urteil zu einer anderen Korrektur. Zwar weicht das höchste Gericht auch in dieser Entscheidung von dem kollisionsrechtlich gefundenen Ergebnis ab, dennoch unterscheidet sich dieses Urteil evident von den zuvor genannten. In der *Zimbabwe*-Entscheidung korrigierte der Oberste Gerichtshof nämlich keine Kollisionsregel, sondern das Ergebnis des angewendeten niederländischen Rechts[812]. Die durch den Obersten Gerichtshof in der *Zimbabwe*-Entscheidung angewendete Ausnahme kann nach Auffassung der niederländischen Literatur nicht als Teil des Kollisionsrechts betrachtet werden, da in diesem Fall interne niederländische Normen den Ehegüterrechts durch ein rein intern geltendes Prinzip derogiert wurde[813]. Mit der *Hong Kong*-Entscheidung scheint der *Hoge Raad* der Idee einer allgemeinen Ausnahmeklausel jedoch neues Leben eingehaucht zu haben[814]. Dieser Gerichtsentscheid ähnelt der *Chelouche/van Leer*-Unzumutbarkeitsklausel. Suggeriert wird, daß für eine Ausnahme immer dann Platz sei, wenn auf eine Rechtsordnung verwiesen würde, die keiner der Ehegatten kennen kann. In der Praxis wird durch die Instanzgerichte von dieser Ausnahme allerdings kein Gebrauch gemacht. Insbesondere sind die genauen Kriterien der Ausnahmeklauseln und ihre Abgrenzung voneinander noch unklar.

---

ff.) sowie weitere Nachweise bei *Lubbers*, Internationaal privaatrecht, in: Personen- en familierecht, titel 7 (alte Bearbeitung) aant. 86 und 87.

811 Vgl. *Polak/de Rooij/Steffens*, Private International Law in the Netherlands, Supplement, S. 122.

812 Der *Hoge Raad* gelangte zunächst zu dem Ergebnis, daß niederländisches Recht auf die güterrechtlichen Beziehungen der Ehegatten anzuwenden sei. Allerdings nimmt das Gericht in diesem Fall nicht die gesetzliche allgemeine Gütergemeinschaft, sondern aufgrund des Prinzips von Treu und Glauben Gütertrennung an. Das Ergebnis des niederländischen Rechts, das auf die ehegüterrechtliche Beziehung der Ehegatten anzuwenden war, wurde also durch ein im internen niederländischen Recht geltendes Prinzip korrigiert.

813 Vgl. hierzu *Hensen*, Matrimonial Property Relations and Dutch Conflicts of Law, in: Comparability and Evaluation S. 201 (209); *Joppe*, Internationaal privaatrecht, in: Personen- en familierecht, titel 7, S. 1.7.ipr – 405 ff., aant. 91; *Vlas*, IPRax 1995, 194 (196).

814 So die Auffassung von *Joppe*, Internationaal privaatrecht, in: Personen- en familierecht, titel 7, S. 1.7.ipr – 405 ff., aant. 91; anders *Strikwerda*, Inleiding, S. 154.

c) Wandelbarkeit des Ehegüterrechtsstatuts

Der Oberste Gerichtshof hat in der *Chelouche/van Leer*-Entscheidung verdeutlicht, daß grundsätzlich von der Maxime der Unwandelbarkeit des Ehegüterrechtsstatuts auszugehen ist. Prinzipiell ist somit an die Rechtslage im Zeitpunkt der Eheschließung anzuknüpfen[815]. Er begründete diesen Ausgangspunkt in erster Linie mit Zweckmäßigkeitsgesichtspunkten und der so herbeigeführten Rechtssicherheit[816]. Bei der Anwendung dieser Maxime sind drei Fragestellungen zu unterscheiden. Erstens fragt sich, ob die Änderung eines als Anknüpfungsfaktor verwendeten Anknüpfungspunktes zur Änderung des anwendbaren Rechts führt. Die Antwort auf diese Fragestellung läßt sich aus der *Chelouche/van Leer*-Entscheidung ableiten. Der Oberste Gerichtshof erwog in diesem Urteil, daß es wünschenswert sei, möglichst viele Möglichkeiten zu vermeiden, die zu einer Wandelbarkeit des Ehegüterrechtsstatuts führen können, und statt dessen auf den geltenden Anknüpfungsfaktor im Zeitpunkt der Eheschließung abzustellen. Der Oberste Gerichtshof der Niederlande geht demnach in diesem Fall von der Unwandelbarkeit des Ehegüterrechtsstatuts aus. Die Änderung von Anknüpfungspunkten soll demnach nicht zur Änderung des anzuwendenden Rechts führen. Zweitens fragt sich, ob eine Änderung des materiellen, durch die Kollisionsnorm als anwendbar bestimmten Ehegüterrechts zu einer Änderung in den ehegüterrechtlichen Beziehungen der Ehegatten führt. Die *Chelouche/van Leer*-Entscheidung gibt über die Lösung dieser Fragestellung keine Auskunft. Allgemein wird in Situationen, in denen eine Änderung des materiellen Ehegüterrechts der *lex causae* vorliegt, von der Wandelbarkeit des Ehegüterrechts ausgegangen. Das materielle Ehegüterrecht zum Zeitpunkt der Problemstellung soll Anwendung finden[817]. Drittens stellt sich die Frage nach der Wandelbarkeit des Ehegüterrechtsstatuts in den Fällen, in denen eine Änderung der Kollisionsnorm zu einer

---

815 Vgl. statt vieler C/G/H/K (*de Boer/Kotting*), Introduction to Dutch Law, S. 279.

816 Den Aspekt der Zweckmäßigkeit führte der *Hoge Raad* bereits in der *Chelouche/van Leer*-Entscheidung an. In der *Haagse Italianen*-Entscheidung wird das Argument der Rechtssicherheit noch hinzugefügt. Geschützt wird das Vertrauen der Eheleute auf den Fortbestand des Güterstandes. Zu Argumenten gegen die Unwandelbarkeit siehe *Joppe*, Internationaal privaatrecht, in: Personen- en familierecht, titel 7, S. 1.7.ipr – 432 ff., aant. 93.

817 So etwa Rb. Amsterdam, 25.11.1975, NJ 1979, Nr. 237; Rb. Almelo, 18.01.1995, NIPR 1995, Nr. 210; siehe hierzu auch *Joppe*, Internationaal privaatrecht, in: Personen- en familierecht, titel 7, S. 1.7.ipr – 502 ff., aant. 102; *Polak/de Rooij/Steffens*, Private International Law in the Netherlands, Supplement, S. 122 f.; *Strikwerda*, Inleiding, S. 158; *ten Wolde*, Hoofdlijnen van het Nederlandse Internationaal Huwelijksvermogensrecht, S. 34. Ob dies auch der Fall ist, wenn die Ehegatten eine Rechtswahl getroffen haben und somit die Notwendigkeit, das anwendbare Recht anzupassen, geringer als bei der objektiven Anknüpfung ist, wurde von der Rechtsprechung bislang noch nicht entschieden. Die diesbezüglich erschienene Literatur sowie die Literaturauffassungen sind dargestellt bei *Joppe*, Internationaal privaatrecht, in: Personen- en familierecht, titel 7, S. 1.7.ipr -460-462 f., aant. 102.

Änderung der anzuwendenden Rechtsordnung führt. Diese Konstellation ergab sich, als das *Chelouche/van Leer*-Stufenmodell Eingang in das niederländische Internationale Privatrecht fand. Der *Hoge Raad* erkannte der neuen Anknüpfungsleiter dann Rückwirkung zu, wenn die ehegüterrechtlichen Beziehungen nicht dem Anwendungsbereich des Haager Ehewirkungsabkommens unterliegen. Insofern akzeptierte der Oberste Gerichtshof die Wandelbarkeit des Ehegüterrechtsstatuts[818].

IV. Ehescheidung

Die für die Niederlande auf dem Gebiet der Ehescheidung relevanten Vorschriften finden sich teils in Staatsverträgen, teils in einem Teilkollisionsgesetz.

1. Staatsverträge auf dem Gebiet der Ehescheidung

Das im Rahmen der dritten Konferenz beschlossene *Haager Abkommen zur Regelung des Geltungsbereichs der Gesetze und der Gerichtsbarkeit auf dem Gebiet der Ehescheidung und der Trennung von Tisch und Bett* vom 12.06.1902 (Haager Ehescheidungsabkommen) besaß für die Niederlande seit dem 30.07.1904 Geltung. Das Übereinkommen basierte auf einem kumulativen System. Eine Ehescheidung konnte hiernach nur dann gewährt werden, wenn sowohl die nationalen Rechte der Beteiligten als auch die *lex fori* diese zuließen. Mit Wirkung zum 01.07.1969 hat das Königreich das Haager Ehescheidungsabkommen gekündigt[819]. Der Weg sollte dadurch für eine eigene nationale Gesetzgebung frei gemacht werden, um den Anforderungen der Zeit Rechnung tragen zu können[820].

Im geltenden Recht der Niederlande besitzen noch zwei Staatsverträge auf dem Gebiet der Internationalen Ehescheidung Bedeutung. Das Königreich hat das *Luxemburger Übereinkommen über die Anerkennung von Entscheidungen in Ehesachen* vom 08.08.1967[821] sowie das *Haager Abkommen über die Anerkennung von Ehescheidungen und Ehetrennungen* vom 01.07.1970 ratifiziert[822]. Das Luxemburger Übereinkommen ist für die Niederlande am 30.07.1981, das Haager Übereinkommen am 22.08.1981 in Kraft getreten. Beide Staatsverträge beschränken

---

818 So auch *Strikwerda*, Inleiding, S. 158 ff.

819 Stb. 1968, Nr. 131.

820 *Boele-Woelki*, StAZ 1980, 266 (266); *Lemaire*, Enige nieuwe stromingen op het gebied van het internationaal privaatrecht, in: Praesidium Libertatis, 95 (98).

821 Trb. 1979, Nr. 130.

822 Trb. 1979, Nr. 131. Ratifikationsgesetz vom 25.03.1981, Stb. 1981, Nr. 165. Siehe hierzu *von Bar*, RabelsZ 57 (1993), 63 (79 f.).

sich auf die Frage der Anerkennung von ausländischen Ehescheidungen[823]. Bestimmungen über das auf die Ehescheidung bzw. die Trennung von Tisch und Bett anwendbare Recht enthalten beide Übereinkommen nicht. Im Zusammenhang mit den Ratifikationen dieser internationalen Verträge wurde von den Niederlanden jedoch ein Ausführungsgesetz, das Gesetz zur Regelung des Kollisionsrechts der Ehescheidung und der Trennung von Tisch und Bett und die Anerkennung dieser (*Wet conflictenrecht echtscheiding*, im folgenden Gesetz über das IPR der Ehescheidung, abgekürzt als WCE) vom 25.03.1981[824] erlassen, welches den Bereich der Internationalen Ehescheidung für die Niederlande umfassend regelt. Im Folgenden ist auf diese autonome Gesetzgebung näher einzugehen.

2. Gesetz über das IPR der Ehescheidung

Wie bereits angesprochen, hat die Frage nach dem auf die Ehescheidung sowie der Trennung von Tisch und Bett anwendbaren Recht im Gesetz über das IPR der Ehescheidung vom 25.03.1981 eine umfassende gesetzliche Regelung erfahren. Das Gesetz über das IPR der Ehescheidung ist der Vorläufer einer Reihe kleiner Teilgesetze, die später im Zuge der *aanbouwwetgeving* weitere Gebiete des niederländischen IPR kodifizierten. Die Gründe dafür, daß der niederländische Gesetzgeber nach nahezu 150 Jahren gesetzgeberischer Untätigkeit auf dem Gebiet des Kollisionsrechts mit der umfassenden Neuregelung des Internationalen Scheidungsrechts im Jahre 1981 erstmals nach 1838 eine Kodifizierung von IPR-Normen in Angriff nahm, waren vielfältig. Einerseits wuchsen die internationalen Beziehungen von Personen stetig und infolgedessen stieg auch die Zahl der gemischtnationalen Eheschließungen sowie -scheidungen. Andererseits war insgesamt eine generelle Zunahme der Ehescheidungen innerhalb und außerhalb der

---

[823] Im Rahmen der Anerkennung ausländischer Ehescheidungen sind auch das Niederländisch-Belgische Vollstreckungsübereinkommen vom 28.03.1925 (Stb. 1929, Nr. 405) sowie das Niederländisch-Italienische Vollstreckungsübereinkommen vom 17.04.1959 (Trb. 1959, Nr. 137 sowie 1963, Nr. 56) zu beachten.

[824] Stb. 1981, Nr. 166. In Kraft getreten am 10.04.1981. Ausführungsgesetz zum Luxemburger Übereinkommen über die Anerkennung von Entscheidungen in Ehesachen 1967 und dem Haager Übereinkommen über die Anerkennung von Ehescheidungen und Ehetrennungen 1970; deutscher Text abgedruckt in IPRax 1982, 82 sowie bei *Bergmann/Ferid/Henrich*, Internationales Ehe- und Kindschaftsrecht, Teil Niederlande, S. 25, 36.

Niederlande zu beobachten[825]. Mit der Kodifikation sollte auch die bestehende Rechtsunsicherheit auf diesem Gebiet beseitigt werden[826].

Das am 10.04.1981 in Kraft getretene Gesetz über das IPR der Ehescheidung umfaßt lediglich vier Bestimmungen. Neben nationalen vertragskonformen Anerkennungsregeln, die den staatsvertraglichen Bestimmungen des Luxemburger und des Haager Übereinkommens nicht nur hinsichtlich der Vertragsstaaten Geltung verleihen, sondern eine einheitliche Lösung auch im Hinblick auf Nicht-Vertragsstaaten schaffen, ist in Artikel 1 WCE auch das Scheidungsstatut geregelt[827]. Die gesetzlichen Regelungen des Gesetzes über das IPR der Ehescheidung basieren auf dem Prinzip des *favor divortii*. Dies bedeutet, daß die IPR-Regelungen ebenso wie die Vorschriften des materiellen niederländischen Rechts eine liberale Haltung gegenüber der Ehescheidung widerspiegeln[828]. Dieses Prinzip wird insbesondere auch in Artikel 1 WCE deutlich. Die primäre Anknüpfung dieser Vorschrift trägt einen subjektiven Charakter. Die Ehegatten können ohne Rücksicht auf ihre Staatsangehörigkeit(en) immer niederländisches Recht wählen (Artikel 1 Abs. 4 WCE). Außerdem steht es den Parteien frei, für die Rechtsordnung der gemeinsamen Staatsangehörigkeit zu optieren (Artikel 1 Abs. 2 Satz 2 WCE). Mangelt es an einer Rechtswahl, so sieht Artikel 1 Abs. 1 WCE für die objektive Anknüpfung eine dreistufige Anknüpfungsleiter vor. Zunächst unterliegt

---

825 In vielen Ländern war das Ehescheidungsrecht in dieser Zeit durch die Einführung eines extensiv auslegbaren Scheidungsgrundes, nämlich der dauerhaften Zerrüttung, liberalisiert worden. In den Niederlanden wurde der Scheidungsgrund der dauerhaften Zerrüttung beispielsweise durch das Gesetz vom 06.05.1971, Stb. 1971, Nr. 290 eingeführt.

826 Siehe Kamerstukken II 1979-1980, 16004 Nr. 3-4, S. 1. Zu beachten ist allerdings, daß die Gerichte sich damals weitgehend an die 1975 von der Arbeitsgruppe für Internationales Privatrecht des niederländischen Vereins für Rechtspflege veröffentlichten Empfehlung für den Bereich der Internationalen Ehescheidung hielten; siehe Kamerstukken II 1979-1980, 16004 Nr. 4 Beilage II; *Wendels*, NILR 1982, 401 (405), auf dem auch das in Kraft getretene Gesetz über das IPR der Ehescheidung fußt. Auch der Ende 1975 der Staatskommission zur Begutachtung vorgelegte Entwurf blieb der Judikative nicht gänzlich unbekannt (vgl. *Boele-Woelki*, Die Effektivitätsprüfung, S. 91; *van Rooij*, NJB 1978, 129 (135). Schon vor der Verabschiedung des nationalen Gesetzes war nach Einschätzung von *Franx* in einer Schlußfolgerung zu *Hoge Raad*, 27.05.1977, NJ 1977, Nr. 600 hinsichtlich der Frage nach dem auf die Ehescheidung anwendbaren Recht in der unterinstanzlichen Rechtsprechung eine deutliche Linie erkennbar.

827 Artikel 2 und 3 WCE behandeln die Anerkennung ausländischer Entscheidungen und Artikel 4 WCE enthält eine Schlußbestimmung. Siehe hierzu etwa *Boele-Woelki*, Die Effektivitätsprüfung, S. 111 ff.; *Vonken*, Internationaal Privaatrecht, in: Personen- en familierecht, Teil 2, Titel 9, Kommentierungen zu Artikel 2 bis 4; *Wendels*, NILR 1982, 401 (409 ff.).

828 Siehe statt vieler C/G/H/K (*de Boer/Kotting*), Introduction to Dutch law, S. 277; *Strikwerda*, NJB 1996, 408 (408); *Vlas*, AA 45 (1996), 199 (200).

die Scheidung dem Recht des Staates, dem beide Ehegatten angehören[829]. Existiert kein gemeinsames (effektives) Heimatrecht, so führt dies zur Anwendung der Rechtsordnung des gemeinsamen gewöhnlichen Aufenthaltsortes. Haben die Ehegatten ihren gewöhnlichen Aufenthalt nicht im gleichen Land, so findet niederländisches Recht Anwendung. Mit dieser Anknüpfungsleiter und den vorgesehenen Rechtswahlmöglichkeiten knüpft Artikel 1 WCE größtenteils an die zuvor durch die Rechtsprechung entwickelten Verweisungsnormen an[830]. Zu einer grundlegenden Änderung kam es durch die Verabschiedung des Gesetzes über das IPR der Ehescheidung somit nicht. Im folgenden wird auf die Anknüpfungen des Artikel 1 WCE näher eingegangen.

a) Rechtswahlmöglichkeiten im Gesetz über das IPR der Ehescheidung

Im Bereich des niederländischen Internationalen Familienrechts gewinnt die kollisionsrechtliche Freiheit der Rechtswahl, wie oben bereits dargestellt, stets mehr Bedeutung. Diese Tendenz zeigt sich auch auf dem Gebiet der Internationalen Ehescheidung. Artikel 1 WCE eröffnet den Parteien zwei unterschiedliche Rechtswahlmöglichkeiten. Zum einen können die Ehegatten immer, ohne Rücksicht auf ihre Staatsangehörigkeit(en) bzw. ihren gewöhnlichen Aufenthaltsort, die Anwendung des niederländischen Scheidungsrechts bestimmen (Artikel 1 Abs. 4 WCE). Zum anderen können sie das Recht des Staates wählen, dem sie beide angehören (Artikel 1 Abs. 2 Satz 2 WCE).

Während der erste Entwurf des Gesetzes über das IPR der Ehescheidung lediglich eine gemeinsame Rechtswahl zugunsten des gemeinsamen Heimatrechts vorsah, steht es den Beteiligten nunmehr gemäß Artikel 1 Abs. 4 WCE unabhängig von ihrer Nationalität oder ihres gewöhnlichen Aufenthaltsortes immer frei, niederländisches Scheidungsrecht als Scheidungsstatut zu berufen. Die Rechtswahl zugunsten des niederländischen Rechts kann nach dieser Vorschrift sowohl gemeinschaftlich als auch einseitig erfolgen, wenn die Rechtswahl einer Partei unwidersprochen bleibt. Im Gegensatz zu den meisten anderen Anknüpfungen stellt Artikel 1 Abs. 4 WCE eine Neuerung gegenüber der zuvor bestehenden Rechtslage dar, da neben der Erweiterung der Parteiautonomie zugunsten der *lex fori* bei der in Kraft getretenen Fassung des Gesetzes über das IPR der Ehescheidung auch die

---

829 Eingeschränkt wird diese Anknüpfung insofern, als in Artikel 1 Abs. 3 WCE eine Effektivitätsprüfung, in Artikel 1 Abs. 2 Satz 1 i.V.m. Artikel 1 Abs. 1 b WCE eine Realitätsprüfung vorgesehen ist. Hierzu näher Seite 181 ff.

830 Vgl. ausführlich zu der Rechtslage vor Inkrafttreten des Gesetzes *Strikwerda*, Inleiding, S. 120 ff.

unwidersprochene Rechtswahl zugelassen wurde[831]. Mit der Aufnahme dieser Norm wurde primär bezweckt, Ehescheidungen weiterhin zu erleichtern. Auch in solchen Fällen, in denen die nationalen Rechtsordnungen der Ehegatten die Ehescheidung nur unter höheren Voraussetzungen oder gar nicht erlauben, kann nunmehr für das liberale niederländische Recht votiert und eine Ehescheidung herbeigeführt werden[832]. Das Einvernehmen der Parteien ist somit in jedem Fall ein Scheidungsgrund[833]. Das Prinzip des *favor divortii* spiegelt sich deutlich in dieser Vorschrift wider[834]. Anders als die gesetzliche Stellung vermuten läßt, ist die Rechtswahlmöglichkeit systematisch nicht als vierte Stufe innerhalb der Anknüpfungsleiter einzuordnen; vielmehr geht sie den in den anderen Absätzen erwähnten Anknüpfungspunkten vor[835]. Der Grundsatz der Parteiautonomie umfaßt dabei alle Bereiche, für die die Parteien auch materiellrechtliche Gestaltungsfreiheit genießen[836]. In der Vergangenheit hat sich gezeigt, daß durch Artikel 1 Abs. 4 WCE insbesondere durch das Zugestehen der einseitigen unwidersprochenen Rechtswahl die Anwendung niederländischen Rechts stark an Bedeutung gewonnen hat[837].

Hinsichtlich der Form der Rechtswahl stellt das Gesetz über das IPR der Ehescheidung keine expliziten Anforderungen. Da in der Praxis ohnehin überwiegend niederländisches Recht als Scheidungsstatut berufen wird, hat sich im Rahmen des Artikel 1 Abs. 4 WCE die Frage aufgeworfen, ob auch die Möglichkeit einer stillschweigenden Rechtswahl zuerkannt werden sollte. Insbesondere in Säumnisverfahren käme niederländisches Recht somit noch eher zur Anwendung. In der Vergangenheit kam es bei internationalen Ehescheidungsverfahren in den Niederlanden regelmäßig vor, daß das Scheidungsersuchen auf den im *Burgerlijke*

---

[831] Siehe näher *Boele-Woelki*, Die Effektivitätsprüfung, S. 95 f.; C/G/H/K (*de Boer/Kotting*), Introduction to Dutch law, S. 278; *Mostermans*, Echtscheiding, S. 26; *Verheul*, NILR 1981, 390 (393); *Vonken*, Internationaal Privaatrecht, in: Personen- en familierecht, Teil 2, titel 9, aant. 3.2 mit zahlreichen Rechtsprechungshinweisen.

[832] Vgl. Kamerstukken II 1979-1980, 16004 Nr. 7 S. 2. Zu weiteren Gründen für die Aufnahme dieser Vorschrift siehe auch *Mostermans*, De processuele behandeling van het conflictenrecht, S. 80.

[833] Vgl. hierzu *Boele-Woelki*, Die Effektivitätsprüfung, S. 100 f.; *Mostermans*, De processuele behandeling van het conflictenrecht, S. 80; *Verheul*, NILR 1981, 390 (393).

[834] *De Boer*, AA 40 (1991), 252 (253); *Mostermans*, Echtscheiding, S. 24; *Strikwerda*, Inleiding, S. 124; *Struycken*, FJR 1994, 102 (102); *Vonken*, Internationaal Privaatrecht, in: Personen- en familierecht, Teil 2, Titel 9, aant. 3.1.

[835] Siehe *Frohn*, NILR 1996, 41 (49); *Strikwerda*, Inleiding, S. 124; *Vonken*, Internationaal Privaatrecht, in: Personen- en familierecht, Teil 2, Titel 9, aant. 3.1.

[836] Vgl. hierzu *Boele-Woelki*, Die Effektivitätsprüfung, S. 92 f. Zur Form und zum Zeitpunkt der Rechtswahl siehe *Boele-Woelki*, Die Effektivitätsprüfung, S. 96 ff.

[837] C/G/H/K (*de Boer/Kotting*), Introduction to Dutch law, S. 278.

Wetboek vorgesehenen Scheidungsgrund der „dauerhaften Zerrüttung" gestützt wurde, in der Antragsschrift jedoch zu der Frage des anwendbaren Rechts keine Stellung bezogen wurde. Fraglich war nun, ob die antragstellende Partei alleine durch den Hinweis auf den Scheidungsgrund der dauerhaften Zerrüttung eine stillschweigende Rechtswahl zugunsten des niederländischen Rechts getroffen hat. Teilweise wurde diese Möglichkeit der impliziten Rechtswahl zuerkannt[838]. Nach anderer Auffassung mußte eine ausdrückliche Rechtswahl erfolgen[839]. Der bloße Hinweis auf die dauerhafte Zerrüttung der Ehe im Sinne des *Burgerlijke Wetboek* sollte insbesondere deshalb keine Rechtswahl zugunsten des niederländischen Rechts darstellen, da eine Rechtswahl auch immer das Bewußtsein erfordere, eine solche zu treffen[840]. Mittlerweile herrscht deutlich die Auffassung vor, daß eine Rechtswahl im Rahmen des Artikel 1 Abs. 4 WCE ausdrücklich erfolgen muß[841]. Dies entspricht insbesondere auch den in Artikel 37 IPR-Skizze geäußerten Vorstellungen des Justizministeriums[842] sowie der Empfehlung der Arbeitsgruppe IPR aus dem Jahre 1993[843]. Zu beachten ist allerdings, daß die Formulierung „im all-

---

[838] So etwa Rb.'s-Gravenhage, 08.11.1983, NIPR 1985, Nr. 330; Hof Arnhem, 05.03.1985, NIPR 1986, Nr. 265; Hof Amsterdam, 15.08.1988, NIPR 1988, Nr. 503 mit weiteren Rechtsprechungsnachweisen. Dem entspricht auch die Einschätzung von *Sauveplanne*, Elementair internationaal privaatrecht, S. 40 f.

[839] So in der Rechtsprechung beispielsweise Hof 's-Gravenhage, 04.10.1985, NIPR 1986, Nr. 191. In der Literatur *Mostermans*, FJR 1992, 156 (159) sowie *Mostermans*, De processuele behandeling van het conflictenrecht, S. 120.

[840] Siehe ausführlicher und mit weiteren Argumenten *Mostermans*, De processuele behandeling van het conflictenrecht, S. 114 ff.

[841] So die Einschätzungen von *de Boer*, WPNR 1995, 6169, 128 (130); *Frohn*, NILR 1996, 41 (51); *Vonken*, Internationaal Privaatrecht, in: Personen- en familierecht, Teil 2, Titel 9, aant. 3.4.

[842] Artikel 37 Abs. 4 IPR-Skizze enthält eine neue materielle Bestimmung. Hiernach muß eine Rechtswahl für das niederländische Recht bzw. für das gemeinsame Heimatrecht der Ehegatten ausdrücklich erfolgen oder sich unzweifelhaft aus den Prozeßakten ergeben. Eine stillschweigende Wahl des niederländischen Rechts unter alleiniger Bezugnahme auf den Scheidungsgrund der „dauerhaften Zerrüttung" wird mit dieser Bestimmung ausgeschlossen; vgl. hierzu auch *van Maas de Bie*, WPNR 1993, 6106, 663 (664).

[843] Die Empfehlungen des Arbeitsgruppe IPR des niederländischen Vereins zur Rechtspflege (Werkgroep Internationaal Privaatrecht van de Nederlandse Vereniging voor Rechtspraak), veröffentlicht in Trema 1993, 129 (138 ff.; 144 f.; 147 f.) sind als Interpretationsrichtlinien für die Rechtsprechung gedacht. Auch wenn sie offiziell keinen bindenden Charakter besitzen, so ist ihnen eine gewisse Autorität nicht abzusprechen, da der Bericht von Mitgliedern verschiedener Gerichte einschließlich der des *Hoge Raad* erstellt worden ist; vgl. *Boele-Woelki*, Der favor divortii im niederländischen internationalen Scheidungsrecht; in: Comparability and Evaluation, S. 167 (179).

gemeinen" gewählt worden ist. Abweichende Erwägungen werden also nicht ausgeschlossen, so daß dem Richter ein Beurteilungsspielraum bleibt[844].

Artikel 1 Abs. 2 Satz 2 WCE sieht eine für die Ehegatten zweite Option, nämlich eine Rechtswahlmöglichkeit zugunsten ihres gemeinsamen ausländischen Heimatrechts vor. Die Rechtswahl kann ebenfalls sowohl gemeinschaftlich[845] als auch in Form einer einseitigen, unwidersprochenen Rechtswahl getroffen werden. Mit Rechtswahlmöglichkeit zugunsten des gemeinsamen Heimatrechts ist zum einen bezweckt, einem ausländischen Ehepaar die Möglichkeit zu geben, den internationalen Entscheidungseinklang sicherzustellen[846]. Zum anderen wird der Entscheidungsfreiheit der Ehegatten Rechnung getragen, indem die Anwendung des Effektivitätsprinzip durch den Richter blockiert werden kann und die Eheleute den Gebrauch des Staatsangehörigkeitsprinzips durchzusetzen können[847]. Der Richter untersucht daher bei dieser Anknüpfung die Staatsangehörigkeit nicht auf ihren Anknüpfungswert; vielmehr ist die Wahl des Heimatrechtes als solche bereits als Hinweis darauf zu verstehen, daß für die Beteiligten noch eine starke Verbindung mit dem Land der gemeinsamen Staatsangehörigkeit besteht[848]. Daher wird in diesem Zusammenhang auch das Berufen einer Partei auf einen Scheidungsgrund des gemeinsamen materiellen Scheidungsrechts, ohne zuvor das Recht der gemeinsamen Staatsangehörigkeit ausdrücklich zu wählen, als stillschweigende Rechtswahl zugunsten des gemeinsamen Heimatrechtes gewertet[849]. Bei Mehrstaatern ist anerkannt, daß sie jedes der gemeinsamen Heimatrechte zur Anwendung bringen kön-

---

844 Beruft sich eine Partei jedoch auf einen offensichtlich nicht-niederländischen Scheidungsgrund, ohne ausdrücklich das gemeinsame ausländische Heimatrecht zu wählen, so sollte dieser Vortrag als stillschweigende Rechtswahl des gemeinsamen Heimatrechts gewertet werden.

845 Dies entspricht auch der zuvor von der Rechtsprechung entwickelten Praxis; vgl. *Hoge Raad*, 23.02.1973, NJ 1973, Nr. 366; *Hoge Raad*, 28.11.1975, NJ 1976, Nr. 239; *Hoge Raad*, 27.05.1977, 600; *Hoge Raad*, 09.02.1979, NJ 1979, Nr. 546; *Hoge Raad*, 04.05.1979, 547; zur neueren Entwicklung vgl. *Hoge Raad*, 26.01.1996, NJ 1997, Nr. 258 mit Anm. *de Boer*. Vgl. auch *Koppenol-Laforce*, NTBR 1998, 182 (183).

846 Kamerstukken II 1979-1980, 16004 Nr. 3-4, S. 15 f.; siehe auch *Boele-Woelki*, Die Effektivitätsprüfung, S. 98; C/G/H/K (*de Boer/Kotting*), Introduction to Dutch law, S. 278; *Vonken*, Internationaal Privaatrecht, in: Personen- en familierecht, Teil 2, Titel 9, aant. 6.

847 Vgl. *Boele-Woelki*, Die Effektivitätsprüfung, S. 98; *Jessurun d'Oliveira*, HPS 1980, 18 (19); *Strikwerda*, Inleiding, S. 123; *Verheul*, NILR 1981, 390 (392).

848 Diese Ausnahme ist neu und nicht auf eine vorangegangene Entwicklung in der Rechtsprechung gestützt; siehe Kamerstukken II 1979-1980, 16004 Nr. 3-4, S. 13.

849 Vgl. *Mostermans*, FJR 1992, 156 (158); Werkgroep Internationaal Privaatrecht van de Nederlandse Vereniging voor Rechtspraak, Trema 1993, 129 (148).

nen, auch wenn sich dies weder aus dem Gesetzestext noch aus der Gesetzeserläuterung eindeutig ergibt[850].

Zu klären bleibt, zu welchem Zeitpunkt die Wahl des niederländischen Rechts bzw. des Rechts der gemeinsamen Staatsangehörigkeit im Rahmen des Artikel 1 Scheidungskollisionsrechts zu erfolgen hat. Aus der Geschichte des Gesetzes ergibt sich, daß der Zeitpunkt, in dem die Klageschrift eingereicht wird, grundsätzlich ausschlaggebend ist. In gewöhnlichen Antragsverfahren sind von diesem Grundsatz dann Ausnahmen zugelassen, wenn Zweifel über die Bedeutung des Gesagten bestehen. Dann ist auf den Zeitpunkt des Urteils abzustellen[851]. In Säumnisverfahren muß hingegen die Rechtswahl immer in der Antragsschrift enthalten sein[852]. Die getroffene Rechtswahl bleibt für das gesamte Ehescheidungsverfahren bestimmend[853].

b) Objektive Anknüpfung im Gesetz über das IPR der Ehescheidung

Haben die Parteien von der Möglichkeit, eine Rechtswahl zugunsten des niederländischen Rechts oder zugunsten der *lex patriae communis* zu treffen, keinen Gebrauch gemacht, so enthält Artikel 1 Abs. 1 WCE eine dreistufige objektive Anknüpfung. Diese entspricht größtenteils der vorherigen richterlichen Praxis, die besonders durch die Entscheidungen des *Hoge Raad* geprägt wurde[854].

---

850 *Boele-Woelki*, Der favor divortii im niederländischen internationalen Scheidungsrecht; in: Comparability and Evaluation, S. 167 (168); *Vonken*, Internationaal Privaatrecht, in: Personen- en familierecht, Teil 2, Titel 9, aant. 6; *Wendels*, Internationale Echtscheidingen, S. 72 f.

851 Siehe Kamerstukken II, 1979-1980, 16004 Nr. 3-4, S. 16. So auch *Vlas*, AA 45 (1996), 199 (202); *Vonken*, Internationaal Privaatrecht, in: Personen- en familierecht, Teil 2, Titel 9, aant. 3.3.

852 *Vonken*, Internationaal Privaatrecht, in: Personen- en familierecht, Teil 2, Titel 9, aant. 3.3 mit weiteren Literaturhinweisen.

853 Hof 's-Gravenhage, 28.07.1995, NIPR 1996, Nr. 58.

854 Mit der Entscheidung vom 27.05.1977, abgedruckt in NJ 1977, Nr. 600, hat der *Hoge Raad* eindeutig die von der französischen *Cour de Cassation* entwickelte Rechtsprechung, das sog. *Rivière*-System, in das niederländische Internationale Privatrecht übernommen (vgl. zuvor schon die Entscheidungen des *Hoge Raad* vom 23.02.1973, abgedruckt in NJ 1973, Nr. 366 sowie vom 28.11.1975, abgedruckt in NJ 1976, Nr. 239, in denen der Oberste Gerichtshof zwar von seiner vorherigen Rechtsprechung Abstand nahm, jedoch noch keine verallgemeinerungsfähigen Regeln bezüglich des auf die Ehescheidung anwendbaren Rechts formulierte). Zugleich differenzierte der Oberste Gerichtshof die Anknüpfungsleiter in dieser und in folgenden Entscheidungen (vgl. auch *Hoge Raad*, 09.02.1979, NJ 1979, Nr. 546; *Hoge Raad*, 04.05.1979, NJ 1979, Nr. 547). Zu der Rechtslage vor Übernahme des *Rivière*-Systems vgl. *Mostermans*, Echtscheiding, S. 22; *Strikwerda*, Inleiding, S. 120 f.; *Wendels*, NILR 1982, 401 (402 ff.).

Zunächst unterliegt die Scheidung gemäß Artikel 1 Abs. 1 a WCE dem Recht des Staates, dem beide Ehegatten angehören. Bei Mehrstaatern entscheidet die effektive Staatsangehörigkeit, auch wenn eine der Staatsangehörigkeiten die niederländische ist (Artikel 1 Abs. 3 WCE)[855]. Besitzen die Ehegatten eine gemeinsame Staatsangehörigkeit, so führt dieser Anknüpfungspunkt jedoch nicht automatischen zu dem anwendbaren Recht. Das niederländische Internationale Ehescheidungsrecht begnügt sich nämlich nicht mit der bloßen Feststellung, daß jemand die Staatsangehörigkeit des Landes besitzt, sondern die Staatsangehörigkeit jedes Beteiligten wird noch auf ihren Anknüpfungswert untersucht.

Auf der zweiten Stufe prüft der niederländische Richter gemäß Artikel 1 Abs. 2 Satz 1 WCE, ob mit der Rechtsordnung des Heimatstaates noch eine tatsächliche Verbundenheit besteht (Realitätsprüfung)[856]. Nur wenn eine tatsächliche gesellschaftliche Verbindung zu der Rechtssphäre des Heimatstaates positiv festgestellt werden kann, gelangt das gemeinsame Heimatrecht zur Anwendung[857]. Hat sich einer der Ehegatten von seiner Staatsangehörigkeit entfremdet, so stellt sie keinen tauglichen Anknüpfungspunkt dar. Existiert keine ausreichende Verbundenheit mit dem Heimatstaat bzw. besitzen die Ehegatten keine gemeinsame Staatsangehörigkeit, so wird als dritte Stufe der Anknüpfungsleiter auf das Recht des gemeinsamen gewöhnlichen Aufenthaltsorts der Ehegatten abgestellt (Artikel 1 Abs. 1 b WCE). Diese Anknüpfung erfordert keinen gemeinsamen gewöhnlichen Aufenthalt der Ehegatten. Es genügt, wenn sie ihren jeweiligen gewöhnlichen Aufenthalt in dem gleichen Staat haben[858]. Voraussetzung ist jedoch, daß beide gesellschaftlich in das Zusammenleben dieses Landes integriert sind. Dies kann sich etwa aus der Dauer ihres Verbleibs ergeben[859].

---

[855] Die Durchführung einer Effektivitätsprüfung bei Mehrstaatern war bereits vor Inkrafttreten des Gesetzes über das IPR der Ehescheidung in den Niederlanden aufgrund richterlicher Rechtsfortbildung gängige Praxis; vgl. *Hoge Raad*, 27.05.1977, NJ 1977, Nr. 600. Vgl. näher zur Effektivitätsprüfung Seite 184 f.

[856] Näher dazu auf Seite 181 ff.

[857] Nach Einschätzung von *Vonken*, Internationaal Privaatrecht, in: Personen- en familierecht, Teil 2, Titel 9, aant. 4.2 wenden niederländische Instanzgerichte allerdings häufig das gemeinsame nationale Recht der Ehegatten an, ohne (explizit) den Anknüpfungswert der gemeinsamen Staatsangehörigkeit festzustellen.

[858] Kamerstukken II 1979-1980, 16004 Nr. 3-4, S. 12. Siehe auch *Sauveplanne*, Elementair internationaal privaatrecht, S. 39. Der Begriff des gewöhnlichen Aufenthaltsortes lehnt sich an den in den Haager Verträgen verwendeten an, vgl. *Boele-Woelki*, StAZ 1980, 266 (268); *Boele-Woelki*, Die Effektivitätsprüfung, S. 27. Zur Feststellung des gewöhnlichen Aufenthaltsortes im Sinne von Artikel 1 Abs. 1 WCE siehe auch Hof 's-Hertogenbosch, 15.01.1997, NIPR 1997, Nr. 191.

[859] Vgl. hierzu etwa *Vonken*, B&R 1994, 196 (197 f.); Werkgroep Internationaal Privaatrecht van de Nederlandse Vereniging voor Rechtspraak, Trema 1993, 129 (134).

Im Zusammenhang mit der Anknüpfung an die gemeinsame Staatsangehörigkeit sowie an den gemeinsamen gewöhnlichen Aufenthaltsort ergibt sich aus den Gesetzeserläuterungen, daß bei der Feststellung der relevanten Tatsachen grundsätzlich auf den Zeitpunkt abzustellen ist, zu dem das Scheidungsverfahren anhängig gemacht, mithin die Antragsschrift eingereicht wurde[860]. Dieser Ausgangspunkt wurde gewählt, um einer Beeinflussung der relevanten Faktoren während des Prozesses durch die Parteien zuvorzukommen[861]. Ausnahmsweise darf von dem Grundsatz abgewichen werden, wenn sich relevante Tatsachen erst nach Rechtshängigkeit ergeben und diese nicht das Ergebnis einer bewußten Einflußnahme einer der Parteien sind[862]. Abzustellen ist dann auf den Zeitpunktes des Urteilspruches. Haben die Ehegatten ihren gewöhnlichen Aufenthalt in verschiedenen Ländern, so kommt es zur Anwendung des niederländischen Rechts (Artikel 1 Abs. 1 c WCE). Das Ausweichen auf die *lex fori* wird damit gerechtfertigt, daß ohnehin eine gewisse Verbundenheit mit der niederländischen Rechtsordnung bestehen muß, um eine Zuständigkeit des niederländischen Richters gemäß Artikel 814 Rv. zu begründen[863]. Die Verbindung des anwendbaren Rechts mit der Zuständigkeit des Richters, wodurch die Anwendung der *lex fori* gerechtfertigt wird, ist mit der in England und den Vereinigten Staaten praktizierten Anknüpfung an das materielle Recht des Forumstaates, der *jurisdiction* besitzt, vergleichbar. Sie ist aller-

---

860 Kamerstukken II 1979-1980, 16004 Nr. 3-4, S. 16. Die Rechtsprechung folgt diesem Standpunkt, siehe etwa *Hoge Raad*, 15.04.1983, NJ 1983, Nr. 698, Hof Arnhem, 28.02.1989, NIPR 1989, Nr. 366; *Hoge Raad*, 01.10.1995, NJ 1997, Nr. 257 mit Anm. *de Boer*. Auch in Artikel 37 IPR-Skizze wurde dieses Anknüpfungsmoment aufgenommen; vgl. *van Maas de Bie*, WPNR 1993, 6106, 663 (664).

861 *Hoge Raad*, 15.04.1983, NJ 1983, Nr. 698; *Hoge Raad*, 01.10.1995, NJ 1997, Nr. 257.

862 Siehe etwa *Hoge Raad*, 01.10.1995, NJ 1997, Nr. 257.

863 Artikel 814 Abs.1 Rv. schreibt vor, daß der niederländische Richter zuständig ist für Ehescheidungen, Trennungen von Tisch und Bett und Auflösungen der Ehe nach Trennung von Tisch und Bett, wenn bei der Klageerhebung oder in dem Zeitpunkt, in dem die einleitende Antragsschrift eingereicht wird, beide Parteien Niederländer sind, eine der Parteien seit sechs Monaten ihren Wohnsitz in den Niederlanden hat und es sich um einen gemeinsamen Antrag handelt. Dies gilt auch, wenn entweder der Beklagte seit sechs Monaten oder der Kläger seit zwölf Monaten oder, wenn er Niederländer ist, seit sechs Monaten seinen Wohnsitz in den Niederlanden hat. Fehlt es jedoch an einer ausreichenden Verbundenheit mit der niederländischen Rechtsordnung (so etwa in Fällen, in denen auf Artikel 1 Abs. 1 c WCE zurückgegriffen werden muß und niederländischen Gerichten keine Gerichtsbarkeit gemäß Artikel 814 Rv zukommt), kommt es nicht zu der Anwendung niederländischen Rechts. Die niederländische Rechtsordnung überläßt es in solchen Fällen dem ausländischen Richter, dem die Gerichtsbarkeit zu kommt, sein eigenes Recht anzuwenden. Es handelt sich um eine Art versteckter Rück- oder Weiterverweisung; siehe hierzu auch *Boele-Woelki*, Die Effektivitätsprüfung, S. 106 ff.; *Boele-Woelki*, StAZ 1980, 266 (268 f.); *Cohen Henriquez*, IPR-Trends, S. 79 ff.; *Sauveplanne*, Elementair internationaal privaatrecht, S. 44.

dings nicht identisch, da bei der Anknüpfung an die gemeinsame Staatsangehörigkeit sowie an den gleichen Aufenthaltsort keine Abhängigkeit des anwendbaren Rechts von der Zuständigkeit besteht[864].

c) Realitätsprüfung (Artikel 1 Abs. 2 Satz 1 WCE)

In Artikel 1 Abs. 2 Satz 1 WCE ist das oben bereits angesprochene Erfordernis der Realitätsprüfung festgelegt. Der niederländische Richter hat gemäß Artikel 1 Abs. 1 a i.V.m. 1 Abs. 2 Satz 1 WCE zu prüfen, ob bei einer gemeinsamen Staatsangehörigkeit der Ehegatten im Rahmen des Artikel 1 Abs. 1 a WCE die Staatsangehörigkeit jedes Beteiligten noch als Ausdruck einer tatsächlichen gesellschaftlichen Verbundenheit mit der Rechtssphäre des Heimatlandes gelten kann[865]. Dabei ist im Gegensatz zu der vor Inkrafttreten des Gesetzes über das IPR der Ehescheidung bestehenden Rechtslage[866] nicht mehr auf das gemeinschaftliche Band der Ehepartner mit dem Land der gemeinschaftlichen Staatsangehörigkeit, sondern individuell auf das jedes einzelnen Ehepartners abzustellen[867]. Diese Neuerung beruht auf folgendem Hintergrund: Einer niederländischen Frau, die mit einem ausländischen Ehepartner verheiratet ist, bei der Eheschließung ihre niederländische Staatsangehörigkeit verloren hat und nach dem Recht ihrer neuen Staatsangehörigkeit eine Ehescheidung nicht möglich ist, soll die Möglichkeit einer Scheidung verbleiben, wenn sie in den Niederlanden wohnen geblieben, ihr Ehepartner aber in sein Heimatland zurückgegangen ist[868].

In den Fällen, in denen sich einer der Ehegatten deutlich von seiner Staatsangehörigkeit entfremdet hat, die Staatsangehörigkeit sozusagen „verwässert" ist, kommt das gemeinsame Heimatrecht nicht zum Zuge. Vielmehr wird an den gemeinsamen Aufenthalt der Parteien angeknüpft. Die Realitätsprüfung bedeutet somit eine Relativierung der Staatsangehörigkeitsanknüpfung. Mit ihr wird auch bei Monopatriden die Staatsangehörigkeit auf ihre Anknüpfungsfähigkeit und somit auf ihre Effektivität geprüft. Ihre Durchführung bezweckt zum einen eine bessere Lokalisierung des Rechtsverhältnisses. Bei einem offensichtlichen Mangel der gesell-

---

864 *Boele-Woelki*, Die Effektivitätsprüfung, S. 106 ff.; *Boele-Woelki*, StAZ 1980, 266 (268 f.).

865 Bahnbrechend für die im Gesetz aufgenommene Relativierung der Staatsangehörigkeit waren die beiden Entscheidungen der Rb. Amsterdam vom 29.01.1970, NJ 1970, Nr. 187 und Nr. 188. Schließlich wurde die Realitätsprüfung auch von der höchstrichterlichen Rechtsprechung als Bestandteil des niederländischen Internationalen Ehescheidungsrechts betrachtet; vgl. hierzu die Entscheidung *Hoge Raad*, 09.02.1979, NJ 1979, Nr. 546.

866 Siehe etwa *Hoge Raad*, 09.02.1979, NJ 1979, Nr. 546.

867 Vgl. hierzu *Boele-Woelki*, Die Effektivitätsprüfung, S. 104; *Mostermans*, Echtscheiding, S. 30; *Strikwerda*, Inleiding, S. 123; *Vonken*, Internationaal Privaatrecht, in: Personen- en familierecht, Teil 2, Titel 9, aant. 5.3.

868 Kamerstukken II 1979-1980, 16004 Nr. 3-4 S. 14.

schaftlichen Verbundenheit mit dem Land der Staatsangehörigkeit kann auf den realitätsnäheren Anknüpfungspunkt des gemeinsamen gewöhnlichen Aufenthaltsortes abgestellt werden. Andererseits dient die Durchführung der Realitiätsprüfung als Instrument zur Verwirklichung des dem Gesetz über das IPR der Ehescheidung zugrunde liegenden Prinzips des *favor divortii*. Erschwert oder verhindert das Heimatrecht der Ehegatten eine Ehescheidung, so bietet die Realitätsprüfung die Möglichkeit, dennoch eine Scheidung herbeizuführen[869]. Grundsätzlich soll die Realitätsprüfung auch bei Niederländern durchgeführt werden, die ihren gewöhnlichen Aufenthalt im Ausland haben[870]. Teilweise kann das *favor divortii*-Prinzip aber dazu führen, daß die Realitätsprüfung nur mit Zurückhaltung praktiziert wird[871].

Insgesamt hat sich der niederländische Gesetzgeber mit dem Gesetz über das IPR der Ehescheidung gegen ein starres Anknüpfungssystem entschieden. Die Realitätsprüfung ermöglicht auf dem Gebiet der Internationalen Ehescheidung eine am Einzelfall orientierte Lösung, die die Belange des Beteiligten in den Mittelpunkt der kollisionsrechtlichen Überlegungen stellt. Hinsichtlich der Frage, welche Kriterien der niederländische Richter bei der Prüfung der tatsächlichen gesellschaftlichen Verbindung zu berücksichtigen hat, führen weder der Gesetzestext noch die Gesetzeserläuterungen eine Klärung herbei. Ob der Anknüpfungspunkt der Staatsangehörigkeit im Einzelfall inhaltsreich ist, so daß das gemeinsame Heimatrecht der Ehegatten zur Anwendung gelangt, entscheidet vielmehr der niederländische Richter. Der *Hoge Raad* vertritt bei der Prüfung der Staatsangehörigkeit auf ihren Anknüpfungswert eine weite Auffassung. Grundsätzlich müssen alle, also objektive wie subjektive Umstände berücksichtigt werden[872]. Primär ist dabei auf gesellschaftliche sowie soziale Faktoren abzustellen. Zu nennen sind dabei etwa der Wohnsitz bzw. der gewöhnliche Aufenthaltsort, die frühere Staatsangehörigkeit sowie die Staatsangehörigkeit nahestehender Personen, der Geburtsort, Sprachkenntnisse, wirtschaftliche Umstände sowie der Antrag auf Naturalisation.

---

869 Vgl. *Strikwerda*, Schlußantrag zu *Hoge Raad*, 09.07.1995, NJ 1995, Nr. 617; *Vonken*, Internationaal Privaatrecht, in: Personen- en familierecht, Teil 2, Titel 9, aant. 5.2.

870 Siehe beispielsweise Rb. 's-Gravenhage, 29.03.1993, NIPR 1993, Nr. 244; Rb. 's-Gravenhage, 07.06.1994, NIPR 1994, NR. 387; Rb. 's-Gravenhage, 28.07.1997, NIPR 1997, Nr. 323. Dies ist in der Literatur aber umstritten; vgl. hierzu *van den Eeckhout*, NIPR 2000, 38 (38); *Mostermans*, Echtscheiding, S. 36.

871 Rb. 's-Gravenhage, 16.04.1993, NIPR 1993, Nr. 409; Rb. 's-Gravenhage, 10.07.1996, NIPR 1996, Nr. 376. Vgl. hierzu auch *Boele-Woelki*, Die Effektivitätsprüfung, S. 58 f.

872 Vgl. hierzu die Entscheidungen des *Hoge Raad* vom 09.06. 1995 sowie vom 26.01.1996, abgedruckt in NJ 1995, Nr. 617 und in NJ 1997, Nr. 258; siehe auch *Boele-Woelki*, Die Effektivitätsprüfung, S. 44 ff.; *Boele-Woelki*, StAZ 1980, 266 (267); *de Boer*, AA 40 (1991), 252 (257 ff.); *Vonken*, Internationaal Privaatrecht, in: Personen- en familierecht, Teil 2, Titel 9, aant. 5.5.

In Verbindung mit diesen objektiven Faktoren können auch subjektive Faktoren, wie etwa Erklärungen, das Land verlassen oder auch in der Zukunft bleiben zu wollen oder der Wunsch nach Naturalisation Berücksichtigung finden. Insgesamt wurde dem niederländischen Richter bei der Prüfung der tatsächlichen Verbundenheit des jeweiligen Beteiligten ein weiter Entscheidungsspielraum belassen[873]. Die doppelte Zielsetzung der Realitätsprüfung hat jedoch zu einem uneinheitlichen Bild der von der Rechtsprechung verwendeten Kriterien geführt. Über den im Rahmen von Artikel 1 Abs. 2 Satz 1 WCE anzuwendenden Maßstab besteht daher Unsicherheit. In der Literatur wird diese Tatsache kritisiert[874]. Auch der im März 1993 veröffentlichte Bericht der Arbeitsgruppe IPR enthält keine eindeutige Interpretationsrichtlinie. Eine Zusammenstellung der Kriterien, die bei der Beurteilung einer gesellschaftlichen Verbundenheit im Sinne von Artikel 1 Abs. 2 Satz 1 WCE in Betracht zu ziehen sind, erfolgte nicht. Vielmehr beschränkt sich der Bericht auf die Feststellung, daß nicht alleine subjektive Umstände entscheidungserheblich seien, sondern in erster Linie objektive Faktoren[875]. Richtlinien für eine einheitliche Auslegung des Artikels 1 Abs. 2 WCE können nach Ansicht der Arbeitsgruppe IPR allerdings nicht erstellt werden. Es solle weiterhin bei einer vom Richter im jeweiligen Einzelfall vorzunehmenden Wertung aller Umstände bleiben.

d) Effektivitätsprüfung (Artikel 1 Abs. 3 WCE)

Artikel 1 Abs. 3 WCE betrifft den Fall, daß eine Partei mehrere Staatsangehörigkeiten besitzt. In dieser Konstellation soll die Rechtsordnung des Landes berufen werden, mit der die Partei in Anbetracht aller Umstände die stärkste Verbindung besitzt. Damit knüpft diese Norm an die zuvor bestehende Rechtslage an[876]. Die sog. Effektivitätsprüfung wird in der gleichen Weise wie die Realitätsprüfung durchgeführt. Bei der Feststellung der engsten Verbindung sind die gleichen Kri-

[873] Siehe für objektive sowie subjektive Faktoren, die vom niederländischen Richter bei der Realitätsprüfung berücksichtigt werden, die umfangreiche Rechtsprechungsübersicht bei *Vonken*, Internationaal Privaatrecht, in: Personen- en familierecht, Teil 2, Titel 9, aant. 5.5. Näher bei *Boele-Woelki*, Die Effektivitätsprüfung, S. 61 ff.; *de Boer*, AA 40 (1991), 252 (257 ff.); *Frohn*, NILR 1996, 41 (52).

[874] *De Boer*, AA 40 (1991), 252 (257 ff.); *Frohn*, NILR 1996, 41 (52).

[875] Werkgroep Internationaal Privaatrecht van de Nederlandse Vereniging voor Rechtspraak, Trema 1993, 129 (149).

[876] Die Effektivitätsprüfung bildet seit der Entscheidung des *Hoge Raad* vom 09.12.1965, NJ 1966, Nr. 378 einen festen Bestandteil des niederländischen Rechts; vgl. hierzu auch *Mostermans*, Echtscheiding, S. 37.

terien zu berücksichtigen[877]. Zu beachten ist, daß die Effektivitätsprüfung im Rahmen der Rechtswahl im Sinne des Artikel 1 Abs. 2 Satz 2 WCE nicht zur Anwendung gelangt. Die Durchführung der Effektivitätsprüfung im Rahmen der Rechtswahl widerspräche dem Sinn und Zweck der Vorschrift, die Chancen der Anerkennung einer in den Niederlanden ausgesprochenen Scheidung in dem gemeinsamen Heimatland der Parteien zu vergrößern, indem das gemeinsame nationale Recht angewendet wird[878].

e) Reformvorschläge für Artikel 1 WCE

Obwohl der Gesetzgeber bei der Fassung des Artikel 1 WCE an die Rechtsprechung des Obersten Gerichtshofes aus den siebziger Jahren anknüpfte und sich dabei auch auf drei Gutachten der Staatskommission stützen konnte, hat in der Vergangenheit die praktische Anwendung des Artikel 1 WCE immer wieder Fragen aufgeworfen. Da die Norm im Laufe der Jahre an Überzeugungskraft verloren hat, wird in den Niederlanden über eine Reformierung des Artikel 1 WCE nachgedacht. In diesem Zusammenhang hat die Arbeitsgruppe IPR des niederländischen Vereins für Rechtspflege im März 1993 einen ausführlichen Bericht mit dem Titel „Engpässe bei der Anwendung des Artikel 1 des Gesetzes über das IPR der Ehescheidung“[879] veröffentlicht. Kurz zuvor waren auch vom niederländischen Justizministerium Vorschläge hinsichtlich einer Novellierung des Gesetzes über das IPR der Ehescheidung erarbeitet worden, die in der im August 1992 veröffentlichten IPR-Skizze aufgenommen wurden (Artikel 36 bis 39 IPR-Skizze). Der vom Justizministerium konzipierte Artikel 37 IPR-Skizze entspricht nahezu dem in Artikel 1 WCE geregelten Scheidungsstatut, abgesehen von einigen redaktionellen Änderungen[880] sowie der Aufnahme von Vorschriften, die zum einen die ausdrückliche Rechtswahl[881], zum anderen das Ehescheidungsmonopol des nie-

---

877 In diesem Sinn etwa *Hoge Raad*, 06.10.1995, NJ 1997, Nr. 257. In der Literatur siehe *Frohn*, NILR 1996, 41 (53) sowie *Vonken*, Internationaal Privaatrecht, in: Personen- en familierecht, Teil 2, Titel 9, aant. 7 mit umfassender Rechtsprechungsübersicht.

878 *Vonken*, Internationaal Privaatrecht, in: Personen- en familierecht, Teil 2, Titel 9, aant. 6.

879 Werkgroep Internationaal Privaatrecht van de Nederlandse Vereniging voor Rechtspraak, Trema 1993, 129 (129 ff.).

880 Artikel 37 IPR-Skizze umfaßt ebenfalls vier Absätze. Der erste Absatz enthält einige redaktionelle Verbesserungen. Buchstabe c ist besser verständlich als sein Vorgänger. Die Anknüpfung bei mehrfacher Staatsangehörigkeit ist bei der IPR-Skizze in einem Allgemeinen Teil geregelt, so daß eine eigene Regelung im Bereich der Scheidung obsolet wurde. Die Möglichkeit einer Rechtswahl zugunsten des niederländischen Rechts wurde im dritten Absatz aufgenommen (Im Gesetz über das IPR der Ehescheidung ist diese Möglichkeit im vierten Absatz vorgesehen).

881 Artikel 37 Abs. 4 IPR-Skizze enthält eine neue materielle Bestimmung. Hiernach muß eine Rechtswahl für das niederländische Recht bzw. für das gemeinsame Heimatrecht der Ehegat-

derländischen Richters festlegen. Der bestehende *status quo* wird mit diesen Vorschlägen weitestgehend beibehalten. Aufgrund der in Artikel 37 IPR-Skizze vernachlässigten Vereinfachung der Anknüpfung wurden die Änderungsvorschläge des Justizministeriums in der Literatur als unzureichend beurteilt[882].

Der im März 1993 veröffentlichte Bericht der Arbeitsgruppe IPR des niederländischen Vereins für Rechtspflege geht hingegen weiter. Er enthält neben Interpretationshilfen für niederländische Richter bezüglich der bestehenden Fassung des Gesetzes auch Reformvorschläge, die sich an den Gesetzgeber wenden[883]. Die Novellierungsempfehlungen, die die Arbeitsgruppe IPR an die Gesetzgebungsorgane richtet, beruhen auf der Erkenntnis, daß in der niederländischen Praxis die Anwendung niederländischen Rechts gegenüber der Anwendung ausländischen

---

ten ausdrücklich erfolgen oder sich unzweifelhaft aus den Prozeßakten ergeben. Eine stillschweigende Wahl des niederländischen Rechts unter alleiniger Bezugnahme auf den Scheidungsgrund der „dauerhaften Zerrüttung" wird mit dieser Bestimmung ausgeschlossen.

882 Primär wurde die beibehaltene systematische Stellung der Rechtswahl kritisiert. Fraglich sei, warum die bei der Prüfung systematisch vorrangige Parteiautonomie in der Neufassung nicht vorangestellt und somit keine Anpassung an die Praxis stattgefunden habe. Bemängelt wurde auch, daß die in der IPR-Skizze aufgenommenen Änderungen zu kurz griffen und sich neue Erkenntnisse in der überarbeiteten Fassung nicht widerspiegelten. Gerügt wurde zudem die Stellung des Artikels 37 Abs. 4 IPR-Skizze. In Anbetracht der angestrebten Gesamtkodifikation wird die Regelung der kollisionsrechtlichen Rechtswahlfreiheit im Allgemeinen Teil befürwortet. Beanstandet wird zudem, daß es an einem Kriterium fehlt, nach welchem zu entscheiden ist, wann sich eine Rechtswahl bei Scheidungssachen unzweifelhaft aus den Prozeßakten ergibt; vgl. etwa *Boele-Woelki*, Der favor divortii im niederländischen internationalen Scheidungsrecht; in: Comparability and Evaluation, S. 167 (172 f.; 179).

883 Neben den bereits erwähnten Interpretationsrichtlinien hat die Arbeitsgruppe IPR auch eine Auslegungshilfe hinsichtlich der kollisionsrechtlichen Behandlung niederländischer Ehegatten geliefert. Ungeachtet der Frage, ob deren Staatsangehörigkeit als Ausdruck einer gesellschaftlichen Verbundenheit mit den Niederlanden zu werten ist, soll sich die beantragte Scheidung zwischen im Ausland wohnhaften Niederländern grundsätzlich nach niederländischem Recht richten. Der kollisionsrechtliche *favor divortii* wäre in Gefahr, wenn aufgrund der durchgeführten Realitätsprüfung eine Rechtsordnung berufen würde, die eine Scheidung erschwert oder gar untersagt (Zu dieser problematischen Auslegung der allseitigen Vorschrift und den zugelassenen Ausnahmen vgl. Werkgroep Internationaal Privaatrecht van de Nederlandse Vereniging voor Rechtspraak, Trema 1993, 129 (142, 146, 149) sowie kritisch hierzu *Boele-Woelki*, Der favor divortii im niederländischen internationalen Scheidungsrecht; in: Comparability and Evaluation, S. 167 (175). Zudem spricht sich die Arbeitsgruppe bei Scheidungsverfahren zwischen ausländischen Ehegatten gegen eine Prüfung des Anknüpfungswertes der Staatsangehörigkeit von Amts wegen aus. Der Anwendungsbereich der speziellen Ausweichklausel wird somit beschränkt. Das Recht der gemeinsamen Staatsangehörigkeit käme somit immer zur Anwendung, wenn nicht einer der Ehegatten das Fehlen der gesellschaftlichen Verbundenheit mit dem Heimatland vorträgt. Siehe hierzu auch *Boele-Woelki*, Der favor divortii im niederländischen internationalen Scheidungsrecht; in: Comparability and Evaluation, S. 167 (176).

Rechts ein starkes Übergewicht besitzt. So findet niederländisches Recht in Verbindung mit Artikel 814 Rv. in der Praxis immer dann Anwendung, wenn die Eheleute unterschiedliche Staatsangehörigkeiten besitzen, wenn sie die gleiche (ausländische) Staatsangehörigkeit besitzen, aber für die Anwendung des niederländischen Rechts optiert wurde oder wenn es einer der Parteien an einer wahren gesellschaftlichen Verbindung mit dem Land fehlt, dessen Nationalität beide besitzen[884]. Der überwiegende Teil der im Gesetz über das IPR der Ehescheidung geregelten Anknüpfungen führt somit zur Anwendung des niederländischen Rechts.

Mit dieser Erkenntnis stehen auch die Ergebnisse einer viel beachteten Untersuchung in Einklang, die *De Boer* anläßlich eines Scheidungsurteils des Hof Arnhem vom 28.02.1989[885] durchführte[886]. *De Boer* analysierte in diesem Zusammenhang mehr als 125 Entscheidungen niederländischer Gerichte, in denen das offensichtliche Fehlen einer gesellschaftlichen Verbundenheit mit dem Land der gemeinsamen Staatsangehörigkeit für die Anwendbarkeit des Scheidungsrechts bedeutsam war. Dabei stellt der Autor fest, daß niederländische Richter trotz gemeinsamer ausländischer Staatsangehörigkeit der Ehegatten häufig aufgrund der im Gesetz über das IPR der Ehescheidung vorgeschriebenen Realitätsprüfung gezwungen sind, niederländisches Recht anzuwenden. Daher sieht *De Boer* die Staatsangehörigkeit auf dem Gebiet der Internationalen Ehescheidung als untauglichen Anknüpfungspunkt an. Zudem bemängelt er in seinen Ausführungen, daß das Kriterium der gesellschaftlichen Verbundenheit im Rahmen der Realitätsprüfung insbesondere im Säumnisverfahren manipulierbar ist[887]. Als Konsequenz seiner Feststellungen schlägt er unter Hinweis auf Artikel 61 Abs. 1 des schweizerischen IPR-Gesetzes zur Vereinfachung der kollisionsrechtlichen Anknüpfung vor, die Anwendung der *lex fori in foro proprio* mit einer Optionsmöglichkeit für fremdes Recht in das niederländische Internationale Scheidungsrecht aufzuneh-

---

884 So die Einschätzung bei C/G/H/K (*de Boer/Kotting*), Introduction to Dutch law, S. 278; *Strikwerda*, Inleiding, S. 124. Das mit der Anwendung des Gesetzes über das IPR der Ehescheidung erzielte Resultat nähert sich dem Ergebnis, welches mit der alten *Boon/Schmidt*-Lehre erreicht wurde, obwohl ein völlig anderer Weg beschritten wird. Während sich das niederländische Scheidungsrecht bei der *Boon/Schmidt*-Lehre durch den *ordre public* durchsetzte, gelangt es nunmehr im Hinblick auf die Durchsetzung des *favor divortii*-Prinzips insbesondere durch die Einführung der Parteiautonomie zur Anwendung; siehe *Strikwerda*, Inleiding, S. 124 f.

885 Abgedruckt in NJ 1990, Nr. 15.

886 *De Boer*, AA 40 (1991), 252 (254 ff.).

887 Siehe *de Boer*, AA 40 (1991), 252 (254 ff.); so auch schon vor Inkrafttreten des Gesetzes über das IPR der Ehescheidung *Kokkini-Iatridou*, RM Themis 1979, 579 (582).

men[888]. Das auf die Scheidung anwendbare Recht soll somit der internationalen Zuständigkeit folgen[889].

Angesichts des Primats des niederländischen Rechts hat die Arbeitsgruppe IPR diesen Vorschlag aufgegriffen. Sie plädiert im Falle einer Reformierung der Vorschriften ebenfalls dafür, eine in den Niederlanden beantragte Scheidung grundsätzlich nach niederländischem Recht zu beurteilen. Dabei solle die Lehre vom fakultativen Kollisionsrecht berücksichtigt werden. Dies bedeutet, daß in Fällen, in denen sich ein Ehegatte ausdrücklich der Anwendung des niederländischen Rechts widersetzt, eine Option zugunsten des Rechts der gemeinsamen Staatsangehörigkeit möglich sein soll[890]. Zudem hat die Arbeitsgruppe IPR eine Empfehlung hinsichtlich der zu reformierenden Struktur des Artikel 1 WCE gegeben. Die Arbeitsgruppe IPR bemängelte, daß sich die Rechtswahlmöglichkeiten entgegen der Prüfungspraxis nicht in den ersten Absätzen der Norm wiederfinden. Ein Vorschlag wurde dahingehend gemacht, daß die Rechtswahlmöglichkeit zugunsten des niederländischen Rechts, gefolgt von der Rechtswahlmöglichkeit zugunsten des gemeinsamen ausländischen Rechts an den Anfang der Norm zu stellen seien.

Ob in näherer Zukunft eine Novellierung der objektiven Verweisungsnorm vorgenommen wird, bleibt abzuwarten. Die Staatskommission für Internationales Privatrecht hat sich jedenfalls dafür ausgesprochen, daß eine Neuregelung des Scheidungsstatutes erst im Rahmen eines allgemeinen IPR-Gesetzes verwirklicht werde, damit die Novellierungen auf das Gesamtwerk abgestimmt werden können[891]. Die Vergangenheit zeigt jedenfalls, daß die Empfehlungen der Arbeitsgruppe IPR des niederländischen Vereins für Rechtspflege als Richtlinie für die zukünftige

---

888 *De Boer*, AA 40 (1991), 252 (260).

889 *De Boer* begründet dies in erster Linie damit, daß dem *favor divortii* durch die Rechtswahl zugunsten des niederländischen Rechts und dem Gleichlauf zwischen Zuständigkeit und anwendbarem Recht am besten gedient sei.

890 *Van Maas de Bie*, WPNR 1993, 6106, 663 (664); *Mostermans*, FJR 1992, 156 (159). In diesem Zusammenhang ist auch auf einen Brief der Staatskommission für Internationales Privatrecht an den Justizminister vom 28.03.1995 (zitiert bei *Vonken*, Internationaal Privaatrecht, in: Personen- en familierecht, Teil 2, Titel 9, aant. 8) hinzuweisen, in der eine Vorschrift formuliert wird, die von der Anwendbarkeit der *lex fori* ausgeht; so auch die Auffassung von *Strikwerda*, De hanteerbaarheid van het IPR, in: Grensoverschrijdend privaatrecht, S. 245 (250 Fu. 14); vgl. hierzu auch *Boele-Woelki*, Der favor divortii im niederländischen internationalen Scheidungsrecht; in: Comparability and Evaluation, S. 167 (180). In der Literatur gibt es hinsichtlich der Einführung des fakultativen Kollisionsrechts jedoch auch Gegenstimmen, siehe etwa *Vonken*, Internationaal Privaatrecht, in: Personen- en familierecht, Teil 2, Titel 9, aant. 8.

891 Brief der Staatskommission für Internationales Privatrecht an den Justizminister vom 28.03.1995 (zitiert bei *Vonken*, Internationaal Privaatrecht, in: Personen- en familierecht, Teil 2, Titel 9, aant. 8).

Regelung des Internationalen Ehescheidungsrechts zu verstehen sind. Auch wenn diese formal keine Bindungswirkung besitzen, so ist ihnen doch eine gewisse Autorität nicht abzusprechen, da der Bericht von Mitgliedern verschiedener Gerichte einschließlich des *Hoge Raad* erstellt worden ist[892].

V. Unterhalt

Das Kollisionsrecht auf dem Gebiet des Unterhaltsrechts ist nahezu vollständig durch internationale Staatsverträge geregelt.

1. Haager Unterhaltsübereinkommen

Am 14.12.1962 trat für die Niederlande das *Haager Übereinkommen über das auf Unterhaltsverpflichtungen gegenüber Kindern anzuwendende Recht* vom 24.10.1956[893], zum 01.03.1981 das *Haager Übereinkommen über das auf Unterhaltspflichten anzuwendende Recht* vom 02.10.1973 (im Folgenden Haager Unterhaltsübereinkommen bzw. HUntÜ) in Kraft[894]. Das Haager Unterhaltsübereinkommen strebt die Vereinheitlichung der Kollisionsregeln auf dem Gebiet des Unterhaltsrechts an[895]. Dieser Staatsvertrag hat ein weiteres materielles Anwendungsgebiet als das Übereinkommen aus dem Jahre 1956. Es findet allgemein auf Unterhaltsverpflichtungen Anwendung, die sich aus familienrechtlichen Beziehungen ergeben (Artikel 1 HUntÜ), und ist nicht nur auf Unterhaltsverpflichtungen gegenüber Kindern beschränkt[896]. Das Haager Unterhaltsübereinkommen hat

---

892 So die Einschätzung von *Boele-Woelki*, Der favor divortii im niederländischen internationalen Scheidungsrecht; in: Comparability and Evaluation, S. 167 (179) in Anbetracht der Tatsache, daß die vorherigen Vorschläge der Arbeitsgruppe im wesentlichen mit dem später verabschiedeten Gesetz über das IPR der Ehescheidung übereinstimmen (vgl. Kamerstukken II 1979-1980, 16004 Nr. 3-4, S. 32 ff.).

893 Trb. 1959, Nr. 20; vgl. auch BGBl. 1963 II 42. Der deutsche Text des Abkommens ist abgedruckt bei *Jayme/Hausmann*, Nr. 28.

894 Trb. 1974, Nr. 86 bzw. BGBl. 1987 II 225; deutscher Text bei *Jayme/Hausmann*, Nr. 29. Siehe hierzu auch den Bericht zum Übereinkommen von *Verwilghen*, der in deutscher Sprache in der BT-Drucks. 10/258, S. 29 ff. abgedruckt ist sowie *Frohn/Hennis*, Staatscommissie IPR, Geselecteerde adviezen, Nr. 14.

895 Siehe den Erläuternden Bericht von *Verwilghen*, BT-Drucks. 10/258, S. 29 (56) Nr. 116. Eine umfassenden deutschsprachige Kommentierung findet sich u.a. bei MK (*Siehr*), Artikel 18 Anh. I sowie bei Staudinger (*von Bar/Mankowski*), Anh. I zu Art. 18 EGBGB.

896 Das Haager Unterhaltsübereinkommen enthält Kollisionsnormen für Unterhaltsverpflichtungen, die sich aus Beziehungen der Familie, Verwandtschaft, Ehe oder Schwägerschaft ergeben, einschließlich der Unterhaltspflicht gegenüber einem nichtehelichen Kind (Artikel 1 HUntÜ). Der Umfang des Unterhaltsstatutes wird durch die nicht erschöpfende Aufzählung des Artikels 10 HUntÜ näher umschrieben. Die Frage nach dem Bestehen oder der Gültigkeit von familienrechtlichen Beziehungen, auf die der Unterhaltsanspruch gestützt wird, ist ge-

zudem einen universellen formellen Anwendungsbereich (Artikel 3 HUntÜ)[897]. Der niederländische Richter wendet die Übereinkommensvorschriften somit auch dann an, wenn die Unterhaltsverpflichtung bzw. die davon betroffenen Personen keine Beziehung zu einem Vertragsstaat besitzen. Das autonome Kollisionsrecht der Niederlande auf dem Gebiet der Unterhaltsverpflichtungen wird daher komplett durch die Kollisionsnormen des Staatsvertrages verdrängt, wenn dessen Anwendungsbereich eröffnet ist. Hinsichtlich des Kinderunterhaltes ersetzt das Haager Unterhaltsübereinkommen in der Praxis überwiegend das ebenfalls die Unterhaltsverpflichtungen gegenüber Kindern regelnde Haager Abkommen aus dem Jahre 1956. Das Haager Übereinkommens aus dem Jahre 1956 gilt für den Kindesunterhalt nur noch im Verhältnis zu den Vertragsstaaten, die nur ihm, nicht aber dem Haager Unterhaltsübereinkommen angehören (Artikel 18 HUntÜ). Je stärker somit die Anzahl an Ratifikationen des Haager Unterhaltsübereinkommens zunimmt, desto mehr verliert das Übereinkommen aus dem Jahre 1956 an Bedeutung[898]. Der Übergang vom einen zum anderen Staatsvertrag auf dem Gebiet des Kinderunterhaltes führt allerdings zu keiner abrupten Änderung. Die Ausgangspunkte sind vielmehr nahezu identisch[899]. Grundsätzlich bestehen damit keine Unterschiede mehr zwischen Unterhaltsverpflichtungen gegenüber Erwachsenen und Kindern, wenn sich diese Verpflichtung aus (quasi-)familienrechtlichen Beziehungen ergeben[900].

Die Primäranknüpfung der in Artikel 1 HUntÜ aufgezählten Unterhaltsverpflichtungen ist in Artikel 4 HUntÜ niedergelegt. Gemäß Artikel 4 HUntÜ richtet sich das Unterhaltsstatut nach dem Recht des Landes, in welchem der Unterhaltsberechtigte seinen gewöhnlichen Aufenthalt hat[901]. Diese Regelung basiert auf der

---

sondert anzuknüpfen (Artikel 2 HUntÜ). Nicht ausgeschlossen ist somit, daß die Beurteilung der familienrechtlichen Beziehungen einer anderen Rechtsordnung unterworfen ist als die darauf basierende Unterhaltsverpflichtung selbst. Vgl. hierzu *Andrae*, Internationales Familienrecht, Rn. 706 ff.; *Pellis*, Alimentatie, Praktijkreeks IPR, deel 6, S. 27: 37 ff.; *van Rooij/Polak*, Private International Law in the Netherlands, S. 222 ff.

897 Vgl. etwa Rb. Arnhem, 12.01.1984, NIPR 1985, Nr. 216 und in der Literatur statt vieler *Pellis*, Alimentatie, Praktijkreeks IPR, deel 6, S. 28 f. Der Anwendungsbereich des Kinderunterhaltsübereinkommens aus dem Jahre 1956 war in räumlich-personeller Sicht beschränkt. Zu den Gründen, das System des Übereinkommens von 1956 aufzugeben vgl. *Verwilghen*, BT-Drucks. 10/258, S. 29 (59), Nr. 134.

898 Aufgrund des Vorranges des Haager Unterhaltsübereinkommens ist das Übereinkommen von 1956 nur noch im Verhältnis zu Belgien, Liechtenstein und Österreich anzuwenden.

899 Siehe *Verwilghen*, BT-Drucks. 10/258, S. 29 (71), Nr. 190.

900 *Pellis*, Alimentatie, Praktijkreeks IPR, deel 6, S. 26.

901 Die Norm schließt sich damit dem Grundsatz an, der auch im Übereinkommen von 1956 niedergelegt war, vgl. *Verwilghen*, BT-Drucks. 10/258, S. 29 (60) Nr. 137. Siehe hierzu auch *Pellis*, Alimentatie, Praktijkreeks IPR, deel 6, S. 29 f.

funktionalen Anknüpfungstechnik[902]. Sie hat zur Folge, daß alle in dem selben Land Wohnhaften nach den gleichen Maßstäben beurteilt werden, unabhängig davon, ob die Unterhaltsverpflichtung internationalen Charakter hat[903]. Bei einem Wechsel des gewöhnlichen Aufenthaltsortes gilt ab dem Zeitpunkt des Wechsels das Recht des neuen Aufenthaltsstaates (Artikel 4 Abs. 2 HUntÜ), so daß die Unterhaltsverpflichtung ggf. neu festgestellt werden muß. Ein Statutenwechsel findet also immer dann statt, wenn während des Zeitraumes, für den Unterhalt verlangt wird, der Unterhaltsverpflichtete seinen gewöhnlichen Aufenthalt ändert. Bei Artikel 4 HUntÜ handelt es sich, wie bei den anderen Kollisionsnormen des Haager Unterhaltsübereinkommens auch, um eine Sachnormverweisung[904].

Von dem in Artikel 4 HUntÜ niedergelegten Grundsatz werden zahlreiche Ausnahmen zugelassen. Gewährt etwa das Recht des Aufenthaltsstaates dem Berechtigten keinen Unterhaltsanspruch oder fällt dieser weg, so sieht das Haager Unterhaltsübereinkommen zu seinen Gunsten subsidiäre Hilfsanknüpfungen vor. Gemäß Artikel 5 HUntÜ kann in diesem Fall hilfsweise an das gemeinsame Heimatrecht des Unterhaltsgläubigers und des Unterhaltsschuldners angeknüpft werden[905]. Sieht auch das Recht des gemeinsamen Heimatstaates keinen Unterhalt vor, so kann die angerufene Behörde ihr innerstaatliches Recht anwenden (Artikel 6 HUntÜ)[906]. Angesichts von Artikel 11 Abs. 2 HUntÜ[907], können die Artikel 5 und 6 HUntÜ für den Unterhaltsberechtigten aber in den Fällen keine Möglichkeit eröffnen, in denen der Unterhaltspflichtige finanziell zu einer Unterhaltszahlung nicht im Stande ist.

---

902 Vgl. *Strikwerda*, De hanteerbaarheid van het IPR, in: Grensoverschrijdend privaatrecht, S. 245 (248).

903 Siehe *Mostermans*, FJR 1997, 155 (155); *Strikwerda*, Inleiding, S. 145.

904 Vgl. statt vieler *Andrae*, Internationales Familienrecht, Rn. 724.

905 Vgl. etwa Rb. 's-Gravenhage, 15.03.1995, NIPR 1995, Nr. 349. Ob im Rahmen dieser Vorschrift eine Realitäts- bzw. Effektivitätsprüfung durchgeführt werden muß, ist in der niederländischen Literatur umstritten. Während sich *Kokkini-Iatridou/Boele-Woelki* gegen die Überprüfung der Staatsangehörigkeit aussprechen, da die Vorschrift auf dem Günstigkeitsprinzip beruhe (vgl. in NIPR 1992, S. 477), plädiert *Pellis* (Alimentatie, Praktijkreeks IPR, deel 6, S. 30) für die Durchführung der Effektivitätsprüfung bei Mehrstaatern.

906 Vgl. hierzu statt vieler *Pellis*, Alimentatie, Praktijkreeks IPR, deel 6, S. 30 f.

907 Diese Vorschrift bestimmt, daß bei der Bemessung des Unterhaltsbetrages im Rahmen des *ordre public* die Bedürfnisse des Berechtigten und die wirtschaftlichen Verhältnisse des Unterhaltspflichtigen zu berücksichtigen sind, auch wenn das anzuwendende Recht etwas anderes vorsieht.

Eine weitere Sonderregelung gegenüber Artikel 4 HUntÜ ist für den nachehelichen Unterhalt in Artikel 8 Abs. 1 HUntÜ vorgesehen[908]. Dieser besagt, daß in einem Vertragsstaat, in dem die Scheidung ausgesprochen oder anerkannt ist, das auf die Scheidung anwendbare Recht selbst über die den Unterhalt der geschiedenen Ehegatten sowie spätere Änderungen entscheidet[909]. Das auf den nachehelichen Unterhalt anwendbare Recht ist kraft der Koppelung an das Scheidungsstatut durch Artikel 8 HUntÜ das Unterhaltsrecht derjenigen Rechtsordnung, deren Sachrecht auf die Ehescheidung angewendet worden ist. Abweichend von Artikel 4 bis 6 HUntÜ ist das Statut des nachehelichen Unterhalts unwandelbar[910]. Artikel 8 HUntÜ beruht auf einem Kompromiß. Die Ausnahmevorschrift wurde eingeführt, um den Staaten entgegen zu kommen, die die Unterhaltspflicht von der Frage der Schuld am Scheitern der Ehe abhängig machen. Eine andere Lösung als Artikel 8 HUntÜ wäre beschwerlich gewesen, da die Koppelung sonst leicht hätte durchbrochen werden können[911]. Aus diesem Grund derogiert Artikel 8 HUntÜ nicht nur Artikel 4 HUntÜ, sondern auch die Artikel 5 und 6 HUntÜ.

Inzwischen ist die Bestimmung des Artikels 8 HUntÜ in solchen Staaten, die das Verschuldensprinzip größtenteils aus ihrem Ehescheidungsrecht verbannt haben, nicht mehr unumstritten[912]. Im Jahre 1997 hat die höchstrichterliche Rechtspre-

---

[908] Gleiches gilt gemäß Artikel 8 Abs. 2 des Übereinkommens auch entsprechend für den Fall der Trennung von Tisch und Bett sowie bei Nichtigkeits- oder Auflösungserklärung der Ehe. Im Zusammenhang mit Artikel 8 HUntÜ ist jedoch noch Artikel 15 HUntÜ zu beachten. Siehe zu der Vorbehaltsmöglichkeit gemäß Artikel 15 HUntÜ siehe Seite 193 f.

[909] Wohnen die ehemaligen Ehegatten in verschiedenen Teilen des Königreichs der Niederlande, so wird Artikel 8 HUntÜ analog angewendet, vgl. Hof 's-Gravenhage, 08.12.1992, NIPR 1993, Nr. 92. Sind die Voraussetzungen des Artikels 8 HUntÜ nicht erfüllt, so finden die Artikel 4 ff. HUntÜ Anwendung; siehe *Verwilghen*, BT-Drucks. 10/258, S. 29 (65), Nr. 161. Vgl. auch *Andrae*, Internationales Familienrecht, Rn. 720 f.; *Pellis*, Alimentatie, Praktijkreeks IPR, deel 6, S. 31.

[910] Dieser Grundsatz galt im niederländischen Internationalen Privatrecht schon vor Inkrafttreten des Übereinkommens; vgl. etwa *Hoge Raad*, 04.05.1979, NJ 1979, Nr. 547; *Hoge Raad*, 29.01.1982, NJ 1982, Nr. 306; vgl. auch *van Rooij/Polak*, Private International Law in the Netherlands, S. 223 und gilt weiterhin für die Fälle, in denen Artikel 8 des Übereinkommens nicht eingreift.

[911] Das Auseinanderlaufen des auf die Unterhaltsverpflichtung und auf die Ehescheidung anwendbaren Rechts hätte zur Folge, daß die für die Ehescheidung verantwortliche Partei unter Umständen doch unterhaltsberechtigt sein könnte. Vgl. die Entscheidung des *Hoge Raad*, 21.02.1997, NIPR 1997, Nr. 70 sowie den Erläuternden Bericht von *Verwilghen*, BT-Drucks. 10/258, 29 (63), Nr. 152 ff. In der niederländischen Literatur siehe *Boele-Woelki*, FJR 1997, 133 (133); *Boele-Woelki*, IPRax 1998, 492 (494); *Mostermans*, FJR 1997, 155 (155); *Pellis*, FJR 1996, 223 (224).

[912] Zu den rechtspolitischen Einwänden gegenüber dieser Vorschrift vgl. *Mostermans*, FJR 1997, 155 (159); Staudinger (*von Bar/Mankowski*), Anh. I zu Art. 18 EGBGB, Rn. 231; *Strikwerda*, Inleiding, S. 146.

chung der Niederlande einen über die Landesgrenzen hinaus bedeutsamen Beitrag zur Auslegung dieser Vorschrift geliefert. Der *Hoge Raad* hatte über die Frage zu entscheiden, ob auf den nachehelichen Unterhalt geschiedener Ehegatten das niederländische Recht aufgrund einer gemeinsam erklärten Rechtswahl angewendet werden durfte, obwohl die Scheidung der Ehe selbst iranischem Recht unterlag[913]. Aus dem Haager Unterhaltsübereinkommen ergab sich keine Lösung, da der Staatsvertrag selbst keine Vorschrift enthält, die über die Wirkung einer gemeinsamen Rechtswahl Aufschluß gibt. Der Oberste Gerichtshof entschied entgegen des generalstaatsanwaltlichen Gutachtens, daß Artikel 8 des Übereinkommens in der Weise zu interpretieren sei, daß dieser der Anerkennung einer Rechtswahl nicht entgegen stehe[914]. In der Literatur hat das Urteil Zustimmung erfahren[915]. Bislang konnte das über Artikel 8 HUntÜ erzielte Anknüpfungsergebnis immer dann korrigiert werden, wenn ein Verstoß gegen den *ordre public*[916] oder eine Einschränkung der Anwendung des *ordre public* über Artikel 11 Abs. 2 des Abkommens, wonach bei der Bemessung der des Unterhaltsbeitrages die Bedürfnisse des Berechtigten und die wirtschaftlichen Verhältnisse des Verpflichteten auf jeden Fall zu prüfen sind, vorlag. Mit der Entscheidung vom 21.02.1997 hat der *Hoge Raad* eine weitere Möglichkeit geschaffen, daß Anknüpfungsergebnis des Artikel 8 HUntÜ zu korrigieren bzw. zu beseitigen[917]. Diese Sachnorm ist auf jeden Fall zu prüfen. Die Höhe des Unterhalts ist unabhängig vom anwendbaren Recht zu bestimmen. Keine Auskunft gibt das Urteil über die Fragen, ob auch ein anderes Recht als das der *lex fori* gewählt werden darf oder ob die Eheleute auch später

---

913 *Hoge Raad*, 21.02.1997, NIPR 1997, Nr. 70. Vgl. hierzu auch *Boele-Woelki*, FJR 1997, S. 133 (133); *Boele-Woelki*, IPRax 1998, 492 (492 ff.); *Koppenol-Laforce*, NTBR 1998, 182 (184); *Mankowski*, FuR 1997, 316 (316); *Pellis*, WPNR 1997, 6280, 527 (527 ff.); *Strikwerda*, Inleiding, S. 146; *Vlas*, AA 46 (1997), 820 (820 ff.).

914 Der Oberste Gerichtshof erwog, daß die Zulassung einer Rechtswahl die mit dem Übereinkommen bezweckte Rechtseinheit sowie die Verwirklichung der allgemeinen Ziele des Übereinkommens nicht gefährde. Er verweist auch darauf, daß die Rechtswahl im Personen- und Familienrecht keine Ausnahmeerscheinung mehr sei, was bei der Auslegung des Artikel 8 des Haager Abkommens berücksichtigt werden müsse. Dies bedeutet, daß Regelungen, die von den Parteien bezüglich Unterhaltsverpflichtungen getroffen werden, dem Recht des Staates unterliegen, das die Parteien gemeinschaftlich gewählt haben. Daher ist eine Rechtswahl der Parteien beachtlich. Ob die Rechtswahlmöglichkeit auf die *lex fori* beschränkt sein soll, ergibt sich aus dem Urteil nicht eindeutig. Ist eine Rechtswahl nicht getroffen worden, so ist gem. Artikel 8 Haager Übereinkommen über das auf Unterhaltspflichten anzuwendende Recht die *lex divortii* anzuwenden. Der Entscheidung des *Hoge Raad* folgen seitdem die niederländischen Instanzgerichte, vgl. etwa Rb. Den Haag, 23.04.1997, NIPR 1997, Nr. 206. Zu den Hintergründen der höchstrichterlichen Entscheidung vgl. *Mankowski*, FuR 1997, 316 (317 f.).

915 Vgl. etwa *Boele-Woelki*, FJR 1997, 133 (133); *Boele-Woelki*, IPRax 1998, 492 (494); *Mankowski*, FuR 1999, 316 (316).

916 Vgl. beispielsweise Rb. Arnhem, 08.08.1995, NJ 1996, Nr. 340.

917 Vgl. *Boele-Woelki*, IPRax 1998, 492 (494); *Mankowski*, FuR 1997, 316 (317).

noch eine Rechtswahl treffen bzw. eine getroffene Rechtswahl noch ändern können.

Das Urteil des obersten niederländischen Gerichtshofes ist deshalb von entscheidender Wichtigkeit, da in den anderen Vertragsstaaten bis zu jenem Zeitpunkt keine höchstrichterliche Entscheidung über diese Frage gefällt wurde. Die Kenntnisnahme des Urteils ist für die anderen Vertragsstaaten von großer Bedeutung, um eine einheitliche Auslegung des Übereinkommens sicherstellen zu können. Der niederländische Gesetzgeber hat jedenfalls die Möglichkeit, sich bei einer zukünftigen IPR-Kodifikation der Auffassung des *Hoge Raad* anzuschließen und die Rechtswahl für den nachehelichen Unterhalt festzulegen.

Eine weitere Ausnahme von der in Artikel 4 HUntÜ festgelegten Regel bildet Artikel 15 HUntÜ[918]. Nach dieser Vorschrift kann sich jeder Vertragsstaat vorbehalten, daß seine Behörden sein innerstaatliches Recht anzuwenden haben, wenn sowohl der Berechtigte als auch der Verpflichtete Staatsangehörige dieses Staates sind und der Verpflichtete dort seinen gewöhnlichen Aufenthalt hat[919]. Die Niederlande haben von dieser Vorbehaltsmöglichkeit Gebrauch gemacht. Besitzen sowohl der Unterhaltsberechtigte als auch der Unterhaltsverpflichtete die niederländische Staatsangehörigkeit und hat letzterer seinen gewöhnlichen Aufenthalt in den Niederlanden, so wendet der niederländische Richter niederländisches Recht an. Dies geschieht unabhängig von der Tatsache, wo der Unterhaltsberechtigte seinen gewöhnlichen Aufenthalt hat. In Fällen der nachehelichen Unterhaltsverpflichtung läßt er auch unberücksichtigt, welches Recht auf die Ehescheidung anzuwenden ist. Artikel 15 HUntÜ stellt somit nicht nur eine Sonderregelung hinsichtlich von Artikel 4 HUntÜ, sondern auch gegenüber Artikel 8 HUntÜ dar. Ob bei der Anwendung des Artikels 15 HUntÜ bei Monostaatern die Realitäts-, und bei Mehrstaatern die Effektivitätsprüfung durchgeführt werden muß, ist unsicher. In Anbetracht des Zwecks der Ausnahmevorschrift wird überwiegend die Anwendung der Realitäts- sowie der Effektivitätsprüfung vertreten[920].

Das Haager Unterhaltsübereinkommen enthält in Artikel 9 HUntÜ eine weitere Kollisionsnorm für Erstattungsansprüche von öffentlichen Einrichtungen. Hier-

---

918 Vgl. ausführlich *Pellis*, Alimentatie, Praktijkreeks IPR, deel 6, S. 33 f. mit zahlreichen Rechtsprechungsnachweisen sowie *Strikwerda*, Inleiding, S. 146 f.

919 Diese Vorschrift hat die gleiche Zielsetzung wie Artikel 2 des Haager Kinderunterhaltsübereinkommens aus dem Jahre 1956. Immer wenn die Unterhaltsverpflichtung engere Beziehungen zu dem Land des angerufenen Richters besitzt, so darf dieser sein eigenes Recht anwenden. Von ihrer Rechtsnatur unterscheiden sich die Vorschriften jedoch. Vgl. *Pellis*, Alimentatie, Praktijkreeks IPR, deel 6, S. 33 f. sowie S. 51 f.

920 Vgl. etwa Hof Amsterdam, 17.08.1983, NIPR 1983, Nr 314 sowie im Schrifttum *Pellis*, Alimentatie, Praktijkreeks IPR, deel 6, S. 35; *Strikwerda*, Inleiding, S. 146 f.

nach richtet sich das auf einen Erstattungsanspruch einer öffentlichen Einrichtung anwendbare Recht nach dem Recht, dem diese Einrichtung untersteht. In welchem Ausmaß die öffentliche Einrichtung Erstattung ihrer Zahlungen verlangen kann, bestimmt nicht Artikel 9 HUntÜ, sondern das Unterhaltsstatut gemäß Artikel 10 Abs. 3 HUntÜ[921].

2. Ungeregelte Fragen

Einige Fragen läßt das Haager Unterhaltsübereinkommen jedoch ungeregelt. So findet sich im Übereinkommen beispielsweise kein Hinweis darauf, ob die Indexierung von Unterhaltstiteln, wie sie für die Niederlande in Artikel 1:402 a BW vorgesehen sind[922], international anwendbar sind. Problematisch ist dabei, ob dieser Typ von Regelungen einer gesonderten Kollisionsnorm unterworfen sein soll oder im Wege der Analogie die Vorschriften des Haager Unterhaltsübereinkommens Anwendung finden sollen[923]. In den Niederlanden ist diese Frage umstritten[924]. Teilweise wird vertreten, daß diese Indexregelungen als Eingriffsnormen zu behandeln seien und, unabhängig von dem auf die Unterhaltsverpflichtung anwendbaren Recht, immer dann anzuwenden seien, wenn Unterhaltsberechtigter und Unterhaltsverpflichteter hinsichtlich des Einkommens bzw. hinsichtlich der Verwendungen abhängig von der Lohn- und Preisentwicklung sind, worauf die Indexregelungen abgestimmt sind. Eine Indexregelung fände immer dann Anwendung, wenn beide Parteien in einem Land ihr Einkommen beziehen und auch ausgeben. Dies bedeutet in der Regel, daß der Berechtigte und der Verpflichtete in einem Land wohnen. Nach anderer Auffassung bleiben Indexregelungen bei Fällen mit internationalem Bezug generell außer Betracht. Die meist betroffene Partei muß sich vielmehr um Angleichung der Unterhaltsregelung bemühen, wenn diese durch die Lohn- und/oder Preisentwicklungen nicht mehr den Maßstäben des anwendbaren Rechts entspricht. Nach der dritten Auffassung, der sich auch die niederländische Regierung bei der Ratifikation des Haager Unterhaltsübereinkom-

---

921 Rb. Breda, 16.12.1988, NIPR 1989, Nr. 206; anders Rb. Arnhem, 08.08.1995, NJ 1996, Nr. 340 mit kritischer Anmerkung von *de Boer*. Vgl. hierzu auch *Polak/de Rooij/Steffens*, Private International Law in the Netherlands, Supplement, S. 148; *Pellis*, FJR 1996, 223 (224 ff.).

922 Artikel 1:402 a Abs. 1 BW sieht grundsätzlich vor, daß die durch gerichtliche Entscheidung oder durch Vertrag festgesetzten Unterhaltsbeträge jährlich kraft Gesetzes um einen durch dem niederländischen Justizminister festzustellenden Prozentsatz geändert werden, welcher dem prozessualen Unterschied zu der Lohnindexzahl zum 30.09. eines Jahres und der entsprechenden Indexzahl des vorangegangenen Jahres entspricht. Der vollständige Text der Vorschrift ist bei *Bergmann/Ferid/Henrich*, Internationales Ehe- und Kindschaftsrecht, Teil Niederlande S. 105 abgedruckt.

923 *Pellis*, Alimentatie, Praktijkreeks IPR, deel 6, S. 39.

924 Vgl. umfassend zu dieser Frage. *Pellis*, Alimentatie, Praktijkreeks IPR, deel 6, S. 39; *Strikwerda*, Inleiding, S. 147 f.

mens angeschlossen hat[925], ist Artikel 1:402 a BW auf Unterhaltsverpflichtungen anzuwenden, die durch das niederländische Recht beherrscht werden. Dieser einfachen, allerdings insbesondere beim nachehelichen Unterhalt nicht befriedigenden Lösung folgt auch die niederländische Rechtsprechung[926]. Den niederländischen Gerichten steht es dabei unabhängig vom anwendbaren Recht frei, die Auszahlungshöhe des Lebensunterhaltes in der Währung des Landes festzustellen, in der der Unterhaltsberechtigte wohnhaft ist[927].

Die Frage, ob Unterhaltspflichten aus Verträgen, insbesondere aus Scheidungsverträgen, in den Anwendungsbereich des Haager Unterhaltsübereinkommens fallen, ist durch die Verfasser des Staatsvertrages offen gelassen worden[928]. In den Vertragsstaaten wird die Frage, nach welcher Rechtsordnung sich die Gültigkeit und die Folgen des Vertrages richten, unterschiedlich beantwortet. Hält man die Regelungen des Haager Unterhaltsübereinkommens für anwendbar, so hat dies zur Folge, daß Artikel 8 HUntÜ einschlägig ist und darüber das Gesetz über das IPR der Ehescheidung zur Anwendung gelangt. Folgt man jedoch der Auffassung, daß solche Übereinkünfte nicht in den Anwendungsbereich des Vertrages fallen, so entscheidet das autonome niederländische IPR über die sich aufwerfenden Fragen. In den Niederlanden hat sich die Arbeitsgruppe IPR der niederländischen Vereinigung für Rechtspflege bereits zu Beginn der achtziger Jahre mit dieser Frage auseinandergesetzt und empfohlen, die den nachehelichen Unterhalt regelnden Verträge nicht in den Anwendungsbereich des Haager Unterhaltsübereinkommens fallen zu lassen und somit die staatsvertraglichen Regelungen nicht direkt anzuwenden[929]. Der Versuch der Arbeitsgruppe IPR, die Rechtsprechung der niederländischen Gerichte hinsichtlich dieser Frage zu vereinheitlichen, ist jedoch gescheitert. In der niederländischen Rechtsprechung blieb diese Frage weiterhin umstritten[930]. In einigen Entscheidungen werden Unterhaltsverträge zwischen

---

925 Kamerstukken II 15669, Nr. 3, S. 27.

926 Siehe beispielsweise Rb. 's-Gravenhage, 28.04.1980, AK 12137 und Hof Leeuwarden, 21.12.1983, NJ 1984, Nr. 660. Vgl. hierzu *Polak/de Rooij/Steffens*, Private International Law in the Netherlands, Supplement, S. 149.

927 *Hoge Raad*, 11.10.1991, NJ 1991, Nr. 836.

928 Vgl. hierzu und zu den daraus resultierenden Problemen den Erläuternden Bericht von *Verwilghen*, BT-Drucks. 10/258, S. 29 (56) Nr. 120. Vgl. auch in der Literatur *Boele-Woelki*, FJR 1997, 133 (133); *Boele-Woelki*, IPRax 1998, 492 (494 f.); *Mostermans*, FJR 1997, 155 (155); *Pellis*, Alimentatie, Praktijkreeks IPR, deel 6, S. 41 f.

929 Die Arbeitsgruppe sprach sich vielmehr dafür aus, daß im Falle einer nicht vorgenommenen Rechtswahl Unterhaltsvereinbarungen analog Artikel 8 HUntÜ dem Scheidungsrecht zu unterwerfen seien. Vgl. die Empfehlungen der Werkgroep IPR van de Nederlandse Vereniging voor Rechtspraak, veröffentlicht in Trema Special 1981, Nr. 2, S. 21 ff.

930 Vgl. *Kokkini-Iatridou*, AA 40 (1991), katern 41, S. 1829 (1830); *van Maas de Bie*, WPNR 1993, 6106, 663 (664); *Mostermans*, FJR 1997, 155 (156 ff.).

ehemaligen Eheleuten direkt Artikel 8 HUntÜ unterworfen[931]. In anderen Urteilen wurde das Haager Unterhaltsübereinkommen hingegen als nicht direkt[932] bzw. nicht anwendbar[933] betrachtet. In der niederländischen Literatur wurde überwiegend die Auffassung vertreten, daß mangels Rechtswahl analog zu Artikel 4 HUntÜ an den gewöhnlichen Aufenthaltsort des Unterhaltsberechtigten angeknüpft werden solle[934]. Hintergrund war, daß den Parteien die Möglichkeit einer Rechtswahl zugestanden werden sollte und diese nach Auffassung der Arbeitsgruppe IPR durch Anwendung des Haager Unterhaltsübereinkommens ausgeschlossen war. Durch die o.g. Entscheidung des *Hoge Raad* ist diese Auffassung nunmehr überholt. Der Oberste Gerichtshof hat Artikel 8 HUntÜ in der Weise auslegt, daß dieser einer gemeinsamen Rechtswahl nicht entgegensteht. Damit hat das Problem einen Großteil seiner Bedeutung verloren. Die Frage, ob vertragliche Unterhaltsverpflichtungen dem Haager Unterhaltsübereinkommen unterfallen, besitzt nur noch in den Fällen Bedeutung, in denen keine Rechtswahl getroffen worden ist.

Unsicher ist auch, ob die Kollisionsnormen des Haager Unterhaltsübereinkommens in den Niederlanden auch auf Unterhaltsregelungen anwendbar sind, die im Wege des einstweiligen Rechtsschutzes ergangen sind[935]. Überwiegend wird angenommen, daß sich diese vorläufigen Regelungen außerhalb des Anwendungsbereichs des Haager Unterhaltsübereinkommens bewegen, so daß autonomes niederländisches IPR zur Anwendung gelangt. Gemäß des niederländischen IPR werden vorläufige Regelungen grundsätzlich nach der *lex fori* beurteilt[936]. Sieht sich der Richter jedoch befähigt, ein Urteil über die Frage des anwendbaren Rechts hinsichtlich der definitiven Entscheidung zu treffen, so ist er frei, diese Rechtsordnung auch schon auf die vorläufige Maßnahme anzuwenden[937].

---

931 Siehe beispielsweise Rb. Zutphen, 11.12.1986, NIPR 1987, Nr. 219; Hof Amsterdam, 28.05.1990, Nr. 397. So auch Staudinger (*von Bar/Mankowski*); Anh. I zu Art. 18, Rn. 268.

932 Rb. Roermond, 10.12.1987, NIPR 1988, Nr. 466; Rb. Den Haag, 24.02.1996, NIPR 1996, Nr. 69.

933 So etwa Rb. Alkmaar, 11.07.1985, NIPR 1986, Nr. 185; Rb. Alkmaar, 12.01.1989, NIPR 1989, Nr. 200. In diesen Fällen scheint das Kriterium der engsten Verbundenheit den Ausschlag gegeben zu haben. Um die engste Verbundenheit zu bestimmen, wurde der Wohnsitz des Unterhaltsberechtigten vorangestellt.

934 So *Mostermans*, FJR 1997, 155 (159) mit zahlreichen weiteren Literaturhinweisen.

935 Vgl. hierzu *Pellis*, Alimentatie, Praktijkreeks IPR, deel 6, S. 42 f.

936 So beispielsweise Hof Amsterdam, 04.01.1988, NIPR 1988, Nr. 310; Rb. `s-Gravenhage, 18.09.1989, NIPR 1989, Nr. 405. So auch Artikel 64 Abs. 2 der IPR-Skizze. Siehe auch *Polak/de Rooij/Steffens*, Private International Law in the Netherlands, Supplement, S. 150.

937 Vgl. Hof 's-Hertogenbosch, 23.07.1981, NJ 1982, Nr. 360 und Hof Amsterdam, 24.11.1983, NIPR 1984 Nr. 166.

VI. Kindschaftsrecht

In diesem Abschnitt soll darauf eingegangen werden, wie in grenzüberschreitenen Fällen der Minderjährigenschutz geregelt ist und wie internationale Adoptionen in den Niederlanden gehandhabt werden. Abschließend werden die Bereiche Abstammung, Anerkennung und Legitimation besprochen.

1. Minderjährigenschutz

Wichtige Bereiche des Minderjährigenschutzes haben zum einen durch das Haager Minderjährigenschutzabkommen, zum anderen durch das Haager Kindesentführungsübereinkommen eine staatsvertragliche Regelung erhalten.

a) Haager Minderjährigenschutzabkommen

Der wichtigste Bereich des materiellen Kindschaftsrechts ist das Rechtsverhältnis zwischen Eltern und Kind, das die elterliche Sorge und die in ihrem Rahmen vorgesehenen Schutzmaßnahmen für das Kind umfaßt. Hierfür hat das für die Niederlande am 18.09.1971 in Kraft getretene *Haager Übereinkommen über die Zuständigkeit der Behörden und das anwendbare Recht auf dem Gebiet des Schutzes von Minderjährigen* (Haager Minderjährigenschutzabkommen bzw. MSA) vom 05.10.1961[938] überragende Bedeutung gewonnen. Zuvor hatten die Niederlande das *Haager Abkommen zur Regelung der Vormundschaft über Minderjährige* vom 12.06.1902[939] mit Wirkung zum 01.06.1979 gekündigt. Das Haager Minderjährigenschutzabkommen enthält international vereinheitlichte Regeln über die Zuständigkeit der Behörden, das auf Schutzmaßnahmen anwendbare Recht und die Anerkennung solcher Maßnahmen in den Vertragsstaaten, um die gleichmäßige und dauerhafte Betreuung Minderjähriger über die Grenzen einzelner Staaten hinweg sicherzustellen. Da die Wirksamkeit des Minderjährigenschutzes in hohem Maße von einer guten internationalen Zusammenarbeit abhängt, erlegt das Haager Minderjährigenschutzabkommen aus dem Jahre 1961 den Behörden der Vertragsstaaten gegenseitige Anhörungs- und Mitteilungspflichten auf. Mittlerweile liegt eine revidierte Fassung des Haager Minderjährigenschutzabkommens vom 19.10.1996 vor[940]. Gemäß Artikel 51 soll die überarbeitete Fassung das Haa-

---

[938] Trb. 1968, Nr. 101. Der deutsche Text ist abgedruckt bei *Jayme/Hausmann*, Nr. 35. Zum Zeitpunkt des Inkrafttretens siehe BGBl. 1972 II 15.

[939] Stb. 1903, Nr. 233 im Verbindung mit Stb. 1904, Nr. 121. Die deutsche Fassung ist abgedruckt bei *Jayme/Hausmann*, Nr. 34 sowie in RGBl. 1904, 240.

[940] Die Neufassung wurde auf der 18. Tagung der Haager Konferenz beschlossen und ist in deutscher Sprache in RabelsZ 62 (1998), 502 ff., auf niederländisch u.a. bei *Boele-Woelki/de Rooij*, Internationaal Privaatrecht, Verdragen en Wetten, Nr. 26 abgedruckt. Vgl. zu der endgültigen Fassung sowie zu der vorherigen Entwicklung *van Iterson*, FJR 1995, 152 (152 ff.);

ger Minderjährigenschutzabkommen aus dem Jahre 1961 zukünftig ersetzen[941]. Bis zur Ablösung des geltenden Haager Minderjährigenschutzabkommens durch den Reformentwurf ist aber noch ein weiter Weg zurückzulegen[942]. Daher wird im Folgenden auf die momentan geltende Rechtslage eingegangen.

Den Anwendungsbereich des Haager Minderjährigenschutzabkommens legen Artikel 1 und 13 I MSA fest. Der sachliche Anwendungsbereich des Haager Minderjährigenschutzabkommens erfaßt alle Maßnahmen zum Schutz der Person und des Vermögens von Minderjährigen (Artikel 1 a.E. MSA). Der Begriff der Schutzmaßnahme ist autonom zu qualifizieren und weit auszulegen[943]. Verallgemeinert muß es sich um behördliche oder gerichtliche Einzelakte zum Schutz eines bestimmten Minderjährigen handeln[944]

---

van Iterson, FJR 1996, 34 (34 ff.); *van Iterson*, FJR 1997, 134 (134 ff.); *Pellis*, NJB 1997, 469 (471 f.); *Siehr*, RabelsZ 62 (1998), 464 (464 ff.); *Sumampouw*, FJR 1996, 215 (215); *Kropholler*, RabelsZ 58 (1994), 1 (1 ff.); *Siehr*, FamRZ 1996, 1047 (1047 ff.); *Sturm*, IPRax 1997, 10 (10 ff.).

941 Der reformierte Entwurf bringt gegenüber der herkömmlichen Fassung einige Neuerungen mit sich. Der Begriff des „Minderjährigen“ etwa wird durch „Kinder“ ersetzt. Das Abkommen soll sachlich auf Kinder von der Geburt bis zur Vollendung des 18. Lebensjahres anwendbar sein. Bedeutsam ist jedoch in erster Linie, daß die Zuständigkeit der Behörden am gewöhnlichen Aufenthalt des Kindes eine erhebliche Aufwertung erfährt. Eine Begrenzung dieser Zuständigkeit durch ein gesetzliches Gewaltverhältnis nach Heimatrecht, wie es in Artikel 3 der ursprünglichen Fassung vorgesehen ist, wird es künftig nicht mehr geben. Damit wird der Vorrang des Aufenthaltsprinzips vor dem Staatsangehörigkeitsprinzip bekräftigt. Wechselt das Kind seinen gewöhnlichen Aufenthalt, so ist, abgesehen von Fällen der Entführung (Artikel 7 Entwurf), der neue Aufenthaltsstaat für Schutzmaßnahmen zuständig (vgl. Artikel 5 Abs. 2 Entwurf). Besonderes Gewicht wird bei der überarbeiteten Fassung auf die internationale Zusammenarbeit der Behörden gelegt (vgl. Artikel 8 Abs. 2 sowie Artikel 9 Abs. 1 Entwurf). In diesen Normen spiegelt sich der *forum non conveniens*-Gedanke wider. Hinsichtlich der Frage des anwendbaren Rechts schließt sich der Entwurf auch weiterhin an den Grundsatz an, daß jeder Vertragsstaat grundsätzlich sein eigenes Recht anwendet (Artikel 15 Abs. 1 Entwurf). Ausnahmsweise kann allerdings auch das Recht des Staates angewendet werden, zu dem der Sachverhalt eine engere Verbindung aufweist (Artikel 15 Abs. 2 Entwurf). Das neue Übereinkommen geht jedoch noch weiter. Auch gesetzliche Gewaltverhältnisse sollen dann dem Recht des gewöhnlichen Aufenthalts unterliegen. Die neue Fassung wird nur zwischen den Vertragsstaaten gelten, die auch die neue Fassung in Kraft gesetzt haben; vgl. *Siehr*, RabelsZ 1998, 464 (471); *Sumampouw*, FJR 1996, 215 (215). Allgemein zu dem neuen Haager Übereinkommen über den Schutz von Kindern von 1996 siehe *Siehr*, RabelsZ 62 (1998), 464 (464 ff.); *Strikwerda*, Inleiding, S. 142 f.; *van Iterson*, FJR 1997, 134 (134 ff.).

942 In der niederländischen Literatur wird fest mit einer Ratifikation durch die Niederlande gerechnet, siehe *van Iterson*, FJR 1997, 134 (141); *Sumampouw*, FJR 1996, 215 (215).

943 Vgl. statt vieler *Strikwerda*, Inleiding, S. 137.

944 Dazu zählen Regelungen im Eltern-Kind-Verhältnis, Vormundschaft und Pflegschaft sowie öffentlichrechtliche Schutzmaßnahmen. Unter den Anwendungsbereich des Abkommens fal-

Artikel 13 I MSA umschreibt den persönlich-räumlichen Anwendungsbereich. Das Abkommen findet hiernach auf alle Minderjährigen Anwendung, die ihren gewöhnlichen Aufenthalt in einem der Vertragsstaaten haben. In persönlicher Hinsicht ist das Abkommen anwendbar, wenn eine Person sowohl nach dem Recht des Staates, dem sie angehört, als auch nach dem Recht des Staates, in dem sie ihren gewöhnlichen Aufenthalt hat, minderjährig ist (Artikel 12 MSA). Gilt die betreffende Person nach einem der beiden Rechte nicht als minderjährig, so ist der Anwendungsbereich des Abkommens nicht eröffnet. Das Haager Minderjährigenschutzabkommen ist in räumlicher Hinsicht anwendbar, wenn der Minderjährige zum Zeitpunkt des Erlasses einer Schutzmaßnahme seinen gewöhnlichen Aufenthalt in einem Vertragsstaat hatte. Anfänglich hatten die Niederlande auch den angesichts dieser Vorschrift vorgesehenen Vorbehalt eingelegt (Artikel 13 Abs. 3 MSA)[945]. Dieser wurde jedoch mit Wirkung zum 30.03.1982 zurückgezogen[946]. Auch in Fällen, in denen der Anwendungsbereich des Haager Minderjährigenschutzabkommens nicht eröffnet ist, wendet die niederländische Rechtsprechung die staatsvertraglichen Regelungen analog an[947].

---

len auch die Übertragung des Sorgerechts nach der Scheidung einschließlich der Besuchsregelungen und des Umgangrechts (vgl. beispielsweise Rb. Breda, 26.05.1983, NIPR 1984, Nr. 156 und Rb. 's-Gravenhage, 22.06.1994, NIPR 1994, Nr. 393).

945 Zu den Beweggründen, die zur Einlegung dieses Vorbehaltes führten siehe Kamerstukken II 1969/70, 10450 (R 719), Nr. 3. Vgl. auch *Sumampouw*, IPRax 1984, 170 (171).

946 Vgl. Gesetz vom 16.11.1981, Stb. 1982, Nr. 580, Trb. 1982, Nr. 22. Die Rücknahme ging mit der Rücknahme des gem. Artikel 15 MSA gemachten Vorbehaltes einher. Die Aufsagung der beiden Vorbehalte ging auf ein Gutachten der Arbeitsgruppe IPR der Nederlandse Vereniging voor Rechtspraak - einer Berufsvereinigung für Richter und Staatsanwälte – zurück, die in einem im Jahre 1979 erstellten Bericht über die internationalen elterlichen Gewalt- und Sorgeregelungen nach Ehescheidung die Rücknahme der Vorbehalte empfahl. Vgl. auch zu der Entwicklung im niederländischen IPR *Sumampouw*, IPRax 1984, 170 (171 f.).

947 Obwohl der Anwendungsbereich dieses Abkommens auf solche Fälle beschränkt ist, in denen Minderjährige ihren gewöhnlichen Aufenthaltsort in einem Vertragsstaat haben, so folgen niederländische Gerichte auch in anderen Fällen den Vertragsprinzipien im Wege der Analogie. Eine eigene internationale Zuständigkeit nehmen sie dann nicht an, wenn das Kind weder niederländischer Staatsbürger ist noch seinen gewöhnlichen Aufenthalt in den Niederlanden hat. Obwohl gem. Artikel 4 Minderjährigenschutzübereinkommen die internationale Zuständigkeit auch auf die Staatsangehörigkeit gestützt werden kann, nehmen niederländische Gerichte bei niederländischen Minderjährigen, die im Ausland wohnen, ihre eigene Zuständigkeit eher zögerlich an. Vielmehr sind sie in diesen Fällen eher geneigt, dem Prinzip des *forum non conveniens* zu folgen. (Vgl. beispielsweise Rb. 's-Gravenhage, 23.01.1985, NIPR 1985, Nr. 237. Siehe auch C/G/H/K (*de Boer/Kotting*), Introduction to Dutch law, S. 280; *van Maas de Bie*, WPNR 1993, 6107, 689 (689); *Strikwerda*, Inleiding, S. 139 f. Im Gegensatz dazu sieht die IPR-Skizze zusätzliche autonome Kollisionsregelungen vor. Vgl. *van Maas de Bie*, WPNR 1993, 6107, 689 (689 f.).

International zuständig sind grundsätzlich nach Artikel 1 MSA die Behörden des Staates, in dem der Minderjährige seinen gewöhnlichen Aufenthalt hat. Das Haager Minderjährigenschutzabkommen geht somit grundsätzlich nicht vom Staatsangehörigkeitsprinzip aus. Vielmehr ist der gewöhnliche Aufenthalt der betreffenden Person der wichtigste Anknüpfungspunkt des Abkommens[948]. Die Grundregel des Artikel 1 MSA wird durch besondere Zuständigkeiten in Ausnahmefällen ergänzt. Nach Artikel 4 MSA können die Behörden des Staates, dem der Minderjährige angehört, Maßnahmen treffen, wenn das Wohl des Minderjährigen dies erfordert. Eine (Unter-)Ausnahme zu Artikel 4 MSA bildet Artikel 8 MSA. Die ausnahmsweise Zuständigkeit der Gerichte des Heimatstaates nach Artikel 4 MSA schließt es nicht aus, daß die Gerichte des Aufenthaltsstaates Schutzmaßnahmen treffen, wenn der Minderjährige in seiner Person oder in seinem Vermögen ernstlich gefährdet ist. Noch weitergehend gewährt Artikel 9 MSA in dringenden Fällen eine Eilzuständigkeit der Gerichte am schlichten Aufenthaltsort des Minderjährigen oder am Belegenheitsort seines Vermögens. Anfänglich hatten die Niederlande den in Artikel 15 Abs. 1 MSA vorgesehenen Vorbehalt eingelegt. Nach Artikel 15 Abs. 1 MSA können sich die Vertragsstaaten die Verbundszuständigkeit in Ehesachen vorbehalten, sie also als zusätzliche Internationale Zuständigkeit in Anspruch nehmen[949]. Im Jahre 1982 wurde dieser Vorbehalt zurückgenommen[950]. Die praktische Bedeutung des Haager Minderjährigenschutzabkommens stieg dadurch für die Niederlande beträchtlich[951].

Das Kollisionsrecht der Konvention mutet gegenüber der Vielfalt an Zuständigkeitsregelungen einfach an. Das auf die Schutzmaßnahmen anwendbare Recht folgt im allgemeinen der Zuständigkeit (Gleichlaufprinzip). Jede Behörde ergreift die im eigenen Sachrecht vorgesehenen Maßnahmen, wendet mithin die *lex fori* an (Artikel 2 MSA). Sind danach niederländische Gerichte oder Verwaltungsbe-

---

948 Der gewöhnliche Aufenthaltsort wird zur Bestimmung des räumlichen Anwendungsbereichs, der internationalen Zuständigkeit und des anwendbaren Rechts gebraucht.

949 Sind Behörden eines Vertragsstaates dazu berufen, über ein Begehren auf Nichtigkeitserklärung, Auflösung oder Lockerung des zwischen Eltern eines Minderjährigen bestehenden Ehebandes zu entscheiden, so kann sich der Vertragsstaat die Zuständigkeit dieser Behörde für die Maßnahmen zum Schutz der Person oder des Vermögens des Minderjährigen vorbehalten. Zu den Beweggründen, die zur Einlegung dieses Vorbehaltes führten siehe Kamerstukken II, 1969/70, 10450 (R 719), Nr. 3. Vgl. auch *Sumampouw*, IPRax 1984, 170 (171).

950 Vgl. Gesetz vom 16.11.1981, Stb. 1982, Nr. 580, Trb. 1982, Nr. 22.

951 Insbesondere gilt das MSA nunmehr für alle Minderjährigen, die sich in den Niederlanden aufhalten, ungeachtet ihrer Staatsangehörigkeit. Darüber hinaus wurde das Haager Minderjährigenschutzabkommen durch die Rücknahme des Vorbehaltes auch auf Regelungen der elterlichen Gewalt bei Ungültigkeitserklärungen oder Auflösungen von Ehen und den damit in Zusammenhang stehenden Entscheidungen, wie etwa die Umgangsregelungen, anwendbar. Vgl. hierzu *Strikwerda*, Inleiding, S. 137, 139 f.; *Sumampouw*, IPRax 1984, 170 (172 ff.).

hörden zuständig, so treffen sie die Entscheidung nach internem niederländischem Recht. Auch wenn Ausnahmezuständigkeiten eingreifen, bestimmt grundsätzlich die Internationale Zuständigkeit über das anzuwendende Recht[952]. Eine Einbruchstelle für ausländisches Recht enthält lediglich Artikel 3 MSA. Artikel 1 MSA gewährt den Gerichten des Aufenthaltsstaates des Minderjährigen vorbehaltlich des Artikels 3 MSA die Internationale Zuständigkeit. Die Norm sieht vor, daß ein Gewaltverhältnis, das nach dem Heimatrecht des Kindes besteht, in allen Vertragsstaaten anzuerkennen ist (*ex-lege*-Gewaltverhältnis). Damit wird ein Kompromiß zwischen Aufenthalts- und Staatsangehörigkeitsprinzip geschaffen[953]. Der *Hoge Raad* hat Artikel 3 MSA eng ausgelegt. Aus den Entscheidungen vom 01.07.1982[954] und vom 18.11.1983[955] folgt, daß der Oberste Gerichtshof Artikel 3 MSA die Bedeutung einer Anerkennungsregelung zuschreibt, die auf die Kontinuität des bestehenden Gewaltverhältnisses gerichtet ist, aber nicht die Zuständigkeit der Behörden des Aufenthaltsstaates einschränkt. Niederländische Gerichte und Verwaltungsbehörden können, wenn der Schutz des Minderjährigen dies erfordert, die im internen Recht vorgesehenen Schutzmaßnahmen ergreifen.

b) Die Kindesentführungsabkommen

In Fällen, in denen ein nicht oder nicht allein sorgeberechtigter Elternteil ein Kind in einen anderen Staat mitnimmt, um das Kind dem anderen Elternteil zu entziehen und eine für sich günstigere Sorgerechtsentscheidung herbeizuführen, sollen zwei von den Niederlanden ratifizierte internationale Übereinkommen sicherstellen, daß das widerrechtlich in einen anderen Vertragsstaat verbrachte Kind schnellstmöglich zurückgeführt werden kann[956]. Am 01.09.1990 traten für die Niederlande das *Haager Übereinkommen über die zivilrechtlichen Aspekte internationaler Kindesentführungen* vom 25.10.1980[957] und das *Europäische Übereinkommen über die Anerkennung und Vollstreckung von Entscheidungen über das*

---

952 Vgl. beispielsweise Hof 's-Gravenhage, 28.04.1989, NIPR 1989, Nr. 370. Siehe statt vieler auch *Junker*, IPR, Rn. 556.

953 Zu dieser umstrittenen Vorschrift siehe *Andrae*, Internationales Familienrecht, Rn. 493 ff.; *Junker*, IPR, Rn. 557; *Kropholler*, RabelsZ 58 (1994), 1 (9 f.); MK (*Siehr*), Art. 19 Anh. I, Rn. 158 ff.

954 Abgedruckt in NJ 1983, Nr. 201.

955 Abgedruckt in NJ 1984, Nr. 343.

956 Vgl. statt vieler *van Iterson*, FJR 1997, 160 (160); *Junker*, IPR, Rn. 559.

957 BGBl. 1991 II 329. Der niederländische Text des Übereinkommens findet sich in Trb. 1987, Nr. 139. Die deutsche Übersetzung ist abgedruckt bei *Jayme/Hausmann*, Nr. 114. Zum Haager Kindesentführungsübereinkommen in der niederländischen Praxis vgl. *Frohn*, Internationaal privaatrecht: Kinderontvoering in het IPR, in: Personen- en familierecht, unter Titel 14, S. 239 ff.; *van Iterson*, FJR 1997, 160 (160 ff.); *Sumampouw*, FJR 1995, 156 (156 ff.) mit einer umfassenden Darstellung der niederländischen Rechtsprechung.

Sorgerecht für Kinder und die Wiederherstellung des Sorgeverhältnisses vom 20.05.1980[958] in Kraft[959]. Diese Übereinkommen enthalten keine Kollisionsnormen, sondern gehören dem Bereich der internationalen Rechtshilfe an. Trotzdem stehen sie in einem engen Zusammenhang mit den Kollisionsnormen des Internationalen Kindschaftsrechts, da sie die Rückführung des Kindes vorsehen und so das Bemühen um internationalprivatrechtliche Gerechtigkeit unterstützen.

Das Haager Kindesentführungsübereinkommen regelt die Rückführung entführter Kinder oder von einem berechtigten Aufenthalt zurückgehaltener Kinder über die Grenzen[960]. Allerdings enthält das Übereinkommen nicht die Voraussetzungen einer Sachentscheidung über das Sorgerecht, sondern nur die internationale Zuständigkeit der Vertragsstaaten für Entscheidungen über eine schnelle Rückführung der Kinder. Auch das Europäische Sorgerechtsübereinkommen regelt neben der Anerkennung ausländischer Sorgerechtsentscheidungen die umgehende Wiederherstellung des Sorgerechts bei unzulässigem Verbringen eines Kindes über eine internationale Grenze oder bei widerrechtlicher Zurückhaltung. Damit besteht eine gewisse Parallelität zum Europäischen Sorgerechtsübereinkommen. Dieser Konflikt wird jedoch durch Artikel 12 Europäisches Sorgerechtsübereinkommen gelöst. Nach dieser Vorschrift ist im Verhältnis zu Staaten, die den beiden Kindesentführungsübereinkommen angehören, vorrangig das Haager Kindesentführungsübereinkommen anzuwenden, soweit sich der Antragsteller nicht auf das Europäische Sorgerechtsübereinkommen beruft. Begründet wird dieser Vorrang damit, daß das Haager Kindesentführungsabkommen die günstigeren Bestimmungen für die Rückführung enthält[961].

Der räumlich-persönliche Anwendungsbereich des Haager Kindesentführungsübereinkommens ist in seinem Artikel 4 festgelegt. Das Haager Kindesentfüh-

---

[958] Niederländischer Text siehe Trb. 1980, Nr. 134. Der deutsche Text bei *Jayme/Hausmann*, Nr. 91. Zum gleichen Zeitpunkt trat auch ein niederländisches Ausführungsgesetz in Kraft (Stb. 1990, Nr. 202). Das Ausführungsgesetz ist auch auf solche Fälle anwendbar, in denen Nicht-Vertragsstaaten der beiden Staatsverträge betroffen sind.

[959] BGBl. 1991 II 329.

[960] Zwar ist die Rückführung eines Kindes eine Schutzmaßnahme im Sinne des Haager Minderjährigenschutzabkommens. Hat der Minderjährige seinem gewöhnlichen Aufenthalt in einem Vertragsstaat, so käme die Anwendung des Haager Minderjährigenschutzabkommens in Betracht. Da das Haager Minderjährigenschutzabkommen den spezifischen Regelungsanforderungen im Falle einer Kindesentführung nicht gerecht wird und das Haager Kindesentführungsübereinkommen diese Regelungslücke schließt, kommt dem Haager Kindesentführungsübereinkommen bei Kindesentführungen der Vorrang zu. Siehe zum Verhältnis der beiden Abkommen *Siehr*, StAZ 1990, 330 (331); *Hüßtege*, IPRax 1992, 369 (370).

[961] *Kropholler*, IPR, S. 361; vgl. näher auch Staudinger (*Pirrung*), Vorbem. zu Art. 19, Rn. 604 ff.; MK (*Siehr*), Art. 19, Anh. II und III.

rungsübereinkommen ist auf Kinder anwendbar, die unmittelbar vor Verletzung des Sorgerechts oder des Rechts zum persönlichen Umgang ihren gewöhnlichen Aufenthalt in einem Vertragsstaat hatten[962]. Das Kind darf das 16. Lebensjahr noch nicht vollendet haben. Der sachliche Hauptanwendungsbereich des Haager Kindesentführungsübereinkommens erfaßt die Rückführung von Kindern, deren Verbringung oder Zurückhaltung widerrechtlich ist[963]. Einseitige, durch den Entführer gewaltsam veränderte Situation, sollen schnell beendet und der „*status quo ante*" schnell wiederhergestellt werden. Gewährleistet werden soll, daß das in einem Vertragsstaat bestehende Sorgerecht und das Recht zum persönlichen Umgang in anderen Vertragsstaaten beachtet wird.

Das *Europäische Übereinkommen über die Anerkennung und Vollstreckung von Entscheidungen über das Sorgerecht für Kinder und die Wiederherstellung des Sorgeverhältnisses* vom 20.05.1980 hat für die Rückführung entführter Kinder geringe Bedeutung. Im Mittelpunkt des Europäischen Sorgerechtsübereinkommens steht vielmehr Artikel 7 des Abkommens, der bestimmt, daß Sorgerechtsentscheidungen, die in einem Vertragsstaat ergangen sind, in jedem anderen Vertragsstaat anzuerkennen und zu vollstrecken sind. Das vom Europarat erarbeitete Europäische Sorgerechtsübereinkommen spielt somit auf dem Gebiet der Anerkennung und Vollstreckung ausländischer Sorgerechtsentscheidungen eine größere Rolle. Damit der Anwendungsbereich des Europäischen Sorgerechtsübereinkommens eröffnet ist, muß das Kind - im Gegensatz zum Haager Kindesentführungsübereinkommen - nicht aus einem Vertragsstaat verbracht worden sein. Entscheidend ist vielmehr, daß die Sorgerechtsentscheidung eines Vertragsstaates verletzt wird. Dies kann jedoch durch eine Entführung oder das Zurückhalten eines Kindes geschehen.

Hilfe bei der praktischen Umsetzung liefern sog. *Zentrale Behörden*, für deren Einrichtung jeder Vertragsstaat Sorge zu tragen hat (Artikel 6 Haager Kindesentführungsübereinkommen; Artikel 2 Europäisches Sorgerechtsübereinkommen). Diese *Zentralen Behörden* arbeiten untereinander zusammen und fördern die Zusammenarbeit der zuständigen Behörden ihrer Staaten, um die sofortige Rückgabe der Kinder sicherzustellen[964]. Sie nehmen u.a. die Anträge auf Anerkennung und Vollstreckbarerklärung von Sorgerechtsentscheidungen entgegen und leiten Verfahren ein, um den Aufenthaltsort des Kindes herauszufinden und die Rückgabe

---

962 Der Begriff des gewöhnlichen Aufenthalts hat dieselbe Bedeutung wie beim Haager Minderjährigenschutzabkommen; vgl. *Andrae*, Internationales Familienrecht, Rn. 547.

963 Zum sachlichen Anwendungsbereich des Übereinkommens siehe näher *Andrae*, Internationales Familienrecht, Rn. 575 ff.

964 Vgl. Artikel 7 Haager Kindesentführungsübereinkommen.

des Kindes sicherzustellen. Für die Niederlande handelt das niederländische Justizministerium als *Zentrale Behörde* im Sinne dieser beiden Vorschriften[965].

Zu beachten ist, daß das niederländische Ausführungsgesetz zu den beiden Übereinkommen neben Regelungen, die die Ausführung der beiden Staatsverträge in den Niederlanden betreffen, auch Regelungen für Fälle internationaler Kindesentführungen enthält, die nicht unter den Anwendungsbereich der Staatsverträge fallen (vgl. Artikel 2 Ausführungsgesetz). Die Regelungen der Übereinkommen sind analog anzuwenden[966]. Das niederländische Justizministerium hat sich etwa gemäß Artikel 4 Satz 2 des Ausführungsgesetzes auch solcher Fälle anzunehmen. Auch schließt sich das Ausführungsgesetz bezüglich der Weigerungsgründe für die Rückführung eines Kindes an die Bestimmungen des Haager Übereinkommens an (Artikel 13 Abs. 3 Ausführungsgesetz).

2. Adoption

Die Adoption wurde in den Niederlanden erst im Jahre 1956 als gesetzliches Institut eingeführt[967]. Die Frage des auf grenzüberschreitende Adoptionen anwendbaren Rechts hat in den Niederlanden keine umfassende staatsvertragliche oder gesetzliche Regelung erfahren; auf diesem Gebiet wurde die Entwicklung des Kollisionsrechts bislang der Praxis überlassen.

a) Internationale Regelungen bei grenzüberschreitenden Adoptionen

Um eine größtmögliche Rechtssicherheit auf dem Gebiet der grenzüberschreitenden Adoption zu erreichen, sind auf internationaler Ebene verschiedene Anstrengungen unternommen worden, dieses Rechtsgebiet zu vereinheitlichen[968]. Dazu zählen insbesondere das *Haager Übereinkommen über die behördliche Zuständigkeit, das anzuwendende Recht und die Anerkennung von Entscheidungen auf dem Gebiet der Annahme an Kindes Statt* vom 15.11.1965, das *Europäische Übereinkommen über die Adoption von Kindern* vom 24.04.1967 sowie das *Haa-*

---

965 Siehe Artikel 4 Ausführungsgesetz (Gesetz vom 02.05.1990, Stb. 1990, Nr. 202). Siehe auch C/G/H/K (*de Boer/Kotting*), Introduction to Dutch law, S. 280 f.; *Frohn*, Internationaal privaatrecht: Kinderontvoering in het IPR, in: Personen- en familierecht, unter Titel 14, aant. 22.-296.; *Strikwerda*, Inleiding, S. 142.

966 Vgl. *van Maas de Bie*, WPNR 1993, 6107, 689 (689 f.); *Strikwerda*, Inleiding, S. 142.

967 Gesetz vom 26.01.1956, abgedruckt in Stb. 1956, Nr. 42; in Kraft getreten am 01.11.1956, seither mehrfach geändert; vgl. auch *Beitzke*, ZfJ 1963, 254 (254 ff.); *Mende*, ZfJ 1963, 99 (99 ff.); Staudinger (*Henrich*), Vorbem zu Artikel 22, Rn. 5.

968 Vgl. hierzu *Pirrung*, RabelsZ 57 (1993), 124 (142 ff.).

ger Übereinkommen über den Schutz von Kindern und die Zusammenarbeit auf dem Gebiet der internationalen Adoption vom 29.05.1993.

Das *Haager Übereinkommen über die behördliche Zuständigkeit, das anzuwendende Recht und die Anerkennung von Entscheidungen auf dem Gebiet der Annahme an Kindes Statt* vom 15.11.1965[969] enthält ein Konglomerat aus verschiedensten Bestandteilen des Internationalen Privatrechts und des Internationalen Verfahrensrechts. Es geht vom sog. Gleichlaufprinzip aus; internationale Zuständigkeit und anwendbares Recht sind im Falle internationaler Adoptionen gekoppelt. Obwohl das Abkommen in der niederländischen Literatur zunächst auf Zustimmung stieß[970], haben die Niederlande dieses Übereinkommen ebenso wenig wie das europäische Adoptionsabkommen ratifiziert. Auch zukünftig ist damit wohl nicht mehr zu rechnen[971]. Begründet wird diese Tatsache in erster Linie mit der Unzulänglichkeit der beiden Verträge, die eher auf inner-europäische Sachverhalte zugeschnitten sind; Adoptionen europäischer Kinder bilden in den Niederlanden aber die Ausnahme[972]. In der niederländischen Literatur herrscht daher die Auffassung, daß insbesondere dem Haager Adoptionsübereinkommen von 1965 in den Niederlanden keinerlei praktische Relevanz zukommt[973]. Gegen die Ratifikation des Haager Adoptionsübereinkommens wird zudem angeführt, daß seine flexiblen Anerkennungsregelungen nur schwierig mit der durch die niederländische Rechtsprechung verfolgten strengen Linie bezüglich der Anerkennung ausländischer Adoptionen zu vereinbaren wären[974].

Im Rahmen der siebzehnten Sitzung der Haager Konferenz wurde unter maßgeblichem Einsatz der Niederlande ein neuer Staatsvertrag auf dem Gebiet der grenzüberschreitenden Adoption, das *Haager Übereinkommen über den Schutz von Kindern und die Zusammenarbeit auf dem Gebiet der internationalen Adoption*

---

969 Abgedruckt bei *Jayme/Hausmann* (8. Auflage), Nr. 79.

970 *Boele-Woelki*, Die Effektivitätsprüfung, S. 154 ff.; *Sauveplanne*, Elementair internationaal privaatrecht, S. 43.

971 Vgl. *Pirrung*, RabelsZ 57 (1993), 124 (146); *Strikwerda*, Inleiding, S. 135.

972 *Jessurun d'Oliveira*, Internationale adoptie, nationaliteit en vreemdelingenrecht, in: Festbundel Offerhauskring, S. 105 (106; 113); *Rieter-van den Bergh*, FJR 1994, 173 (173); *van Rooij/Polak*, Private International Law in the Netherlands, S. 208.

973 *Jessurun d'Oliveira*, Internationale adoptie, nationaliteit en vreemdelingenrecht, in: Festbundel Offerhauskring, S. 105 (106); *van Loon*, Naar een wereldwijd verdrag over adoptie van kinderen uit het buitenland, in: Interlandelijke adoptie, 57 (59 f.); *Rieter-van den Bergh*, FJR 1994, 173 (173).

974 *Jessurun d'Oliveira*, Internationale adoptie, nationaliteit en vreemdelingenrecht, in: Festbundel Offerhauskring, S. 105 (106, 113); *Kokkini-Iatridou*, FJR 1993, 122 (128); *van Rooij/Polak*, Private International Law in the Netherlands, S. 208.

vom 29.05.1993[975], erarbeitet. Am 01.10.1998 ist das Haager Übereinkommen für die Niederlande in Kraft getreten. Seine Regelungen haben in einem niederländischen Ausführungsgesetz noch nähere Ausformungen erhalten[976]. Im Vergleich zu dem Haager Übereinkommen aus dem Jahre 1965 besitzt es einen völlig anderen Charakter, da es sich in erster Linie um ein Rechtshilfeübereinkommen handelt. Die primäre Zielsetzung besteht darin, durch geeignete Maßnahmen sicherzustellen, daß internationale Adoptionen zum Wohl des Kindes und unter Wahrung seiner Grundrechte stattfinden. In diesem Zusammenhang gilt es, den Kinderhandel einzudämmen und die Anerkennung von Adoptionen sicherzustellen[977]. Zentrale Behörde im Sinne des Artikel 6 des Vertrages ist das niederländische Justizministerium[978]. Anerkennungsvorschriften sind in den Artikeln 23 ff. des Übereinkommens vorgesehen. Grundprinzip der Anerkennungsregelungen des Haager Abkommens ist die in Artikel 23 des Übereinkommens festgelegte Anerkennungsautomatik[979]. Vereinheitlichte Kollisionsnormen enthält der Staatsvertrag nicht[980].

---

975 Trb. 1993, Nr. 197 und Trb. 1996, Nr. 94. Das Ratifikationsgesetz findet sich in Stb. 1998, Nr. 301. Eine nichtamtliche deutsche Übersetzung ist abgedruckt bei Staudinger (*Henrich*), Vorbem. zu Artikel 22, Rn. 10a. Vgl. zum Zustandekommen, zur Bedeutung des Abkommens für und zur Ratifikation durch die Niederlande *Pestman*, NJB 1993, 1186 (1188 ff.); *Rieter-van den Bergh*, FJR 1994, 173 (173 ff.); *van Tuyll van Serooskerken*, FJR 1998, 136 (136 ff.). Allgemein siehe auch *Marx*, StAZ 1993, 1 (1 ff.); *Marx*, StAZ 1995, 315 (315 ff.).

976 Gesetz vom 14.05.1998, abgedruckt in Stb. 1998, Nr. 302. Hinsichtlich des Inkrafttretens siehe Stb. 1998, Nr. 475.

977 Vgl. Artikel 1 des Abkommens sowie *Pirrung*, RabelsZ 57 (1993), 124 (147); *Marx*, StAZ 1993, 1 (2); *Rieter-van den Bergh*, FJR 1994, 173 (173 f.); Staudinger (*Henrich*), Vorbem. zu Artikel 22, Rn. 10a.

978 Siehe Artikel 2 Abs. 1 des niederländischen Ausführungsgesetzes. Näher auch *van Tuyll van Serooskerken*, FJR 1998, 136 (137 f.).

979 Damit hat sich für die Niederlande im Vergleich mit der vorherigen Lage eine tiefgreifende Änderung vollzogen. Vor Inkrafttreten des Haager Übereinkommens ging das ungeschriebene Internationale Privatrecht davon aus, daß eine im Ausland durchgeführte Adoption nur teilweise in den Niederlanden anerkannt werden konnte. Resultat war das Phänomen der „*adoptie dubbel-op*“: Nachdem ein ausländisches Kind von Niederländern nach fremdem Recht adoptiert worden war, fand in den Niederlanden eine Wiederholungsadoption statt, um die in den Niederlanden vorgesehenen Rechtsfolgen herbeizuführen (vgl. hierzu *Strikwerda*, Inleiding, S. 133). Seit dem Inkrafttreten des Haager Übereinkommens ist die Wiederholungsadoption in den Niederlanden überflüssig geworden; vgl. *Polak/van den Eeckhout*, NJB 2000, 573 (579). Artikel 27 des Übereinkommens hat den Mitgliedstaaten eine Transformationsoption eingeräumt. Durch diesen juristischen Kunstgriff kann der Aufnahmestaat eine schwache Adoption in eine Volladoption umwandeln. Die Niederlande haben sich diese Möglichkeit durch Artikel 11 des Ausführungsgesetzes geschaffen.

980 Siehe *Marx*, StAZ 1995, 315 (318 f.); *Polak/van den Eeckhout*, NJB 2000, 573 (579 f.). Näher zu der Bedeutung des Vertrages in den Niederlanden *van Tuyll van Serooskerken*, FJR 1998, 136 (137 ff.).

b) Entwicklung des Adoptionsstatuts in den Niederlanden

Obwohl die meisten in den Niederlanden ausgesprochenen Adoptionen einen grenzüberschreitenden Aspekt besitzen[981], führte dies nicht zur Ausformung eindeutiger Kollisionsnormen. Das Internationale Adoptionsrecht der Niederlande hat bisher keine erschöpfende internationale oder nationale Regelung erfahren. Auch die Anzahl der richtungsweisenden Entscheidungen des Obersten Gerichtshofs ist äußerst begrenzt. In der Rechtsprechung der unterinstanzlichen Gerichte findet sich, wie im Folgenden aufgezeigt wird, eine große Bandbreite an kollisionsrechtlichen Behandlungen grenzüberschreitender Adoptionen. Anknüpfungen an die Staatsangehörigkeit, Zugehörigkeitserwägungen hinsichtlich einer bestimmten Rechtssphäre und „Wohl des Kindes" spielen bei der Bestimmung des anwendbaren Rechts eine Rolle. Eine deutliche Linie ist hierbei nur schwer auszumachen.

aa) Ausgangspunkt: Kumulationsprinzip

Das sog. *cumulatiestelsel* (Kumulationsprinzip) bildete in der Rechtsprechung der Instanzgerichte lange Zeit den Ausgangspunkt für den Bereich der Internationalen Adoption[982]. Nach diesem Ansatz kann ein niederländischer Richter eine rechtsgültige Adoption im Falle sich unterscheidender Staatsangehörigkeiten der Annehmenden und des angenommenen Kindes nur aussprechen, wenn die Adoption nach den nationalen Rechtsordnungen aller Beteiligten zugelassen wird. Anknüpfungspunkt ist demnach die Staatsangehörigkeit. Ihre dogmatische Grundlage findet diese Anknüpfung in der Zuordnung der Adoption zum in Artikel 6 AB niedergelegten Personalstatut[983]. Unterscheiden sich etwa die Staatsangehörigkeiten von Adoptivkind und Adoptiveltern, so müssen die Voraussetzungen aller berufenen Rechtsordnungen kumulativ erfüllt sein. Bei in den Niederlanden durchgeführten Adoptionen ist eine der angewendeten Rechtsordnungen grundsätzlich die niederländische. Dies ist zum einen darauf zurückzuführen, daß bei dort eingelei-

---

981 Vgl. bei *Pestman*, NJB 1993, 1186 (1186).

982 Vgl. Rb. Rotterdam, 19.02.1960, NJ 1962, Nr. 14; Rb. Amsterdam, 07.04.1964, NJ 1965, Nr. 213; Rb. 's-Gravenhage, 28.11.1984, NIPR 1985, Nr. 348; Rb. Zutphen, 30.01.1985, NIPR 1988, Nr. 248, Rb. Alkmaar, 05.09.1985, NIPR 1988, Nr. 253. Hierzu insbesondere auch Darstellungen bei *Boele-Woelki*, Die Effektivitätsprüfung, S. 130 ff.; C/G/H/K (*de Boer/Kotting*), Introduction to Dutch law, S. 281; *Notermans-Castermans*, AA 34 (1985) 527 (528 f.); *van Rooij/Polak*, Private International Law in the Netherlands, S. 208 f.; *Sauveplanne*, Elementair internationaal privaatrecht, S. 42; *Strikwerda*, Inleiding, S. 131 ff.; *Vonken*, Internationaal privaatrecht: Internationale Adoptie; in: Personen- en familierecht, unter Titel 12, S. XII.ipr – 106; anders noch *Lüderitz*, RabelsZ 45 (1981), 604 (608), der als Ausgangspunkt das Heimatrecht des Annehmenden nennt.

983 *Boele-Woelki*, Die Effektivitätsprüfung, S. 131.

teten Adoptionsverfahren zumeist niederländische Eltern ein ausländisches, häufig nicht-europäisches Kind adoptieren möchten[984]. In diesen Fällen ist die Anwendung des niederländischen Rechts durch die niederländische Staatsangehörigkeit der Adoptierenden gerechtfertigt[985]. Doch auch wenn keiner der Beteiligten die niederländische Staatsangehörigkeit besitzt, so muß bei vor niederländischen Gerichten durchgeführten Adoptionsverfahren eines der anzuwendenden Rechte das niederländische sein. Grund hierfür ist die prozessuale Einbettung des Rechtsinstitutes der Adoption. In den Niederlanden stellt das Adoptionsverfahren nämlich einen Teil des niederländischen materiellen Rechts dar. Der niederländische Richter kann ein Adoptionsverhältnis daher nur begründen, wenn die niederländischen materiellen Adoptionsvoraussetzungen erfüllt sind. Die Anwendung des niederländischen Rechts kann also damit begründet werden, daß der niederländische Richter die *lex fori* beachten muß[986]. Für die zusätzliche Beachtung des ausländischen Rechts, welches zumeist das Recht des Kindes ist, spricht in erster Linie das Interesse, hinkende Rechtsverhältnisse zu vermeiden[987]. Eine Anerkennung der in den Niederlanden ausgesprochenen Adoption ist um so wahrscheinlicher, wenn auch die Adoptionsvoraussetzungen des Landes erfüllt, dessen Staatsangehörigkeit das Kind besitzt.

bb) Abweichungen vom Kumulationsprinzip

Die kumulative Anwendung der Voraussetzungen zweier oder mehrerer Rechtsordnungen stieß in der Praxis allerdings häufig auf Probleme. Gründe hierfür sind unter anderem, daß die Feststellung von Voraussetzungen fremder, schwer zugänglicher Rechtsordnungen bzw. deren Anwendung für den Rechtsanwender erhebliche Schwierigkeiten mit sich bringen[988] oder miteinander unvereinbare Voraussetzungen der anzuwendenden Rechtsordnungen einer kumulativen Anwendung entgegenstehen[989]. Aufgrund dieser praktischen Schwierigkeiten ist die unterinstanzliche Rechtsprechung in jüngerer Zeit verstärkt geneigt, Ausnahmen

---

984 Vgl. *Boele-Woelki*, Die Effektivitätsprüfung, S. 130; *Rieter-van den Bergh*, FJR 1994, 173 (173); *van Rooij/Polak*, Private Internationale Law in the Netherlands, S. 208; *Strikwerda*, Inleiding, S. 132.

985 *Lemaire*, Hoofdlijnen, S. 185.

986 Vgl. *Boele-Woelki*, Die Effektivitätsprüfung, S. 131; *Lüderitz*, RabelsZ 45 (1981), 604 (612 ff.). Die Voraussetzungen, die das niederländische Recht an eine Adoption stellt, sind in Artikel 1:228 BW niedergelegt.

987 *Boele-Woelki*, Die Effektivitätsprüfung, S. 131.

988 Vgl. hierzu auch *Frohn*, FJR 1994, 150 (152).

989 Vgl. insbesondere Darstellung bei *Boele-Woelki*, Die Effektivitätsprüfung, S. 132 ff.; siehe auch *Cohen Henriquez*, IPR Trends, S. 70; *Strikwerda*, Inleiding, S. 132.

von der strikten Anwendung des Kumulationsprinzips zuzulassen[990]. Dabei variieren die Arten der zugelassenen Ausnahmen, nicht aber das mit ihnen verfolgte Ziel. Dieses besteht vielmehr immer darin, eine im Interesse des Kindes stehende Adoption zu ermöglichen[991]. Um die verschiedenen von der Rechtsprechung gewählten Varianten kategorisieren zu können, ist zwischen solchen Fällen, in denen bereits ein ausländisches Adoptionsverfahren stattgefunden hat und solchen, bei denen dies noch nicht geschehen ist, zu unterscheiden. Die in den Niederlanden äußerst selten vorkommenden Fälle, daß die Adoption eines ausländischen Kindes durch ausländische Adoptiveltern bzw. die Adoption eines niederländischen Kindes durch ausländische Adoptiveltern in Frage steht, sollen an dieser Stelle unbehandelt bleiben[992].

(1) Bereits vorangegangenes ausländisches Adoptionsverfahren

In vielen Fällen werden ausländische Adoptivkinder bereits in ihrem Heimatland nach dem dort geltenden Recht adoptiert, da die dortigen Behörden sonst keine Genehmigung zur Ausreise mit den niederländischen Adoptiveltern erteilen würden. Vor dem Inkrafttreten des Haager Adoptionsübereinkommens aus dem Jahre 1993 stand dem niederländischen Richter keine prozeßrechtliche Regelung zur Verfügung, im Ausland zustande gekommene Adoptionen umzuwandeln. Nach gefestigter niederländischer Rechtsprechung wurden im Ausland zwischen niederländischen Adoptiveltern und einem ausländischen Kind zustande gekommene Adoptionen bzw. eventuelle Äquivalente in den Niederlanden grundsätzlich nicht anerkannt[993]. Zusätzlich mußte noch ein niederländisches Adoptionsverfahren durchgeführt werden (sog. „*adoptie dubbel-op*“)[994]. Die doppelte Adoption wurde insbesondere aus Gründen der Rechtssicherheit als zweckmäßig erachtet[995].

Grundsätzlich hätten in den Wiederholungsadoptionsverfahren, wäre das Kumulativprinzip streng angewendet worden, alle in- und ausländischen Adoptionsvoraussetzungen erneut geprüft werden müssen. Bei den Wiederholungsadoptions-

---

990 Vgl. hierzu *Cohen Henriquez*, IPR Trends, S. 70 f.; *Frohn*, FJR 1994, 150 (152); *Polak/de Rooij/Steffens*, Private International Law in the Netherlands, Supplement, S. 136.

991 So auch C/G/H/K (*de Boer/Kotting*), Introduction to Dutch law, S. 281; *Frohn*, FJR 1994, 150 (152 f.); *Nota*, Kinderen adopteren in Nederland, S. 87; *Polak/de Rooij/Steffens*, Private International Law in the Netherlands, Supplement, S. 136.

992 Vgl. hierzu ausführlich *Boele-Woelki*, Die Effektivitätsprüfung, S. 143 f.; *Vonken*, Interantionaal privaatrecht: Internationale Adoptie; in: Personen- en familierecht, unter Titel 12, S. XII.ipr – 121.

993 Vgl. *Hoge Raad*, 12.10.1995, NJ 1997, Nr. 466; siehe auch *Strikwerda*, Inleiding, S. 298.

994 Vgl. etwa Rb. Den Haag, 22.10.1975, AK 9972.

995 So *Boele-Woelki*, Die Effektivitätsprüfung, S. 141; siehe auch *Lemaire*, Hoofdlijnen, S. 180 f.

verfahren haben die niederländischen Gerichte in zwei Richtungen Ausnahmen vom Kumulativerfordernis zugelassen[996]. Zum einen fand eine Aufweichung des Kumulationsprinzips in den Fällen statt, in denen schon eine Vormundschaft zugunsten der Adoption im Ausland bestellt worden war[997]. Zum anderen wurde aus einer vorangegangenen ausländischen Vormundschaft teilweise abgeleitet, daß die durch die Rechtsordnung des Kindes aufgestellten Voraussetzungen erfüllt seien. Die niederländischen Gerichte prüften in diesen Konstellationen die Adoptionsbestimmungen des ausländischen Rechts nicht mehr[998]; vielmehr begnügten sie sich mit der Feststellung, daß eine Vormundschaft nach ausländischem Recht bestellt wurde und daß die meistens damit verbundene Genehmigung zur Ausreise erteilt wurde. Diese Umstände wurden als ausreichende Bestätigung erachtet, daß das Herkunftsland des Kindes keine Bedenken gegen die beantragte Adoption habe; die ausländische Genehmigung impliziere somit die Erfüllung der durch die fremde Rechtsordnung aufgestellten Adoptionsvoraussetzungen. Seit dem Inkrafttreten des Haager Übereinkommens ist die Wiederholungsadoption in den Niederlanden überflüssig geworden[999]. Artikel 23 des Übereinkommens sieht nunmehr eine Anerkennungsautomatik vor. Die Anpassung der Kollisionsregeln auf Konstellationen, in denen ein ausländisches Adoptionsverfahren vorangegangen ist, ist nicht länger notwendig.

(2) Kein vorangegangenes ausländisches Adoptionsverfahren

Ging kein ausländisches Adoptionsverfahren voran, so wird den im Zusammenhang mit dem Kumulationsprinzip auftretenden Schwierigkeiten in unterschiedlicher Weise begegnet. So haben niederländische Gerichte bei der Frage, ob die durch die (ausländische) Rechtsordnung aufgestellten Voraussetzungen erfüllt sind, teilweise nur eine eingeschränkte bzw. scheinbare Prüfung vorgenommen. Die Prüfung der fremden Adoptionsvoraussetzungen wurde etwa auf die Frage beschränkt, ob das ausländische Recht das Institut der Adoption kennt[1000], ob die ausländische Behörde dem Kind eine Ausreisegenehmigung zum Zwecke der Ad-

---

996 Vgl. zum Beispiel Rb. Utrecht, 31.01.1968, WPNR 5122; Rb. Haarlem, 07.02.1969, AK 6560; Rb. Almelo, 26.03.1982, NIPR 1984, Nr. 61.

997 Bei der Prüfung der Voraussetzungen des niederländischen Rechts wurde anerkannt, daß die Adoptierenden eine mit der in Artikel 1:228 Abs. 1 f BW geregelten Vormundschaft gleichgestellte Position erlangt haben. Vgl. beispielsweise Rb. Alkmaar, 08.12.1976, AK 11496; Rb. Maastricht, 29.06.1984; NIPR 1985, Nr. 335 b. Siehe *Boele-Woelki*, Die Effektivitätsprüfung, S. 133 mit weiteren Rechtsprechungsnachweisen sowie *Strikwerda*, Inleiding, S. 133.

998 Siehe Rb. Alkmaar, 06.12.1978 CAD 19339; Rb. Assen, 13.02.1978, CAD 19401; vgl. hierzu auch Nota, Kinderen adopteren in Nederland, S. 87.

999 Vgl. etwa *Polak/van den Eeckhout*, NJB 2000, 573 (579).

1000 So Rb. Alkmaar, 06.07.1977, AK 12123 und 08.05.1978, AK 12254.

option des Kindes erteilt hat[1001] oder ob die fremde Rechtsordnung eine Adoption nicht verbietet[1002]. Materielle, durch das Heimatrecht des Kindes gestellte Voraussetzungen wurden in diesen Entscheidungen nicht mehr geprüft. Insofern kann in diesen Fällen von einer Scheinkumulation gesprochen werden[1003]. Dennoch ist die durch das Gericht zu beantwortende Frage identisch. Zu klären bleibt, ob eine Adoption im Heimatstaat des Kindes generell möglich ist und wenn dies zu bejahen ist, ob eine Anerkennung einer in den Niederlanden durchgeführten Adoption im Heimatland des Kindes in Betracht kommt. Der Zielsetzung des Kumulationsprinzips wird damit zusätzlich durch die vereinfachte Prüfung Rechnung getragen.

In den vergangenen Jahrzehnten hat sich in der niederländischen Rechtsprechung noch ein weiterer Ansatzpunkt entwickelt. Bei einer nicht unbedeutenden Zahl von Entscheidungen wurde die Notwendigkeit der Kumulation verschiedener Rechtsordnungen durch die Einführung eines Rechtssphärekriteriums vermieden[1004]. Der Richter untersucht aufgrund der in der Klageschrift vorgetragenen Umstände eventuelle Anknüpfungspunkte mit dem ausländischen Recht auf ihre konkrete Bedeutung für die tatsächliche Situation des Kindes. Danach entscheidet er, inwiefern Adoptionsbestimmungen des Heimatrechts des Kindes zu berücksichtigen sind[1005]. Das Rechtssphärekriterium dient primär dazu, die (ausländische) Staatsangehörigkeit des Kindes auf ihre Effektivität zu untersuchen. Signifikant ist, daß bei Fällen, in denen das Rechtssphärekriterium angewendet wurde, immer ein starker Bezug zu den Niederlanden bestand. Die enge Verbindung zu den Niederlanden ergab sich häufig durch die Staatsangehörigkeit der Adoptionswilligen. Oft gab auch die Tatsache, daß das Kind kurz nach seiner Geburt adoptiert wurde und seine nahe Zukunft sich in den Niederlanden abspielen würde, den Ausschlag.

1001 Siehe beispielsweise Rb. Den Haag, 27.10.1976, AK 11469; Rb. Alkmaar, 08.12.1976, AK 11496; Rb. Utrecht, 25.05. 1984, NIPR 1985, Nr. 335a; Rb. Maastricht, 29.06.1984, NIPR 1985, Nr. 335b.

1002 Vgl. zum Beispiel Rb. Den Haag, 05.04.1976; Rb. Assen, 27.06.1977, AK 12119; Rb. Alkmaar, 05.09.1985, NIPR 1988, Nr. 253; Rb. Utrecht, 03.05.1977, AK 12082; vgl. hierzu auch *van Rooij/Polak*, Private International Law in the Netherlands, S. 209.

1003 So auch *Boele-Woelki*, Die Effektivitätsprüfung, S. 133; *Vonken*, Interantionaal privaatrecht: Internationale Adoptie; in: Personen- en familierecht, unter Titel 12, S. XII.ipr – 108-112 f.

1004 Vgl. zum Beispiel Rb. 's-Gravenhage, 18.04.1984, NIPR 1984, Nr. 273;Rb. Alkmaar, 03.11.1984, NIPR 1985, Nr. 339; Rb. Utrecht, 13.03.1985, NIPR 1988, NR. 250; Rb. Rotterdam, 17.05.1985, NIPR 1988, Nr. 251; Rb. Almelo, 13.06.1986, NIPR 1988, Nr. 259; Rb. 's-Gravenhage 29.06.1988, NIPR 1988, Nr. 494.

1005 *Vonken*, Interantionaal privaatrecht: Internationale Adoptie; in: Personen- en familierecht, unter Titel 12, S. XII.ipr – 113. Zu den Kriterien, die eine Verbundenheit mit der niederländischen Rechtssphäre begründen können, siehe eine Übersicht bei *Boele-Woelki*, Die Effektivitätsprüfung, S. 135.

Angesichts der als überragend gewerteten Bedeutung dieser objektiven geographischen Faktoren gelangte der niederländische Richter bei Verwendung des Rechtssphärekriteriums zumeist ausschließlich zur Anwendung niederländischen Rechts[1006]. Ein Heimwärtsstreben des niederländischen Richters ist bei Anwendung dieses Kriteriums nicht zu bestreiten. Teilweise wurde auch eine distributive Lösung angewendet. In diesen Fällen wurde davon ausgegangen, daß die Erfordernisse der Eltern und des Kindes jeweils nach ihrer eigenen Rechtsordnung zu beurteilen seien. Die Voraussetzungen des ausländischen Rechts wären hiernach nur auf die ausländische Partei anzuwenden[1007]. In neueren Entscheidungen wird auch auf das Wohnortrecht der beteiligten Parteien[1008] bzw. das Recht des gewöhnlichen Aufenthaltes des Kindes[1009] abgestellt. Teilweise wird den Adoptierenden sogar eine Rechtswahlmöglichkeit zugestanden[1010].

(3) Zwischenergebnis

Aus den obrigen Erwägungen ist ersichtlich, daß in der Rechtsprechung keine eindeutige Kollisionsregel im Bereich der internationalen Adoption vorherrscht. Bei der Frage nach dem auf die Annahme an Kindes Statt anzuwendenden Rechtes wendet die niederländische Rechtsprechung teilweise das Heimatrecht der Beteiligten kumulativ oder distributiv, das Wohnsitzrecht der Beteiligen bzw. notfalls das niederländische Recht an. Am Ergebnis gemessen zeigt die Rechtsprechung allerdings ein einheitliches Bild: Sie entscheidet generell *in favor adoptionis*, um dem Interesse des Kindes gerecht zu werden[1011]. Nahezu ohne Ausnahmen

---

1006 Vgl. zum Beispiel Rb. 's-Gravenhage, 18.04.1984, NIPR 1984, Nr. 273;Rb. Alkmaar, 03.11.1984, NIPR 1985, Nr. 339; Rb. Utrecht, 13.03.1985, NIPR 1988, NR. 250; Rb. Rotterdam, 17.05.1985, NIPR 1988, Nr. 251; Rb. Almelo, 13.06.1986, NIPR 1988, Nr. 259; Rb. 's-Gravenhage 29.06.1988, NIPR 1988, Nr. 494; siehe jedoch auch eine Ausnahme hierzu bei Rb. Assen, 09.12.1968, WPNR 1971, Nr. 5122, 134 (138 f.). Vgl. auch *Boele-Woelki*, Die Effektivitätsprüfung, S. 134 sowie *Vonken*, Interantionaal privaatrecht: Internationale Adoptie; in: Personen- en familierecht, unter Titel 12, S. XII.ipr – 113 sowie die Rechtsprechungsübersichten von *Duintjer Tebbens*, 1982, 5621, 559 (559 f.) und *Vonken*, WPNR 1991, 6011, 448 (448 ff.).

1007 Vgl. zum Beispiel Rb. Amsterdam, 15.05.1975, AK 10.454; siehe auch *Sauveplanne*, Elementair internationaal privaatrecht, S. 42 f.

1008 Vgl. zum Beispiel Rb. Breda, NIPR 1985, Nr. 332 b; Rb. Alkmaar, 05.09.1988, Nr. 253; weitere Nachweise bei *Lüderitz*, RabelsZ 45 (1981), 604 (611).

1009 So zum Beispiel Rb. Breda, 19.04.1979, AK 11700; Rb. Breda, 28.06.1979, AK 11709, Rb. Breda, 05.07.1979, 11713.

1010 Vgl. zum Beispiel Rb. Breda, 19.08.1982, NIPR 1984, Nr. 66; Rb. Zutphen, 26.01.1983, NIPR 1985, Nr. 328; Rb. Roermond, 05.01.1987, NIPR 1987, Nr. 333.

1011 Vgl. *Bergmann/Ferid/Henrich*, Internationales Ehe- und Kindschaftsrecht, Teil Niederlande, S. 29; *Frohn*, FJR 1994, 150 (152); *Jessurun d'Oliveira*, Internationale adoptie, nationaliteit en vreemdelingenrecht, in: Festbundel Offerhauskring, S. 105 (107); *Pintens/Verbeke*, StAZ gelangt der niederländische Richter zur Anwendung des niederländischen Rechts[1012]. Durch ausländische Rechtsordnungen aufgestellte Voraussetzungen werden nur insofern berücksichtigt, als sie einer nach niederländischem Recht zulässigen Adoption nicht widersprechen.

cc) Grundsätzliche Anwendung der *lex fori*?

Die Rechtsprechung gelangt bei grenzüberschreitenden Adoptionen im Ergebnis nahezu ausnahmslos zur Anwendung des niederländischen Rechts. Fraglich ist, ob daraus der Schluß gezogen werden kann, daß ein Vorrang der *lex fori* besteht. Eine solch generelle Regel läßt sich aus dem ungeschriebenen niederländischen Kollisionsrecht aber nicht ableiten. Vielmehr hat der *Hoge Raad* im Jahre 1980 in einer Grundsatzentscheidung[1013] verdeutlicht, daß ein eventuelles Zustimmungserfordernis der natürlichen Eltern nicht nach der *lex fori* zu beurteilen sei, sondern sich grundsätzlich nach dem Heimatrecht des Kindes richte.

Der Oberste Gerichtshof tendiert deutlich in Richtung einer distributiven Anknüpfung: Voraussetzungen und Folgen der Adoption sollen grundsätzlich dem Recht der Adoptanten unterliegen, während ein eventuelles Zustimmungserfordernis dem Heimatrecht des Kindes unterfällt. Einzelheiten dieser Entscheidung sind bislang allerdings unklar geblieben. Nicht eindeutig ist insbesondere, wie die im Urteil gewählte Formulierung „grundsätzlich" („*in beginsel*") zu interpretieren ist. Von der unterinstanzlichen Rechtsprechung wird sie teilweise dahingehend verstanden, daß noch eine Prüfung der engsten Verbindung möglich ist[1014]. Andererseits könnte sie aber auch eine Prüfung des Kindeswohls zulassen[1015]. Unabhängig von diesen unterschiedlichen Interpretationsansätzen wird deutlich, daß der Ober-

---

1989, 173 (178); *Sauveplanne*, Elementair internationaal privaatrecht, S. 42; *Vonken*, Interantionaal privaatrecht: Internationale Adoptie; in: Personen- en familierecht, unter Titel 12, S. XII.ipr – 105.

[1012] Vgl. zum Beispiel Rb. 's-Gravenhage, 18.04.1984, NIPR 1984, Nr. 273;Rb. Alkmaar, 03.11.1984, NIPR 1985, Nr. 339; Rb. Utrecht, 13.03.1985, NIPR 1988, NR. 250; Rb. Rotterdam, 17.05.1985, NIPR 1988, Nr. 251; Rb. Almelo, 13.06.1986, NIPR 1988, Nr. 259; Rb. 's-Gravenhage 29.06.1988, NIPR 1988, Nr. 494; vgl. auch *Strikwerda*, Inleiding, S. 133; *Strikwerda*, De hanteerbaarheid van het IPR, in: Grensoverschrijdend privaatrecht, S. 245 (248).

[1013] Der *Hoge Raad* formulierte in seiner Entscheidung vom 11.04.1980, abgedruckt in NJ 1980, Nr. 364 (mit Anm. *Schultsz*) folgendermaßen: „Naar Nederlands internationaal privaatrecht moet de vraag welke betekenis voor de beslissing op een adoptieverzoek toekomt aan de toestemming van de ouders van het kind (...) in beginsel worden beantwoord naar de regels die het nationale recht van het kind daarover bevat"; vgl. hierzu im Schrifttum auch *Frohn*, FJR 1994, 150 (152); *Lüderitz*, RabelsZ 45 (1981), 604 (610 f.); Staudinger (*Hausmann*), Anh. zu Artikel 4 EGBGB, Rn. 205 mit weiteren Nachweisen.

[1014] Sog. *realiteitstoets*; vgl. Rb. 's-Gravenhage, 31.10.1990, NIPR 1991, Nr. 84 sowie Nr. 87.

[1015] So *Duintjer Tebbens*, WPNR 1982, 5619, 519 (521); *Pintens/Verbeke*, StAZ 1989, 173 (178).

ste Gerichtshof der Anwendung ausländischen Rechts in grenzüberschreitenden Adoptionsfällen noch eine Bedeutung zumißt und insoweit der übermäßigen Anwendung des niederländischen Rechts durch die unteren Gerichte Grenzen aufzeigt.

dd) *Wet opneming buitenlandse kinderen ter adoptie*

Im Zusammenhang mit internationalen Adoptionen ist noch das niederländische Gesetz über die Aufnahme ausländischer Pflegekinder in den Niederlanden im Hinblick auf eine Adoption (*Wet opneming buitenlandse kinderen ter adoptie)* vom 08.12.1988 zu erwähnen[1016]. Das Gesetz enthält keine Kollisionsnormen. Dennoch besitzt es Auswirkungen auf das vom Richter für anwendbar erklärte Recht. Das Gesetz regelt in erster Linie die ausländer- sowie kinderschutzrechtlichen Aspekte der Adoptionen, bei denen niederländische Eltern ausländische Kinder adoptieren. Das wichtigste Ziel dieses Gesetzes ist die Sicherstellung der Tatsache, daß grenzüberschreitende Adoptionen zum Wohle des Kindes vorgenommen werden[1017].

c) Artikel 51 bis 57 der IPR-Skizze

Die IPR-Skizze sieht für den Bereich der Internationalen Adoption eine ausführliche Regelung in den Artikeln 51 bis 57 vor[1018]. Die kollisionsrechtlich relevanten Vorschriften finden sich in Artikel 53 sowie 54 IPR-Skizze. Inhaltlich schließen sie an die durch die Rechtsprechung entwickelten Kollisionsnormen an. Adoptionsstatut soll für eine in den Niederlanden vollzogene Adoption generell niederländisches Recht sein (vgl. Artikel 53 Abs. 1 IPR-Skizze). Artikel 53 Abs. 2 IPR-Skizze unterwirft die Rechtsfolgen einer Adoption dem niederländischen Recht. Gemäß Artikel 53 Abs. 3 IPR-Skizze sind auch die Voraussetzungen eines Widerrufs einer in den Niederlanden ausgesprochenen Adoption dem niederländischem Recht unterworfen. Artikel 53 IPR-Skizze gilt jedoch nur vorbehaltlich der in Ar-

---

1016 Stb. 1988, Nr. 566. Im Zusammenhang mit der Ratifikation des Haager Adoptionsübereinkommens hat das Gesetz einige Änderungen erfahren; Stb. 1993, Nr. 650; 1994, Nr. 570 sowie 1995, Nr. 274. Der deutsche Text des Gesetzes ist abgedruckt bei *Bergmann/Ferid/Henrich*, Internationales Ehe- und Kindschaftsrecht, Teil Niederlande, S. 107 ff. Vgl. auch *van Tuyll van Serooskerken*, FJR 1998, 136 (138 f.).

1017 Vgl. hierzu *van Dijk*, Interlandelijke adoptie en juridisch perspectief; in: Interlandelijk adoptie, S. 37 (39 ff.); *van Iterson*, FJR 1989, 94 (95); *Strikwerda*, Inleiding, S. 132.

1018 Siehe hierzu insbesondere *Boele-Woelki*, IPRax 1995, 264 (268); *Frohn*, FJR 1994, 150 (154); *Kokkini-Iatridou/Boele-Woelki*, NIPR 1993, S. 323 (365 ff.); die in der IPR-Skizze niedergelegten Anerkennungsvorschriften sind jedoch mittlerweile aufgrund der Ratifikation des Haager Adoptionsabkommens von 1993 überarbeitungsbedürftig; vgl. *Rieter-van den Bergh*, FJR 1994, 173 (176).

tikel 54 IPR-Skizze getroffenen Regelungen. Die Zustimmung anderer Personen, zu denen das Kind in familienrechtlichen Beziehungen steht, soll nach Artikel 54 dem Heimatrecht des zu Adoptierenden unterliegen, wenn das Kind seiner Staatsangehörigkeit nicht entfremdet ist oder das Heimatrecht des Kindes das Zustimmungserfordernis nicht kennt. In diesen Fällen sollen gemäß der Ausweichklausel des Artikel 54 Abs. 2 wiederum die niederländischen Regeln Anwendung finden[1019].

3. Abstammung, Anerkennung und Legitimation

Eine Domäne des Internationalen Familienrechts, in der noch keine Teilgesetzgebung stattgefunden hat, ist das Internationale Abstammungsrecht. Zur Jahrtausendwende bestand das niederländische Internationale Privatrecht der Abstammung noch größtenteils aus ungeschriebenem Recht[1020]. Richtungsweisende Entscheidungen des *Hoge Raad* auf dem Terrain sind selten[1021]. In der Rechtsprechung der Instanzgerichte ist keine einheitliche Linie auszumachen. Daher ist es sinnvoll, daß der niederländische Gesetzgeber das Gebiet des Internationalen Abstammungsrechts mittlerweile in seine Gesetzgebungsaktivitäten einbezogen hat. Im Jahre 1999 wurde ein Gesetzentwurf erarbeitet, der bei der Zweiten Kammer eingereicht ist[1022]. Im Folgenden wird zunächst die momentane Rechtslage behandelt. Daran schließt sich eine kurze Erläuterung des vorliegenden Gesetzesentwurfs an.

a) Momentane Rechtslage

Familienrechtliche Beziehungen zwischen Eltern und Kindern werden in den Niederlanden traditionell zum Anwendungsgebiet des Artikels 6 AB gerechnet. Vorbehaltlich abweichender staatsvertraglicher Regelungen wurde daher auf dem Gebiet der Abstammung lange das Heimatrecht für anwendbar gehalten[1023]. Mittlerweile sind jedoch Zweifel hinsichtlich dieser Kollisionsnorm laut geworden. In

---

[1019] Vgl. hierzu *Boele-Woelki*, IPRax 1995, 264 (268); Staudinger (*Henrich*), Vorbem zu Artikel 22 EGBGB, Rn. 14; *Vlas*, IPRax 1995, 264 (268).

[1020] Zu den neueren Entwicklungen im materiellen Abstammungsrecht der Niederlande vgl. *de Groot/Haase*, StAZ 1998, 165 (169 f.).

[1021] So die Einschätzung von *Polak/de Boer* (*Polak*), Naar een gecodificeerd internationaal privaatrecht (!/?), S. 12. Siehe aber Hoge Raad, 18.04.1986, NJ 1987, Nr. 926; Hoge Raad 31.01.1992, NJ 1993, Nr. 261 sowie Hoge Raad, 07.11.1997, NJ 1998, Nr. 438.

[1022] Kamerstukken II 1998/99, 26675, Nr. 1-3. Der Text des Entwurfes ist auch abgedruckt bei *Vonken*, NIPR 2000, 16 (24 f.).

[1023] Vgl. *Cohen Henriques*, IPR-Trends, S. 68, *Polak/de Boer* (*Polak*), Naar een gecodificeerd internationaal privaatrecht (!/?), S. 12; siehe auch Staudinger (*Hausmann*), Anh. zu Art. 4 EGBGB, Rn. 204.

der neueren niederländischen Rechtsprechung zeichnet sich insbesondere bei der Anfechtung der Ehelichkeit sowie bei der Anerkennung unehelicher Kinder die Tendenz ab, die Bedeutung des Staatsangehörigkeitsprinzips Ausgangspunkt zu relativieren. Zum einen wird der Anknüpfungsfaktor Staatsangehörigkeit zunehmend durch den des gewöhnlichen Aufenthaltsortes ersetzt. Zum anderen wird dem Merkmal „Wohl des Kindes" bei der Prüfung eine korrigierende Funktion bezüglich des Verweisungsergebnisses zuerkannt[1024]. In der Mehrzahl der Fälle kommt es zur Anwendung des niederländischen Rechts[1025].

aa) Familienrechtliche Beziehung zu den Eltern durch Geburt

Entscheidungen zu der Frage, ob durch Geburt eine familienrechtliche Beziehung zwischen Mutter und Kind entsteht, sind selten. Begründet liegt dies in der Tatsache, daß in den Niederlanden ebenso wie in den meisten ausländischen Rechtsordnungen das „*mater semper certa est*" Prinzip verankert ist[1026]. Da das Kind bereits durch Geburt in einer familienrechtlichen Beziehung zur Mutter steht, wird es in der richterlichen Praxis nicht als nötig befunden, dieser Rechtsfrage eine besondere internationalprivatrechtliche Überlegung zu widmen. Allgemein wird angenommen, daß diese Frage durch das Staatsangehörigkeitsrecht der Mutter beherrscht wird[1027].

Selten steht auch in Frage, daß durch die Geburt familienrechtliche Beziehungen zwischen dem Mann und dem Kind entstanden sind, wenn der Mann im Zeitpunkt der Geburt mit der Mutter verheiratet war bzw. die Ehe bis zu einem gewissen Zeitpunkt vor der Geburt gelöst wurde[1028]. Fraglich ist häufig vielmehr, welche Möglichkeiten dem Vater, der Mutter sowie dem Kind zur Verfügung stehen, die eheliche Vaterschaft anzufechten. Nach materiellem niederländischen Recht ist die Anfechtung der Ehelichkeit eines Kindes durch den gesetzlichen Vater möglich. Eine erfolgreiche Klage führt zu einem Abbruch der familienrechtlichen Beziehungen zwischen dem ehelichen Vater und dem Kind. Die Rechtsfigur der

---

1024 Vgl. hierzu *de Boer/Kotting*, Het belang van het kind; in: Kinderen en recht, S. 74 (74); *Strikwerda*, Inleiding, S. 127.

1025 *De Boer/Kotting*, Het belang van het kind; in: Kinderen en recht, S. 74 (74); *Strikwerda*, Inleiding, S. 127.

1026 Dieses Prinzip ist auch im *Brüsseler CIEC-Übereinkommen über die Feststellung der mütterlichen Abstammung nichtehelicher Kinder* vom 12.09.1962, das für die Niederlande seit dem 23.04.1964 in Kraft getreten ist, niedergelegt. Trb. 1963, 93, der deutsche Text in abgedruckt bei *Jayme/Hausmann*, Nr. 31.

1027 *Vonken*, Internationaal privaatrecht: Het internationale afstammingsrecht; in: Personen- en familierecht, Titel 11, S. 1.11.ipr – 16, aant. 3.1.

1028 *Vonken*, Internationaal privaatrecht: Het internationale afstammingsrecht; in: Personen- en familierecht, Titel 11, S. 1.11.ipr –17, aant. 3.2.

Ehelichkeitsanfechtung durch den Vater dient in erster Linie dessen Interesse, die Beziehung zwischen ihm und einem nicht durch ihn gezeugten Kind aufzuheben[1029]. Das Kind verliert demzufolge den Status eines ehelichen Kindes. Damit ist nicht gesagt, daß eine Ehelichkeitsanfechtung immer dem Interesse des Kindes entgegensteht. Eine vollzogene Ehelichkeitsanfechtung ist immer dann im Interesse des Kindes, wenn sie den Ausgangspunkt für eine Begründung neuer Rechtsbeziehungen zu dem Erzeuger - häufig der neue Lebensgefährte der Mutter - darstellt. Die Rechtsfigur der Ehelichkeitsanfechtung durch die Mutter des niederländischen materiellen Rechts ist speziell auf diese Situation abgestellt. Der Weg zur Anerkennung und Verleihung des Status der Ehelichkeit des Kindes wird freigemacht durch die Aufhebung der rechtlichen Beziehungen zu dem rechtlichen, aber nicht biologischen Vater[1030].

Kollisionsrechtlicher Anknüpfungspunkt bei der Anfechtung der Ehelichkeit war lange Zeit das Heimatrecht des gesetzlichen Vaters[1031]. Gestützt wurde die Anwendung des Staatsangehörigkeitsprinzips auf Artikel 6 AB sowie Artikel 9 Abs. 1 Benelux-Einheitsgesetz[1032]. In den letzten Jahren ist dieser Grundsatz jedoch in Frage gestellt worden. Die heutige Rechtsprechung relativiert zunehmend den Anknüpfungswert der Staatsangehörigkeit des gesetzlichen Vaters[1033]. Zwar wird auch weiterhin in den meisten Entscheidungen das Heimatrecht des gesetzlichen Vaters als Ausgangspunkt vorangestellt[1034], doch wird diesem Anknüpfungspunkt in der Praxis nur Bedeutung zuerkannt, wenn die Staatsangehörigkeit des ehelichen Vaters mit der der Mutter identisch ist[1035]. Unterscheiden sich die Staatsangehörigkeiten der Eltern, so wird das Recht des gemeinsamen Wohnsitzes

---

1029 Vgl. *Strikwerda*, Inleiding, S. 128.

1030 Siehe hierzu auch *Strikwerda*, Inleiding, S. 128.

1031 Vgl. beispielsweise Hoge Raad, 12.02.1965, NJ 1965, Nr. 199; Rb. 's-Gravenhage, 14.03.1966, NJ 1967, Nr. 37. So auch *Bergmann/Ferid/Henrich*, Internationales Ehe- und Kindschaftsrecht, Teil Niederlande, S. 27; *Franx*, Gutachten zu *Hoge Raad* 25.09.1987, NJ 1988, Nr. 152; Staudinger (*Hausmann*), Anh. zu Art. 4, Rn. 204.

1032 Artikel 6 AB legt zwar eindeutig die Grundlage für die Anwendung des Staatsangehörigkeitsprinzips, doch läßt sich aus dieser Vorschrift nicht ableiten, welches der Heimatrechte der betroffenen Personen einschlägig sein soll.

1033 Erstmals wurde die Anknüpfung an das Heimatrecht des Mannes im Zusammenhang mit der Anfechtung der Ehelichkeit von der Rb. Haarlem, 08.06.1971, abgedruckt in NJ 1972, Nr. 15 in Frage gestellt.

1034 Vgl. etwa Rb. Rotterdam, 10.05.1982, NIPR 1983, Nr. 160; Rb. Alkmaar, 05.01.1984, NIPR 1984, Nr. 174; Rb. Amsterdam, 15.09.1987, NIPR 1988, Nr. 278; Rb. 's-Gravenhage, 24.07.1990, NIPR 1990, Nr. 434.

1035 So beispielsweise Rb. Alkmaar, 10.08.1989, NIPR 1989, Nr. 379; Rb. 's-Gravenhage, 07.05.1991, NIPR 1991, Nr. 344; Rb. 's-Gravenhage; 18.01.1994, NIPR 1994, Nr. 104; Rb. Rotterdam, 20.02.1995, NIPR 1997, Nr. 88.

der Familie angewendet[1036]. Teilweise knüpfen die Gerichte auch in Fällen an den gemeinsamen Wohnsitz an, in denen ein gemeinsames Heimatrecht der Eltern besteht[1037]. Mangelt es auch an einem gemeinsamen Wohnsitz, so wird der Wohnsitz der Mutter und des Kindes als ausschlaggebend betrachtet[1038].

Insgesamt läßt sich feststellen, daß in Fällen, in denen der niederländische Richter von der Staatsangehörigkeits- zugunsten der Aufenthaltsanknüpfung abweicht, dies aus einer Anzahl objektiv-geographischer und subjektiv gefärbter Faktoren geschieht. Zu den Anknüpfungselementen, die vom Richter in den Abwägungsprozeß einbezogen werden, gehören zuvörderst der gemeinsame Wohnsitz des gesetzlichen Vaters, der Mutter sowie des Kindes sowie bei der Anfechtung durch die Mutter auch des zukünftigen Ehegatten der Mutter. Weiterhin wird unter anderem der Gegebenheit Beachtung geschenkt, daß der gesetzliche Vater und die Mutter die niederländische Staatsangehörigkeit besitzen, daß das Kind in den Niederlanden zur Welt gekommen ist sowie daß ein niederländisches Scheidungsurteil vorliegt[1039].

In jüngerer Zeit greifen niederländische Gerichte in Fällen, bei denen die kollisionsrechtliche Anknüpfung der Anfechtung der Vaterschaft in Frage steht, häufig zu dem Merkmal „Wohl des Kindes", um ein erzieltes kollisionsrechtliches Ergebnis zu korrigieren[1040]. Im konkreten Fall stellt sich die Frage, was das Interesse des Kindes nun bewirkt, wenn Rechtsordnungen zusammentreffen, von denen die eine die Ehelichkeitsanfechtung erlaubt, die andere diese hingegen ausschließt. In der Rechtsprechung besteht darüber keine Einigkeit. Einige Entscheidungen beurteilen die Frage nach dem anwendbaren Recht nur nach der Zukunftsperspektive und dem Interesse des Kindes, dem mit der Anfechtung der Ehelichkeit insofern gedient wird, als daß der Weg für die Begründung einer neuen Rechtsbeziehung

---

1036 So unter anderem Rb. 's-Gravenhage, 25.02.1992, NIPR 1992, Nr. 192; Rb. 's-Gravenhage, 12.01.1993, NIPR 1993, Nr. 94; Rb. 's-Gravenhage; 15.06.1993, NIPR 1993, Nr. 250; Rb. 's-Gravenhage, 18.01.1994, NIPR 1994, Nr. 104; Rb. 's-Gravenhage, 28.02.1995, NIPR 1995, Nr. 347.

1037 Rb. Utrecht, 13.11.1985, NJ 1986, Nr. 472; Rb. 's-Gravenhage, 24.07.1990, NIPR 1990, Nr. 434; Rb. Amsterdam, 04.11.1997, NIPR 1998, Nr. 179.

1038 So beispielsweise Rb. Amsterdam, 02.05.1984, Nr. 275; Rb. 's-Gravenhage, 24.12.1991, NIPR 1992, Nr. 78; Rb. 's-Gravenhage, 26.05.1992, NIPR 1992, NR. 334; Rb. 's-Gravenhage, 21.04.1992, NIPR 1992, Nr. 200.

1039 Zu weiteren von der niederländischen Rechtsprechung in diesem Zusammenhang berücksichtigten Faktoren vgl. *Vonken*, Internationaal privaatrecht: Het internationale afstammingsrecht; in: Personen- en familierecht, Titel 11, S. 1.11.ipr – 45, aant. 3.2.2.

1040 Beispielsweise Rb. Haarlem, 08.06.1971, abgedruckt in NJ 1972, Nr. 15; Rb. Amsterdam, 25.08.1982, NIPR 1983, Nr. 265.

zwischen dem Kind und dem biologischen Erzeuger freigemacht wird [1041]. In den Fällen, in denen die Ehelichkeitsanfechtung nicht unmittelbar auf die Begründung einer neuen familienrechtlichen Beziehung zu dem Erzeuger gerichtet ist, ist weniger eindeutig, daß ausschließlich bzw. in erster Linie auf die Zukunftsperspektive und das Interesse des Kindes abzustellen ist. Das Interesse des anfechtenden Vaters, die bestehende rechtliche Beziehung zwischen ihm und dem Kind aufzuheben, kann nicht in jedem Fall als gegenüber den Belangen des Kindes nachrangig betrachtet werden. Die für die Frage nach dem anzuwendenden Recht relevanten Anknüpfungspunkte müssen in diesen Konstellationen nicht lediglich im Bereich des Kindes gesucht werden. Auch muß demjenigen Rechtssystem, das die Ehelichkeitsanfechtung vereinfachten Voraussetzungen unterstellt, nicht automatisch der Vorrang eingeräumt werden. Die Rechtsprechung auf diesem Gebiet ist ebenso wie die Literatur uneinheitlich[1042].

bb) Familienrechtliche Beziehungen durch Anerkennung

Auch hinsichtlich der Frage, ob und unter welchen Bedingungen ein Mann ein Kind anerkennen kann, hat die niederländische Rechtsprechung jahrzehntelang das Heimatrecht des Anerkennenden als ausschlaggebend betrachtet[1043]. Eventuelle Zustimmungsvoraussetzungen richteten sich nach dem Heimatrecht der Mutter bzw. dem des Kindes[1044]. Eine distributive Anknüpfung bildete also den Ausgangspunkt. Dieser implizit auf Artikel 6 AB gestützte Ausgangspunkt hat in der jüngeren Rechtsprechung erheblich an Bedeutung eingebüßt. Aus der gerichtlichen Praxis ergibt sich, daß auch in diesem Bereich die Anknüpfung an die Staatsangehörigkeit verschiedenen Ausnahmen zugänglich ist. Mittlerweile wird in der gerichtlichen Praxis an die *lex fori*, das nationale Recht der Mutter bzw. des Kindes, an das Domizilrecht des Anerkennenden, der Mutter oder des Kindes an-

---

[1041] Vgl. etwa Rb. Amsterdam, 22.09.1982, AK 13444; Rb. Amsterdam, 02.05.1984, NIPR 1984, Nr. 275; Rb. 's-Gravenhage, 25.05.1988, NIPR 1988, Nr. 485.

[1042] Vgl. *Strikwerda*, Inleiding, S. 129. *Vonken* resümiert in Internationaal privaatrecht: Het internationale afstammingsrecht; in: Personen- en familierecht, Titel 11, S. 1.11.ipr – 58, aant. 3.2.2., daß die Auffassung mit deutlich materiell-rechtlichem Einschlag keine Schule gemacht habe, sondern bei der Anfechtung der Ehelichkeit für das Konstruieren der Kollisionsnorm immer noch objektiv-geographische orientierte Belange entscheidend seien.

[1043] Vgl. etwa Hof Arnhem, 07.11.1973, NJ 1974, Nr. 248; Hof 's-Hertogenbosch, 26.06.1979 und 21.10.1980, NJ 1982, Nr. 40. *Bergmann/Ferid/Henrich*, Internationales Ehe- und Kindschaftsrecht, Teil Niederlande, S. 27; *Polak/de Rooij/Steffens*, Private International Law in the Netherlands, Supplement, S. 133; *Strikwerda*, Inleiding, S. 127.

[1044] Siehe beispielsweise Hof Amsterdam, 02.05.1913, NJ 1913, 993. Siehe auch *Vonken*, Internationaal privaatrecht: Het internationale afstammingsrecht; in: Personen- en familierecht, Titel 11, S. 1.11.ipr – 59, aant. 4.

geknüpft[1045]. Durch die Anerkennung eines Kindes entsteht eine Rechtsbeziehung zwischen dem Anerkennenden und dem Kind. Daher dient diese Rechtsfigur in erster Linie dem Interesse des Kindes[1046]. Ein Interessengegensatz wie bei der Anfechtung der Ehelichkeit besteht in diesem Falle nicht.

Für die Frage nach dem anwendbaren Recht hat dies zur Folge, daß die Anknüpfung an das Staatsangehörigkeitsrecht des Erkennenden leichter zugunsten eines Anknüpfungsfaktors aufgegeben werden darf, der dem Bereich des Kindes zugerechnet werden kann. In jüngerer Vergangenheit wurde daher die Anknüpfung an das Heimatrecht des Anerkennenden zunehmend durch die Anknüpfung an das Aufenthaltsrecht der Betroffenen verdrängt, wenn dieses günstigere Voraussetzungen bot[1047]. Der Richter suchte in diesen Fällen nach dem anwendbaren Recht, daß im Interesse des Kindes die Anerkennung ermöglicht und den kollisionsrechtlichen Schwerpunkt bildete. In anderen Fällen basierte der gewählte Anknüpfungspunkt nur auf dem Günstigkeitsprinzip. Die Rechtsprechung räumte in diesen Urteilen derjenigen Rechtsordnung den Vorrang gegenüber einer anderen in Betracht kommenden ein, die unter den gegebenen Umständen eine Anerkennung überhaupt bzw. unter geringeren Anforderungen zuließ[1048]. In diesen Fällen wurde nicht mehr untersucht, ob das angewendete niederländische Recht auch das kollisionsrechtlich betrachtet engst verbundene Recht ist. Deutlich hat die niederländische Rechtsprechung allerdings klargestellt, daß die Anwendung niederländischen Rechts unterbleiben muß, wenn die Betroffenen nur unzureichende Beziehungen zu der niederländischen Rechtssphäre besitzen[1049].

1045 Vgl. hierzu *de Boer/Kotting*, Het belang van het kind; in: Kinderen en recht, S. 74 (81 f.).

1046 Strikwerda, Inleiding, S. 129. Nach der Einschätzung von *Vonken* in Internationaal privaatrecht: Het internationale afstammingsrecht; in: Personen- en familierecht, Titel 11, S. 1.11.ipr – 59 ff., aant. 4 wird auch in der niederländischen Rechtsprechung das Interesse des Kindes mit der Entstehung oder der Bestätigung familienrechtlicher Beziehungen zwischen Vater und Kind gleichgesetzt.

1047 Siehe etwa Rb. Amsterdam, 27.01.1983, NIPR 1983, Nr. 276; Hof Amsterdam, 27.01.1984, NJ 1987, Nr. 221; Rb. Roermond, 31.08.1988, NIPR 1989, Nr. 233.

1048 Siehe zum Beispiel Rb. Zwolle, 07.03.1983, NIPR 1983, Nr. 194; Rb. Roermond, 31.08.1988, NIPR 1989, Nr. 233; Rb. 's-Hertogenbosch, 21.11.1990, NIPR 1991, Nr. 101; Rb. Zutphen, 23.07.1992, NJ 1993, Nr. 279; Rb. 's-Gravenhage, 16.02.1994, NIPR 1994, Nr. 228; Rb. 's-Gravenhage, 03.08.1994, NIPR 1994, Nr. 398. Diese Regelung wurde auch in Artikel 43 der IPR-Skizze aufgenommen. Dieser sieht vor, daß die Anerkennung dem Heimatrecht des Anerkennenden oder, falls dieses Recht eine Anerkennung nicht zuläßt, dem Recht des gewöhnlichen Aufenthaltsortes des Kindes unterliegt.

1049 So etwa Rb. 's-Gravenhage, 10.11.1993, NIPR 1994, Nr. 90; Rb. 's-Gravenhage, 16.03.1994, NIPR 1994, Nr. 238. Vgl. hierzu auch *Polak/de Rooij/Steffens*, Private International Law in the Netherlands, Supplement, S. 133; *Strikwerda*, Inleiding, S. 130. Hinsichtlich der kollisionsrechtlichen Beurteilung von Zustimmungserfordernissen der Mutter und/oder des Kindes

cc) Legitimation durch nachfolgende Ehe

Hinsichtlich der Legitimation durch nachfolgende Ehe der Eltern bestimmt in den Niederlanden ein Staatsvertrag über das anzuwendende Recht. Für die Niederlande ist am 31.07.1977 das *CIEC-Übereinkommen über die Legitimation durch nachfolgende Ehe* vom 10.09.1970 in Kraft getreten[1050]. Ziel dieses Staatsvertrages ist es, durch vereinheitlichte Kollisionsnormen die Legitimation von Kindern durch die Ehe ihrer Eltern zu begünstigen und die Offenkundigkeit von Legitimationen, die im Ausland eingetreten sind, durch besondere Bestimmungen über eine Verständigungspflicht und die Eintragung in die Personenstandsbücher zu sichern[1051]. Das Übereinkommen besitzt einen universellen Anwendungsbereich (Artikel 5 Satz 1 des Übereinkommens). Was den materiellen Anwendungsbereich des Vertrages betrifft, so bezieht sich das *CIEC-Übereinkommen über die Legitimation durch nachfolgende Ehe* sowohl auf Legitimationen, die sich aus der Eheschließung selbst ergeben, als auch auf solche, die nachträglich durch eine gerichtliche Entscheidung festgestellt werden. Das kollisionsrechtliche Kernstück des Übereinkommens (Artikel 1 Abs. 1 des Übereinkommens) erklärt ein Kind für legitimiert, wenn entweder das Heimatrecht der Mutter oder das des Vaters eine Legitimation vorsieht. Damit stellt die Sachnormverweisung das Interesse des Kindes an der Erlangung des ehelichen Status in den Vordergrund. Kann das Kind weder nach Vorschriften des Heimatrechtes des Vaters noch der Mutter legitimiert werden, so sieht der Artikel 5 Satz 2 des Übereinkommens die Möglichkeit vor, Regelungen der *lex fori* einschließlich des jeweiligen Internationalen Privatrechts anzuwenden, wenn diese zu der gewünschten Legitimation führen. Die *lex fori* fungiert somit als Auffangtatbestand, falls die Kollisionsnorm des Artikels 1 des Übereinkommens nicht zum gewünschten Ziel führt[1052].

---

siehe *Vonken*, Internationaal privaatrecht: Het internationale afstammingsrecht; in: Personen- en familierecht, Titel 11, S. 1.11.ipr –87 ff., aant. 4.7.

1050 Trb. 1972, Nr. 61 und 1977, Nr. 114; der deutsche Text ist abgedruckt bei *Jayme/Hausmann*, Nr. 32 und in StAZ 1971, 284 f. Inhaltlich besteht das Übereinkommen aus drei Teilen. Titel I enthält die internationalprivatrechtlichen Vorschriften, Titel II legt zwischenstaatliche Mitteilungspflichten für den Fall fest, daß in einem CIEC-Staat eine Ehe geschlossen wird und die Eheleuten ein voreheliches Kind haben und in Titel III sind Begriffsbestimmungen sowie die üblichen vertragstechnischen Vorschriften enthalten. Die Niederlande haben hinsichtlich der Anwendung des Übereinkommens folgenden Vorbehalt gemacht: Eine Legitimation, die den internen Bestimmungen des Heimatrechts des Vaters oder der Mutter entspricht, wird in den Niederlanden nicht als gültig angesehen, wenn ein Elternteil Niederländer ist und bei der Eheschließung in den Niederlanden diese nicht vor dem Standesbeamten oder bei einer Eheschließung im Ausland diese nicht nach den dortigen Gesetzen stattgefunden hat. Umfassend zu den Vorschriften des Übereinkommens vgl. *Böhmer*, StAZ 1971, 270 (272 ff.).

1051 *Edlbacher*, ZfRV 1976, 161 (161); *Vonken*, Internationaal privaatrecht: Het internationale afstammingsrecht; in: Personen- en familierecht, Titel 11, S. 1.11.ipr –102-112 f., aant. 6.1.

1052 *Böhmer*, StAZ 1971, 270 (274); *Strikwerda*, Inleiding, S. 131.

Von der niederländischen Rechtsprechung scheint dieses Übereinkommen nicht immer wahrgenommen zu werden. Auch in der jüngeren Rechtsprechung finden sich noch Entscheidungen, die die traditionelle Anknüpfung an das Heimatrecht des Vaters verwenden[1053]. Teilweise wird in der Rechtsprechung auch mit einer Anknüpfung an den gewöhnlichen Aufenthalt sympathisiert, der häufig materiellrechtliche Überlegungen zugrunde gelegt werden[1054]. Die Wahl dieses Anknüpfungsmoments überrascht insofern nicht, als daß nach Auffassung der niederländischen Rechtsprechung die Legitimation durch nachfolgende Ehe in einer Linie mit der Anerkennung eines Kindes zu verstehen ist und daher auch für das Anknüpfungsmoment optiert wird, welches die Anerkennung beherrscht[1055].

b) Regelungen des Gesetzesentwurfs *Wet conflictenrecht afstamming*

Dem Gesetzesentwurf im Bereich des Internationalen Abstammungsrechts ging ein im Jahre 1990 erstelltes Gutachten der *Permante Commissie van advies voor de zaken betreffende de burgerlijke staat en de nationaliteit*[1056] sowie ein Gutachten der Staatskommission[1057] voraus. Die in beiden Gutachten gemachten Gesetzesvorschläge gaben allerdings nicht die bis dato bestehende Rechtslage wider[1058]. Auch die IPR-Skizze versuchte, den Bereich der Internationalen Abstammung zu regeln[1059]. Der neue Gesetzesentwurf lehnt sich hingegen stark an die Gutachten aus dem Jahre 1990 an[1060]. Sollte der Gesetzesentwurf in der Form, in der er jetzt

---

1053 So beispielsweise Rb. Utrecht, 16.03.1983, NIPR 1984, Nr. 253; Hoge Raad, 18.12.1987, NJ 1988, Nr. 830, Rb. 's-Gravenhage, 20.12.1989, NIPR 1990, Nr. 243.

1054 Vgl. etwa Rb. Utrecht, 09.05.1984, NIPR 1988, NR. 245; Rb. Utrecht, 23.01.1985, NIPR 1988, Nr. 246.

1055 Eine systematische Aufstellung der neueren Rechtsprechung findet sich bei *Vonken*, Internationaal privaatrecht: Het internationale afstammingsrecht; in: Personen- en familierecht, Titel 11, S. 1.11.ipr – 128 ff., aant. 6.2.

1056 Eine bearbeitete Wiedergabe dieses Gutachtens findet sich bei *Boele-Woelki/van Iterson* in HPS 1991, 3 (4 ff.) sowie 28 (29 ff.).

1057 Gutachten der Staatskommission vom 30.11.1990, abgedruckt bei *Frohn/Hennis*, Staatscommissie IPR, Geselecteerde adviezen, S. 134 ff.

1058 So *Vonken*, Internationaal privaatrecht: Het internationale afstammingsrecht; in: Personen- en familierecht, Titel 11, S. 1.11.ipr – 2, aant. 1.

1059 Dem Recht der Kindschaftsverhältnisse wurden in der IPR-Skizze insgesamt zehn Artikel (Artikel 40 bis 50 IPR-Skizze) gewidmet. Siehe hierzu *Boele-Woelki*, IPRax 1995, 265 (268); *Vonken*, WPNR 1993, 6108, 703 (706 ff.).

1060 *Vonken*, NIPR 2000, 16 (16).

besteht, verabschiedet werden, so bedeute dies eine „juristische Revolution“ auf dem Gebiet des Internationalen Abstammungsrechts[1061].

Der bei der Zweiten Kammer eingereichte Gesetzesentwurf regelt das auf die Abstammung anwendbare Recht . Ferner umfaßt er Bestimmungen zur Anerkennung von ausländischen Urteilen, Rechtstatsachen oder Rechtshandlungen wobei abstammungsrechtlich relevante Beziehungen entstanden oder erloschen sind. Der Entwurf formt einen Teil der schrittweisen Kodifikation des Internationalen Privatrechts der Niederlande. Zum anderen zielt er aber auch darauf ab, die Neuerungen im internen niederländischen Abstammungsrecht aufzunehmen. Auffallend an dem Gesetzesentwurf ist, daß er im Grundsatz vom nationalen Recht des Betroffenen ausgeht. Auf einigen Gebieten sieht er aber auch die Möglichkeit vor, auf die Anwendung anderer Rechtsordnungen auszuweichen, wenn das primär anwendbare Recht nicht zu dem gewünschten Ergebnis führt. Insgesamt sind die im Gesetzesentwurf vorgesehenen Regelungen äußerst komplex, insbesondere weil für verschiedene familienrechtliche Beziehungen auch unterschiedliche Kollisionsregeln vorgestellt werden. Darüber hinaus möchte der Entwurf auch kulturellen Unterschieden Rechnung tragen[1062].

VII. Vormundschaft

Die Begründung einer Vormundschaft, Pflegschaft oder Beistandsschaft unterliegt dem Haager Minderjährigenschutzabkommen von 1961, soweit ein Minderjähriger im Sinne des Abkommens (Artikel 12 des Übereinkommens) seinen gewöhnlichen Aufenthalt in einem Vertragsstaat hat (vgl. Artikel 13 des Übereinkommens). Folglich gilt für alle Minderjährigen mit gewöhnlichem Aufenthalt in den Niederlanden, auch wenn sie eine ausländische Staatsangehörigkeit besitzen, das Haager Minderjährigenschutzabkommen und nicht autonomes niederländisches IPR. Das Übereinkommen bietet hinsichtlich der Rechtsfragen, die sich im Zusammenhang mit Minderjährigen stellen, ein vollständiges System verfahrens- und kollisionsrechtlicher Regeln.

Hinsichtlich des auf die Vormundschaft oder andere vergleichbare Rechtsinstitute für Volljährige anwendbaren Rechts war für die Niederlande lange Zeit das *Haager Abkommen über die Entmündigung und gleichartige Fürsorgemaßregeln* vom 17.07.1905[1063] bestimmend. Der Staatsvertrag, der in starkem Maße durch das

---

[1061] So die Einschätzung von *Vonken*, NIPR 2000, 16 (16). Kritisch zu der jetzigen Form des Gesetzesentwurfes *Polak/van den Eeckhout*, NJB 2000, 573 (579); *Vonken*, NIPR 2000, 16 (24).

[1062] So *Polak/van den Eeckhout*, NJB 2000, 573 (579).

[1063] Deutscher Text ist abgedruckt in RGBl. 1912, 463.

Staatsangehörigkeitsprinzip geprägt war, wurde im Jahre 1977 gekündigt. Seither finden die Regeln des autonomen Internationalen Privatrechts der Niederlande auf die Betreuung von Erwachsenen Anwendung. Die niederländische Rechtsprechung folgte in diesen Fällen lange Zeit weiterhin dem traditionellen Staatsangehörigkeitsprinzip; das auf die Vormundschaft und andere vergleichbare Fürsorgemaßnahmen anwendbare Recht wurde durch das Heimatrecht des Betroffenen bestimmt[1064]. Aufweichungen hatte diese Anknüpfung immer dann erfahren, wenn die Nationalität, wie etwa bei Mehrstaatern und bei „verwässerter Staatsangehörigkeit", kein tauglicher Anknüpfungspunkt war. Das Staatsangehörigkeitsprinzip wurde durch die Anknüpfung an das Recht des Wohnsitzes ersetzt[1065]. Bei Staatenlosen und Flüchtlingen ist aufgrund des *New-Yorker UN-Übereinkommens über die Rechtsstellung der Staatenlosen* vom 28.09.1954 und das *Genfer UN-Übereinkommen über die Rechtsstellung der Flüchtlinge* vom 28.07.1951 die Rechtsordnung des Wohnsitzes bzw. des gewöhnlichen Aufenthaltsortes einschlägig.

Der Bereich des Schutzes von Erwachsenen befindet sich allerdings im Wandel[1066]. In den vergangenen Jahren hat sich der Charakter der Fürsorgemaßnahmen stark verändert. Die klassische Vormundschaft wird mittlerweile in vielen westlichen Ländern als zu belastend für den Betroffenen empfunden. In vielen Ländern, so auch in den Niederlanden, wurden daher neue Rechtsinstitute eingeführt. Seit der Kündigung des Haager Entmündigungsabkommens wird in den Niederlanden hinsichtlich der Anknüpfung der Schutzmaßnahmen für Erwachsene zunehmend eine sich an die Regelungen des Haager Minderjährigenschutzabkommens anlehnende Lösung vertreten[1067]. Auch bei der Vormundschaft und vergleichbaren Rechtsinstituten für Erwachsene sei von dem Grundsatz des Gleichlaufprinzips auszugehen. Der niederländische Richter kann also niederländisches Recht an-

---

[1064] So etwa Rb. 's-Gravenhage, 10.02.1969, AK 5361; Rb. Zutphen, 31.08.1978, AK 11558. Führt die Schutzmaßnahme zur Geschäftsunfähigkeit des Betroffenen, so gelten die Regelungen über die Geschäftsunfähigkeit infolge Minderjährigkeit (siehe *Strikwerda*, Inleiding, S. 115).

[1065] Vgl. Rb. Arnhem, 23.01.1975, AK 9128.

[1066] Vgl. *Rouppe van der Voort/Spiegel*, FJR 1999, 134 (134 ff.).

[1067] *Van Maas de Bie*, WPNR 1993, 6107, 689 (690); *Rouppe van der Voort/Spiegel*, FJR 1999, 134 (135); *Strikwerda*, Inleiding, S. 115. Auch die IPR-Skizze nahm mit Artikel 61 IPR-Skizze eine Regelung auf, die sich an Artikel 1 und 2 des Haager Minderjährigenschutzabkommen anlehnt. Die einseitige Kollisionsnorm sieht für Minderjährige sowie Volljährige eine vereinheitliche Anknüpfung an das Aufenthaltsrecht vor; vgl. *van Maas de Bie*, WPNR 1993, 6107, 689 (690).

wenden[1068]. In der Rechtsprechung findet diese Auffassung vermehrt Zustimmung[1069].

Die Haager Konferenz arbeitet in den letzten Jahren an der internationalen Vereinheitlichung dieses Bereiches. Mittlerweile ist die „*Acte Final*" des Haager Übereinkommens hinsichtlich der Zuständigkeit, des anwendbaren Rechts und der Anerkennung und Vollstreckung ausländischer Entscheidungen und der Zusammenarbeit auf dem Gebiet des Schutzes von Erwachsenen[1070].

Abzuwarten bleibt, ob die Niederlande das Übereinkommen in der Zukunft unterzeichnen werden[1071].

1068 Zu den Vorteilen des Gleichlaufprinzips im Bereich des Volljährigenschutzes vgl. *Rouppe van der Voort/Spiegel*, FJR 1999, 134 (135).

1069 Rb. Zutphen, 18.03.1991, NIPR 1991, Nr. 105; Rb. Alkmaar, 05.08.1991, NIPR 1992, Nr. 178.

1070 Conférence de La Haye de droit international privé / Hague Conference on private international law, Acte final / Final Act, 's-Gravenhage, 02.10.1999. Zunächst war noch geplant, die Thematik des Volljährigenschutzes mit im neuen Haager Minderjährigenschutzabkommen von 1996 zu regeln; vgl. *van Iterson*, FJR 1995, 152 (152). Dieser Versuch wurde jedoch aufgegeben, da das Abkommen eine Anzahl von Bestimmungen enthält, die sich nicht für die Anwendung auf Erwachsene eignen. In der Sitzung der Haager Konferenz vom Oktober 1996 wurde daher beschlossen, die Arbeit auf diesem Gebiet in den folgenden Jahren fortzusetzen. Im Jahre 1998 erschien ein Entwurf für ein *Haager Übereinkommen hinsichtlich der Zuständigkeit, des anwendbaren Rechts und der Anerkennung und Vollstreckung ausländischer Entscheidungen und der Zusammenarbeit auf dem Gebiet des Schutzes von Erwachsenen* (englischer Text abgedruckt in FJR 1998, 133 ff.). Vgl. hierzu und zu den Entwicklungen *Lagarde*, Rev.crit.dr.internat.privé 2000, 159 (159 ff.); *Pellis*, FJR 1998, 126 (126 ff.); *Polak/van den Eeckhout*, NJB 2000, 573 (580).

1071 Insgesamt positiv bewertet *Siehr* bei *Rouppe van der Voort/Spiegel*, FJR 1999, 134 (136) den Entwurf.

§ 12. Erbrecht

Das Internationale Erbrecht der Niederlande hat im Jahre 1996 eine tiefgreifende Änderung erfahren. Im Zuge der *aanbouwwetgeving* wurde auch das Internationale Erbrecht der Niederlande kodifiziert. Zum 01.10.1996 trat das Gesetz über das Internationale Erbrecht (*Wet conflictenrecht erfopvolging*, im Folgenden abgekürzt als WCErf) vom 04.09.1996 in Kraft[1072], welches die zuvor geltenden einfachen, aber unsicheren Kollisionsnormen ersetzt. Kern des Gesetzes über das Internationale Erbrecht ist die Inkorporation der Vorschriften des *Haager Übereinkommens über das auf die Rechtsnachfolge von Todes wegen anzuwendende Recht* vom 01.08.1989 (im Folgenden Haager Erbrechtsübereinkommen)[1073]. Das Haager Erbrechtsübereinkommen strebt, in Ergänzung zum Haager Testamentsformübereinkommen, eine Vereinheitlichung der erbrechtlichen Kollisionsnormen an[1074]. Frühere Versuche, eine Vereinheitlichung herbeizuführen, scheiterten primär an den großen Gegensätzen, die auf diesem Gebiet zwischen den Staaten bestehen[1075]. Im Haager Erbrechtsübereinkommen sind in erster Linie die Geltung des Grundsatzes der Nachlaßeinheit, eine Kompromißlösung bei der objektiven Anknüpfung zwischen Staatsangehörigkeits- und Wohnsitzprinzip, die Zulassung einer beschränkten Rechtswahl sowie umfassende Sonderregelungen über erbvertragliche Vereinbarungen festgelegt[1076]. Ob sich diese Regelungen zukünftig bewähren, bleibt abzuwarten.

1072 Stb. 1996, Nr. 457. Der niederländische Gesetzestext sowie eine deutsche Übersetzung sind abgedruckt in IPRax 2000, 59; MittRhNotK 1997, 281 sowie bei *Ferid/Firsching/Lichtenberger*, Internationales Erbrecht, Teil Niederlande, A I 5.

1073 Der deutsche Text des Übereinkommens ist abgedruckt in MittRhNotK 1997, 271 bzw. bei *Brandi*, Das Haager Übereinkommen von 1989 über das auf die Erbfolge anzuwendende Recht, S. 438 ff. Ein Beitritt der Bundesrepublik Deutschland zu diesem Abkommen wird in der deutschen juristischen Literatur überwiegend abgelehnt; vgl. zum Meinungsstand *Brandi*, Das Haager Übereinkommen von 1989 über das auf die Erbfolge anzuwendende Recht, S. 33 f. sowie *Kegel/Schurig*, § 21 V 3 e mit weiteren Nachweisen. Ausführliche Abhandlungen zum Haager Erbrechtsübereinkommen bei *Brandi*, Das Haager Übereinkommen von 1989 über das auf die Erbfolge anzuwendende Recht, S. 23 ff. *Ferid/Fisching/Lichtenberger*, Teil Niederlande, Vorb. Rn. 2; *van Loon*, MittRhNotK 1989, 9 (9 ff.); *Stille*, FJR 1996, 216 (216 ff.); *ten Wolde*, Internationaal en interregionaal erfrecht in het Koninkrijk der Nederlanden, S. 229 ff.

1074 Artikel 1 Abs. 1 des Haager Erbrechtsübereinkommens.

1075 Die Unterschiede betrafen nicht nur die traditionelle Kontroverse zwischen dem Staatsangehörigkeits- und dem Wohnsitzprinzip, sondern auch die Frage, ob zwischen beweglichen und unbeweglichen Gütern zu unterscheiden sei und ob der Erblasser auf das auf seinen Nachlaß anzuwendende Recht Einfluß ausüben kann. vgl. hierzu *Strikwerda*, Inleiding, S. 169.

1076 Vgl. auch *Schmellenkamp*, MittRhNotK 1997, 245 (246); Staudinger (*Dörner*), Vorbem zu Art. 25 f.; Rn. 117 ff.

Die Niederlande haben das Haager Erbrechtsübereinkommen zumindest als erster Staat am 27.09. 1996 ratifiziert[1077]. Da für das völkerrechtliche Inkrafttreten des Haager Erbrechtsübereinkommens gemäß Artikel 28 des Übereinkommens mindestens drei Ratifikationen erforderlich sind, besitzen seine Regelungen noch keine völkerrechtliche Geltung. Die Niederlande haben dem völkerrechtlichen Inkrafttreten des Haager Erbrechtsübereinkommens allerdings durch die Verabschiedung des Gesetzes über das Internationale Erbrecht vorgegriffen. Artikel 1 WCErf bestimmt, daß sich das auf die gesetzliche und gewillkürte Erbfolge anzuwendende Recht nach den Vorschriften des *Haager Übereinkommens über das auf die Rechtsnachfolge von Todes wegen anzuwendende Recht* vom 01.08.1989 richtet, und zwar gemäß Artikel 7 Abs. 1 WCErf für alle Erbfälle, die nach dem Inkrafttreten des Teilkollisionsgesetzes eingetreten sind. Die Regelungen des Staatsvertrages erlangten für die Niederlande damit unabhängig von seinem völkerrechtlichen Inkrafttreten bereits Geltung. Seit dem 01.10.1996 müssen ausländische Rechtsanwender die Vorschriften des Haager Erbrechtsübereinkommens bei Sachverhalten mit Bezug zu den Niederlanden daher als Teil des autonomen niederländischen Kollisionsrechts beachten[1078].

Hintergrund der Inkorporation der staatsvertraglichen Bestimmungen war das Bestreben, ihnen vor dem Hintergrund der voranschreitenden schrittweisen Kodifizierung des niederländischen Internationalen Privatrechts schnellstmögliche Geltung zu verleihen. Bereits zu Beginn der neunziger Jahre ersuchte das Justizministerium die Staatskommission um eine gutachterliche Stellungnahme über die Frage, ob die Niederlande das Haager Erbrechtsübereinkommen ratifizieren sollten. In dem gemeinschaftlich von Experten der Staatskommission und der Königlichen Notariatsgesellschaft erstellten Gutachten sprachen diese sich zugunsten einer Ratifikation aus[1079]. Daher wurde schon zu Beginn der neunziger Jahre mit der baldigen Ratifikation des Haager Erbrechtsübereinkommens durch die Niederlande sowie der Übernahme durch ein Teilkollisionsgesetz gerechnet[1080]. Auf der Grundlage dieses Gutachtens wurden auch die in die IPR-Skizze aufgenommenen Regelungen erarbeitet[1081]. Von kleinen sprachlichen Änderungen abgese-

---

[1077] Ratifikationsgesetz vom 04.09.1996; abgedruckt in Stb. 1996, Nr. 456.

[1078] Vgl. hierzu *Boele-Woelki*, IPRax 1995, 264 (268); *Koppenol-Laforce*, NTBR 1998, 182 (184); *Meijer/ten Wolde*, WPNR 1998, 6328, 599 (601); *van Mourik/Schols/Schmellenkamp/Tomlow/Weber*, Deutsch-Niederländischer Rechtsverkehr in der Notariatspraxis, S. 144; *Schmellenkamp*, MittRhNotK 1997, 245 (246); *Stille*, FJR 1996, 216 (216); *Weber*, IPRax 2000, 41 (41).

[1079] Das Gutachten vom 17.02.1992 ist abgedruckt bei *Frohn/Hennis*, Staatscommissie IPR, Geselecteerde adviezen, S. 205 ff.

[1080] Siehe hierzu *Joppe*, WPNR 1993, 6109, 733 (733).

[1081] Vgl. hierzu im einzelnen *Joppe*, WPNR 1993, 6109, 733 (733 ff.); *Polak/de Rooij/Steffens*, Private International Law in the Netherlands, Supplement, S. 153.

hen finden sich diese im verabschiedeten Gesetz über das Internationale Erbrecht wieder. Auf die weiteren völkerrechtlich erforderlichen Ratifikationen sollte nicht länger gewartet werden müssen[1082]. Sollte das Haager Erbrechtsübereinkommen zukünftig völkerrechtlich in Kraft treten, so wird dieses aufgrund des im niederländischen Recht verankerten Grundsatzes des Vorrangs völkerrechtlicher Vereinbarungen vor dem autonomen niederländischen Kollisionsrecht zu beachten sein; Artikel 1 WCErf verlöre insofern seine Bedeutung.

Bis zum Inkrafttreten des Gesetzes über das Internationale Erbrecht am 30.09.1996 warfen sich hinsichtlich der Ermittlung des Erbstatutes zahlreiche Fragen auf. Im Folgenden wird zunächst auf die kollisionsrechtliche Behandlung von Erbfällen eingegangen, die vor dem 30.09.1996 eintraten und aufgezeigt, daß in diesem Bereich Handlungsbedarf bestand. Anschließend werden die inkorporierten Vorschriften des *Haager Übereinkommens über das auf die Erfolge anzuwendende Recht* vom 01.08.1989 sowie die ergänzenden Regelungen des Gesetzes über das Internationale Erbrecht erörtert[1083].

I. Ermittlung des Erbstatuts bei Eintritt des Erbfalles bis zum 30.09.1996

Das Internationale Erbrecht gehörte in den Niederlanden lange Zeit zu den ungeschriebenen Bereichen des Kollisionsrechts. Vorrangig zu berücksichtigende Staatsverträge[1084] sowie gesetzliche Regelungen bestanden auf diesem Gebiet nicht. Artikel 7 AB enthielt zwar eine allgemeine Regelung für die Behandlung unbeweglichen Vermögens[1085], doch fand diese Vorschrift im Bereich des Erbrechts nach herrschender Auffassung keine Anwendung. Die niederländische Rechtsprechung hatte vielmehr hinsichtlich der Erbfolge eine einheitliche Rege-

---

1082 Vgl. *Heyning*, WPNR 1997, 6282, 592 (593); *Joppe*, WPNR 1993, 6109, 733 (733); *ten Wolde*, WPNR 1997, 6267, 284 (284); zustimmend zu diesem Vorgehen *Heyning/Marck*, WPNR 1995, 6173, 195 (197).

1083 Zu den Konsequenzen im deutsch-niederländischen Rechtsverkehr vgl. *Schmellenkamp*, MittRhNotK 1997, 245 (255 ff.); *Schmellenkamp/Wittkowski*, Neue Entwicklungen des Internationalen Privatrechts im Verhältnis Deutschland/Niederlande; in: Notar und Rechtsgestaltung, Jubiläumsfestschrift des Rheinischen Notariats, 1998, 505 (515 ff.); bezüglich gemeinschaftlicher Testamente *Riering/Marck*, ZEV 1995, 90 (90 ff.). Im Verhältnis zu Belgien vgl. *Bouckaert*, WPNR 1998, 6335, 713 (713 ff.); im Verhältnis zu Frankreich siehe *Heyning*, WPNR 1997, 6282, 592 (592 ff.).

1084 Das *Haager Übereinkommen über die internationale Verwaltung von Nachlässen* vom 02.10.1973 ist von den Niederlande gezeichnet, bisher aber nicht ratifiziert worden. Ziel des Staatsvertrages ist die Einführung eines „Internationalen Zeugnisses", das die zur Verwaltung des beweglichen Nachlasses berechtigten Personen bezeichnet und deren Befugnisse angeben soll; vgl. zu diesem Übereinkommen Staudinger (*Dörner*), Vorbem zu Art. 25 f.; Rn. 127 ff.

1085 Artikel 7 AB lautet: Bezüglich unbeweglicher Gegenstände gilt das Recht des Landes, oder Ortes, wo diese Gegenstände belegen sind.

lung entwickelt[1086], die keine Unterscheidung zwischen beweglichem und unbeweglichem Vermögen vorsah; das Prinzip der Nachlaßeinheit war somit schon vor Verabschiedung des Gesetzes über das Internationale Erbrecht fester Bestandteil des niederländischen Kollisionsrechts[1087]. Auch unterschieden die bis zum 30.09.1996 geltenden Kollisionsregeln bereits zwischen der kollisionsrechtlichen Anknüpfung der Erbfolge (*vererving*) und der Nachlaßabwicklung (*afwikkeling van de nalatenschap – vereffing en verdeling*). Für die Erbfolge einschließlich der sachlichen Gültigkeit und der Rechtsfolgen von Verfügungen von Todes wegen[1088] war grundsätzlich das Recht der Staatsangehörigkeit des Erblassers zum Zeitpunkt seines Todes maßgeblich[1089].

Das Staatsangehörigkeitsprinzip blieb allerdings im niederländischen Internationalen Erbrecht nicht unangefochten[1090]. Im Laufe der Jahre setzte sich die Auffas-

---

1086 Vgl. beispielsweise Rb. Maastricht, 20.01.1921, NJ 1921, Nr. 1084; *Cohen Henriquez*, IPR-Trends, S. 123 ff.; *Ferid/Firsching/Lichtenberger*, Internationales Erbrecht, Teil Niederlande, Vorb. Rn. 1; *Sauveplanne*, Elementair internationaal privaatrecht, S. 49 f.; *Strikwerda*, Inleiding, S. 169.

1087 Gegensätzlich noch eine frühe Entscheidung des *Hoge Raad*, abgedruckt in Weekblad van het Recht, Nr. 8524. Diese hat sich jedoch nicht durchsetzen können; vgl. *Riering/Marck*, ZEV 1995, 90 (91) mit weiteren Nachweisen. Mittlerweile hat sich auch der *Hoge Raad* in der Entscheidung vom 16.03.1990, abgedruckt in NJ 1991, Nr. 575 für das Prinzip der Nachlaßeinheit ausgesprochen. Siehe statt vieler auch *van Rooij/Polak*, Private International Law in the Netherlands, S. 229 f.; sowie *ten Wolde*, Vereffening en Verdeling in het Nederlandse Internationaal Erfrecht, S. 2.

1088 Von dieser Anknüpfung werden jedoch die Form sowie die Testierfähigkeit nicht erfaßt. Erstere richtet sich nach den im Haager Übereinkommen über das auf die Form letztwilliger Verfügungen anzuwendende Recht vom 05.10.1961 enthaltenen Regelungen, letztere beurteilt sich nach dem Heimatrecht des Erblassers zum Zeitpunkt der Errichtung.

1089 Hoge Raad, 08.01.1943, NJ 1943, Nr. 202; Hoge Raad, NJ 1959, Nr. 188 = RabelsZ 29 (1965), 177, NJ 1966, Nr. 291; Hoge Raad, 16.03.1991, NJ 1991, NR. 575 (sog. *Bredius*-Klausel); vgl. dazu auch *Ebke*, RabelsZ 48 (1984), 319 (325 f.); *Joppe*, Erfrechtverdrag en trustverdrag; in: Kleijn-Bundel, S. 179 (180); *Koenigs*, MittRhNotK 1987, 237 (238); *van Mourik/Schols/Schmellenkamp/Tomlow/Weber*, Deutsch-Niederländischer Rechtsverkehr in der Notariatspraxis, S. 142; *Schmellenkamp*, MittRhNotK 1997, 245 (246); *Strikwerda*, Inleiding, S. 169; *ten Wolde*, Internationaal en interregionaal erfrecht in het Koninkrijk der Nederlanden, S. 9 ff. Teilweise ist in der niederländischen Gerichtspraxis und Lehre auch auf das Domizilrecht abgestellt worden, wenn der Erblasser zu seinem niederländischen Wohnsitz wesentlich engere Bindungen als zu seinem Heimatstaat hatte, vgl. Hof Amsterdam, 11.07.1946; NJ 1947, Nr. 66; Hof Leuwaarden, 03.03.1954, NJ 1954, Nr. 328; Rb. Utrecht, 12.11.1954, NJ 1955, Nr. 372; Rb. Middelburg 12.06.1974, NJ 1977, Nr. 326 mit Anm. *Schultsz*. Diese Anknüpfung ist jedoch auf Einzelfälle beschränkt geblieben; siehe *Ebke*, RabelsZ 48 (1984), 319 (326 ff); *Riering/Marck*, ZEV 1995, 90 (91).

1090 Anders noch in Artikel 9 Abs. 2 des Benelux-Einheitsgesetzes; vgl. zur Entwicklung *Cohen Henriquez*, IPR-Trends, S. 123 ff.

sung durch, daß auch im Internationalen Erbrecht von der Staatsangehörigkeitsanknüpfung abgewichen werden könne, wenn es an einer effektiven Staatsangehörigkeit mangele. Besaß ein Erblasser demnach keine tatsächliche Bindung mit dem Staat seiner Nationalität mehr, so wurde bei vor dem 30.06.1996 eingetretenen Erbfällen im Wege einer Realitätsprüfung teilweise der Ort seines letzten gewöhnlichen Aufenthalts als ausschlaggebendes Anknüpfungsmoment angesehen[1091]. Mangelte es auch an einem letzten gewöhnlichen Aufenthalt, so beurteilt sich das anwendbare Recht nach Auffassung der niederländischen Rechtsprechung nach den jeweiligen Umständen[1092]. Hinsichtlich der Nachlaßabwicklung[1093] wurde von der herrschenden niederländischen Praxis das Recht des letzten Wohnsitzes des Erblassers („*sterfhuis*“) für anwendbar angesehen[1094]. Diese Kollisionsregel war schon in den zwanziger und dreißiger Jahren in erster Linie aus praktischen Gründen propagiert worden. Sie fand, nachdem sie im Entwurf des Benelux-Einheitsgesetzes (Artikel 9 Abs. 4 des Benelux-Einheitsgesetzes) aufgenommen wurde, Eingang in die notarielle Praxis und die Rechtsprechung[1095].

Einzelheiten der kollisionsrechtlichen Anknüpfungen waren jedoch umstritten. So bestanden beispielsweise unterschiedliche Auffassungen über die Abgrenzung der Bereiche, die dem auf die Erbfolge anzuwendenden Recht und die dem auf die Nachlaßabwicklung anzuwendenden Recht unterliegen sollten[1096]. Unklar war auch, ob es sich bei der Kollisionsnorm, die die Nachlaßabwicklung regelte, um

---

1091 Rb. Middelburg, 12.06.1974, NJ 1977, Nr. 326; siehe auch *Ebke*, RabelsZ 48 (1984), 319 (330 f.); *van Mourik/Schols/Schmellenkamp/Tomlow/Weber*, Deutsch-Niederländischer Rechtsverkehr in der Notariatspraxis, S. 143; *Polak/de Rooij/Steffens*, Private International Law in the Netherlands, Supplement, S. 152; *Strikwerda*, Inleiding, S. 169; *ten Wolde*, Internationaal en interregionaal erfrecht in het Koninkrijk der Nederlanden, S. 16 ff.

1092 So Rb. Rotterdam, 06.02.1967, NJ 1967, Nr. 480.

1093 Unter die Nachlaßabwicklung fallen nach niederländischer Ansicht u.a. die Annahme und Ausschlagung der Erbschaft, die Testamentsvollstreckung und die Haftung für Nachlaßverbindlichkeiten, siehe *Strikwerda*, Inleiding, S. 174.

1094 So *Ebke*, RabelsZ 48 (1984), 319 (330); *van Mourik/Schols/Schmellenkamp/Tomlow/Weber*, Deutsch-Niederländischer Rechtsverkehr in der Notariatspraxis, S. 143; *Stille*, FJR 1996, 216 (222); *Tomlow*, WPNR 1993, 6092, S. 357 (359); differenzierter bei *ten Wolde*, WPNR 1990, 5950, 139 (140), der der Auffassung ist, daß ein Erbfall nach niederländischem Recht abzuwickeln ist, falls sich das Vermögen in den Niederlanden befindet. Falls der Erbgang in den Niederlanden eröffnet wurde, sollen auch ausländische Immobilien nach niederländischem Recht abgewickelt werden. Für die Immobilien, die sich im Ausland befinden, muß hingegen ein ausländischer Notar eingeschaltet werden, damit dieser den Nachlaß vor Ort entsprechend den Anweisungen des niederländischen Notars abwickelt.

1095 Vgl. näher bei *ten Wolde*, Vereffening en Verdeling in het Nederlandse Internationaal Erfrecht, S. 13 f.

1096 Vgl. hierzu näher *ten Wolde*, Internationaal en interregionaal erfrecht in het Koninkrijk der Nederlanden, S. 109 ff.

eine allseitige oder nur um eine einseitige Kollisionsnorm handelte[1097]. Besondere Probleme warfen sich für den Rechtsanwender auch dadurch auf, daß bis zum Inkrafttreten des Gesetzes über das Internationale Erbrecht nicht eindeutig feststand, ob auf dem Gebiet des Erbrechts die Anknüpfung an das Heimatrecht durch eine Rechtswahl zugunsten des Aufenthaltsrechts abbedungen werden konnte. In der niederländischen Literatur wurde die Möglichkeit einer Rechtswahl vielfach erörtert[1098]. Teilweise wurde die Auffassung vertreten, eine Rechtswahl sei im Vorgriff auf das Inkrafttreten des Haager Erbrechtsübereinkommens möglich[1099]. Auch die Instanzgerichte tendierten in diese Richtung[1100]. Deutliche Kriterien für eine Rechtswahlmöglichkeit bestanden zu diesem Zeitpunkt jedoch nicht. Unklar blieb etwa, unter welchen Voraussetzungen welches Recht gewählt werden konnte. Eine höchstrichterliche Entscheidung zu diesen Fragen erfolgte nicht. Auf dem Gebiet des Internationalen Erbrechts bestand daher ein großer Regelungsbedarf.

II. Ermittlung des Erbstatuts beim Eintritt des Erbfalls nach dem 01.10.1996

Mit dem Inkrafttreten des Gesetzes über das Internationale Erbrecht (*Wet conflictenrecht erfopvolging*)[1101] zum 01.10.1996 wurde der Teilbereich des Internationalen Erbrechts im Zuge der *aanbouwwetgeving* kodifiziert. Das Gesetz über das Internationale Erbrecht setzt sich zum Teil aus Regelungen zusammen, die staatsvertragliche Vorschriften in das autonome niederländische Internationale Privatrecht übernehmen. Wie bereits erwähnt, finden über Artikel 1 WCErf auf die gesetzliche und gewillkürte Erbfolge die Vorschriften des *Haager Übereinkommens über das auf die Rechtsnachfolge von Todes wegen anzuwendende Recht* vom 01.08.1989 Anwendung. Erfaßt werden gemäß Artikel 7 Abs. 1 WCErf die Erbfälle, bei denen der Erblasser nach dem Inkrafttreten des Teilkollisionsgesetzes verstorben ist. Das Gesetz über das Internationale Erbrecht beschränkt sich jedoch nicht nur auf die Übernahme der Vorschriften des Haager Erbrechtsübereinkom-

---

1097 Vgl. hierzu *Ferid/Firsching/Lichtenberger*, Internationales Erbrecht, Teil Niederlande, Vorb. Rn. 1.

1098 Vgl. zur Entwicklung *Cohen Henriquez*, IPR-Trends, S. 134 ff.; zustimmend bezüglich einer Rechtswahlmöglichkeit *Jessurun d'Oliveira*, Partijinvloed in het internationale Privaatrecht, S. 7 f.; *Sauveplanne*, Elementair internationaal privaatrecht, S. 50; ablehnende Einschätzung bei *Ebke*, RabelsZ 48 (1984), 319 (324) sowie *Koenigs*, MittRhNotK 1987, 237 (238); siehe auch Nachweise bei *ten Wolde*, Vereffening en Verdeling in het Nederlandse Internationaal Erfrecht, S. 3 Fn. 5.

1099 So *Hensen*, WPNR 1993, 6097, 495 (496); ablehnend *Heyning/Marck*, WPNR 1993, 6097, 496 (496); *Riering/Marck*, ZEV 1995, 90 (91).

1100 Siehe beispielsweise Rb. 's-Gravenhage, NIPR 1992, Nr. 328.

1101 Stb. 1996, Nr. 457. Der niederländische Gesetzestext sowie eine deutsche Übersetzung sind abgedruckt in IPRax 2000, 59; MittRhNotK 1997, 281 sowie bei *Ferid/Firsching/Lichtenberger*, Internationales Erbrecht, Teil Niederlande, A I 5.

mens. Es regelt vielmehr auch einige vom Haager Übereinkommen nicht erfaßte Sachbereiche[1102]. Nachfolgend ist daher zunächst auf die Vorschriften des Haager Erbrechtsübereinkommens einzugehen, die über Artikel 1 WCErf für die Niederlande Wirkung entfalten. Anschließend wird auf die autonomen Regelungen des Gesetzes über das Internationale Erbrecht näher eingegangen.

1. Inkorporierte Regelungen des Haager Erbrechtsübereinkommens

Das *Haager Übereinkommens über das auf die Rechtsnachfolge von Todes wegen anzuwendende Recht* vom 01.08.1989 besteht aus fünf Kapiteln. Sie regeln den Anwendungsbereich des Übereinkommens, enthalten Regelungen über das anzuwendende Recht, spezielle Regelungen für die vertragliche Erbfolge, allgemeine Bestimmungen sowie Schlußbestimmungen. Das Übereinkommen, das gemäß seines Artikel 1 Abs. 2 nicht auf die Form von Verfügungen von Todes wegen[1103], die Testierfreiheit, Fragen des ehelichen Güterrechts sowie lebzeitige Verfügungen auf den Todesfall gilt, erhebt als *loi uniforme* Anspruch auf allseitige Anwendung[1104]. Von den in Artikel 24 Abs. 1 des Übereinkommens vorgesehenen Vorbehalte haben die Niederlande keinen erklärt[1105]. Allerdings hat das Königreich der Niederlande das Haager Erbrechtsübereinkommen nur hinsichtlich seines zwingenden Anwendungsbereichs in Kraft gesetzt[1106]. Daher unterfallen nicht alle erbrechtlichen Fragen den staatsvertraglichen Kollisionsnormen. Ihre Reichweite beschränkt sich für die Niederlande auf die in Artikel 7 Abs. 2 a) bis e) des Übereinkommens enumerativ aufgeführten Rechtsbereiche[1107]. Dabei handelt es sich im wesentlichen um den Bereich der Nachlaßverteilung, wobei unter diesem Begriff die Bestimmung der erbberechtigten Personen sowie die Art und Höhe ihrer Nachlaßbeteiligung zu verstehen ist. Die Nachlaßabwicklung sowie die Ausle-

---

[1102] Vgl. unter anderem *Koppenol-Laforce*, NTBR 1998, 182 (185); *Stille*, FJR 1996, 216 (221); *Strikwerda*, Inleiding, S. 173 f.

[1103] Die Formgültigkeit letztwilliger Verfügungen bestimmt sich nach dem Haager Testamentsformabkommen; siehe dazu unter Seite 56 ff.

[1104] Artikel 2 des Abkommens.

[1105] Ob einer der in Artikel 24 des Abkommens vorgesehenen Vorbehalte eingelegt werden sollte, war in den Niederlanden lange Zeit umstritten; vgl. hierzu *Joppe*, WPNR 1993, 6109, 733 (735).

[1106] Siehe hierzu *Schmellenkamp*, MittRhNotK 1997, 245 (247); *Schmellenkamp/Wittkowski*, Neue Entwicklungen des Internationalen Privatrechts im Verhältnis Deutschland/Niederlande; in: Notar und Rechtsgestaltung, Jubiläumsfestschrift des Rheinischen Notariats, 1998, 505 (510); *Stille*, FJR 1996, 216 (221).

[1107] Diese Bestimmungen umreißen den Kernbereich, auf den sich die Teilnehmer der 16. Haager Konferenz einigen konnten; vgl. *Brandi*, Das Haager Übereinkommen von 1989 über das auf die Erbfolge anzuwendende Recht, S. 339; *van Loon*, MittRhNotK 1989, 9 (11).

gung letztwilliger Verfügungen sind hingegen nicht Gegenstand des zwingenden Anwendungsbereichs[1108].

Wie bereits oben erwähnt, geht das Übereinkommen vom Prinzip der Nachlaßeinheit aus[1109]. Die das objektiv anwendbare Recht betreffende Kollisionsnorm ist in Artikel 3 des Übereinkommens verankert. Sie sieht für die objektive Anknüpfung eine Kombination von Staatsangehörigkeits- und Wohnsitzprinzip vor. Gemäß Artikel 3 Abs. 1 des Übereinkommens unterliegt die Erbfolge zunächst der Rechtsordnung, in welcher der Erblasser zum Zeitpunkt seines Todes seinen gewöhnlichen Aufenthalt hatte, wenn er in diesem Zeitpunkt auch Angehöriger dieses Staates war[1110]. Fallen gewöhnlicher Aufenthalt und Staatsangehörigkeit auseinander, so ist für die Erbfolge gemäß Artikel 3 Abs. 2 Satz 1 des Übereinkommens das Recht des Staates maßgeblich, in dem der Erblasser zum Zeitpunkt seines Todes seinen gewöhnlichen Aufenthalt hatte, sofern sich der Erblasser unmittelbar vor seinem Tod mindestens fünf Jahre ununterbrochen in diesem Staat aufgehalten hat[1111]. Als Ausnahme hierzu bestimmt Artikel 3 Abs. 2 Satz 2 des

---

1108 Die Anwendung des Abkommens auf andere, von Artikel 7 Abs. 2 des Abkommens nicht erfaßte Bereiche wird jedem Vertragsstaat freigestellt; siehe *Brandi*, Das Haager Übereinkommen von 1989 über das auf die Erbfolge anzuwendende Recht; 1996; S. 346 f.; *Schmellenkamp*, MittRhNotK 1997, 245 (247).

1109 Artikel 7 Abs. 1 des Abkommens. Zu beachten sind allerdings die in Artikel 15 des Abkommens vorgesehenen Ausnahmen. Diese Bestimmung sieht, ähnlich wie Artikel 3 Abs. 3 EGBGB, im Falle des Bestehens materiellrechtlicher Sonderregelungen für die Erbfolge einen Vorrang zugunsten des Belegenheitsrechts vor; vgl. *Brandi*, Das Haager Übereinkommen von 1989 über das auf die Erbfolge anzuwendende Recht, S. 206 ff.; *Schmellenkamp/Wittkowski*, Neue Entwicklungen des Internationalen Privatrechts im Verhältnis Deutschland/Niederlande; in: Notar und Rechtsgestaltung, Jubiläumsfestschrift des Rheinischen Notariats, 1998, 505 (512 f.); Staudinger (*Dörner*) Vorb. Zu Art. 25 f EGBGB Rn. 120; *Stille*, FJR 1996, 216 (216, 219); *ten Wolde*, Internationaal en interregionaal erfrecht in het Koninkrijk der Nederlanden, S. 237 ff.

1110 Das Abkommen selbst trifft allerdings keine Regelung, wie der Begriff der Staatsangehörigkeit bzw. der des „gewöhnlichen Aufenthalts" zu bestimmen ist. Dies wird der *lex fori* überlassen. Nach niederländischer Ansicht besteht dann ein gewöhnlicher Aufenthalt in einem Staat, wenn die Person dort ihren Daseinsmittelpunkt hat, also der Schwerpunkt der persönlichen Lebensverhältnisse liegt. Dies erfordert einen auf Dauer angelegten Aufenthalt; vgl. hierzu *Heyning*, WPNR 1997, 6282, 592 (593); *Stille*, FJR 1996, 216 (216 f.). Die Bestimmung der Staatsangehörigkeit richtet sich nach der in den Niederlanden herrschenden Auffassung nach dem Recht des Staates, um dessen Staatsangehörigkeitsfeststellung es geht (vgl. *Strikwerda*, Inleiding, S. 99 f.; *ten Wolde*, Internationaal en interregionaal erfrecht in het Koninkrijk der Nederlanden, S. 246).

1111 Dabei ist wohl nicht erforderlich, daß der Aufenthalt während des gesamten Zeitraumes die Qualität eines gewöhnlichen Aufenthaltes hatte. Vielmehr soll ausreichend sein, daß sich der zunächst schlichte Aufenthalt bis zum Todeszeitpunkt zu einem gewöhnlichen Aufenthalt verfestigt hat, vgl. *Stille*, FJR 1996, 216 (217); *ten Wolde*, Internationaal en interregionaal er-

Übereinkommens, daß unter außergewöhnlichen Umständen das Heimatrecht des Erblassers im Zeitpunkt seines Todes anzuwenden sei, falls der Erblasser im Zeitpunkt seines Todes offensichtlich engere Verbindungen mit seinem Heimatstaat hatte[1112]. Die dritte Stufe der Anknüpfungsleiter (Artikel 3 Abs. 3 des Übereinkommens) sieht vor, daß in allen anderen Fällen die Erbfolge dem Recht des Staates unterliegen soll, dem der Erblasser im Zeitpunkt seines Todes angehörte. Von diesem Staatsangehörigkeitsprinzip wird aber insofern eine Ausnahme zugelassen, als daß die Anwendung eines anderen Rechtes zugelassen wird, wenn der Erblasser zu diesem Recht eine enge Verbindung besitzt[1113].

Ergänzend zu Artikel 3 regelt Artikel 4 des Übereinkommens einen Sonderfall des *renvoi*. Wird nach Artikel 3 Haager Erbrechtsübereinkommen das Recht eines Nichtvertragsstaates berufen und verweist dessen Kollisionsrecht auf das Recht eines anderen Nichtvertragsstaates, der die Verweisung annimmt, so ist das Recht des letzteren Staates anwendbar. Ansonsten sind Rück- und Weiterverweisungen gemäß Artikel 17 des Übereinkommens ausgeschlossen[1114].

Der wichtigste Unterschied gegenüber der vorherigen Rechtslage besteht in der nunmehr in beschränktem Umfang zugelassenen Rechtswahl (Artikel 5 Abs. 1 des Übereinkommens)[1115]. Gestattet ist eine Rechtswahl für die Erbfolge in den gesamten Nachlaß[1116]. Beschränkt ist die Rechtswahl insofern, als daß die Zahl der wählbaren Rechtsordnungen begrenzt ist. Der Erblasser hat die Wahl zwischen

---

frecht in het Koninkrijk der Nederlanden, S. 253. Zu den Problemen dieser Vorschrift im niederländisch-deutschen Rechtsverkehr vgl. *Schmellenkamp*, MittRhNotK 1997, 245 (249 f.).

1112 Zur Präzisierung dieser Vorschrift vgl. *Stille*, FJR 1996, 216 (217); kritisch zu dieser Regelung insgesamt *Brandi*, Das Haager Übereinkommen von 1989 über das auf die Erbfolge anzuwendende Recht, S. 139 ff.; *Schmellenkamp*, MittRhNotK 1997, 245 (250); *Riering/Marck*, ZEV 1995, 90 (92).

1113 Im Gegensatz zu der in Artikel 3 Abs. 2 Satz 2 müssen weder außergewöhnliche Umstände vorliegen, noch muß es sich um eine offensichtlich engere Verbindung handeln; vgl. *Stille*, FJR 1996, 216 (217 f.); *ten Wolde*, Internationaal en interregionaal erfrecht in het Koninkrijk der Nederlanden, S. 258.

1114 Artikel 17 des Abkommens beinhaltet also den Grundsatz, daß die Verweisungen des Haager Erbrechtsübereinkommens prinzipiell als Sachnormverweisungen, und gerade nicht als Gesamtnormverweisungen zu verstehen sind. Artikel 4 des Abkommens verfolgt den Zweck, bei einer Beteiligung von Nichtvertragsstaaten den internationalen Entscheidungseinklang zu sichern und diesen nicht durch Anwendung des Abkommens zu gefährden; vgl. *Brandi*, Das Haager Übereinkommen von 1989 über das auf die Erbfolge anzuwendende Recht, S. 126 ff.; *Schmellenkamp*, MittRhNotK 1997, 245 (251).

1115 Vgl. hierzu etwa *Heyning*, WPNR 2000, 6404, 400 (401). Zu beachten ist jedoch, daß Artikel 24 des Abkommens einen Vorbehalt hinsichtlich der Anerkennung einer Rechtswahl macht. Die Niederlande haben von diesem Vorbehalt allerdings keinen Gebrauch gemacht.

1116 Artikel 5 Abs. 4 des Abkommens.

maximal vier verschiedenen Rechtsordnungen. Er kann sich zwischen seinem Heimatrecht oder dem Recht seines gewöhnlichen Aufenthaltsortes zum Zeitpunkt der Rechtswahl sowie zwischen dem einen oder anderen Recht zum Zeitpunkt seines Todes entscheiden[1117]. Artikel 5 wird durch Artikel 6 des Übereinkommens ergänzt, der eine materiellrechtliche Wahl zugunsten des Belegenheitsrechts anderer als der in Artikel 5 Abs. 1 genannten Rechtsordnungen erlaubt[1118]. Die Rechtswahlerklärung muß ausdrücklich erfolgen und den Formvorschriften einer Verfügung von Todes wegen genügen. Zustandekommen und sachliche Gültigkeit der Rechtswahl beurteilen sich nach dem gewählten Recht[1119]. Artikel 5 Abs. 3 des Übereinkommens regelt den Widerruf der Rechtswahl. Was die Form betrifft, muß der Widerruf den Formvorschriften für den Widerruf von Verfügungen von Todes wegen entsprechen.

Das Haager Erbrechtsübereinkommen enthält weiterhin Sonderregelungen für die Anknüpfung der vertraglichen Erbfolge[1120]. Hierzu zählen nicht nur Erbverträge und gemeinschaftliche Testamente des deutschen Rechts, sondern bespielsweise auch die ehevertraglichen Zuwendungen des Nachlaßvermögens gemäß Artikel 1:146 f. BW. Betrifft eine solche mehrseitige Verfügung von Todes wegen den Nachlaß nur einer Person, so wird das anwendbare Recht durch Artikel 9 des Übereinkommens geregelt. Sachliche Gültigkeit, Wirkungen und Umstände, welche die Wirkungen beseitigen, sind dem Recht unterstellt, welches gemäß Artikel 3 bzw. 5 Abs. 1 des Übereinkommens auf die Erbfolge nach dieser Person an-

---

[1117] Vgl. näher zur Rechtswahlmöglichkeit *Brandi*, Das Haager Übereinkommen von 1989 über das auf die Erbfolge anzuwendende Recht, S. 292 ff.; *Heyning*, WPNR 1997, 6282, 592 (593); *Schmellenkamp*, MittRhNotK 1997, 245 (251); *Schmellenkamp/Wittkowski*, Neue Entwicklungen des Internationalen Privatrechts im Verhältnis Deutschland/Niederlande; in: Notar und Rechtsgestaltung, Jubiläumsfestschrift des Rheinischen Notariats, 1998, 505 (511 f.); *Stille*, FJR 1996, 216 (218); *Strikwerda*, Inleiding, S. 172; *Ten Wolde*, WPNR 1997, 6267, 284 (284 ff.).

[1118] So zumindest *Brandi*, Das Haager Übereinkommen von 1989 über das auf die Erbfolge anzuwendende Recht, S. 310, *van Loon*, MittRhNotK 1989, 9 (11); *Schmellenkamp*, MittRhNotK 1997, 245 (252); *Schmellenkamp/Wittkowski*, Neue Entwicklungen des Internationalen Privatrechts im Verhältnis Deutschland/Niederlande; in: Notar und Rechtsgestaltung, Jubiläumsfestschrift des Rheinischen Notariats, 1998, 505 (508); *Stille*, FJR 1996, 216 (219); *ten Wolde*, Internationaal en interregionaal erfrecht in het Koninkrijk der Nederlanden, S. 275; hingegen deuten Staudinger (*Dörner*) Vorb. Zu Art. 25 f EGBGB Rn. 119 f. sowie *von Bar*, IPR II, Rn. 355 die Vorschrift wohl in der Weise, daß sie die Vornahme einer Rechtswahl für einzelne Vermögensgegenstände auf kollisionsrechtlicher Ebene gestatte.

[1119] Artikel 5 Abs. 2 des Abkommens; vgl. näher *Ferid/Firsching/Lichtenberger*, Teil Niederlande, Vorb. Rn. 2; *Schmellenkamp*, MittRhNotK 1997, 245 (252 f.).

[1120] Vgl. Artikel 8 bis 12 Haager Erbrechtsübereinkommen; näher auch *Ferid/Firsching/Lichtenberger*, Teil Niederlande, Vorb. Rn. 2; *Schmellenkamp*, MittRhNotK 1997, 245 (254 f.).

wendbar gewesen wäre, wenn sie am Tag der Errichtung der Verfügung gestorben wäre. Hilfsweise soll das Recht zur Anwendung gelangen, das im Zeitpunkt des Todes nach Artikel 3 oder 5 Abs. 1 des Übereinkommens maßgeblich ist. Ist der Nachlaß mehrerer Personen betroffen, so ist nach Artikel 10 des Übereinkommens die Verfügung nur wirksam, wenn sie es nach allen Rechten ist, die nach Artikel 3 oder 5 Abs. 1 des Übereinkommens auf die Erbfolge nach allen Erblassern anwendbar gewesen wären, wären sie am Tag der Errichtung verstorben. Artikel 11 des Übereinkommens läßt eine beschränkte kollisionsrechtliche Rechtswahl zu, mit der für sachliche Gültigkeit, Wirkungen und Umstände, welche die Wirkungen beseitigen, das Recht des Staates berufen werden kann, in dem der Erblasser oder einer von mehreren im Zeitpunkt der Errichtung der Verfügung seinen gewöhnlichen Aufenthalt hat oder deren Staatsangehörigkeit er zu diesem Zeitpunkt besitzt.

2. Autonome Regelungen des Gesetzes über das Internationale Erbrecht

Wie bereits erwähnt, beinhaltet das Gesetz über das Internationale Erbrecht neben den über Artikel 1 WCErf anwendbaren Vorschriften des *Haager Übereinkommens über das auf die Rechtsnachfolge von Todes wegen anzuwendende Recht* vom 01.08.1989 auch einige Regelungen, die nicht vom Haager Übereinkommen erfaßt sind[1121].

Da die Niederlande das Haager Erbrechtsübereinkommen nur hinsichtlich seines zwingenden Anwendungsbereichs (vgl. Artikel 7 Abs. 2 Haager Erbrechtsübereinkommen), also bezüglich der Nachlaßverteilung, in Kraft gesetzt haben, werden Fragen der Nachlaßabwicklung nicht von den staatsvertraglichen Regelungen erfaßt. Das Gesetz über das Internationale Erbrecht ergänzt die Vorschriften des Staatsvertrages um eigene, die Nachlaßabwicklung betreffende Kollisionsnormen. Gemäß Artikel 4 WCErf soll die Erbauseinandersetzung sowie die Art und Weise der Verteilung des Nachlasses nicht dem nationalen Recht des Erblassers unterliegen, sondern dem niederländischen Recht unterworfen sein, wenn der Erblasser seinen letzten gewöhnlichen Aufenthalt in den Niederlanden hatte. Damit weicht Artikel 4 WCErf von der zuvor geltenden Kollisionsregel ab; während früher an den letzten Wohnsitz des Erblassers („*sterfhuis*") angeknüpft wurde, ist im Gesetz über das Internationale Erbrecht nunmehr die Anknüpfung an den letzten gewöhnlichen Aufenthalt verankert[1122]. Für die abweichende Regelung hat sich der

---

[1121] Siehe hierzu *Koppenol-Laforce*, NTBR 1998, 182 (185); *Stille*, FJR 1996, 216 (221); *Strikwerda*, Inleiding, S. 173 f.

[1122] Zum Unterschied zwischen den beiden Anknüpfungen siehe *Joppe*, WPNR 1993, 6109, 733 (736); zum Umfang dieser Kollisionsnorm vgl. ebenfalls *Joppe*, WPNR 1993, 6109, 733 (736) sowie *Stille*, FJR 1996, 216 (222).

Gesetzgeber entschieden, da der Regelfall in der niederländischen Rechtsprechung sein wird, daß ein Ausländer mit mehr als fünfjährigen Aufenthalt in den Niederlanden verstirbt und dann, mangels Rechtswahl, niederländisches Recht auf den Erbfall anwendbar ist[1123]. Dabei hat der Gesetzgeber die Ausgestaltung als einseitige Verweisungsnorm festgelegt[1124]. Er begründet dies mit der Tatsache, daß eine Kollisionsnorm für die Abwicklung eines im Ausland angefallenen Nachlasses ihr Ziel insofern verfehle, da bei der Abwicklung immer innerstaatliche Autoritäten betroffen seien, die an die Regelungen des eigenen Internationalen Privatrechts gebunden sind[1125].

Artikel 5 WCErf ist ebenfalls als einseitige Kollisionsnorm ausgestaltet. Sie erklärt das niederländische Recht auf die Aufgaben und Befugnisse eines vom Erblasser bestimmten Abwicklers für anwendbar, wenn der Erblasser seinen letzten gewöhnlichen Aufenthalt in den Niederlanden hatte. Ergänzt werden die Vorschriften des Haager Erbrechtsübereinkommens auch durch Bestimmungen zur Ausgleichung (*verrekening*) von durch „Näherberechtigung" entstandenen Nachteilen[1126]. Hierbei handelt es sich um Fälle, in denen das niederländische Recht hinsichtlich eines sich im Ausland befindlichen Vermögensgegenstandes faktisch vor dem insoweit maßgeblichen Recht der belegenen Sache zurückweichen muß[1127]. In solchen Fällen wurde den dadurch benachteiligten niederländischen Erben bislang durch das Gesetz vom 07.04.1869 ein Ausgleich geschaffen. Dieses Gesetz wurde durch Artikel 6 WCErf aufgehoben und durch die Bestimmung des Artikel 2 WCErf zur „Näherberechtigung" und zur „*verrekening*" ersetzt[1128]. Außerdem sieht das Gesetz über das Internationale Erbrecht eine besondere Vorschrift bezüglich des Widerrufs einer Rechtswahl vor. Ist niederländisches Recht zur Entscheidung über die Wirksamkeit eines Widerrufs einer Rechtswahl berufen, so ist Artikel 3 WCErf zu beachten, der die Vermutung aufstellt, daß ein Widerruf aller zuvor vom Erblasser errichteten Verfügungen von Todes wegen auch

---

1123 Kamerstuk 23 857, Nr. 3 S. 4. Kritisch hierzu *ten Wolde*, Vereffening en Verdeling in het Nederlandse Internationaal Erfrecht, S. 48.

1124 Vgl. unter anderem *Ferid/Firsching/Lichtenberger*, Internationales Erbrecht, Teil Niederlande, Vorb. Rn. 2.; *Weber*, IPRax 2000, 41 (41).

1125 Vgl. Kamerstuk II 23 857, Nr. 3 S. 4. Kritisch zur Ausformung als einseitige Kollisionsnorm vgl. *Stille*, FJR 1996, 216 (222); *ten Wolde*, Internationaal en interregionaal erfrecht in het Koninkrijk der Nederlanden, S. 301 ff.

1126 Siehe *Stille*, FJR 1996, 216 (220); *ten Wolde*, Internationaal en interregionaal erfrecht in het Koninkrijk der Nederlanden, S. 312.

1127 Näher *ten Wolde*, Internationaal en interregionaal erfrecht in het Koninkrijk der Nederlanden, S. 83 ff.

1128 Vgl. *Heyning/Marck*, WPNR 1995, 6173, 195 (195); *Schmellenkamp*, MittRhNotK 1997, 245 (248); *ten Wolde*, Internationaal en interregionaal erfrecht in het Koninkrijk der Nederlanden S. 312 ff.

eine zuvor von ihm getroffene Rechtswahl umfaßt[1129]. Artikel 7 Abs. 2 bis 4 WCErf enthalten Heilungsvorschriften für vor dem 01.10.1996 getroffene kollisionsrechtliche Rechtswahlen[1130]. Das im Zuge der *aanbouwwetgeving* verabschiedete Gesetz über das Internationale Erbrecht füllt somit die im Haager Erbrechtsübereinkommen getroffenen Regelungen an. Für die Niederlande entstand durch das Gesetz über das Internationale Erbrecht eine umfassende Kodifizierung des Internationalen Erbrechts.

1129 Vgl. hierzu *Heyning/Marck*, WPNR 1995, 6173, 195 (195); *Schmellenkamp*, MittRhNotK 1997, 245 (254); *ten Wolde*, Internationaal en interregionaal erfrecht in het Koninkrijk der Nederlanden, S. 270 f.

1130 Artikel 7 Abs. 2 WCErf sieht vor, daß eine vor dem Zeitpunkt des Inkrafttreten des Gesetzes über das Internationale Erbrecht getroffene Rechtswahl gültig ist, wenn sie die in Artikel 5 Abs. 1 des Abkommens genannten Voraussetzungen erfüllt. Artikel 7 Abs. 3 WCErf enthält eine gleichlautende Vorschrift für gemeinschaftliche Verfügungen. Artikel 7 Abs. 4 WCErf beinhaltet eine analoge Regelung zu Artikel 13 WCHvr.

Vierter Teil. Schlußbemerkungen

Der in den Niederlanden eingeschlagene Weg hat inzwischen eine beträchtliche Anzahl an Puzzleteilchen in Form von verabschiedeten Teilkodifikationen hervorgebracht. In anderen Bereichen wurden der Zweiten Kammer bereits Gesetzesentwürfe vorgelegt; andere Gebiete wiederum befinden sich zur Zeit in der Phase der Begutachtung, um künftige gesetzliche Regelungen vorzubereiten. Insgesamt hat sich der niederländische Gesetzgeber schon mit einem Großteil der verschiedenen Materien eingehend befaßt. In Zusammenarbeit mit der Staatskommission wurde der zu Beginn der neunziger Jahre noch „chaotische" Zustand[1131] zunehmend durch Teilkollisionsgesetze geordnet. Insbesondere mit der Veröffentlichung der IPR-Skizze hat das Justizministerium einen wichtigen Schritt getan, um einen Eindruck über das mit der Kodifikationsarbeit angestrebte Ziel zu vermitteln. Das Erscheinen der IPR-Skizze löste eine überwältigende Reaktionen in der Literatur aus. Konstruktiv wurde sich mit der Zukunft des Internationalen Privatrechts beschäftigt. Die Ergänzung internationaler Übereinkommen durch nationale Regelungen erwies sich in den Niederlanden als praktikabel. Den Abschluß der Entwicklung wird das Zusammenfügen der staatsvertraglichen und gesetzlichen Regelungen zu einem systematischen Ganzen bilden.

Das erarbeitete Endresultat wird wohl Eingang in das zehnte Buch des Bürgerlichen Gesetzbuches (*Burgerlijk Wetboek*) finden. Im Zusammenhang mit der Veröffentlichung der IPR-Skizze wurde auch über die Frage der Einordnung einer künftigen niederländischen IPR-Kodifikation in das Gesamtsystem des niederländischen Rechts diskutiert. Das Justizministerium plant eine Eingliederung eines zukünftigen IPR-Gesetzes in das niederländische Bürgerliche Gesetzbuch. Dies läßt sich aus der Inhaltsangabe der IPR-Skizze ableiten, die das Justizministerium mit der Überschrift: „Boek 10: Internationaal Privaatrecht" versah[1132]. In der niederländischen Literatur findet diese Konzeption teilweise Zustimmung[1133]. Hervorgehoben wird, daß es sich bei Kollisionsrecht um „materielles" Privatrecht handele. Eine Regelung im *Burgerlijk Wetboek* passe sich daher in die Systematik ein. Auch würde eine dortige Einordnung eine größere Bekanntheit und Vertrautheit für den Rechtsanwender nach sich ziehen[1134]. Es werden aber ebenfalls gewichtige Argumente gegen das Vorhaben angeführt. Argumentiert wird, daß diese

---

[1131] So *Polak/de Boer* (*Polak*), Naar een gecodificeerd internationaal privaatrecht (!/?), S. 27.

[1132] Vgl. hierzu *van Erp*, IJVO 5 (1995/96), 37 (38); *Jessurun d'Oliveira*, NJB 1999, 305 (306); *Polak*, NJB 1993, 1 (5); *Polak*, NJB 1995, 7 (12); *Struycken*, AA 45 (1996), 347 (347).

[1133] *Hesselink/Wattendorf*, AA 40 (1991), 1109 (1115); *van Rijn van Alkemade*, Ende dispereert niet; in: Op recht, 283 (300 f.).

[1134] *Van Rijn van Alkemade*, Ende dispereert niet; in: Op recht, 283 (301).

bekannte Trias nicht aufgegeben werden solle[1135]. Auch sei eine Abgrenzung verfahrens- und kollisionsrechtlicher Vorschriften nicht immer möglich[1136]. Dies zeige sich insbesondere in der IPR-Skizze[1137]. Zwangsläufig mitgeregelte verfahrensrechtliche Bestimmungen paßten systematisch nicht in das niederländische Bürgerliche Gesetzbuch[1138]. Gegen die Inkorporation einer zukünftigen nationalen IPR-Kodifikation wird zudem angeführt, daß die Tatsache, daß in den Niederlanden unter dem Begriff des Internationalen Privatrechts sowohl das Kollisions-, aber auch das Internationale Verfahrensrecht verstanden werden, einer Regelung im Bürgerlichen Gesetzbuch widerspräche: Dieses Begriffsverständnis stehe der Zweiteilung der Materien in verschiedenen Gesetzbüchern entgegen[1139]. Die Gegner befürworten ein selbständiges IPR-Gesetz, in dem alle Vorschriften über die internationale Zuständigkeit, das anzuwendende Recht und die Anerkennung und Vollstreckung ausländischer Entscheidungen integriert sind[1140]. Die Gelegenheit, eine Gesamtkodifikation zu schaffen, biete sich derzeit in den Niederlanden und sollte daher auch genutzt werden. Eine abschließende Klärung hat diese Frage bislang noch nicht erfahren[1141].

Vor Verabschiedung des letzten Teilkollisionsgesetzes kann eine Bewertung des Gesamtbauwerkes noch nicht vorgenommen werden. Deutlich ist allerdings, daß wichtige Probleme des niederländischen Internationalen Privatrechts noch nicht gelöst sind. Das Problem der lähmenden Verschiedenheit der Rechtsquellen setzt

---

1135 *Boele-Woelki*, IJVO 7 (1997/98), 1 (13).

1136 *Struycken*, AA 45 (1996), 347 (349).

1137 Neben Kollisionsnormen enthält die IPR-Skizze vereinzelt auch Anerkennungsvorschriften. Vgl. etwa Artikel 20 für im Ausland geschiedene Ehen, Artikel 38 und 39 für ausländische Scheidungen und Verstoßungen sowie Artikel 49 für die im Ausland getroffenen Feststellungen der Abstammung und für Auslandsadoptionen.

1138 So *Boele-Woelki*, IJVO 7 (1997/98), 1 (14). *Van Rijn van Alkemade* argumentiert in Ende dispereert niet; in: Op recht, 283 (301) hingegen, daß die Entscheidung, Kollisions- und Verfahrensrecht zu trennen, bereits gefallen sei. Auch die Tatsache, daß sich die IPR-Skizze nicht nur auf kollisionsrechtliche Regelungen beschränke, spräche nicht gegen die Aufnahme in das *Burgerlijke Wetboek*, da dieses selbst teilweise verfahrensrechtliche Bestimmungen enthalte.

1139 *Boele-Woelki*, AA 1997 katern 63, S. 2997 (2998).

1140 So z.B. *Boele-Woelki*, IJVO 7 (1997/98), 1 (13 f.); *Polak*, Naar een gecodificeerd internationaal privaatrecht (!/?), S. 39; *Polak*, NIPR 1994 (speciale aflevering), 13 (15); *Siehr*, NIPR 1994 (speciale aflevering), 22 (28); *Struycken*, AA 45 (1996), 347 (348 f.). Zu den Konsequenzen dieses Ansatzes für verschiedene Vorschriften des Bürgerlichen Gesetzbuches vgl. *Struycken*, AA 45 (1996), 347 (349 f.).

1141 Die Staatskommission hat zu der Frage, ob das allgemeine IPR-Gesetz in das Bürgerliche Gesetzbuch aufgenommen werden solle oder ob nicht vielmehr eine einheitliche Regelung von Verfahrens- und Kollisionsnormen angestrebt werden solle, bislang kein Gutachten erstellt.

sich in der *annbouwwetgeving* weiterhin fort. Problematisch gestaltet sich zwar nicht primär mehr die Unübersichtlichkeit der Normen, der durch ein Modell wie etwa der IPR-Skizze sicherlich abgeholfen werden kann. Unüberwindbarer erscheint vielmehr entstandene Methodenvielfalt. Da Staatsverträge und nationale Gesetzgebung Produkte unterschiedlicher gesetzgebender Instanzen sind, kann von einheitlichen Methoden der internationalprivatrechtlichen Rechtsfindung keine Rede sein[1142]. Im Laufe der Jahre haben sich teilweise sogar gegensätzliche Methoden und Grundsätze entwickelt[1143]. Fraglich ist, ob die Methode der *aanbouwwetgeving* eine neue Richtung vorgeben kann oder ob sie sich in ihrer Funktion nicht ausschließlich darauf beschränken muß, das Gegebene zu konservieren[1144]. Nach Einschätzung in der niederländischen Literatur hat zumindest die IPR-Skizze das Problem der Methodenvielfalt nicht zu lösen vermocht[1145].

Eine besondere Herausforderung wird daher die Kodifizierung des allgemeinen Teils darstellen, deren Erarbeitung am Ende der gesetzgeberischen Bemühungen stehen soll. Tatsache ist beispielsweise, daß mit der Verabschiedung des Gesetzes über das Internationale Namensrecht die unselbständige Anknüpfung der Vorfrage in das niederländische IPR aufgenommen worden ist. Im Gesetz über das IPR der Eheschließung wurde hingegen die selbständige Anknüpfung der Vorfrage normiert. Somit sind durch die Teilkollisionsgesetze einige Grundsätze geregelt worden, die weder miteinander (so die Regelung hinsichtlich der Anknüpfung der Vorfrage) noch mit der vorherigen Praxis (Gesamtverweisung) übereinstimmen[1146]. Dies ist ein Beispiel dafür, daß die Ausführungsgesetze zu den Ratifikationsgesetzen vielmehr auf den Inhalt des zugrunde liegenden Staatsvertrages abgestimmt sind als auf eine klar umrissene Gesamtkodifikation des Internationalen Privatrechts in einzelnen Ländern. Illustrativ für das Fehlen einer solchen Konzeption ist auch die nunmehr in drei Gesetzen normierte Anknüpfung für Mehrstaater[1147].

1142 *Polak/de Boer* (*Polak*), Naar een gecodificeerd internationaal privaatrecht (!/?), S. 26.

1143 Partiell herrscht noch die klassische Anknüpfungsmethode vor, bei der auf dem Grundsatz der engsten Verbindung das anwendbare Recht berufen wird. In anderen Bereichen hat sich jedoch das Begünstigungsprinzip durchgesetzt, das zu einer Feststellung des anwendbaren Rechts auf Basis einer Wertung der Rechtsbeziehung führt. In anderen Gebieten wird vom Primat der *lex fori* ausgegangen; ausländisches Recht kommt in diesen Fällen nur ausnahmsweise zur Anwendung. Teilweise wird auch mit einer Methode gearbeitet, die mit der Zielsetzung und der Funktion des eigenen materiellen Rechts das anwendbare Recht bestimmt. Teilweise laufen diese Anknüpfungstechniken auch bei einer Rechtsfigur zusammen.

1144 Vgl. hierzu *Strikwerda*, NJB 1992, 1572 (1572 f.).

1145 Näher dazu *Giesen/Haak*, AA 44 (1995), 555 (557).

1146 *Boele-Woelki*, IPRax 1990, 337 (341).

1147 *Boele-Woelki*, IPRax 1990, 337 (342).

Das Gastland der Haager Konferenz als treuster Abnehmer der dort erzeugten Produkte konnte an der hohen, in erster Linie durch Staatsverträge erreichten Regelungsdichte nicht viel ändern. Eine Kündigung von (einzelnen) Verträgen hätte dem allgemein anerkannten Ziel widersprochen, internationalprivatrechtliche Regelungen so zu formulieren, daß sie auf internationaler Ebene akzeptiert werden[1148]. Aufgrund dieser Voraussetzung erscheint der vom niederländischen Justizministerium eingeschlagene Weg der vielversprechendste. Zwar erscheint die stückweise Regelung des Internationalen Privatrechts mühsam, doch bietet sie auch den Vorteil, daß sich gegebenenfalls mit einzelnen Teilbereichen eingehender befaßt wird. Der niederländische Gesetzgeber konnte in den vergangenen Jahren schon zahlreiche Erfolge vermelden. Dies rechtfertigt den Schluß, daß sich die Niederlande hinsichtlich ihrer IPR-Kodifikation auf gutem Wege befinden und es Anlaß zu vorsichtigem Optimismus gibt.

[1148] *Boele-Woelki/Joustra/Steenhoff*, Dutch Private International Law at the End of the 20 th Century; in: Netherlands Reports to the Fifteenth International Congress of Comparative Law, Bristol 1998, S. 203 (205).

Literaturverzeichnis

Andrae, Marianne: Internationales Familienrecht, Baden-Baden 1999
Apeldoorn, Lambertus J. van: Inleiding tot de studie van het Nederlandse recht, 8. Auflage, Zwolle 1985
Asser, Tobias M.C.: Schets van het internationaal privatregt, Haarlem 1880
von Bar, Christian: Internationales Privatrecht, Zweiter Band, Besonderer Teil, München 1991
von Bar, Christian: Die eherechtlichen Konventionen der Haager Konferenz(en); in: RabelsZ 57 (1993), S. 63
von Bar, Christian: Nachträglicher Versorgungsausgleich und Ehewirkungsstatut in einer deutsch-niederländischen Ehe; in: IPRax 1994, S. 100
Basedow, Jürgen: Anmerkung zu Pres.Rb. Den Haag 17.09.1982 (Sensor); in. RabelsZ 47 (1983), S. 141
Basedow, Jürgen/Drasch, Wolfgang: Das neue Internationale Versicherungsvertragsrecht; in: NJW 1991, S. 785
Baumann, Fred S.: Das Staatsangehörigkeitsrecht der Niederlande, Frankfurt a.M., Berlin 1953
Beitzke, Günther: Adoptionen nach Holland; in: ZfJ 1962, S. 254
Beitzke, Günther: Die 13. Haager Konferenz und der Abkommensentwurf zum ehelichen Güterrecht; in: RabelsZ 41 (1977), S. 457
Bergmann, Alexander/Ferid, Murad/Henrich, Dieter: Internationales Ehe- und Kindschaftsrecht, Stand: 138. Erg.; Frankfurt a.M, Berlin 2000
Bernhard, Peter: Das Internationale Privatrecht des unlauteren Wettbewerbs in den Mitgliedstaaten der EG, Diss. Würzburg 1993, Baden-Baden 1994
Bertrams, Roeland I.V.F.: Het Weense Koopverdrag in werking getreden, gevolgen voor Nederland; in: NJB 1988, S. 160
Bertrams, Roeland I.V.F.: Set-Off in Private International Law; in: Comparability and Evaluation; Festschrift für D. Kokkini-Iatridou (Hrsg. Boele-Woelki u.a.); Dordrecht 1994
Bertrams, Roeland I.V.F.: Enige aspecten van het Weens Koopverdrag; Preadviezen uitgebracht voor de Vereniging voor Burgerlijk Recht, Lelystad 1995, S. 1
Bertrams, Roeland I.V.F.: Internationaal privaatrecht: Koop; in: Bijzondere Contracten, unter IA. 57. Losbl., Stand: Januar 2000, Deventer
Böhmer, Christof: Die CIEC-Konferenz 1970 in Rom und die Konvention Nr. 12 (Legitimation); in: StAZ 1971, S. 270
Böhmer, Christof: Die CIEC-Konferenz 1979 in der Türkei – Drei neue Konventionen; in: StAZ 1980, S. 10
Boele-Woelki, Katharina: Die internationale Ehescheidung in den Niederlanden; in: StAZ 1980, S. 266

Boele-Woelki, Katharina: Nochmals: Niederländisches internationales Ehegüterrecht. Eine Ergänzung zu Beitrag Klinke, DNotZ 1981, 351/364; in: DNotZ 1981, S. 666

Boele-Woelki, Katharina: Die Effektivitätsprüfung der Staatsangehörigkeit im niederländischen internationalen Familienrecht, Deventer, Frankfurt a. M. 1983

Boele-Woelki, Katharina: De bevoegdheid t.a.v. naamswijzingen; in: HPS 1985, S. 70

Boele-Woelki, Katharina: Het namenverdrag van Istanbul: art. 1 en art. 3; in: HPS 1987, S. 11

Boele-Woelki, Katharina: IPR-Gesetzgebung in den Niederlanden – Das Namenkollisions- und das Ehekollisionsgesetz -; in: IPRax 1990, S. 337

Boele-Woelki, Katharina/Iterson, D. van: Naar een wettelijke regeling van het internationale afstammingsrecht; in: HPS 1991, S. 3

Boele-Woelki, Katharina/Iterson, D. van: Naar een wettelijke regeling van het internationale afstammingsrecht; in: HPS 1991, S. 28

Boele-Woelki, Katharina: Der favor divortii in niederländischen internationalen Scheidungsrecht; in: Comparability and Evaluation; Festschrift D. Kokkini-Iatridou (Hrsg. Boele-Woelki u.a.), Dordrecht 1994, S. 167

Boele-Woelki, Katharina: Exception Clauses in Private International Law -- Netherlands; in: Netherlands Reports to the Fourteenth International Congress of Comparative Law, Athens 1994 (Hrsg. Van Erp und Hondius), Den Haag 1995, S. 415.

Boele-Woelki, Katharina: Kodifikation des niederländischen Internationalen Privat- und Verfahrensrechts; in: IPRax 1995, S. 264

Boele-Woelki, Katharina: Internationaal Privaatrecht, AA 1997, katern 62, S. 2953

Boele-Woelki, Katharina: Internationaal Privaatrecht, AA 1997, katern 63, S. 2996

Boele-Woelki, Katharina: Art. 8 Haags Alimentatieverdrag 1973 staat op de tocht; in: FJR 1997, S. 133

Boele-Woelki, Katharina/Joustra, Carla/Steenhoff, Gert: Dutch Private International Law at the end of the 20th century: Pluralism of methods; in: Netherlands Reports to the Fifteenth International Congress of Comparative Law; Bristol 1998 (Hrsg. Hondius), Antwerpen, Groningen 1998, S. 203

Boele-Woelki, Katharina: Die schrittweise Kodifikation des niederländischen IPR; in: IJVO 7 (1998/99), S. 1

Boele-Woelki, Katharina: Waarom Brussel II?: in: FJR 1998, S. 125

Boele-Woelki, Katharina: Artikel 8 Haager Unterhaltsübereinkommen steht einer Rechtswahl nicht entgegen; in: IPRax 1998, S. 492

Boele-Woelki, Katharina: De wenselijkheid van een IPR-verdrag inzake samenleving buiten huwelijk; in: FJR 1999, S. 11

de Boer, Theodorus M.: Alternatieven voor de lex loci delicti, Deventer 1982

de Boer, Thomas M. /Kotting, R.: De schijn van rechtszekerheid; in: WPNR 1982, 5607, S. 289

de Boer, Thomas M.: Vast en zeker? De betrekkelijke waarde van een IPR-Codificatie, Deventer 1988

de Boer, Thomas M. /Kotting, R.: Hoe onberekenbaar is het Nederlandse IPR?; in: WPNR 1989, 5911, S. 213

de Boer, Thomas M. /Kotting, R.: „Het belang van het kind" als conflictenrechtelijk keuzemotief: ontkenning van vaderschap en erkenning van kinderen in het Nederlandse internationaal privaatrecht; in: Kinderen en recht (Hrsg. De Langen u.a.); Arnhem 1989, S. 74

de Boer, Thomas M.: The EEC Contracts Convention and the Dutch Courts; in: RabelsZ 54 (1990), S. 24

de Boer, Thomas M.: Internationale echtscheiding: het kennelijk ontbreken van een maatschappelijke band; in: AA 40 (1991), S. 252

de Boer, Thomas M.: Internationale milieuverontreiniging; in: AA 41 (1992), S. 521

de Boer, Thomas M.: The Hague Conference and Dutch Choice of Law: some Criticism and a Suggestion; in NILR 1993, S. 1

de Boer, Thomas M.: Honderd Jaar Haagse Conferentie: een felicitatie waard?; in: NJB 1993, S. 685

de Boer, Thomas M.: Een Hollandse kijk op de EEG-Overeenkomstenverdrag: het Balenpers-arrest; in: AA 42 (1993), S. 207

de Boer, Thomas M.: Het COVA-arrest: een mijlpaal voor de internationale onrechtmatige daad; in: AA 43 (1994), S. 165

Boer, Thomas M. de: Overzicht der Nederlandse Rechtspraak: Internationaal Privaatrecht; in: WPNR 1995, 6169, S. 128

van Boeschoten, C.D.: Is codificatie van het Nederlands internationaal privaatrecht wenselijk?; in: Onderwerp Benelux-verdrag houdende eenvormige wet betreffende het internationaal privaatrecht van 03.07.1969. Mededelingen van de Nederlandse Vereniging voor Internationaal Recht, Nr. 63, Deventer 1971, S. 7

van Boeschoten, C.D.: Internationale zetelverplaatsing van vennootschappen; in: Grensoverschrijdend privaatrecht, een bundel opstellen aangeboden aan mr. J. van Rijn van Alkemade, Deventer 1993, S. 13

van Boeschoten, C.D.: Het Haagse Trustverdrag in Nederlands Perspectief; in: Preadviezen, uitgebracht voor de Vereniging voor Burgerlijk Recht, Lelystad 1994; S. 1

Bouckaert, Frans: Nederlands en Belgisch internationaal privaatrecht met betrekking tot erfrecht en huwelijksvermogensrecht; in: WPNR 1998, 6335, S. 713

de Boom, W.H. /Eelman, S./Enting, R./Poede, R./ ten Wolde, M.H.: Het toepasselijke recht op ongehuwd samenwonenden. Een aanvulling op de „Schets van een algemene wet betreffende het internationaal privaatrecht"?!; in: RM Themis 10 (1992), S. 452

van den Braak, S.M.: Het Centros-arrest en het Nederlandse internationaal privaatrecht betreffende vennootschappen; in: WPNR 2000, 6402, S. 347

Brandi, Tim O.: Das Haager Abkommen von 1989 über das auf die Erbfolge anzuwendende Recht, Diss. Universität Freiburg 1995, Berlin 1996

Breemhaar, Willem: Das Haager Testamentsabkommen und Art. 992 des niederländischen Zivilgesetzbuches; in: IPRax 1983, S. 93

Brondics, Klaus/Mark, Jürgen: Gleichberechtigungsgebot und Rechtswahl im Internationalen Ehegüterrecht; in: DNotZ 1985, S. 131

Bungert, Hartwin: Konsequenzen der Centros-Entscheidung des EuGH für die Sitzanknüpfung des deutschen internationalen Gesellschaftsrechts; in: DB 1999, S. 1841

Cohen Henriquez, Ernest: Onbekende testamenten maken onbeminde erflaters; in: WPNR 1976, 5362, S. 579

Cohen Henriquez, Ernest: IPR Trends: Ontwikklingen op het gebied van het internationale personen-, familie- en erfrecht, zaken-, contracten- en vennootschapsrecht; Deventer 1980

Cohen Henriquez, Ernest: De erkenning van Anglo-Amerikaanse trusts en buitenlandse vennootschappen; in: Offerhauskring – vijfentwintig jaar Festbundel ter gelegenheid van het 25jarige bestaan van de Studiekring Prof. mr. J. Offerhaus (Hrsg. de Boer u.a.); Deventer 1987, S. 41

Cohen Henriquez, Ernest: De onberekenbare i.p.r.; in: WPNR 1989, 5903, S. 81

Cohen Henriquez, Ernest: Hoe onberekenbaar is het Nederlandse IPR?; in: WNPR 1989, 5914, S. 264

Chorus, J.M.J./Gerver, P.H.M./Hondius, Ewoud H./Koekkoek, A.K.: Introduction to Dutch Law, 3. Auflage, Den Haag, London, Boston 1999

Czapski, Georg: Das niederländische Gesetz zur rechtlichen Besserstellung der Ehefrau; in: RabelsZ 22 (1957), S. 300

Czapski, Georg: Gesetzgebung der Niederlande auf dem Gebiet des Privatrechts 1954-1959; in: RabelsZ 25 (1960), S. 289

van Dijk, M.J.: Interlandelijke adoptie in juridisch perspectief; in: Interlandelijke adoptie (Hrsg. Holksbergen u.a.), Zwolle 1990, S. 37

Dörner, Heinrich: Internationales Versicherungsvertragsrecht, Berlin 1997

van Dongen, Rudolf C. /Wezeman, J.B.: Gebruik en oneigentlijk gebruik van buitenlandse vennootschappen in Nederland; in: JutD 1995, S. 2

Drobnig, Ulrich: Das neue niederländische Bürgerliche Gesetzbuch aus vergleichender und deutscher Sicht; in: European Review of Private Law 1993, S. 171

Dubbink, Cornelius W.: Boekbeschouwing: Th.M. de Boer, Vast en zeker? De betrekkelijke waarde van een ipr-codificatie; in: RM Themis 7 (1989), S. 344

Dubbink, Cornelius W.: Vijftig jaren; in: Vijftig jaar lex loci delicti – Van Dubbinks proefschrift tot een Wet conflictenrecht onrechtmatige daad (Hrsg. de Boer) Deventer 1998, S. 7

Duintjer Tebbens, Harry: Overzicht der Nederlandse Rechtspraak: Internationaal Privaatecht: adoptie 1973-1980 (I); in: WPNR 1982, 5619, S. 521

Duintjer Tebbens, Harry: Overzicht der Nederlandse Rechtspraak: Internationaal Privaatecht: adoptie 1973-1980 (II); in: WPNR 1982, 5620, S. 541

Duintjer Tebbens, Harry: Overzicht der Nederlandse Rechtspraak: Internationaal Privaatecht: adoptie 1973-1980 (III); in: WPNR 1982, 5621, S. 559

Duintjer Tebbens, Harry: De Haagse Conferentie, de Europese gemeenschap en de subsidiariteit; in: NJB 1993, S. 671

Duintjer Tebbens, Harry: Verbindnissen uit andere bron dan overeenkomst (Artt. 91-102 IPR-Schets); in: NIPR 1994, speciale aflevering: Studiedag: Schets van een algemene wet betreffende het Internationaal privaatrecht (Hrsg. Kokkini-Iatridou), S. 44

Ebke, Werner: Die Anknüpfung der Rechtsnachfolge von Todes wegen nach niederländischem Kollisionsrecht; in: RabelsZ 48 (1984), S. 319

Edlbacher, Oskar: Das Übereinkommen über die Legitimation durch nachfolgende Ehe; in: ZfRV 1976, 161

van den Eeckhout, Veerle: Buchbesprechung von P.M.M. Mostermans, Echtscheiding; in: NIPR 2000, S. 38

Erauw, Johan: Verbindnissen uit andere bron dan overeenkomst; in: NIPR 1994, speciale aflevering: Studiedag: Schets van een algemene wet betreffende het Internationaal privaatrecht (Hrsg. Kokkini-Iatridou), S. 52

van Erp, Josephus H.M.: Der Einfluß des neuen niederländischen Burgerlijk Wetboek außerhalb der Niederlande; in : IJVO 5 (1995/96), S. 37

van Erp, Josephus H.M.: Internationaal huwelijksvermogensrecht; Zwolle 1985

Feenstra, R.: Grotius en het Europese privaatrecht: nieuwe aspecten van het Grotius-onderzoek in de laaste halve eeuw; in: AA 45 (1996), S. 556

Ferid, Murad: Zum Entwurf eines einheitlichen Gesetzes über das IPR in den Benelux-Staaten; in: StAZ 1969, S. 241

Ferid, Murad/Firsching, Karl/Lichtenberger, Peter: Internationales Erbrecht, 41. Erg., Oktober 1999, München

Fischer, Gerfried: Die Entwicklung des Staatsangehörigkeitsprinzips in den Haager Übereinkommen; in: RabelsZ 57 (1993), S. 1

Frohn, E.N.: De adoptie in het Nederlandse IPR: een overzicht; in: FJR 1994, S. 150

Frohn, E.N.: Toepassing Weens Koopverdrag 1980 door de Nederlandse rechter; in: Molengrafica, Europees Privaatrecht 1995 (Hrsg. Grosheide und Boele-Woelki); Lelystad 1995, S. 199

Frohn, E.N.: 1995: The Year of the International Divorce; in: NILR 1996, S. 41

Frohn, E.N.: Toepasselijk recht inzake de erkenning van een kind; in: FJR 1998, S. 159

Frohn, E.N.: Toepassing van buitenlands recht door de Nederlandse jurist; in: Globalisering van het IPR in de 21e eeuw (Hrsg. Vlas), Den Haag 1999

Frohn, E.N.: Herziening van de Wet conflictenrecht namen; in: FJR 1999, S. 122

Frohn, E.N./Hennis, E. (Hrsg.): Staatscommissie IPR, geselecteerde adviezen – Naar een afgewogen IPR-; `s-Gravenhage 1995

Giesen, Ivo/Haak, Maarten: Het ipr will van alle walletjes tegelijk eten; in: AA 44 (1995), S. 555

Graue, Eugen D.: Rück- und Weiterverweisung (renvoi) in den Haager Abkommen; in: RabelsZ 57 (1993), S. 26

de Groot, Gerhard-René /Sijmonsma, Johannes R.: De naam van bipatriden; in: HPS 1981, S. 69

de Groot, Gerard-René: Staatsangehörigkeitsrecht im Wandel; eine rechtsvergleichende Studie über Erwerbs- und Verlustgründe der Staatsangehörigkeit, ′s-Gravenhage 1988

de Groot, Gerard-René /Haase, Annemette: Entwicklungen im niederländischen Familienrecht; in: StAZ 1998, S. 165

de Groot, Gerard-René: Auswirkungen der Europäischen Menschenrechtskonvention auf das niederländische Zivilrecht; in: RabelsZ 63 (1999), S. 681

de Groot, Gerard-René: Internationaal Privaatrecht; in: Personen- en familierecht, onder title 2: Wet conflictenrecht namen; Losbl., Stand: Februar 2000, Deventer

Haak, W.E.: Nieuwe internationaal overeenkomstenrecht; in: WPNR 1980, 5546, S. 897

Hartkamp, Arthur S.: Einführung in das neue Niederländische Schuldrecht, Teil I: Rechtsgeschäfte und Verträge; in: AcP 191 (1991), S. 396

Hartkamp, Arthur S.: Das neue niederländische Gesetzbuch aus europäischer Sicht; in: RabelsZ 57 (1993), S. 664

Hensen, Chr.A.J.F.M.: Nieuw vermogensrechtelijke IPR; wanneer in Nederland?; in: WPNR 1987, 5854, S. 689

Hensen, Chr.A.J.F.M.: Matrimonial Property Relations and Dutch Conflicts of Law; Festschrift D. Kokkini-Iatridou; in: Comparability and Evaluation (Hrsg. Boele-Woelki u.a.), Dordrecht 1994, S. 201

Herber, Rolf: Das VN-Übereinkommen über internationale Kaufverträge; in: RIW 1980, S. 601

Herrmann, Gerold: Einheitliches Kaufrecht für die Welt: UN-Übereinkommen über internationale Warenkaufverträge; in: IPRax 1981, S. 109

Hesselink, Martijn/Wattendorff, Hester: De tien tafelen van de Nederlandse wet. Dat zou toch mooi zijn?; AA 40 (1991), S. 1109

Heyning, S.H./Marck, Quintus J.: Nieuw IPR-Erfrecht in de maak! in: WPNR 1995, 6173, S. 195

Heyning, S.H.: Een praktijkvoorbeeld over de rechtskeuze en het Haags Erfrechtverdrag 1989; in: WPNR 1997, 6282, S. 592
Heyning, S.H.: Duits erfrecht en internationaal privaatrecht (II); in: WPNR 2000, 6403, S. 384
Heyning, S.H.: Duits erfrecht en internationaal privaatrecht (III); in: WPNR 2000, 6404, S. 400
Hoffmann, Bernd von: The Relevance of European Community Law; in: European Private International Law (Hrsg. von Hoffmann), Nijmegen 1998, S. 19
Hondius, Ewoud: Das neue Niederländische Zivilgesetzbuch –Allgemeiner Teil-; in: AcP 191 (1991), S. 378
Hoog, Michael: Das niederländische Erbschafts- und Schenkungsteuerrecht, Diss. Universität Osnabrück 1996, Köln 1996
Hüßtege, Rainer: Kindesentführungen ohne Ende?; in: IPRax 1992, S. 369
van Iterson, D.: De Wet opneming buitenlandse pleegkinderen (Stb. 1988, Nr. 566); in: FJR 1989, S. 94
van Iterson, D.: De herziening van het Haagse Kinderbeschermingsverdrag van 1961; in: FJR 1995, S. 152
van Iterson, D.: Voorontwerp van verdrag inzake de bescherming van kinderen; in: FJR 1996, S. 34
van Iterson, D.: Het herziene Haagse Kinderbeschermingsverdrag; in FJR 1997, S. 134
van Iterson, D.: Het functioneren van het Haagse Kindontvoeringsverdrag; in: FJR 1997, S. 160
van Iterson, D.: Naar een nieuw Haags verdrag inzake bescherming van meederjarigen; in: FJR 1998, S. 126
van Iterson, D.: Het functioneren van de Alimentatieverdragen; in: FJR 1999, S. 127
Jayme, Erik/Hausmann, Rainer: Internationales Privat- und Verfahrensrecht, Textausgabe, 9. Auflage, München 1998
Jayme, Erik/Kohler, Christian: Europäisches Kollisionsrecht 1999 – Abendstunde der Staatsverträge; in: IPRax 1999, S. 401
Jessurun d'Oliveira, Hans Ulrich: De antikiesregel: Een paar aspecten van de behandling van buitenlands recht in het burgerlijk proces, Deventer 1971
Jessurun d'Oliveira, Hans Ulrich: Die Freiheit des niederländischen Richters bei der Entwicklung des Internationalen Privatrechts; in: RabelsZ 39 (1975), S. 224
Jessurun d'Oliveira, Hans Ulrich: Anmerkung zu Hoge Raad 10.12.1976; in: AA 1977, S. 195
Jessurun d'Oliveira, Hans Ulrich: Vermolming van het internationaliteitsbeginsel? (II); in: HPS 1980, S. 18
Jessurun d'Oliveira, Hans Ulrich: Partijinvloed in het internationale privaatrecht: 4 opstellen ter gelegenheid van het 25-jarig bestaan van het Centrum voor

buitenlands recht en internationaal privaatrecht aan de Universiteit van Amsterdam, Deventer 1974

Jessurun d'Oliveira, Hans Ulrich: Anmerkung zu Hoge Raad 10.12.1976; in: AA 26 (1977), S. 195

Jessurun d'Oliveira, Hans Ulrich: Gelijkheidsbeginsel en opvolging van confliktregels; in: AA 33 (1984), S. 472

Jessurun d'Oliveira, Hans Ulrich: Nederlands internationaal namenrecht en het Verdrag van München; in: HPS 1984, S. 106

Jessurun d'Oliveira, Hans Ulrich: Codification et Unification du droit international privé. Problèmes de Coexistence; in: Unification and comparative law in theory and practice; contributions in honour of Jean Georges Sauveplanne (Hrsg. Hondius), Antwerpen, 1984, S. 117

Jessurun d'Oliveira, Hans Ulrich: Internationale adoptie, nationaliteit en vreemdelingenrecht; in: Offerhauskring – vijfentwintig jaar Festbundel ter gelegenheid van het 25jarige bestaan van de Studiekring Prof. mr. J. Offerhaus (Hrsg. de Boer u.a.), Deventer 1987, S. 105

Jessurun d'Oliveira, Hans Ulrich: Het geregistreerd partnerschap, het 'homohuwelijk' en het IPR; in: NJB 1999, S. 305

de Jong, F.J.: Enkele aspecten van de civiele cassatie; in: NJB 1971, S. 572

Joppe, Ingrid S.: Iets over het erfrechtverdrag en het trustverdrag; in: Quod licet, bundel aangeboden aan W.M. Kleijn (Hrsg. Hondius u.a.); Deventer 1992, S. 179

Joppe, Ingrid S.: Serie artikelen over de Schets van een algemene wet betreffende het internationaal privaatrecht; in: WPNR 1993, 6103, S. 599

Joppe, Ingrid S.: Artikelen 65-70 IPR-Schets: Erfrecht; in: WPNR 1993, 6109, S. 733

Joppe, Ingrid S.: Overzicht der Nederlandse Rechtspraak: Internationaal Privaatrecht: Huwelijksvermogensrecht 1988-1994 (II, slot); in: WPNR 1995, 6192, S. 569

Joppe, Ingrid S.: Het „Haagse Trustverdrag" in werking; in: WPNR 1996, 6215, S. 181

Joppe, Ingrid S.: Huwelijksvermogensrecht, Praktijkreeks IPR, Teil 7, Deventer 1999

Joppe, Ingrid S.: Het geregistreerd partnerschap in het Nederlands IPR (I); in: WPNR 2000, 6403, S. 371

Joppe, Ingrid S.: Het geregistreerd partnerschap in het Nederlands IPR (II); in: WPNR 2000, 6404, S. 391

Joppe, Ingrid S.: Internationaal privaatrecht; in: Personen- en familierecht, onder title 7: huwelijksvermogensrecht; Losbl., Stand: Februar 2000, Deventer

Jordens-Cotran, L.: De Hoge Raad en consulaire huwelijken, in: NJB 1997, S. 682

Joustra, C.A.: Europese richtlijnen en internationaal privaatrecht; in: WPNR 1999, 6370, S. 664

Junker, Abbo: Internationales Privatrecht, München 1998

Junker, Abbo: Neuere Entwicklungen im Internationalen Privatrecht; in: RIW 1998, S. 741

Junker, Abbo: Das Internationale Unfallrecht nach der IPR-Reform von 1999; in: JZ 2000, S. 477

Junker, Abbo: Die IPR-Reform von 1999: Auswirkungen auf die Unternehmenspraxis; in: RIW 2000, S. 241

Kegel, Gerhard: Zur Bindung an gemeinschaftliche Testamente im deutschen internationalen Privatrecht; in: Festschrift Jahrreiss (Hrsg. Carstens/Peters), Köln 1964, S. 143

Kegel, Gerhard/Schurig, Klaus: Internationales Privatrecht, 8. Auflage, München 2000

Kirsch, I.: Een onduidelijke bepaling; in: NTIR 1970, S. 275

Kleijn, W.M.: De trust in Nederland; in: CJHB Brunner-Bundel, opstellen aangeboden aan C.J.H. Brunner (Hrsg. Hartlief u.a.), Deventer 1994, S. 209

de Kluiver, H.J.: De wet formell buitenlandse vennootschappen op de tocht?; in: WPNR 1999, 6364, S. 527

Klinke, Ulrich: Entwicklungen im niederländischen internationalen Ehegüterrecht; in: DNotZ 1981, S. 351

Klinke, Ulrich: Internationales und intertemporales internationales niederländisches Ehegüterrecht; in: IPRax 1983, S. 132

Klinke, Ulrich: Deutsch-niederländisches Ehegüterrecht im Wandel der Zeit; in: MittRhNotK 1984, S. 45

Knottenbelt, B./Torringa, R.A.: Inleiding in het Nederlandse Recht, 4. Auflage, Gouda 1986

Koenigs, Dorit: Grundzüge des niederländischen Erbrechts; in: MittRhNotK 1987, S. 237

Kötz, Hein: Die 15. Konferenz und das Kollisionsrecht des trust; in: RabelsZ 50 (1986), S. 562

Kokkini-Iatridou, Dimitra: Internationaal Privaatrecht; in: AA 1988 katern 28, S. 1179

Kokkini-Iatridou, Dimitra: Internationaal Privaatrecht; in: AA 1991, katern 41, S. 1829

Kokkini-Iatridou, Dimitra/Boele-Woelki, Katharina: Opmerkingen over de „Schets van een algemene wet betreffende het ipr“; in: NIPR 1992, S. 477

Kokkini-Iatridou, Dimitra: De Haagse familieverdragen en het Nederlandse Internationale Familierecht; in: FJR 1993, S. 122

Kokkini-Iatridou, Dimitra/Boele-Woelki, Katharina: De regeling van de „internationale rechtsmacht“ in het Voorontwerp van Wet van 1993; in: NIPR 1993, S. 323

Kokkini-Iatridou, Dimitra/Boele-Woelki, Katharina: De adoptieregeling van de IPR-Schets in rechtsvergelijkend perspective; in: NIPR 1993, S. 365
Kokkini-Iatridou, Dimitra/Frohn, E.N.: De exceptieclausules in het verdragenrecht...: in: Eenvormig en verglijkend privaatrecht reeks Molengrafica 2 Lelystad 1989, S. 215
Kollewijn, Roeland D.: Het Wetsontwerp betreffende het Internationaal Privaatrecht (deel 1); in: NJ 1952, S. 237
Kollewijn, Roeland D.: Het Wetsontwerp betreffende het Internationaal Privaatrecht (deel 2); in: NJ 1952, S. 261
van Kooten, Hugo/Kroeze, Maarten: De Schets, een overzicht zonder inzicht; in: AA 42 (1993), S. 762
Koppenol-Laforce, Margaretha E.: Wet conflictenrecht schadeverzekering is per 1 juli 1991 in werking getreden; in: TVVS 1991, S. 264
Koppenol-Laforce, Margaretha E.: Wet conflictenrecht levensverzekering; in: TVVS 1993, S. 126
Koppenol-Laforce, Margaretha E.: De onrechtmatige daad in het internationaal privaatrecht; in: NTBR 1996, S. 42
Koppenol-Laforce, Margaretha E.: Kroniek van het internationaal privaatrecht (1996-1998); in: NTBR 1998, S. 182
Koppenol-Laforce, Margaretha E.: Het Haagse Trustverdrag; Deventer 1997
Koppenol-Laforce, Margaretha E./Kottenhagen, R.J.P.: The institution of the trust and Dutch law; in: Netherlands Reports to the Fifteenth International Congress of Comparative Law; Bristol 1998 (Hrsg. Hondius); Antwerpen, 1998, S. 137
Koppenol-Laforce, Margaretha E./Visser, J.A.: Ontwikklingen in het conflictenrecht inzake onrechtmatige daad; in: JutD 1999, S. 19
Koppenol-Laforce, Margaretha E.: Wanneer is een onrechtmatige daad grensoverschrijdend?; in: NTBR 2000, S. 51
Koppenol-Laforce, Marielle (Hrsg.): International Contracts, London 1996
Korthals Altes, E.: De Hoge Raad en het ongeschreven I.P.R. – Tien Jaren; Studiekring Prof. Mr. J. Offerhaus, reeks Internationaal Privaatrecht, Nr. 11 (Hrsg. Korthals Altes), Deventer, 1976
Kosters, Jan: Het internationaal burgerlijk recht in Nederland, Haarlem 1917
Kosters, Jan/Dubbink, C.W.: Algemeen deel van het Nederlandse internationaal privaatrecht, Haarlem 1962
Kronke, Herbert: Bevorstehende Übernahme des Europäischen Vertragsstatutübereinkommens in den Niederlanden; in: IPRax 1988, S. 125
Kropholler, Jan: Gedanken zur Reform des Haager Minderjährigenschutzabkommens; in: RabelsZ 58 (1994), S. 1
Kropholler, Jan: Internationales Privatrecht, 3. Auflage, Tübingen 1997
Lagarde, Paul: La convention de La Haye du 13 janvier 2000 sur la protection international des adultes (1); in: Rev.crit.dr.internat.privé 2000, S. 159

Lemaire, William L.G.: Nederlandse internationaal privaatrecht: Hoofdlijnen, Leiden 1968
Lemaire, William L.G.: Enige nieuwe stromingen op het gebied van het internationaal privaatrecht; in: Praesidium Libertatis: Opstellen over het thema vrijheid en recht (Hrsg. Van den Berg); Deventer 1975, S. 95
van Loon, J.H.A: Die Haager Konferenz und ihre Bestrebungen zur Reform des Internationalen Erbrechts; in: MittRhNotK 1989, S. 9
van Loon, J.H.A.: Naar een wereldwijd verdrag over adoptie van kinderen uit het buitenland; in: Interlandelijke adoptie (Hrsg. Hoksbergen u.a.), Zwolle 1990, S. 57
Lubbers, A.G.: Het Testamentsvormen-Verdrag 1961: ratificatie zonder voorbehoud; in: WPNR 1977, 5405, S. 561
Lubbers, A.G.: Internationaal privaatrecht: in: Personen- en familierecht, onder title 7, Huwelijksvermogensrecht; Losbl., Deventer 1998
Lüderitz, Alexander: Niederländisches Internationales Adoptionsrecht – Chancen und Grenzen von Richterrecht; in: RabelsZ 45 (1981), S. 604
de Ly, Filip: Zakenrechtlijke Zekerheidsformen in het Nederlandse Internationaal Privaatrecht; in: NIPR 1995, S. 329
de Ly, Filip: Het Balenpers-arrest en de eenvormige uitleg van Artikel 4 (5) EVO; in: Het NIPR geannoteerd, annotaties opgedragen aan Dr. Mathilde Sumampouw (Hrsg. Schmidt/Freedberg-Swartzburg); 's-Gravenhage 1996, S. 125
de Ly, Filip: Open Normen in het Nederlandse Conflictenrecht; in: Miscellanea, bundel opstellen aangeboden aan prof. mr. Van Dunné (Hrsg. ten Kate u.a.); Deventer 1997, S. 3
van Maanen, C.J.J.: Het BBA en het internationaal privaatrecht, in: WPNR 1981, 5584, S. 793
van Maas de Bie, A.R.: Artikelen 36-39 en 64 IPR-Schets: Echtscheiding, alimentatie en echtscheidingsgevolgen; in: WPNR 1993, 6106, S. 663
van Maas de Bie, A.R.: Artikelen 60-63 IPR-Schets: ouderlijke macht en gezag van rechtswege, ondercuratelestelling en onder bewindstelling, kinderbescherming en kinderontvoering; in: WPNR 1993, 6107, S. 689
van Maas de Bie, A.R.: De artikelen 112-114 IPR-Schets: vormvoorschriften; in: WPNR 1993, 6116, S. 929
Mankowski, Peter: Wahl des auf den Scheidungsunterhalt anwendbaren Rechts; in: FuR 1997, S. 316
Marx, Ansgar: Zur Perspektive eines neuen Haager Übereinkommens über die internationale Zusammenarbeit und den Schutz von Kindern auf dem Gebiet grenzüberschreitender Adoptionen; in: StAZ 1993, S. 1
Marx, Ansgar: Das Haager Übereinkommen über internationale Adoptionen; in: StAZ 1995, S. 315
Meijer, M.R./ ten Wolde, M.H.: De Union Internationale du Notariat Latin en de Haagse Conferentie; in: WPNR 1998, 6328, S. 599

Melchers, Y./Kroft, M.H.C.: Wetgeving: Namensrecht; in: HPS 1990, Nr. 2, S. 3

Melchers, Y./Kroft, M.H.C.: Wetgeving: Conflictenrecht huwelijk; in: HPS 1990, Nr. 2, S. 8

Mende, Ursula: Deutsch-niederländische Adoptionen; in: ZfJ 1963, S. 99

Mostermans, Petronella M.M.: Enkele procesrechtelijke vragen bij toepassing van art. 1 WCE; in: FJR 1992, S. 156

Mostermans, Petronella M.M.: Enkele procesrechtelijke vragen bij toepassing van art. 1 WCE; in: FJR 1992, S. 156

Mostermans, Petronella M.M.: De processuele behandeling van het conflictenrecht, Deventer 1996

Mostermans, Petronella M.M.: Het toepasselijke recht op internationale alimentatieovereenkomsten; in: FJR 1997, S. 155

Mostermans, Petronella M.M.: Echtscheiding, Praktijkreeks IPR, Teil 5, Deventer 1999

van Mourik, Martin J.A.: Huwelijksvermogensrecht, 8. Auflage, Zwolle 1996

van Mourik, Martin J.A. /Schols, Freek W.J.M./Schmellenkamp, Cornelia/Tomlow, M.H.J.M./Weber, Wolfgang: Deutsch-Niederländischer Rechtsverkehr in der Notariatspraxis, Würzburg 1997

Müller-Freienfels, Wolfram: Der Haager Konventionsentwurf über das au die Stellvertretung anwendbare Recht; in: RabelsZ 43 (1979), S. 80

Neumeyer, Karl: Zur Geschichte des internationalen Privatrechts in Frankreich und in den Niederlanden; in: ZVölkR 1920, S. 190

Notermans, Roland/Castermans, Alex-Geert: De internationaal privaatrechtelijke openbare orde en buitenlandse adopties: een praktijkgeval; in: AA 34 (1985), S. 527

Palandt, Otto: Bürgerliches Gesetzbuch, 46. Auflage, München 1987

Pellis, L.Th.L.G: Alimentatie; Praktijkreeks IPR, deel 6, Deventer 1996

Pellis, L.Th.L.G.: Bijstandsverhaal en het Haagse Verdrag inzake de toepasselijke wet op alimentatieverpflichtingen van 1973; in FJR 1996, S. 223

Pellis, L.Th.L.G.: Kroniek van het internationaal privaatrecht; in: NJB 1997, S. 469

Pellis, L.Th.L.G.: Enige aspecten van rechtskeuze in het internationale alimentatierecht; in WPNR 1997, 6280, S. 527

Pestman, M.: Verdrag over de bescherming van kinderen en samenwerking bij interlandelijke adoptie; in: NJB 1993, S. 1186

Pintens, Walter/Verbeke, Alain: Neue Entwicklungen im internationalen Privatrecht der romanischen Rechtsfamilie – Name und Adoption; in: StAZ 1989, S. 173

Pirrung, Jörg: Die XV. Tagung der Haager Konferenz für Internationales Privatrecht – Trustübereinkommen vom 1. Juli 1985; in: IPRax 1987, S. 52

Pirrung, Jörg: Die Haager Konferenz für das Internationale Privatrecht – Bilanz und Ausblick nach der Neuregelung des IPR; in: Festschrift Ferid (Hrsg. Heldrich/Sonnenberger), Frankfurt a.M. 1988, S. 339

Pirrung, Jörg: Sorgerechts- und Adoptionsübereinkommen der Haager Konferenz und des Europarats; in: RabelsZ 57 (1993), S. 124

van der Ploeg, Pieter W.: Het testamentsvormenverdrag, het centraal testamentenregister en de verklaring van erfrecht; in: WPNR 1971, 5121, S. 119

van der Ploeg, Pieter W.: The Netherlands Supreme Court and International Matrimonial Property Law; in: NILR 1977, S. 474

van der Ploeg, Pieter W.: Het Haags Huwelijksgevolgenverdrag van 1905 en het overgangsrecht; in: WPNR 1981, 5554, S. 133

Polak, Jimmy M.: De wetgeving van het Departement van Justitie; in: NJB 1993, S. 1

Polak, Jimmy M.: De wetgeving van het Departement van Justitie; in: NJB 1995, S. 7

Polak, Maurice V./de Boer, Thomas M.: Naar een gecodificeerd Internationaal Privaatrecht (!/?); Deventer 1990

Polak, Maurice V.: Arbeidsverhoudingen in het Nederlandse internationaal privaatrecht, Deventer 1988

Polak, Maurice V.: Codificatie van het Internationaal Privaatrecht; in: NJB 1988, S. 695

Polak, Maurice V.: Internationaal privaatrecht voor het forum van de Hoge Raad; Deventer 1990

Polak, Maurice V.: Zekerheidsrechten in het internationale handelsverkeer; in: WPNR 1991, 6019, S. 637

Polak, Maurice V.: Unificatie en codificatie: samen voor ons eigen!; in: NJB 1993, S. 681

Polak, Maurice V.: De IPR-schets: algemene kenmerken; in: WPNR 1993, 6103, S. 600

Polak, Maurice V.: Artikelen 71-76 IPR-schets: Corporaties; in: WPNR 1993, 6110, S. 756

Polak, Maurice V.: Artikelen 106-111 IPR-schets: Enkele bepalingen met betrekking tot het zeerecht en het binnenvaartrecht; in: WPNR 1993, 6115, S. 896

Polak, Maurice V.: Artikelen 71-76 IPR-schets: Corporaties; in: WPNR 1993, 6110, S. 756

Polak, Maurice V.: Vermogensrechtelijke meerpartijenverhoudingen, Praktijkreeks IPR, deel 15, Deventer 1993

Polak, Maurice V.: Structuur en methodologie van de IPR-Schets; in: NIPR 1994, speciale aflevering: Studiedag: Schets van een algemene wet betreffende het Internationaal privaatrecht (Hrsg. Kokkini-Iatridou), S. 13

Polak, Maurice V./van den Eeckhout, Veerle: Kroniek van het internationaal privaatrecht; in: NJB 2000, S. 573

Polak, Maurice V. /de Rooij, Michiel J. /Steffens, Lilian F. A.: Private International Law in the Nederlands – Supplement, Den Haag 1995

Pontier, Jannetje A.: Conflictenrecht: grondslagen, methoden, beginselen en belangen – Een politiek liberaal perspectief, Diss. Universität Amsterdam 1997, Nijmegen 1997

Prisse, Th.A.G.: Conflictenrecht met betrekking tot het zee- en binnenvaartrecht, Zwolle 1995

Pünder, Hermann: Das Einheitliche UN-Kaufrecht – Anwendung kraft kollisionsrechtlicher Verweisung nach Abs. 1 Abs. 1 lit. b UN-Kaufrecht; in: RIW 1990, S. 869

Rammeloo, Stephan F.G.: Das neue EG-Vertragskollisionsrecht, Diss. Universität Groningen 1992, Köln 1992

Rammeloo, Stephan F.G.: Die Auslegung von Art. 4 Abs. 2 und Abs. 5 EVÜ: Eine niederländische Perspektive; in: IPRax 1994, S. 243

Rebmann, Kurt/Säcker, Franz Jürgen/Rixecker, Roland: Münchener Kommentar zum Bürgerlichen Gesetzbuch, Einführungsgesetz zum Bürgerlichen Gesetzbuche (Art. 1-38) Internationales Privatrecht, Band 10, 3. Auflage, München 1998

Reichert-Facilides, Fritz: Zur Kodifikation des deutschen internationalen Versicherungsvertragsrechts, in: IPRax 1990, S. 1

Reinhartz, B.E.: Artt. 17-22, 23-26 en 27-35 IPR-Schets: Huwelijk, persoonlijke huwelijksbetrekkingen en huwelijksvermogenrecht; in: WPNR 1993, 6105, S. 642

Reinhartz, B.E.: Derdenbescherming in het huwelijksvermogensrecht; Diss. Leiden 1997; Deventer 1997

Riering, Wolfgang/Marck, Quintus J.: Das gemeinschaftliche Testament deutsch-niederländischer Ehegatten – unter besonderer Berücksichtigung des Haager Erbrechtsübereinkommens vom 1.8.1989; in: ZEV 1995, S. 90

Rieter-van den Bergh, H.W.M.M.: Haags Adoptieverdrag 1993; in: FJR 1994, S. 173

van Rijn van Alkemade, Jaap: Opzegging van een oud Haags verdrag en geboorte van een nieuw Haagse verdrag; in: HPS 1977, S. 38

van Rijn van Alkemade, Jaap: What's in a name? Nieuwe ontwikkelingen in het internationale Namensrecht; in: FJR 1988, S. 219

van Rijn van Alkemade, Jaap: Nieuwe regels van conflictenrecht betreffende het huwelijk; in: FJR 1989; S. 220

van Rijn van Alkemade, Jaap: Een belangrijk stuk communitair internationaal privaatrecht; in: AA 40 (1991), S. 399

van Rijn van Alkemade, Jaap: Het nieuwe internationale huwelijksvermogensrecht; in: FJR 1992, S. 150

van Rijn van Alkemade, Jaap: Wetvoorstellen conflictenrecht corporaties en formeel buitenlandse vernootschappen; in: WPNR 1996, 6233, S. 563

van Rijn van Alkemade, Jaap: Ende dispereert niet. Enkele gedachten over een Nederlandse codificatie van het internationaal privaatrecht; in: Op recht, bundel opstellen aangeboden aan Prof. mr. Struycken (Hrsg. Kortmann), Zwolle 1996

van Rijn van Alkemade, Jaap: Boekbespreking: Vonken, Verkeersongevallen; in: WPNR 1997, 6257, S. 114

van Rijn van Alkemade, Jaap: Yes, the Dutch can tame the trust (I); in: WPNR 1998, 6317, S. 361

van Rijn van Alkemade, Jaap: Yes, the Dutch can tame the trust (II, slot); in; WPNR 1998, 6318, S. 379

Rijpma, D.: Tussen Duisburg en Apeldoorn: internationale cessie; in: WPNR 1998, 6297, S. 21

Roelvink, H.L.J.: De meervoudige locus delicti; in: Vijftig jaar lex loci delicti; in: Vijftig jaar lex loci delicti – Van Dubbinks proefschrift tot een Wet conflictenrecht onrechtmatige daad (Hrsg. de Boer), Deventer 1998, S. 29

van Rooij, René: The concept of domicile („woonplaats") in Netherlands Private International Law; in: NILR 1975, S. 165

van Rooij, René: De Hoge Raad en de afwikkeling van vier internationale huwelijken; in: NJB 1978, S. 129

van Rooij, René: Overzicht der Nederlandse rechtsspraak; in: WPNR 1982, 5609, S. 341

van Rooij, René /Polak, Maurice V.: Private International Law in the Netherlands, Deventer 1987

Rouppe van der Voort, Mechteld/Spiegel, Judith: Meerderjarigenbescherming in Europees en internationaal privaatrechtelijk perspectief; in: FJR 1999, S. 134

Roth, Wulf-Henning: Internationales Versicherungsvertragsrecht, Tübingen 1985

Roth, Wulf-Hennig: Angleichung des IPR durch sekundäres Gemeinschaftsrecht; in: IPRax 1994, S. 165

Rutten, Susan: Consulaire huwelijken: wijziging Wet conflictenrecht huwelijk; in: FJR 1999, S. 114

Sauveplanne, Jean G.: Elementair internationaal privaatrecht, 9. Auflage, Deventer 1989

Sauveplanne, Jean G.: Beschouwingen over Codificatie van het Internationaal Privaatrecht; NJB 1969, S. 60

Sauveplanne, Jean G.: Inländische zwingende Vorschriften und ausländisches Vertragsstatut des Arbeitsvertrages; in: IPRax 1989, S. 119

Sauveplanne, Jean G.: Consumer protection in private international law; in: NILR 1985, S. 100

Sauveplanne, Jean G.: De overeenkomst in het Nederlandse IPR; in: NIPR 1990, S. 1

Schmellenkamp, Cornelia: Änderungen des Internationalen Erbrechts im Verhältnis zwischen Deutschland und den Niederlanden aufgrund des Haager Erbrechtsübereinkommens vom 1. August 1989; in: MittRhNotK 1997, S. 245

Schmellenkamp, Cornelia/Wittkowski, Ralf: Neue Entwicklungen des Internationalen Privatrechts im Verhältnis Deutschland – Niederlande; in: Notar und Rechtsgestaltung, Jubiläumsfestschrift des Rheinischen Notariats, Köln 1998, S. 505

Schmidt, Guus E.: De vestiging van een eerste huwelijksdomicile; in: NIPR 2000, S. 33

Schotten, Günther: Das Internationale Privatrecht in der notariellen Praxis, München 1995

Schultsz, Jan C.: Anmerkung zu Hoge Raad, 10.12.1976; in: NJ 1977, Nr. 275

Schultsz, Jan C.: Dutch Antecedents an Parallels to Article 7 of the EEC Contracts Convention of 1980; in: RabelsZ 47 (1983), S. 267

Schultsz , Jan C.: De Haagse Conferentie voor Internationaal Privaatrecht, 1893-1993; in: NJB 1993, S. 659

Schutte-Veenstra, J.N.: Europees Recht, Nr. 48; in: Ondernemingsrecht 1999, S. 227

Siehr, Kurt: Kindesentführung und Minderjährigenschutz; in: StAZ 1990, S. 330

Siehr, Kurt: Structure and Method of the „IPR-Schets"; in: NIPR 1994, speciale aflevering: Studiedag: Schets van een algemene wet betreffende het Internationaal privaatrecht (Hrsg.Kokkini-Iatridou), S. 22

Siehr, Kurt: Die Rechtslage der Minderjährigen im Internationalen Recht und die Entwicklung in diesem Bereich; in: FamRZ 1996, S. 1047

Siehr, Kurt: Das neue Haager Übereinkommen von 1996 über den Schutz von Kindern; in: RabelsZ 62 (1998), S. 464

Smit, K.J.T.: De internationale cessie; in: Contracteren in de internationale praktijk / deel 1 (Hrsg. Wessels/van Wechem), Deventer 1994

Snijders, W.: Trustverdrag en Nederlands materieel recht; in: Grensoverschrijdend privaatrecht, een bundel opstellen aangeboden aan mr. J. van Rijn van Alkemade, Deventer 1993, S. 231

Snijders, H.J.: Verhaal op trustvermogen in Nederland; in: WPNR 1997, 6281, S. 551

Soergel, Hans Th./Siebert, Wolfgang: Bürgerliches Gesetzbuch, Band 10: Einführungsgesetz, Stuttgart 1996

Spickhoff, Andreas: Die Restkodifikation des Internationalen Privatrechts: Außervertragliches Schuld- und Sachenrecht; in: NJW 1999, S. 2209

Staudinger, Ansgar: Das Gesetz zum Internationalen Privatrecht für außervertragliche Schuldverhältnisse vom 21.05.1999; in: DB 1998, S. 1589

Staudinger, Julius von: Julius von Staudingers Kommentar zum Bürgerlichen Gesetzbuch mit Einführungsgesetz und Nebengesetzen:

Einleitung zum IPR; Artikel 3 – 6 EGBGB, 13. Auflage, Berlin 1996;
Artikel 13 – 18 EGBGB, 13. Auflage, Berlin 1996;
Artikel 20 – 24 EGBGB, 13. Auflage, Berlin 1996;
Artikel 25, 26 EGBGB, 13. Auflage, Berlin 1995;
Artikel 27 – 37 EGBGB und Artikel 10 EGBGB, 12. Auflage, Berlin 1998;
Internationales Sachenrecht, Neubearbeitung 1998, Berlin 1998;
Artikel 38 EGBGB, 13. Auflage, Berlin 1998;
Internationales Gesellschaftsrecht, 13. Auflage, Berlin 1996

Steenhoff, Gert J.W.: Honderd jaar Staatscommissie voor het Internationaal Privaatrecht; 's-Gravenhage 1997

Steenhoff, Gert J.W.: Dutch Attitutes concerning the Unification of Private International Law; in: Unification and comparative law in theory and practice; contributions in honour of Jean Georges Sauveplanne; (Hrsg. Hondius), Antwerpen, Boston, London, Frankfurt a.M. 1984

Steenhoff, Gert J.W.: Asser et la fondation de la Conférence de La Haye de droit international privé; in: Rev. crit. 83 (1994), S. 297

Steenhoff, Gert J.W.: De Wetenschap van het Internationaal Privaatrecht in Nederland tussen 1862 en 1962: een internationalistisch perspectief; Diss. Universität Utrecht 1994; Zwolle 1994

Steffens, Lilian F.A.: Artikelen 77-88 IPR-Schets: Zakenrecht en trust-recht; in: WPNR 1993, 6111, S. 773

Steffens, Lilian F.A.: Artikelen 89-90 IPR-Schets: Verbintenissen uit overeenkomst; in: WPNR 1993, 6112, S. 796

Steffens, Lilian F.A.: Artikelen 103-105 IPR-Schets: Overgang van vorderingen; in: WPNR 1993, 6114, S. 866

Steffens, Lilian F.A.: Overgang van vorderingen en schulden in het Nederlandse internationaal privaatrecht; Diss. Leiden 1997, Deventer 1997

Steffens, Lilian F.A.: Internationaal privaatrecht; in: Verbindnissenrecht; Losbl., Stand: 70. Erg. Deventer 1999

Stille, August L.G.A.: Abweichung von der Staatsangehörigkeitsanknüpfung bei ineffektiver Staatsangehörigkeit von Monostaatern – Die aktuelle Entwicklung in den Niederlanden; in: Nation und Staat im Internationalen Privatrecht (Hrsg. Jayme/Mansel), Heidelberg 1990, S. 223

Stille, August L.G.A: Het nieuwe Nederlandse internationale erfrecht; in: FJR 1996, S. 216

Strikwerda, Luc: Codificatie ipr (?); in: NJB 1990, S. 1863

Strikwerda, Luc: Kroniek van het internationaal privaatrecht; in: NJB 1991, S. 1287

Strikwerda, Luc: Het „rode boek“ van het internationaal privaatrecht; in: NJB 1992, S. 1572

Strikwerda, Luc: De Haagse Verdragen en het Nederlandse i.p.r.; in: NJB 1993, S. 673

Strikwerda, Luc: De hanteerbaarheid van het IPR; in: Grensoverschrijdend privaatrecht; Opstellen aangeboden aangeboden aan Mr.J. van Rijn van Alkemade; Deventer 1993

Strikwerda, Luc: Kroniek van het internationaal privaatrecht; in: NJB 1995, S. 376

Strikwerda, Luc: De overeenkomst in het IPR; Praktijkreeks IPR, deel 11, Deventer 1995

Strikwerda, Luc: Kroniek van het internationaal privaatrecht; in: NJB 1996, S. 408

Strikwerda, Luc: Inleiding tot het Nederlandse Internationaal Privaatrecht, 5. Auflage, Groningen 1997

Strikwerda, Luc: De Trust in Nederland; in: WPNR 1997, 6281, S. 541

Strikwerda, Luc: Kroniek van het internationaal privaatrecht; in: NJB 1998, S. 541

Strikwerda, Luc: De internationale onrechtmatige daad en accessoire aanknopping; in: Vijftig jaar lex loci delicti – Van Dubbinks proefschrift tot een Wet conflictenrecht onrechtmatige daad (Hrsg. de Boer) Deventer 1998, S. 47

Struycken, Antoon V.M.: Het CIEC-Namenverdrag van München 5 september 1980; in: HPS 1981, S. 2

Struycken. Antoon V.M.: Het CIEC-Namenverdrag van München 5 september 1980 (II); in: HPS 1981, S. 18

Struycken, Antoon V.M.: Overzicht der Nederlandse Rechtspraak: Internationaal Privaatrecht: Namen (1984-1987); in: WPNR 1988, 5871, S. 245

Struycken, Antoon V.M.: Twee CIEC-Verdragen inzake het namensrecht treden op 1 januari 1990 in werking; in: HPS 1989, S. 79

Struycken, Antoon V.M.: Het Haagse Erfrechtsverdrag komt eraan; in: WPNR 1993, 6092, S. 351

Struycken, Antoon V.M.: Favor matrimonii of favor divortii?; in: FJR 1994, S. 102

Struycken, Antoon V.M.: Veelheid van Rechtsbronnen: één IPR?; in: AA 45 (1996), S. 347

Struycken, Antoon V.M.: Het nieuwe IPR inzake cessie; in: Nieuwsbrief Bedrijfs Juristische Berichten 1998, S. 61

Struycken, Antoon V.M.: De unificatie van het IPR in de 21e eeuw; in: Globalisering van het IPR in de 21e eeuw (Hrsg. Vlas u.a.); Den Haag 1999

Struycken, T.H.D.: Some Dutch Reflections on the Rome Convention, Art. 4 (5); in: Lloyd's Maritime and commercial Law Quarterly 1996, S. 18

Sturm, Fritz: Stellungnahme zum Vorentwurf eines Übereinkommens über den Schutz von Kindern; in: IPRax 1997, S. 10

Sumampouw, Mathilde: Die Rücknahme der Vorbehalte des Haager Minderjährigenschutzabkommens; einige Konsequenzen für das niederländische IPR; in: IPRax 1984, S. 170

Sumampouw, Mathilde: Internationaal familierecht: vruchtbare bodem voor i.p.r-wetgeving; in: FJR 1991, S. 121

Sumampouw, Mathilde: Rechtspraakoverzicht IPR: internationale kinderontvoering; in: FJR 1995, S. 156

Sumampouw, Mathilde: Het labyrintische IPR inzake ouderlijk gezag en kinderbescherming; in: FJR 1996, S. 215

Sturm, Fritz: Stellungnahme zum Vorentwurf eines Übereinkommens über den Schutz von Kindern; in: IPRax 1997, S. 10

Tenbieg, Jochen: Kodifikation des internationalen Privatrechts in den Niederlanden; in: FuR 1990, S. 146

Timmerman, Levinus: Kroniek van het vennootschapsrecht; in: NJB 1999, S. 1495

Timmerman, Levinus: Das niederländische Gesellschaftsrecht im Umbruch; in: Festschrift für Markus Lutter (Hrsg. Uwe Schneider u.a.), Köln 2000, S. 173

Tomlow, M.H.J.M.: De afwikkeling in Nederland van een internationale nalatenschap; in: WPNR 1993, 6092, S. 357

van Tuyll van Serooskerken, Lucile A.C.: Ratificatie Haagse Adoptieverdrag op 1 juli 1998 een feit!; in: FJR 1998, S. 136

Uniken Venema; C.AE.: Pseudo-buitenlandse vennootschappen in Nederland; een advies van den Adviescommissie Vennootschapsrecht; in: NV 1992, S. 266

van der Velden, Frans J.A.: Indications of the interpretation by Dutch Courts of the United Nations Convention on Contracts for the International Sale of Goods 1980; in: Netherlands Report to the 12th Congress of Comparative Law at Sydney – Melbourne 1986 (Hrsg. Gerver u.a.), Den Haag 1987, S. 21

van der Velden, Frans J.A.: Het Weense Koopverdrag; in: NJB 1990, S. 1663

van der Velden, Frans J.A.: Ratifikation des Wiener Kaufrechtsübereinkommens durch die Niederlande; in: IPRax 1992, S. 58

van der Velden, Frans J.A.: Overzicht over de Nederlandse Rechtspraak (Teil I); in: WPNR 1994, 6146, S. 546

van der Velden, Frans J.A.: Overzicht over de Nederlandse Rechtspraak (Teil II); in: WPNR 1994, 6147, S. 564

Verheul, J.P.: Dutch International Divorce Act; in: NILR 1981, S. 390

Verheul, J.P.: Het huwelijksverdrag en den Wet conflictenrecht huwelijk; in: FJR 1991, S. 122

Verkade, W.F.: Beantwoording rechtsvraag (96) industriëel eigendom; in: AA 27 (1978), S. 413

Vlas, Paul: Internationale koopovereenkomst en de inwerkingtreding van het Weense Koopverdrag voor Nederland; in: TVVS 1991, S. 70

Vlas, Paul: Veranderingen in het i.p.r.-overeenkomstenrecht: geen revolutie maar „EVOlutie"; in: TVVS 1991, S. 226

Vlas, Paul: Inwerkingtreding van het Haags Vertegenwoordigingsverdrag voor Nederland; in: TVVS 1992, S. 262

Vlas, Paul: Paal en perk aan „puur formeel buitenlandse kapitaalvennootschappen"; in: TVVS 1993, S. 57

Vlas, Paul: The fight against pseudo foreign corporations in the Netherlands; in: Comparability and Evaluation; Festschrift D. Kokkini-Iatridou (Hrsg. Boele-Woelki u.a.); Dordrecht 1994, S. 307

Vlas, Paul: Neue Entwicklungen im niederländischen IPR, insbesondere in der Rechtsprechung; in: IPRax 1995, S. 194

Vlas, Paul: Twee wetsvoorstellen i.p.r.-rechtspersonenrecht; in: TVVS 1995, S. 233

Vlas, Paul: Inwerktreding Haags Trustverdrag; in: TVVS 1996, S. 19

Vlas, Paul: Echtscheiding in het IPR: de peildatum en het bijzondere geval; in: AA 45 (1996), S. 196

Vlas, Paul: Rechtskeuze op postdivortiële alimentatie: een Hollandse verlegenheidsoplossing; in: AA 46 (1997), S. 820

Vlas, Paul: Rechtskeuze op het gebied van de onrechtmatige daad in het commune ipr en in het verdragenrecht; in: Vijftig jaar lex loci delicti – Van Dubbinks proefschrift tot een Wet conflictenrecht onrechtmatige daad (Hrsg. de Boer), Deventer 1998

Vlas, Paul: Rechtspersonen; Praktijkreeks IPR, deel 9, 2. Auflage, Deventer 1999

Vlas, Paul: De onrechtmatige daad in het ipr; in: Onrechtmatige daad, title IX; Losbl., Stand März 2000, Deventer

Volken, Paul: Von der Testamentsform im IPR; in: Conflits et harmonisation, Festschrift Von Overbeck (Hrsg. Stoffel/Volken), Fribourg 1990, S. 575

Vonken, A.P.M.J.: Overzicht der Nederlandse Rechtspraak: Internationaal Privaatrecht (II); in: WPNR 1991, 6011, S. 448

Vonken, A.P.M.J.: Het internationale huwelijksrecht, deel I; in: HPS 1992, Nr. 7/8, S. 3

Vonken, A.P.M.J.: Artt. 11-16, 58-59 en 40-50: Naam, minderjarigheid, handelungsbekwaamheid en afstamming; in: WPNR 1993, 6108, S. 703

Vonken, A.P.M.J.: Art. 1- 10 IPR-schets: algemene bepalingen; in: WPNR 1993, 6104, S. 622

Vonken, A.P.M.J.: Artt. 91-102: verbindnissen uit andere bron dan overeenkomst; in: WPNR 1993, 6113; S. 831

Vonken, A.P.M.J.: De algemene bepalingen in de IPR-Schets, deel 1, in: Burgerzaken & Recht 1994, S. 158

Vonken, A.P.M.J.: De algemene bepalingen in de IPR-Schets, deel 2, in: Burgerzaken & Recht 1994, S. 196

Vonken, A.P.M.J.: De algemene bepalingen in de IPR-Schets, deel 3, in: Burgerzaken & Recht 1994, S. 221

Vonken, A.P.M.J.: De minderjarigheid in het IPR; in: Burgerzaken & Recht 1995, S. 69

Vonken, A.P.M.J.: Verkeersongevallen, Praktijkreeks IPR 17, Deventer 1996

Vonken, A.P.M.J.: Internationaal privaatrecht; in: Verbindnissenrecht (Losbl.), 70. Erg. Deventer 1999

Vonken, A.P.M.J.: Internationaal privaatrecht, in: Personen- familierecht, onder title 9, Het conflictenrecht inzake ontbinding huwelijk en scheiding van tafel en bed en de erkenning daarvan; Losbl., Stand Februar 2000, Deventer

Vonken, A.P.M.J.: Internationaal privaatrecht, in: Personen- en familierecht, onder title 11, Het internationale afstammingsrecht; Losbl., Stand: Februar 2000, Deventer

Vonken, A.P.M.J.: Internationaal privaatrecht, in: Personen- en familierecht, onder titel 12, Internationale Adoptie; Losbl., Stand: Februar 2000, Deventer

Vonken, A.P.M.J.: Internationaal privaatrecht, in: Personen- en familierecht, onder titel 13, Internationaal privaatrecht Minderjarigheid en handelings(on)bekwaamheid in het ipr; Losbl., Stand: Februar 2000, Deventer

Vonken, A.P.M.J.: Het wetsvoorstel Wet conflictenrecht afstamming; in: NIPR 2000, S. 16

Voskuil, Cornelius C.A.: Emancipation of Dutch Conflicts Law in Family Matters; in: RabelsZ 43 (1979), S. 346

Voskuil, Cornelius C.A.: A survey of Dutch scholarly practice concerning private international law from 1938 till the present; in: NTIR 1970, S. 11

Vranken, Johannes B.M.: Einführung in das neue Niederländische Schuldrecht, Teil II: Das Recht der unerlaubten Handlung, Schadenersatz- und Bereicherungsrecht; in: AcP 191 (1991), S. 411

Vriesendorp, Reinout D.: Het Nederlandse Goederenrecht en het Haagse trustverdrag; in: Preadviezen uitgebracht voor de Vereniging voor Burgerlijk Recht, Lelystad 1994, S. 45

Wagner, Rolf: Ein neuer Anlauf zur Vereinheitlichung des IPR für außervertragliche Schuldverhältnisse auf EU-Ebene; in: EuZW 1999, S. 709

Weber, Wolfgang: Internationales Erbrecht in den Niederlanden; in: IPRax 2000, S. 41

Wendels, A.: The new Dutch Private International Law legislation regarding the law to be applied to International Divorce and the recognition of divorces granted abroad; in: NILR 1982, S. 401

Wendels, A.: Internationale echtscheidingen, 2. Auflage, Zwolle 1983

Westerdijk, Arjen: Grundzüge des niederländischen Gesellschaftsrechts; in: IJVO 3 (1992/93), S. 60

Wiedemann, Herbert: Gesellschaftsrecht, Band I, München 1980

de Winter, Louis I.: Het nieuwe internationaal privaatrecht; in: WPNR 1952, 4238, S. 169 (I); WPNR 1952, 4239, S. 181 (II); WPNR 1952, 4240, S. 193 (III); WPNR 1952, 4241, S. 205 (IV); WPNR 1952, 4242, S. 217 (V)

de Winter, Louis I.: De maatschappelijke woonplaats als aanknopingsfactor in het internationaal privaatrecht, Leiden 1962

de Winter, Louis I.: De gewijzigde eenvormige wet betreffende het internationaal privaatrecht; in: WPNR 1968; 4989, S. 157

de Winter, Louis I.: Enige beschouwingen over de wet van de karakteristieke prestatie; in: Met eerbiedigende werking; opstellen aangeboden aan Prof. mr. L.J. Hijmans van den Bergh, (Hrsg. Dutilh u.a.), Deventer 1971, S. 367

de Winter, Louis I.: Les 75 ans d'existence de la Commission d'Etat néerlandais pour le droit international privé; in: NTIR 18 (1971), S. 261

de Winter, Louis I.: Naar een sociaal internationaal privaatrecht, Deventer 1979

ten Wolde, M.H.: Internationale nalatenschap Nederland, Spanje; in: WPNR 1990, 5950, S. 139

ten Wolde, M.H.: Nederlands Antilliaans en Arubaans internationaal privaatrecht; Willemstad 1992

ten Wolde, M.H.: Hoofdlijnen van het Nederlandse Internationaal Huwelijksvermogensrecht, Deventer 1993

ten Wolde, M.H.: De Wet Conflictenrecht huwelijksbetrekkingen; in: NJB 1994, S. 1064

ten Wolde, M.H.: Vereffening en Verdeling in het Nederlandse internationaal erfrecht, Zwolle 1995

ten Wolde, M.H.: Internationaal en interregionaal erfrecht in het Koninkrijk der Nederlanden, Deventer 1996

ten Wolde, M.H.: Rechtskeuzebevoegdheid in het internationaal erfrecht voor en na 1 oktober 1996 (Teil I);: in: WPNR 1997, 6267, S. 284

ten Wolde, M.H.: Rechtskeuzebevoegdheid in het internationaal erfrecht voor en na 1 oktober 1996 (Teil II);: in: WPNR 1997, 6260, S. 304

ten Wolde, M.H.: Internationaal huwelijksvermogensrecht, derdenbescherming en de taak van het Nederlandse notariaat; in: WPNR 1999, 6341, S. 30

ten Wolde, M.H.: Internationaal huwelijksvermogensrecht; rechtskeuze staande een echtscheidingsprocedure; in: NIPR 2000, S. 42

Zweigert, Konrad/Kötz, Hein: Einführung in die Rechtsvergleichung, 3. Auflage, Tübingen 1996

Schriften zum Internationalen und vergleichenden Privatrecht

Herausgegeben von Abbo Junker

Band 1 Maren Charisius: Das niederländische Internationale Privatrecht. 2001.

Birgit Reuter

Die gesetzliche Regelung der aktiven ärztlichen Sterbehilfe des Königreichs der Niederlande – ein Modell für die Bundesrepublik Deutschland?

Frankfurt/M., Berlin, Bern, Bruxelles, New York, Oxford, Wien, 2001.
XXXVII, 299 S.
Recht & Medizin. Herausgegeben von Erwin Deutsch, Adolf Laufs und Hans-Ludwig Schreiber. Bd. 46
ISBN 3-631-37289-2 · br. DM 98.–*

Die niederländische Regelung der aktiven Sterbehilfe wird mit dieser Studie erstmals anhand einer umfassenden Dokumentation ihrer zwanzigjährigen Entstehungsgeschichte analysiert. Grundlage der Untersuchung bildet eine systematische Darstellung der verschiedenen Entwicklungslinien und deren wechselseitiger Bedingtheit. Auch die Mißbrauchsgefahr unter der geltenden Regelung sowie unter den angekündigten Reformgesetzen wird kritisch beleuchtet. Am Ende der Untersuchung werden die gewonnenen Erkenntnisse mit rechtspolitischen und medizinethischen Erwägungen verknüpft. Die Befunde der Autorin sind ein wichtiger Beitrag zur Diskussion über die Notwendigkeit einer gesetzlichen Regelung der aktiven Sterbehilfe in Deutschland.

Aus dem Inhalt: Rechtsprechung zu Mitleidstötungen durch Ärzte · Ärztlich-berufsständische Regelwerke · Standesrecht · Erste Gesetzentwürfe · Strafverfolgungspraxis · Empirische Erhebungen 1990/1995 · Einwilligungsunfähige Patienten · Dammbruch zur nicht- bzw. unfreiwilligen aktiven Sterbehilfe · Selbstbestimmungsrecht · Ärztliches Urteil über die Lebensqualität

FSC
www.fsc.org
MIX
Papier | Fördert gute Waldnutzung
FSC® C083411

Kolibri 360 GmbH
Ferdinand-Jühlke-Straße 7
99095 Erfurt, Deutschland
produktsicherheit@kolibri360.de

Druck:
CPI Druckdienstleistungen GmbH
im Auftrag der
Kolibri 360 GmbH
Ferdinand-Jühlke-Str. 7
99095 Erfurt